CATIA를 이용한 3D-CAD 이론 및 실습

이휘원, 하민수 공저

북두출판사

머리말

세계적으로 많은 사용자를 확보하고 있는 CAD/CAM/CAE 통합 솔루션 중에서 우수한 기능과 안정성을 가지고 있는 CATIA V5를 이용하여 Solid Modeling, Wireframe and Surface Modeling, Assembly Modeling 및 Drafting에 관하여 쉽게 배울 수 있도록 간결하게 기술하였다. 교재의 전반부는 산업현장의 실무분야에서 자주 사용되는 중요한 기능 위주로 구성하였으며, 후반부에는 앞에서 익힌 핵심적인 기능으로 모델링 따라하기를 다양하게 연습하고 이를 통하여 응용력을 키울 수 있도록 하였다.

- 1장에서는 CATIA에 관한 주요 기능, 공통적으로 사용되는 툴, 단축 키 등에 관하여 간단히 기술하였다.
- 2장에서는 Sketcher에 관한 내용으로서 프로파일을 생성하기 위해 주어진 상태에서 가장 적합한 설정과 구속 조건을 부여할 수 있는 기본 역량 배양에 주안점을 두었다.
- 3장에서는 Part Design에 관한 전반적인 기능을 설명하였다. 스케치 프로파일을 돌출시키는 기능부터 Sweep에 의한 Feature 생성까지 다양하게 구성하였다. 생성된 모델의 이동, 변형, 수정과 같은 편집에 관한 내용도 충분히 익힐 수 있도록 하였다.
- 4장에서는 Wireframe and Surface Design에 관한 내용을 다루고 있다. 3차원 작업영역에서 점, 선, 면을 기반으로 Surface를 생성하는 다양한 방법을 소개하였으며, 곡면에 대한 이동, 회전, 대칭 복사, 확대 및 축소와 같은 기능도 충분히 설명하였다.
- 5장에서는 Assembly Design에 관한 내용으로 구성하였다. Part Design에서 작성한 단품들을 결합하여 조립하는 방법에 대하여 간결하게 설명하였다.
- 6장에서는 Drafting에 관한 내용으로서 Part Design에서 작성한 단품으로부터 2차원 도면의 추출, 치수 기입, 도면 편집 등에 관한 내용을 기술하였다.
- 7장에서는 모델링 따라하기를 스스로 연습할 수 있도록 자세한 설명과 그림으로 구성하였다.

끝으로 많은 독자들이 본 교재를 항상 옆에 두고 열심히 학습하여 유능한 CATIA 전문가로 성장하기를 기대한다. 이 책이 나오기까지 도와주신 모든 분들과 어려운 여건에도 불구하고 출판할 수 있도록 도와주신 북두출판사 관계자분들께 감사의 말씀을 전한다.

2012년 3월

저자 일동

목차

5. Assembly Design

6. Drafting

7. Modeling

1. CATIA의 개요

오늘날 세계적으로 대부분의 산업 분야에서 신제품 개발과 설계 업무에 활용되고 있는 CATIA(Computer Aided Three Dimensional Interactive Application)는 1970년대 후반 프랑스의 Dassault Systemes에 의해 개발되었다. 개발 초기에는 주로 전투기를 비롯한 항공기 설계를 위해 사용되었으나, 점차적으로 사용 범위가 확대되어 자동차, 조선 등의 산업 분야에서 널리 사용되고 있다. 국내에서는 가장 먼저 자동차 개발 업무에 도입이 시작되어 점차적으로 조선, 가전제품, 중공업, 산업설비, 반도체 분야의 산업까지 확대되어 광범위하게 사용되어 왔다.

CATIA는 CAD/CAM/CAE 통합 솔루션으로 복잡한 형상의 곡면으로 이루어진 기계 부품의 설계 및 해석 능력이 매우 우수하다고 평가되어 진다. 따라서 제품의 개념 설계 단계부터 제작 및 생산관리까지 작업이 가능한 제조 산업에 적합한 솔루션이다. 3차원 형상 모델링에 대한 우수한 기능으로 CATIA 사용자들은 전체적인 신제품 개발 기간을 단축시킬 수 있다. 또한 공학적 데이터베이스 관리는 물론 네트워크상에서의 정보공유 관리를 위한 모듈을 추가하여 CAD/CAM/CAE 통합시스템 구축이 가능하다.

1.1 주요기능

(1) Part and Assembly Design

- 단품 설계부터 복잡한 구조의 조립 기능까지 모든 설계 과정을 효율적으로 수행할 수 있도록 지원한다. 우수한 피처 기반의 하이브리드 모델링 엔진을 사용하는 Part Design은 솔리드와 Surface 형상이 통합된 방법으로 설계를 할 수 있다. 원하는 형상에만 필요한 구속 조건을 부여할 수 있는 Parametric Modeling 기법을 이용하기 때문에 설계 변경이 용이한 특징이 있다.
- CATIA에서 Assembly Design은 제품의 조립 구조에서 단품 설계를 수행하는 Top-Down 방식과 단품을 조립하여 제품을 완성하는 Bottom-Up 방식이 모두 가능하다. 이를 통해 제품 설계에 참여하는 여러 분야의 설계 인원이 Part 설계와 Assembly 설계를 동시에 진행하는 Concurrent Engineering을 수행할 수 있다. 이 기능들은 모두 Part Design과 통합되어 있으므로 하나의 창에서 모든 작업이 가능하다.

(2) Generative Drafting

- Generative Drafting은 도면을 생성하는 기능으로서 3차원으로 설계된 단품과 단품이 결합되어 조립 설계된 제품에서 2차원 도면을 자동으로 생성한다. 여기서

View Creation Wizard, 미리 보기 기능 등을 제공하므로 도면 작성 작업의 효율성이 높다. 3차원 형상과 연관되어 있어 모델을 수정한 후 도면을 Update하면 3차원 형상에 이 변경사항이 적용이 된다. 또한 1각법, 3각법은 물론 ISO, ANSI, JIS와 같은 다양한 표준들을 지원하여 사용자가 원하는 형식의 도면을 쉽게 만들 수 있다.

(3) DMU Navigator

- DMU Navigator는 Part Design작업을 통해 설계된 3차원 모델을 가상으로 조립한 Digital Mock-up을 이용하여 외형검사, 조립성 검사, 간섭 검사 및 운동성 검사 등을 수행하여 설계 품질을 향상시킨다. Mock-up을 실제로 제작하지 않고 필요한 검사 및 실험에 대한 시뮬레이션을 할 수 있으므로 개발 비용 및 기간을 단축시킬 수 있다.

(4) Knowledge Advisor

- Knowledge Advisor는 설계자의 지식이나 기술을 데이터화 할 수 있다. 이를 위해 설계에 필요한 파라미터나 수식을 저장하며 간단한 스크립트로 만들어진 규칙을 적용할 수 있다. 이를 활용하면 설계를 처음 시작하는 사람도 이미 정의된 규칙과 매개변수를 이용하여 복잡한 설계를 수행할 수 있으며 설계 오류를 자동으로 정정하여 반영할 수 있다. 또한 설계 과정에서 모델이 사내의 규칙이나 표준에 맞게 진행되고 있는지에 대한 점검 기능을 활용할 수 있다.

(5) Generative Part Structural Analysis

- Generative Part Structural Analysis는 설계자가 3차원으로 설계한 부품의 내부응력, 변위, 진동 등을 용이하게 해석할 수 있는 모듈이다. 실질적으로 정확도가 높은 정밀한 해석은 전문적인 해석 소프트웨어를 사용하여 수행하는 것이 일반적이지만, 설계자가 수행하고 있는 단품에 대해 간단한 해석을 직접 수행할 수 있다면 제품의 설계 정밀도가 더욱 향상 될 것이다. 설계자는 단품에 재질을 부여하고 Mesh를 생성한다. 그리고 경계조건(하중 및 구속 조건)을 주고 해석을 수행하면 된다. 이것은 3차원 형상과 연관되어 있으므로 형상에 대한 변형이 일어나면 해석 결과 역시 다시 계산을 하여야 한다. 제품의 개발이나 설계과정에서 구조의 강도가 중요한 제품일 경우 매우 유용하게 활용할 수 있다.

➤ 1.2 Tool Bars

(1) Standard

- 모든 workbench에서 공통적으로 사용된다. 새로운 파일을 시작하거나 기존 파일을 열어볼 수 있으며 작성한 정보를 출력하는 기능을 한다. 선택한 개체를 잘라내어 임시 저장하고 복사, 붙여 넣기, 실행 취소, 다시 실행, 도움말 등의 기능을 할 수 있다.

(2) Status Bar

- 작업 화면의 하단에 위치해 있으며 세 가지 기능을 가지고 있다. 선택한 피처 또는 현재 Tool에 대한 정보를 보여주는 기능, 데이터를 입력하여 명령을 수행할 수 있는 Power Input, 대화형 상자를 나타나게 하거나 숨길 수 있는 Dialog Box Display 버튼 등이 있다.

(3) View

- 작업 화면의 디스플레이 조작을 위한 기능을 가지고 있다. Fly Mode, Fit All In, Pan, Rotate, Zoom In, Zoom Out, Normal View, Create Multi-View, Isometric View, Shading with Edges, Hide/Show, Swap visible space 등과 같은 기능으로 구성되어 있다.

(4) Select

- 특정 개체나 스케치를 선택할 수 있다. 다른 Tool이나 개체를 선택하기 전에 기본적으로 실행되어 있다.

➢ 1.3 Mouse Button

(1) 마우스 좌측 버튼

- 드래그하거나 면, 요소 및 개체를 선택할 때 사용한다. 여러 요소를 동시에 선택하기 위해 [Ctrl] 키를 누른 상태에서 선택하면 된다.

(2) 마우스 우측 버튼

- 요소를 선택한 후 또는 어떤 기능을 열어놓고 단축 메뉴를 나타나게 할 때 사용할 수 있다.

(3) 마우스 가운데 버튼

- 가운데 버튼을 누른 상태에서 드래그하면 Pan 기능과 같이 모델이 상하좌우로 이동한다.
- 가운데 버튼을 누른 상태에서 우측 버튼을 한 번 클릭하면 Zoom 기능이 된다. 또는 [Ctrl] 키를 누른 상태에서 가운데 버튼을 눌러도 Zoom 기능이 된다.
- 가운데 버튼과 우측 버튼을 누르면 Rotate 기능으로 되어 모델을 회전시킬 수 있다. 또는 가운데 버튼을 누르고 [Ctrl] 키를 눌러도 회전시킬 수 있다.

➢ 1.4 단축키

구분	기능
[Ctrl] + Z	- Undo 기능을 실행한다.
[Ctrl] + Y	- Repeat 기능을 실행한다.
[Ctrl] + S	- 현재 작업을 진행하고 있는 데이터를 저장한다.
[Alt] + [Enter]	- Properties 기능을 실행한다.
[Ctrl] + F	- Search 기능을 실행한다.
[Ctrl] + U	- Update 기능을 실행한다.
F3	- Specification Tree를 숨기는 기능을 한다.

2. Sketcher

Sketcher 기능은 3차원 모델링의 보조 도구로서 모델링에 필요한 평면 구조의 프로파일을 손쉽게 만들 수 있도록 한다. Sketcher workbench는 솔리드 모델에 대한 스케치 기능을 제공하여 기본 피처를 생성할 수 있도록 한다.

2.1 Sketcher Mode

(1) Sketch Plane

- Sketch Profile을 작성할 절대 평면(xy-Plane, yz-Plane, zx-Plane)을 화면의 작업 영역에서 선택하거나 트리에서 Plane을 선택한 후 Sketch( )를 클릭한다. 또는 Sketch( )를 Drag하여 트리의 원하는 Plane에 놓거나, Sketch( )를 먼저 선택한 후 원하는 Plane을 선택해도 된다.

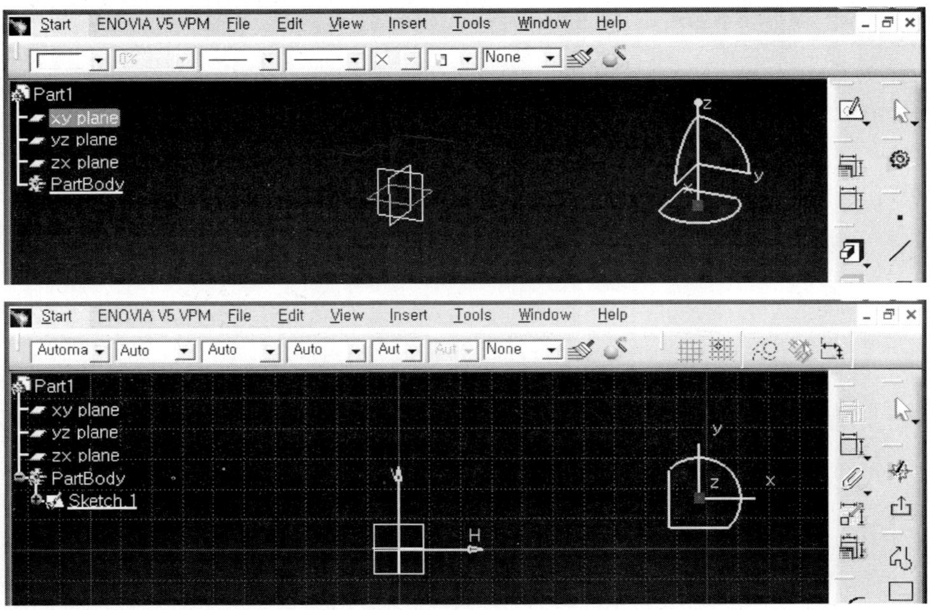

- Solid Feature의 평면을 선택한 후 Sketch( )를 클릭하면 다음 그림과 같이 스케치 모드로 들어간다.

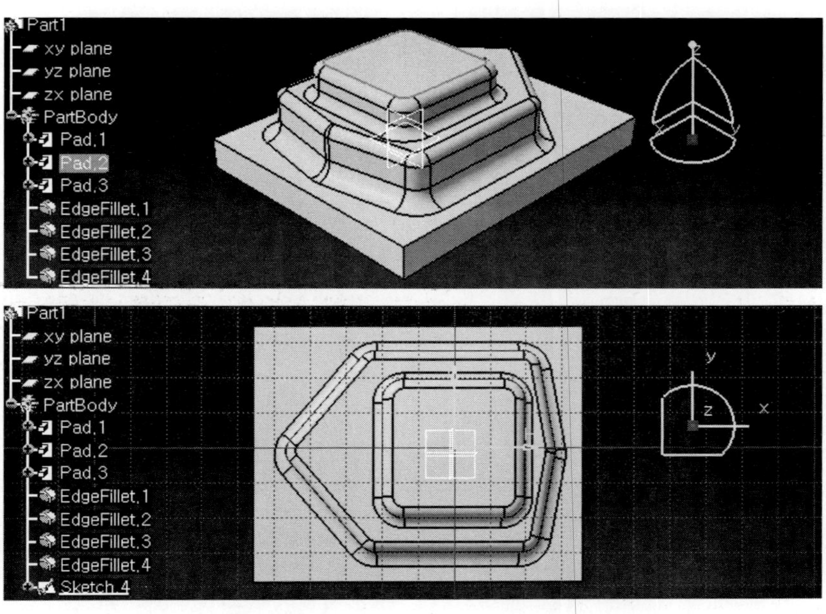

• Power Input에 Command를 입력하여 스케치 모드로 들어갈 수 있다. 트리에서 Plane을 선택하고 Power Input에 명령어를 입력하면 된다. 트리에서 xy plane을 선택하고 화면 하단에 있는 Power Input에 "c:sketch"를 입력하여 스케치 모드로 전환한 결과를 보여주고 있다.

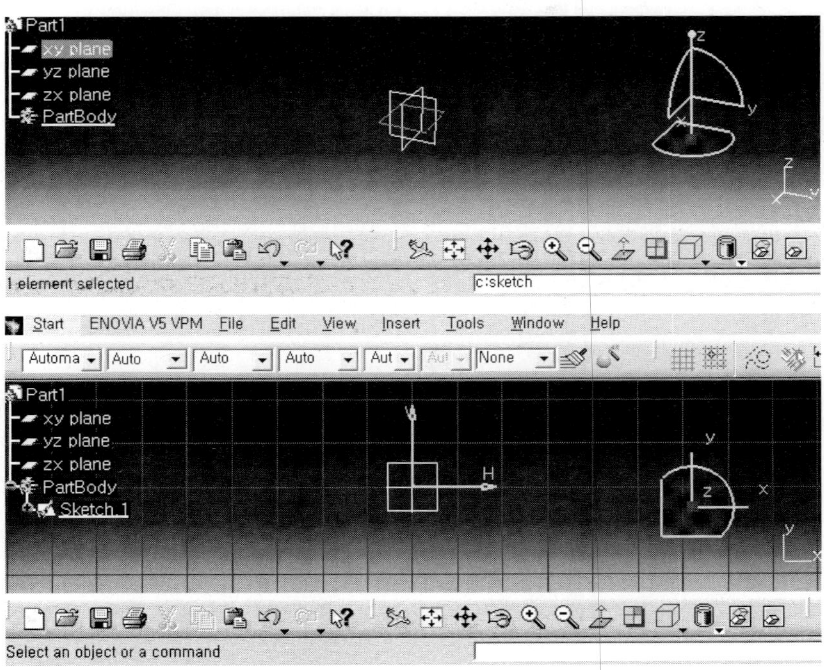

- Sketch Profile을 수정하기 위해 트리에서 원하는 Sketch를 더블 클릭하면 해당하는 스케치 모드로 이동하고 여기서 수정이나 편집 작업을 할 수 있다. 다음 그림에서 Sketch. 1을 더블 클릭하여 스케치 모드로 전환한 결과를 보여주고 있다.

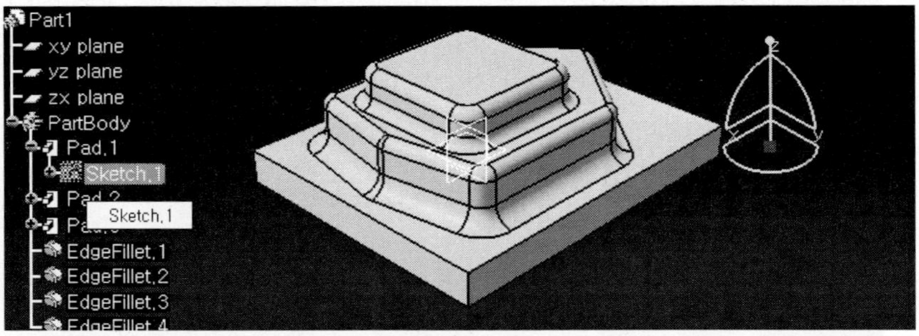

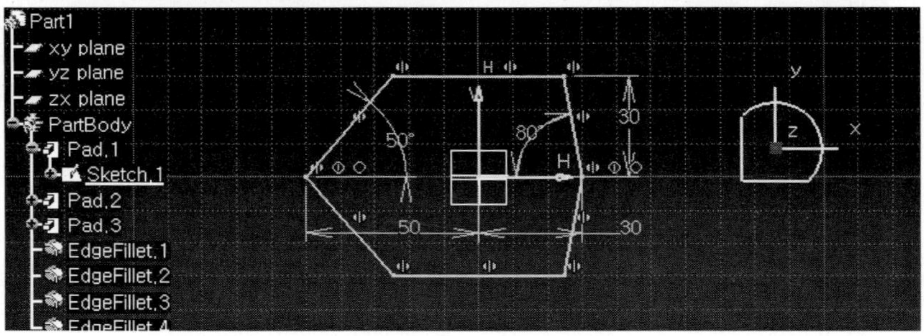

(2) 새로운 Plane으로 시작하기

- Plane( )을 클릭하면 Plane Definition 창이 나타난다. 이 창에서 Plane type, Reference, Offset을 설정하여 새로운 Plane을 생성한다. 새롭게 생성된 Plane을 트리에서 선택하고 Sketch( )를 클릭하면 Sketcher Mode로 이동한다. 다음 그림에서 새로운 Plane을 생성하여 이를 Sketch Plane으로 선택하여 스케치 모드로 이동하는 과정을 보여주고 있다.

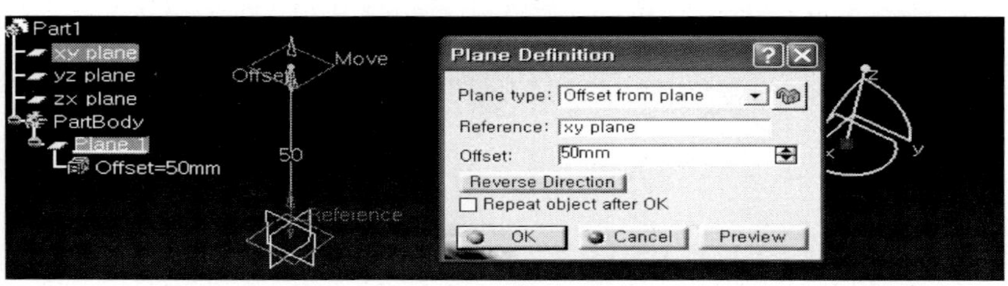

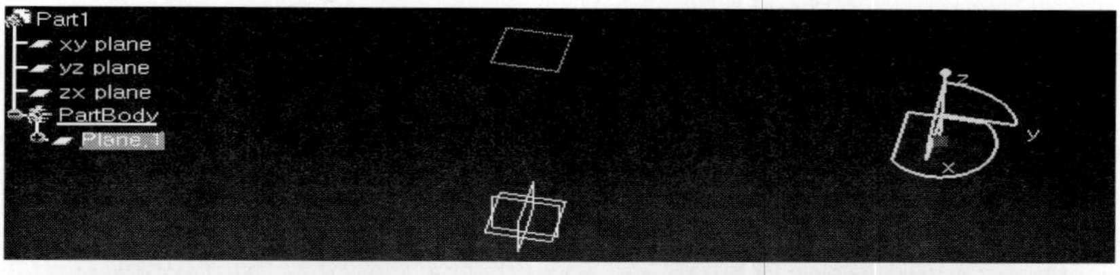

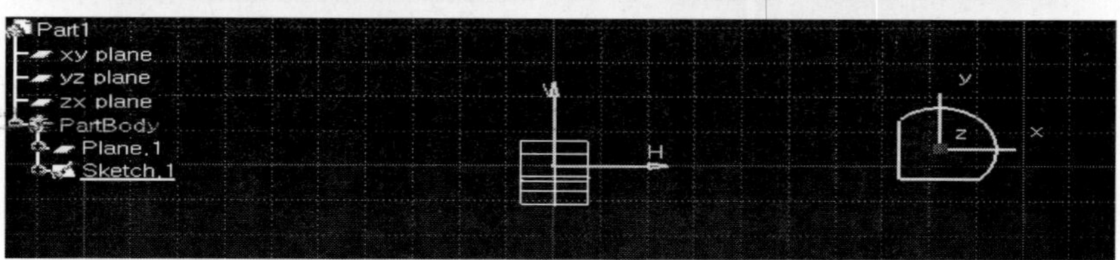

➢ 2.2 Sketch tools

스케치 작업에서 보조적인 기능을 한다.

(1) Snap to point( )

- Snap to point가 실행 중인 상태에서 스케치 작업을 하면 격자(Grid)의 교점에서만 마우스 포인트가 일치되어 선택할 수 있다.

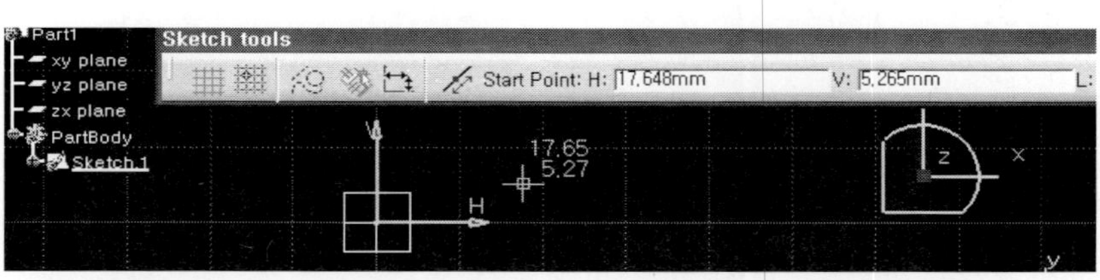

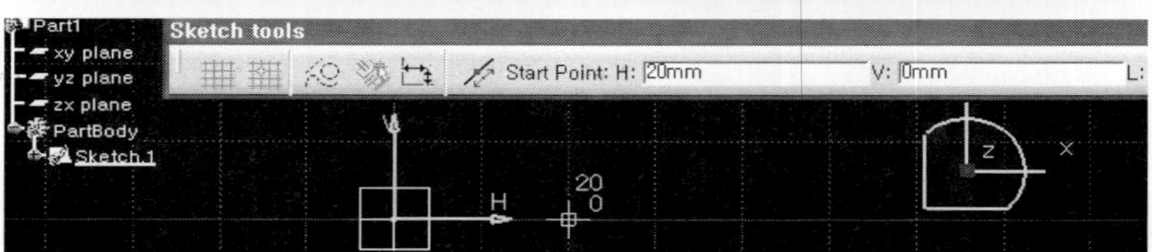

(2) Construction/Standard Element( )

- 생성요소가 단면 Profile로 사용되는 기본요소인지 아니면 다른 단면 Profile 요소를 생성하기 위한 참조요소(Reference element)인지 설정하는 기능을 한다.

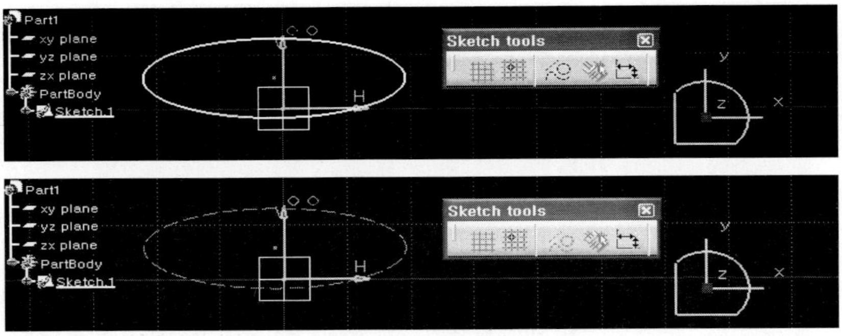

(3) Geometrical Constraint( )

- 스케치 작업을 할 때 Geometrical Constraint를 활성화시켜 구속조건을 생성하도록 한다.

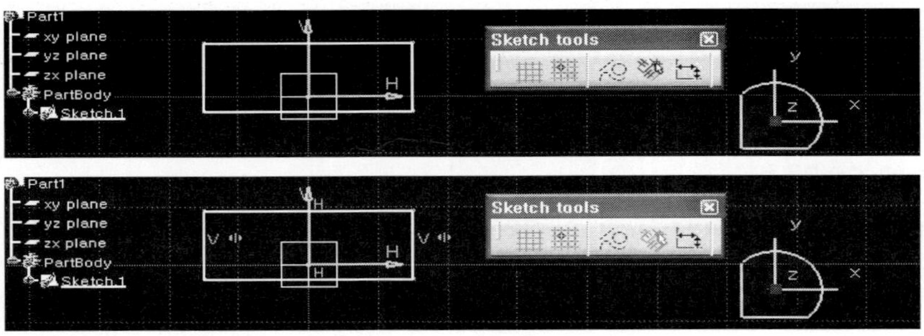

(4) Dimensional Constraint( )

- Dimensional Constraint를 활성화시켜 치수를 구속하면서 Profile을 생성할 수 있도록 지원한다.

➢ 2.3 Profile

Sketch Profile을 생성하는 기능을 한다.

(1) Profile( )

- 직선과 곡선으로 구성된 형상의 Profile을 작성할 때 사용하며, Profile 명령을 실행하면 다음과 같이 3개의 옵션이 나타난다.

① Line( ) : 연속적으로 선을 생성할 수 있다.

② Tangent Circle( ) : 선(Line)이나 호(Arc)와 같은 특정 요소의 끝점에서 접선으로 연결되는 호를 생성할 수 있다. 먼저 특정 요소가 생성되어 있어야 활성화된다.

③ Tree Point Circle( ) : 세 점을 이용하여 호를 생성할 수 있다.

④ Profile의 시작점을 선택하면 형상이 닫혀진다.

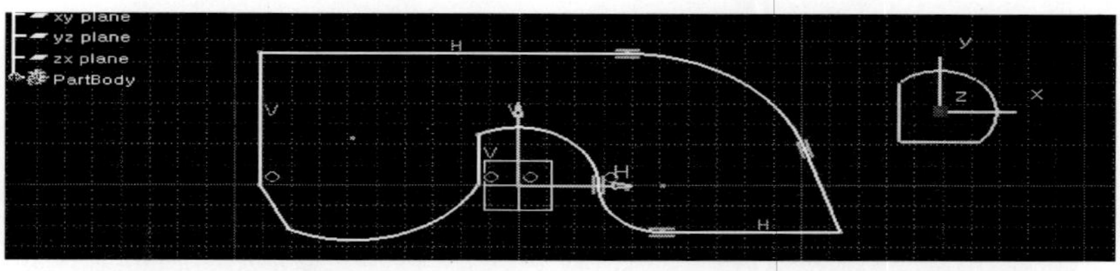

(2) Predefined Profile( )

사각형, 육각형 등과 같은 폐곡선 형상을 생성한다.

- Rectangle( ) : 명령을 실행하고 마우스를 대각선 방향으로 Drag하여 직사각형을 생성한다. 다음의 그림과 같이 마우스를 이용하는 방법과 좌표 값을 직접 입력하는 방법이 있다.

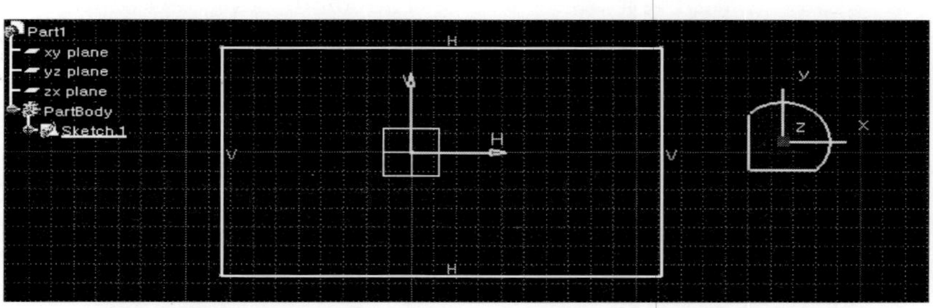

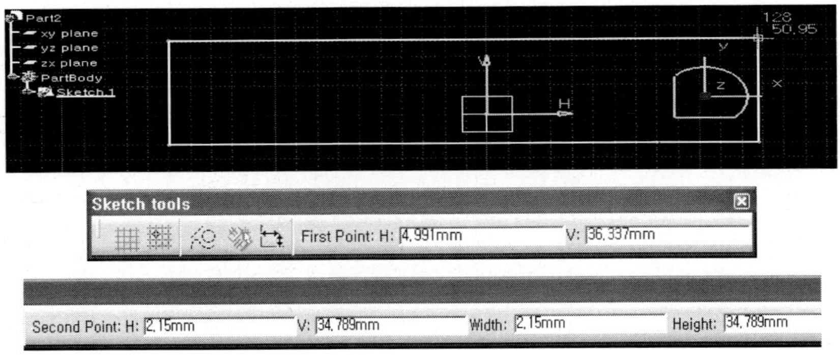

• Oriented Rectangle( ) : 세 점을 선택하여 임의의 각도로 기울어진 사각형을 생성한다.

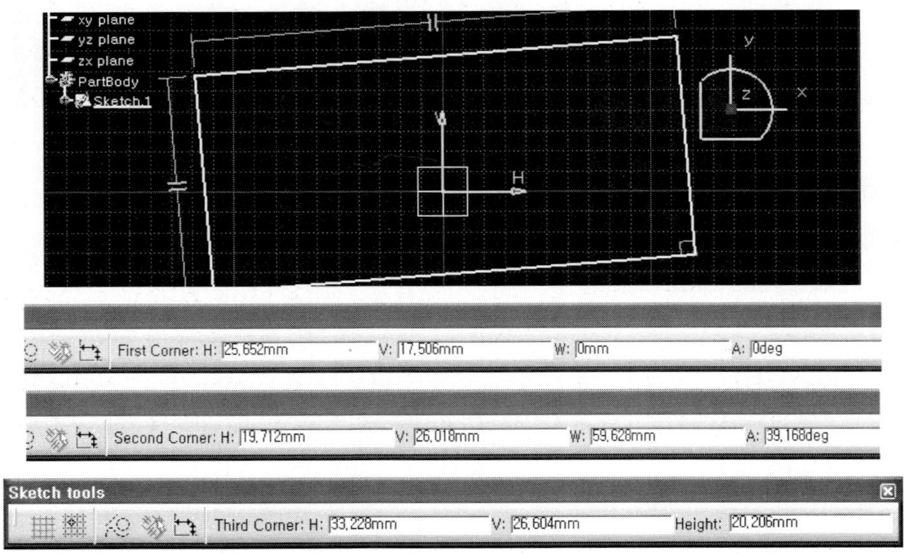

• Parallelogram( ) : 세 점을 선택하여 평행사변형을 생성한다. First Point는 평행사변형의 시작점을 정의하고, Second Point는 첫 번째 변의 방향 설정 및 폭(With)의 크기를 정의, Third Point는 두 번째 변의 방향 설정 및 높이(Height)의 크기를 정의한다.

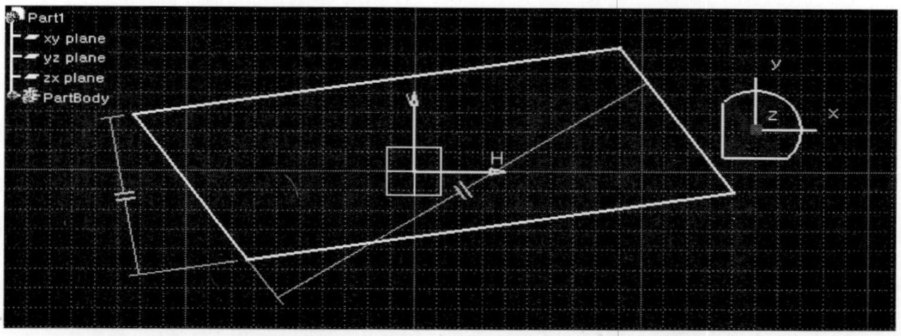

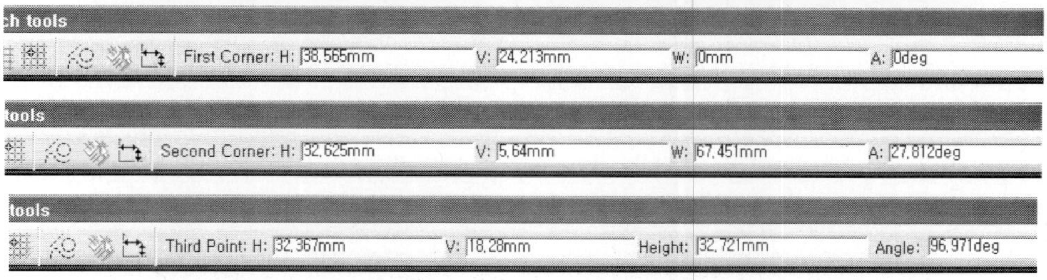

• Elongated Hole( ) : 두 개의 원이 연결되어 길게 늘어진 원 형상을 생성한다. 세 점 중에서 First Point와 Second Point는 두 원의 중심을 정의하고, Third Point는 원의 반지름을 정의한다.

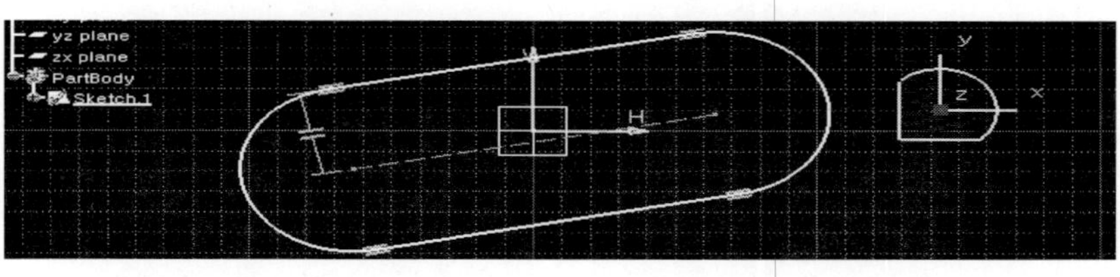

• 다음의 그림과 같이 좌표 값을 입력하여 생성할 수도 있다. First Center의 H와 V에 좌표 값을 입력하고, Second Center에서 L(연장된 거리)과 A(기울여진 각도), Radius에 값을 입력하고 Enter키를 누른다.

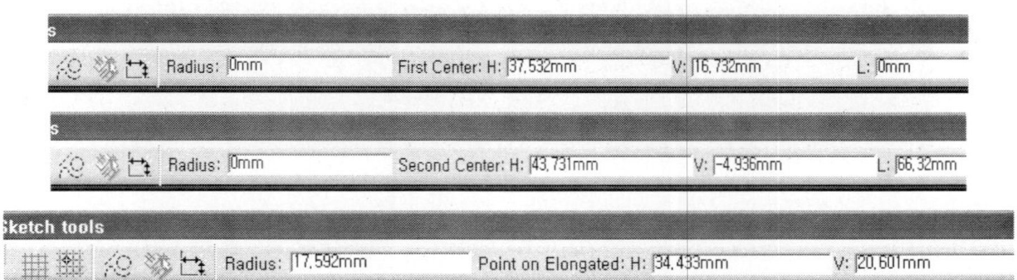

- Cylindrical Elongated Hole( ) : 그림과 같이 좌표 값을 입력하여 생성할 수도 있으며, 원의 중심점 한 개와 작은 원점 2개, 그리고 큰 원의 반지름을 정의하는 점을 지정하여 굽은 타원형을 생성한다.

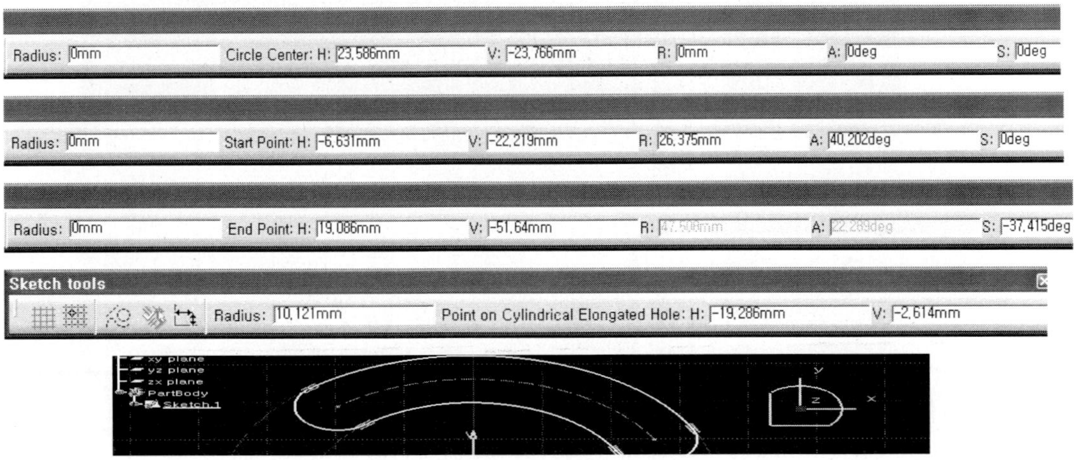

- Keyhole Profile( ) : Keyhole의 중심을 지정하는 두 점과 반경을 지정하는 두 점을 이용하여 Keyhole의 형상을 생성한다.

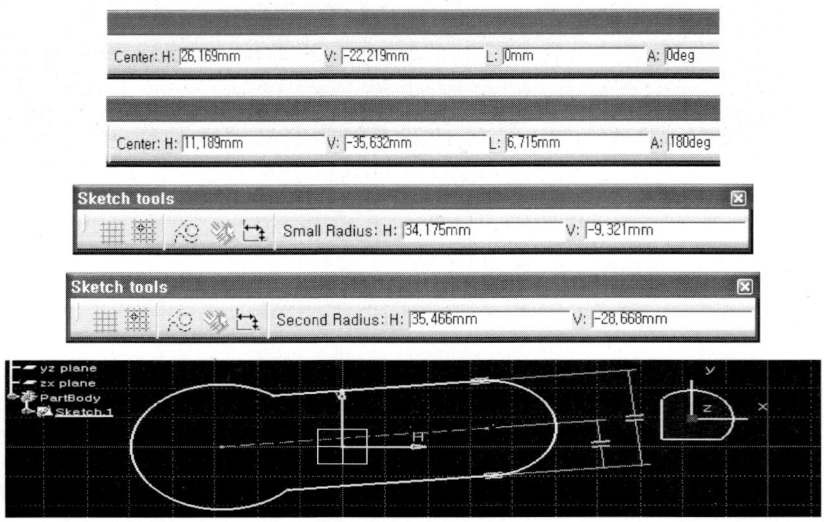

- Hexagon( ) : 두 점으로 Hexagon의 중심, 중심과의 거리 및 각도를 지정하여 육각형 프로파일을 생성한다.

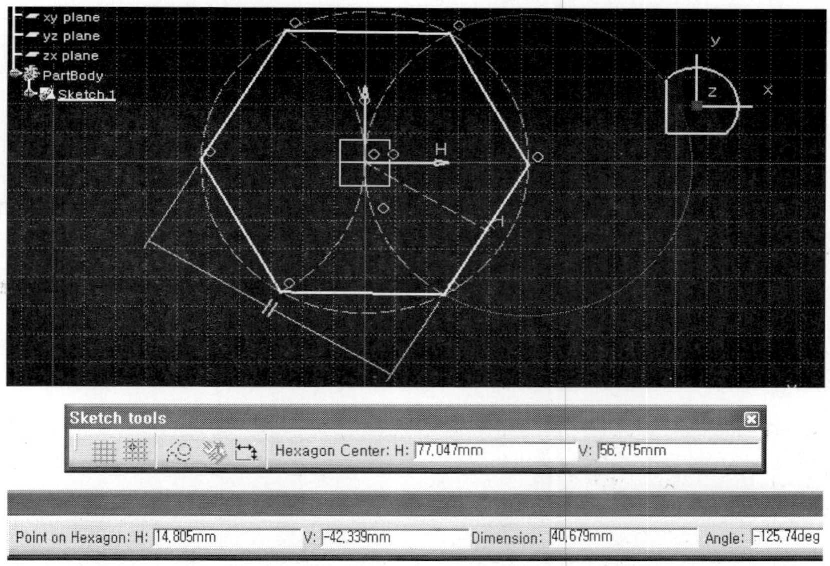

• Centered Rectangle( ) : 두 점(First Point, Second Point)으로 직사각형의 중심과 거리를 지정하여 직사각형의 프로파일을 생성한다.

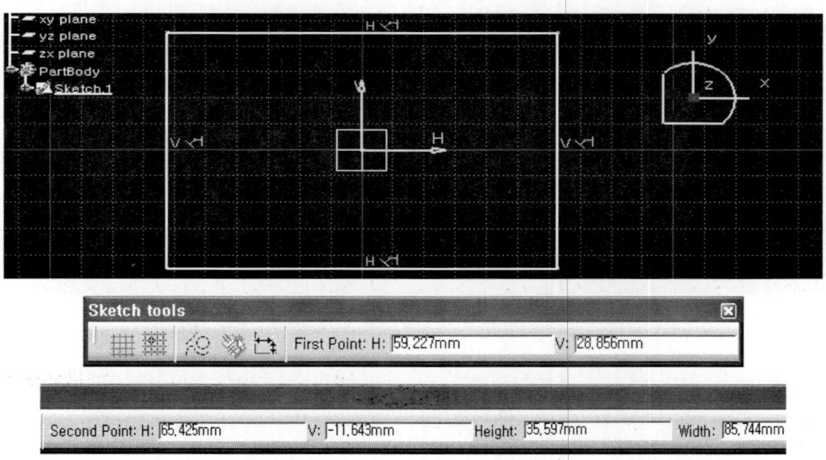

• Centered Parallelogram( ) : 교차하는 두 개의 직선을 이용하여 평행사변형 프로파일을 그릴 수 있는 기능으로서, 두 직선의 교차점을 중심으로 하고 직선에 평행한 평행사변형의 형상을 생성한다.

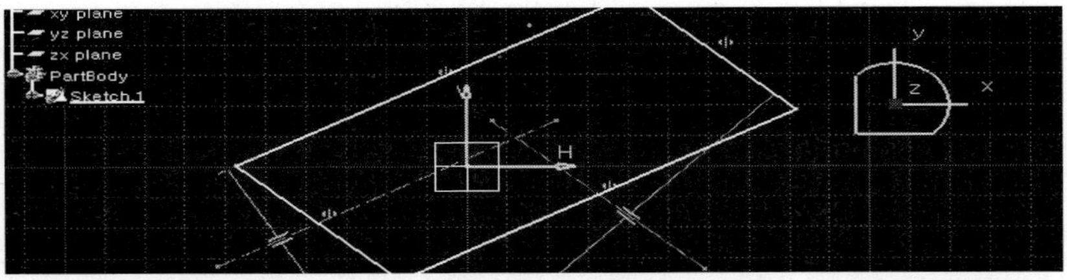

(3) Circle( )

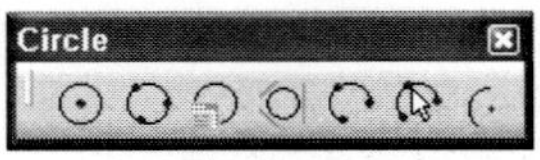

원과 호를 생성하는 기능으로서 주로 중심과 반경을 정의한다.

- Circle( ) : 중심과 반지름을 지정하여 원을 생성한다.

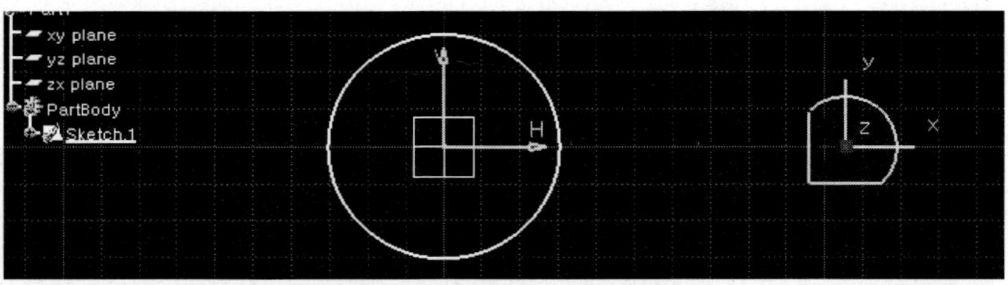

- Tree Point Circle( ) : 원주 위에 위치하는 세 점(First Point, Second Point, Last Point)을 지정하여 원을 생성한다.

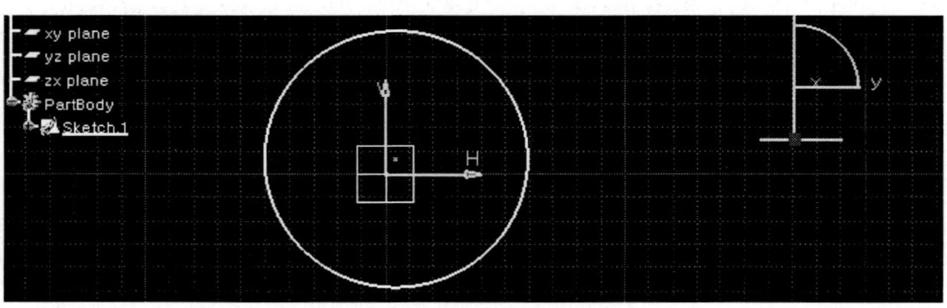

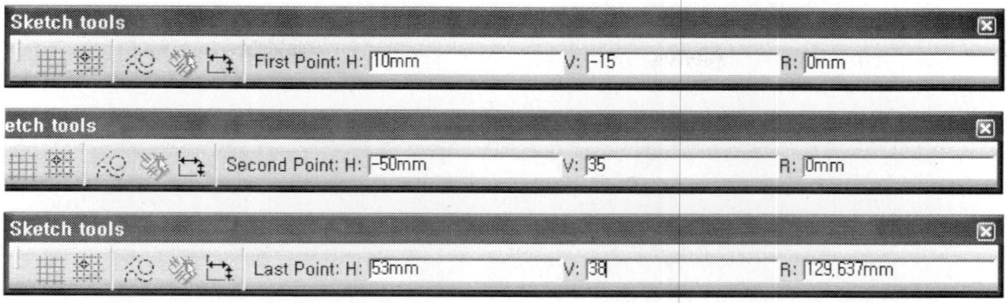

• Circle Using Coordinate( ) : 좌표 값을 이용하여 원을 생성하는 기능이다. 아래의 그림과 같이 직교좌표(Cartesian)와 극좌표(Polar)로 나타낼 수 있다.

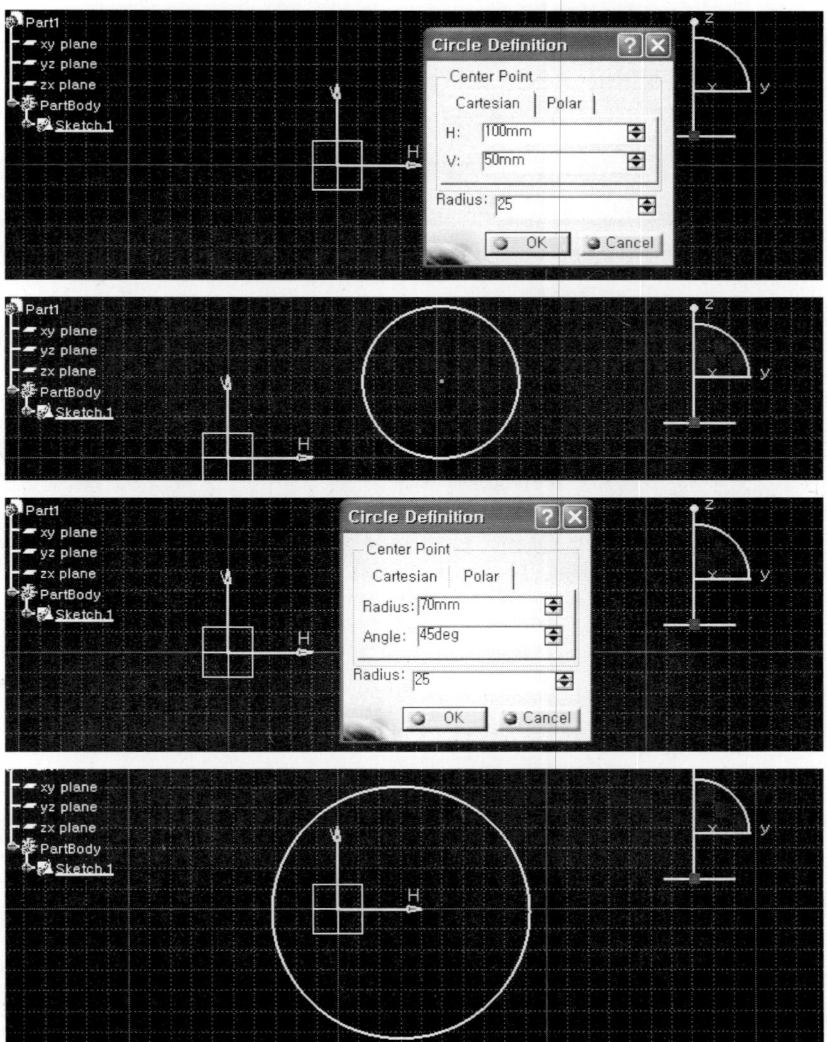

• Tri-Tangent Circle( ) : 세 개의 요소에 접하는 원을 생성하는 기능이다.

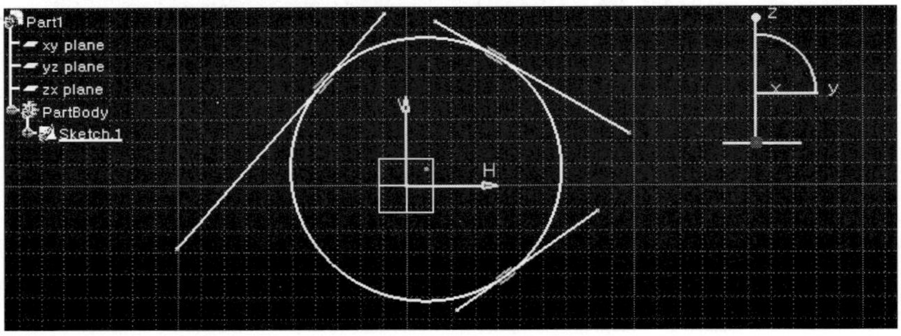

• Tree Point Arc( ) : 다음의 그림과 같이 세 점(Start Point, Second Point, End Point)을 지정하여 호를 생성한다.

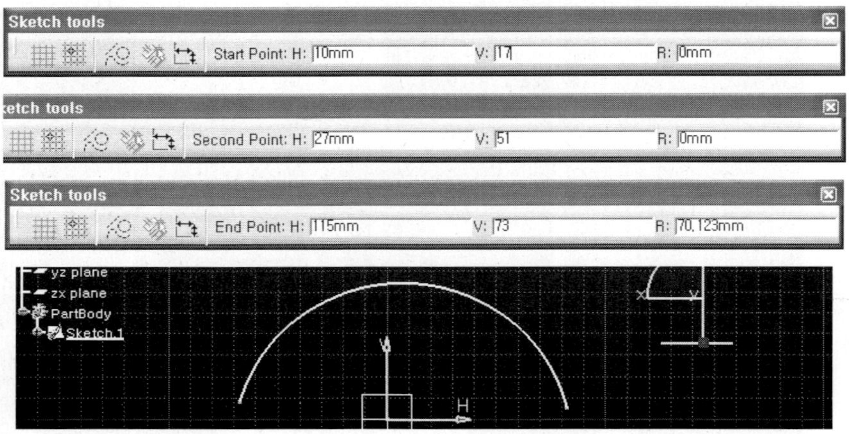

• Tree Point Arc Starting with Limits( ) : 먼저 호의 시작점(Start Point)과 끝점(End Point)을 지정하고 마지막 점(Second Point)은 호의 반지름 크기를 설정하면서 호를 생성하는 기능이다.

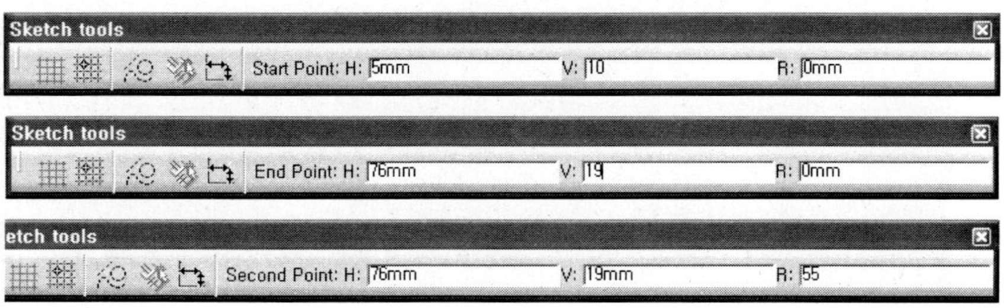

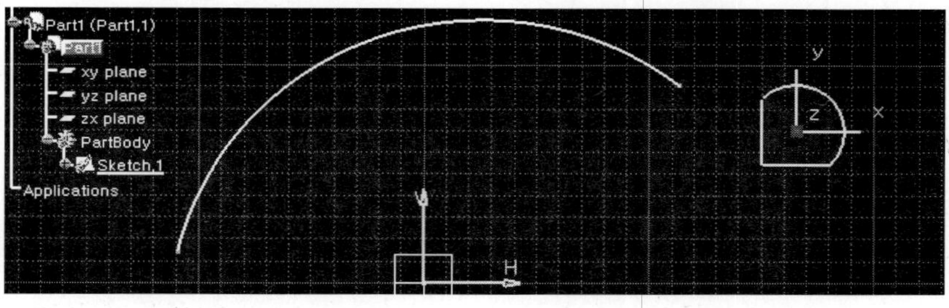

• Arc( ) : Arc의 중심점과 양 끝점을 자정하여 호를 생성한다.

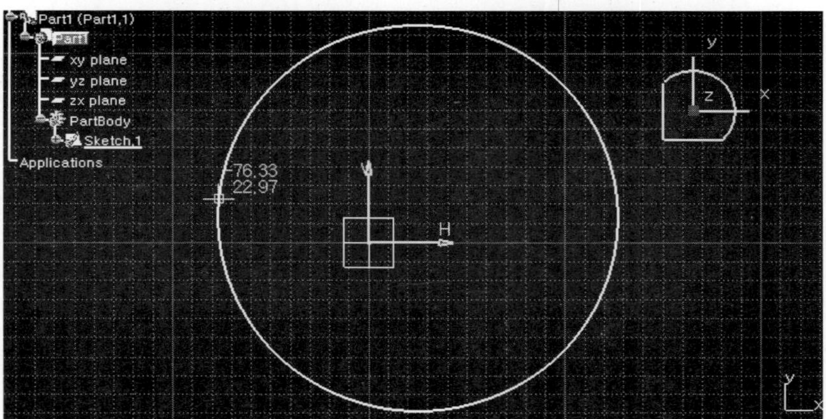

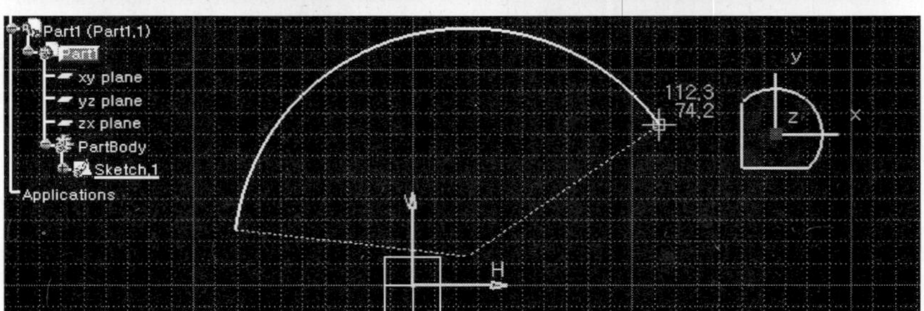

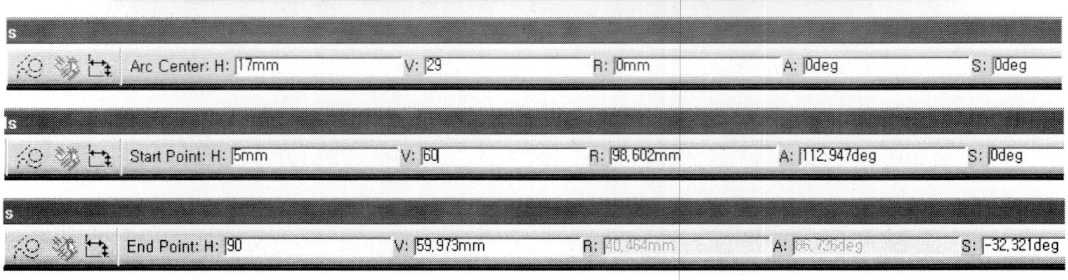

(4) Spline( )

부드러운 자유 곡선을 생성하는 기능을 한다.

- Spline( ) : 스플라인 명령을 실행한 후 Control Point를 연속적으로 지정하여 곡선을 생성할 수 있으며, 마지막 점에서 더블 클릭하면 명령이 종료된다. 여기서 스플라인의 Control Point를 더블 클릭하여 위치를 수정할 수 있다.

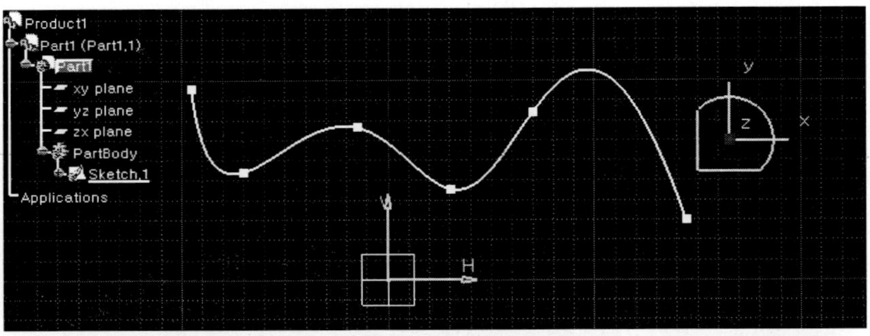

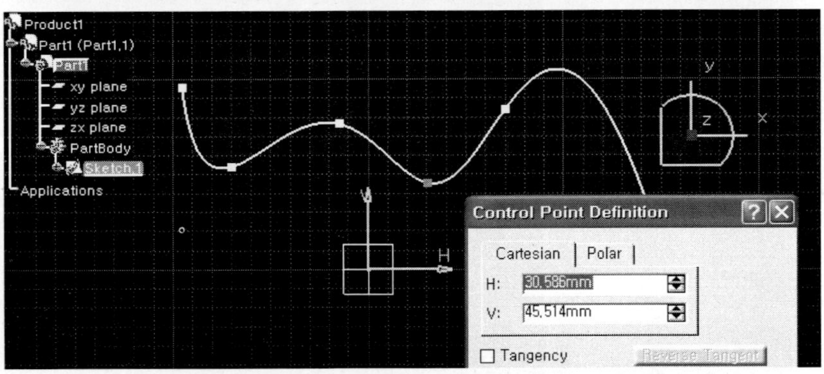

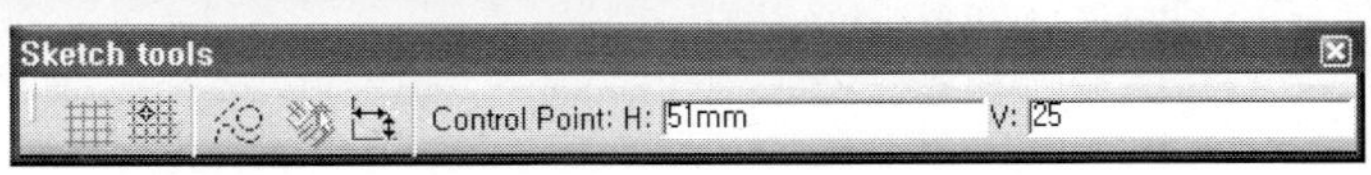

- Spline 수정 : 생성된 스플라인을 더블 클릭하면 Spline Definition 창이 나타난다. 여기서 다음과 같은 여러 가지 옵션에 대하여 Spline을 수정할 수 있다.

① Add Point After : 선택한 Control Point 이후에 Point를 추가로 생성

② Add Point Before : 선택한 Control Point 이전에 Point를 추가로 생성

③ Replace Point : 선택한 Control Point를 새로 생성되는 Point로 대체

④ Close Spline : 시작점과 끝점을 서로 일치시켜 닫힌 Spline을 생성

⑤ Remove Point : 선택한 Control Point를 제거

⑥ Tangency : 선택한 Control Point를 Spline에 접하도록 설정

⑦ Curvature Radius : Tangency 옵션이 활성화된 상태에서 Spline의 곡률 반지름 값을 입력하여 설정

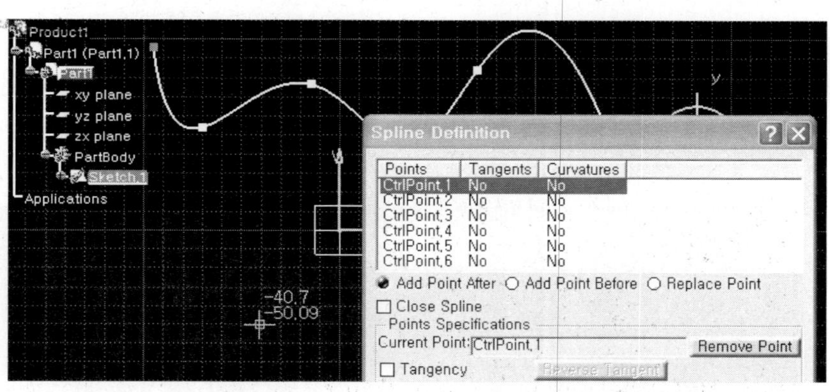

• Connect( ) : 곡선이나 호(Arc)로 두 요소를 서로 연결할 수 있는 기능이다. 여기에는 다음과 같이 Connect with an Arc과 Connect with an Spline의 두 가지 종류가 있고, Connect with an Spline에는 Continuity in point, Continuity in tangency, Continuity in curvature와 같이 세 가지 종류가 있다.

① Connect with an Arc : 두 요소에 접선인 호를 생성하여 연결

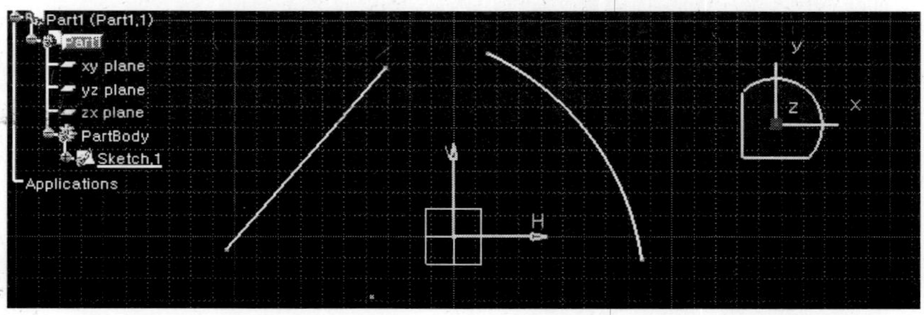

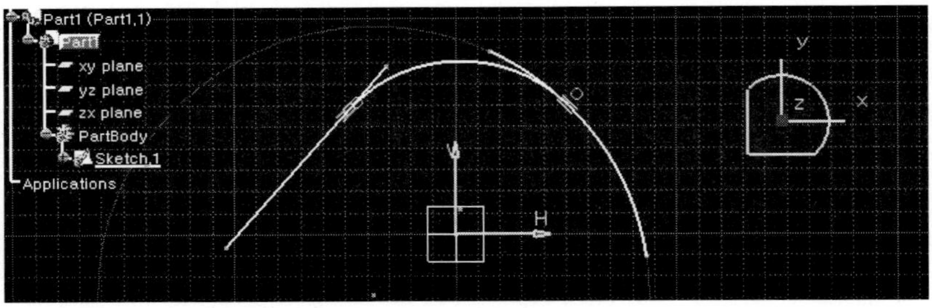

② Connect with an Spline의 Continuity in point : 두 요소의 끝점을 직선으로 연결

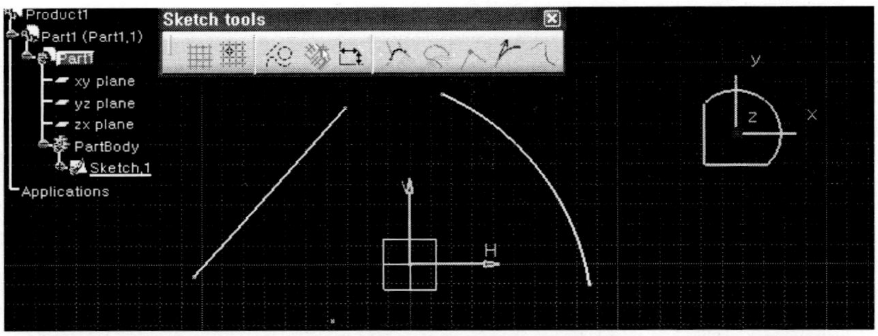

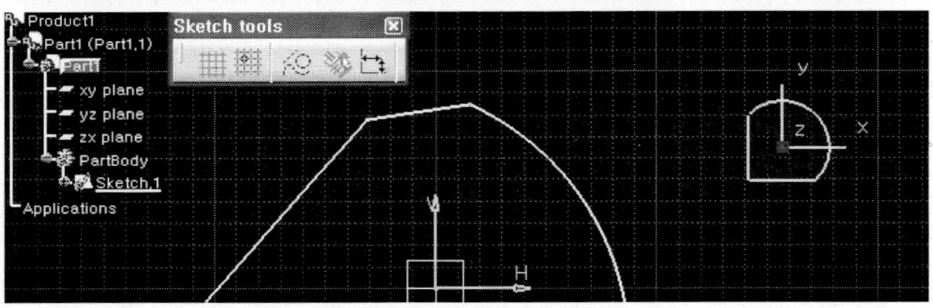

③ Connect with an Spline의 Continuity in tangency : 스플라인 커브를 생성하여 두 요소를 접선 방향으로 연결

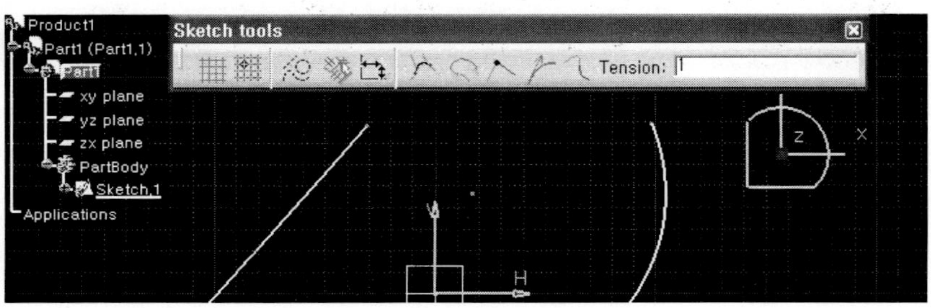

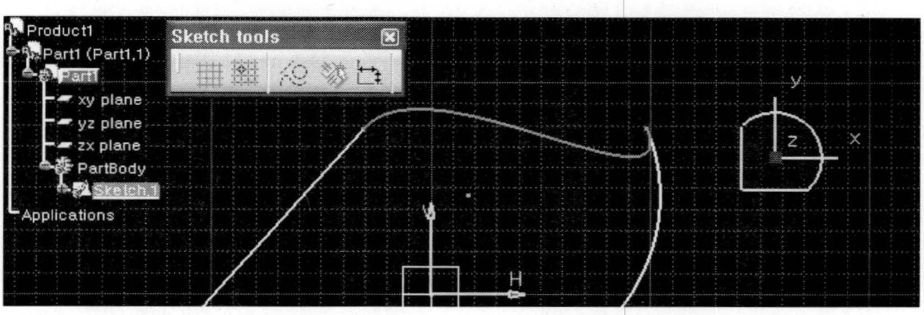

④ Connect with an Spline의 Continuity in curvature : 스플라인 커브를 생성하여 두 요소를 곡률 방향으로 연결

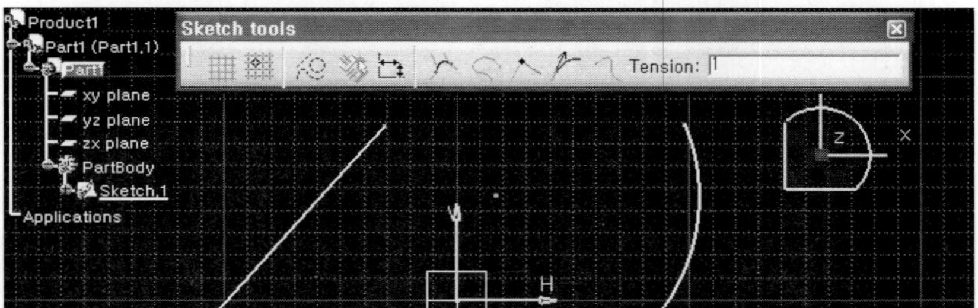

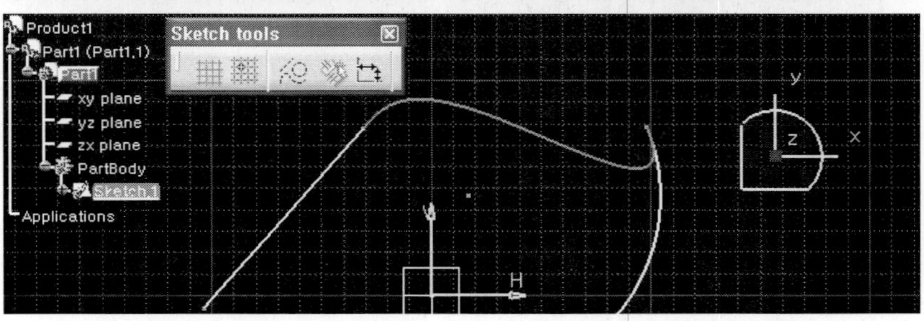

(5) Conic( )

타원, 포물선, 쌍곡선 등과 같은 곡선 형상을 생성한다.

• Ellipse( ) : 타원의 중심과 장축의 반경, 단축의 반경을 정의하여 타원을 생성한다.

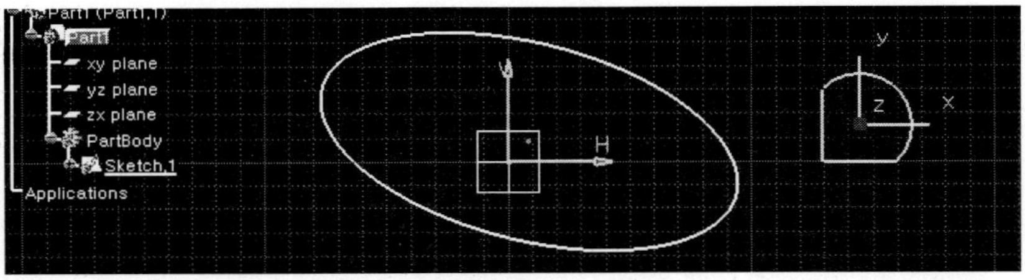

• Parabola by Focus( ) : 포물선의 초점과 정점의 위치를 정의하고 포물선의 길이를 설정하는 양 끝점을 지정하여 포물선을 생성한다.

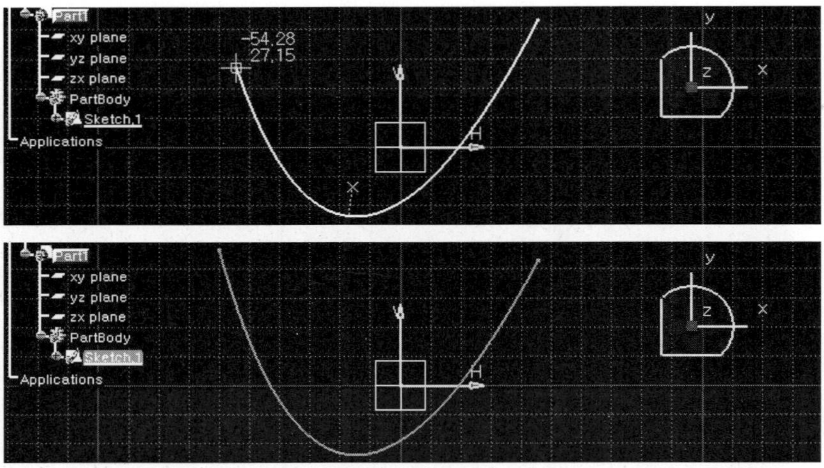

• Hyperbola by Focus( ) : 쌍곡선의 초점 위치, 중심, 정점을 지정한 후 시작점과 끝점으로 쌍곡선의 길이를 설정한다.

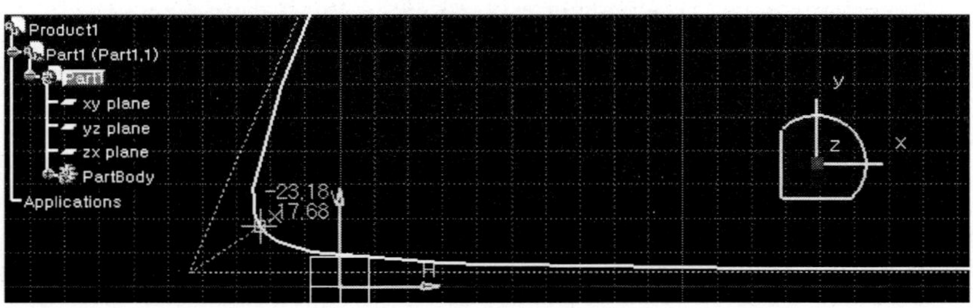

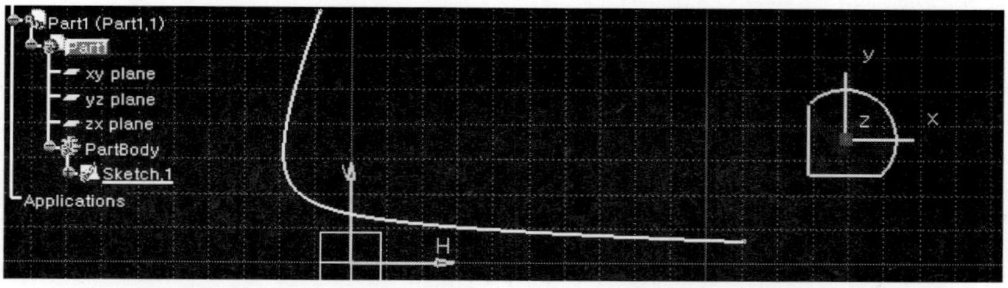

• Conic( ) : 원추곡선을 생성하는 기능으로서 다음과 같은 종류가 있다.

① Two Points, Start and End Tangent : Start Point, End Point, Passing Point를 지정하여 원추곡선을 생성한다.

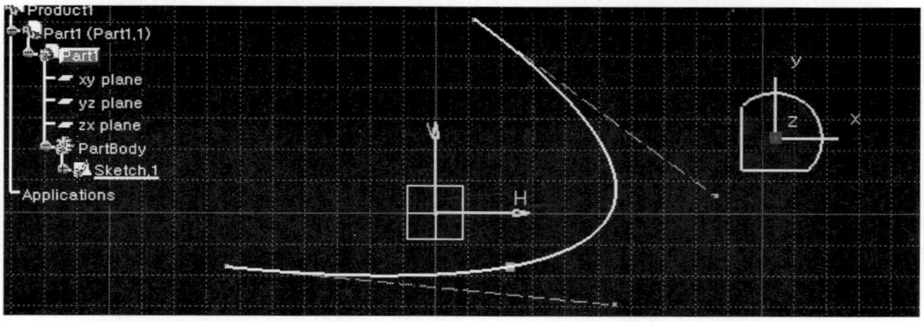

② Two Points, Tangent intersection point : Start Point와 End Point를 지정한 후 Tangent intersection Point와 Passing Point를 지정하여 생성한다.

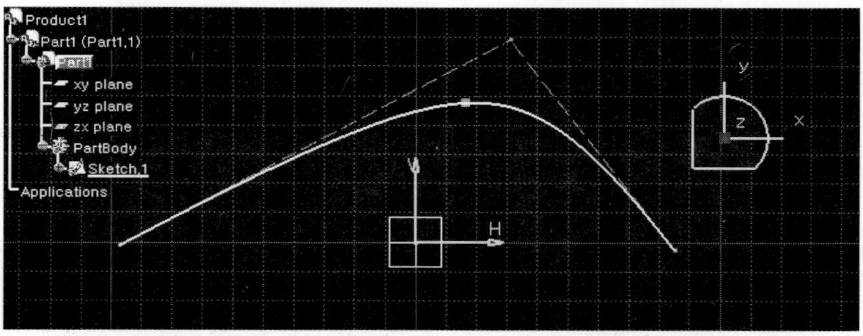

③ Four Points, Tangent at passing point : Start Point와 End Point를 지정하고 원추곡선 위의 First point 및 Second point를 지정하여 생성한다.

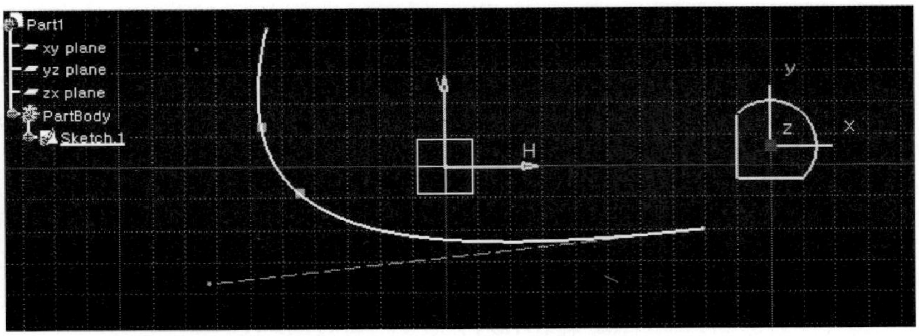

④ Five Points : 곡선의 양 끝점을 Start Point와 End Point를 지정하고 원추곡선 위의 First point, Second point 및 Third point를 지정하여 생성한다.

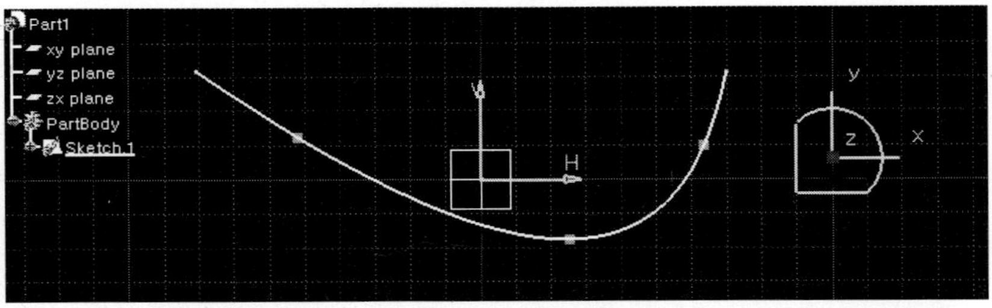

(6) Line(⁄)

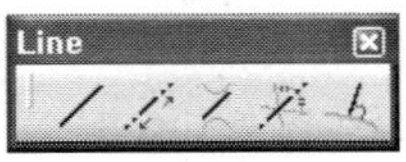

여러 가지 방법으로 선을 생성할 수 있다.

- Line(⁄) : Start Point와 End Point를 지정하여 선을 생성한다.

① 옵션의 Symmetrical Extension( )을 이용하여 양쪽 길이 방향으로 대칭되도록 선을 생성할 수 있다.

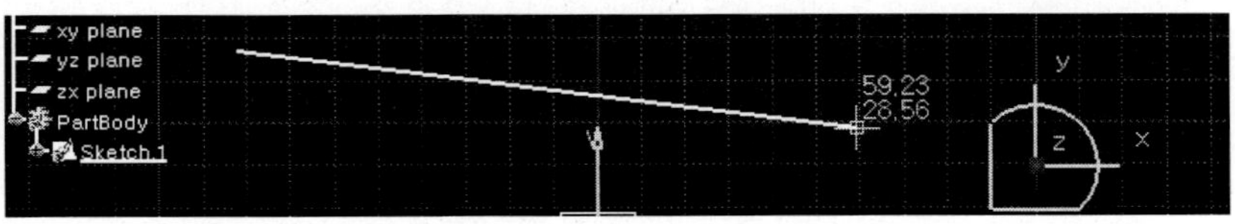

② Sketch Tools에서 다음 그림과 같이 Start Point와 End Point의 좌표 값을 입력하여 선을 생성할 수 있다.

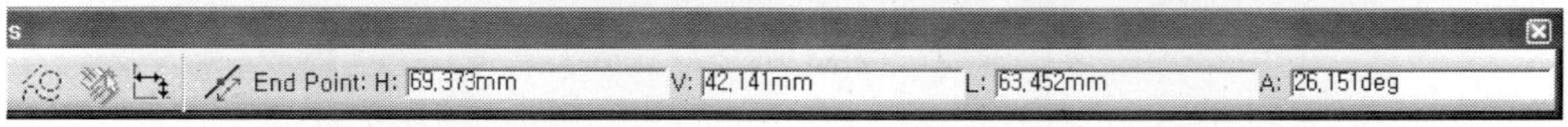

③ 기존에 생성된 Line과 동일한 길이의 Line 생성 : Line 명령을 실행하고 Start Point를 지정한 후 기존 Line 위에서 마우스 우측 버튼을 클릭하여 메뉴가 나타나도록 한다. 메뉴에서 Parameters의 Copy Length를 선택하고 새로 생성하고 있는 Line의 End Point를 지정하면 기존 Line과 같은 크기의 선을 생성할 수 있다.

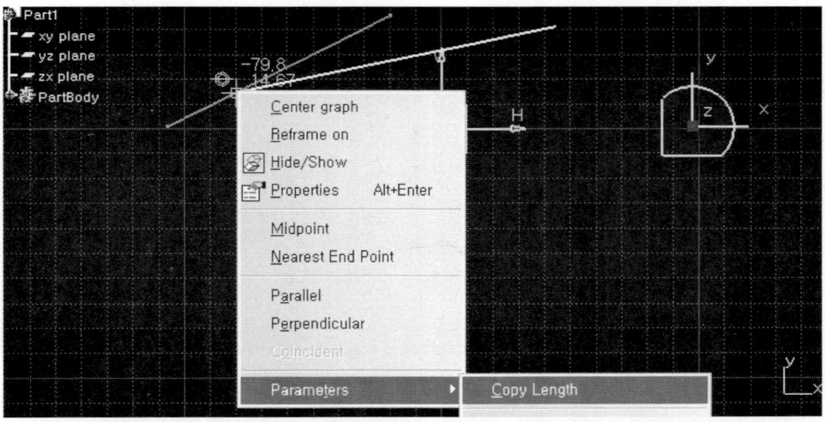

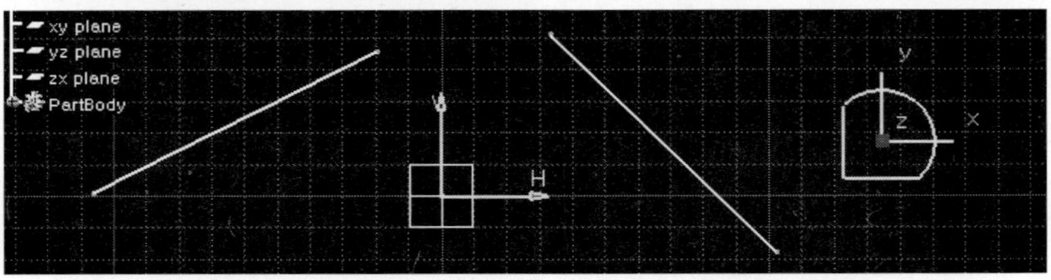

• Infinite Line( ) : 무한의 Line을 생성할 수 있으며 그림과 같이 Horizontal Line( ), Vertical Line( ), Line Through Two Points( )와 같은 세 개의 옵션이 있다.

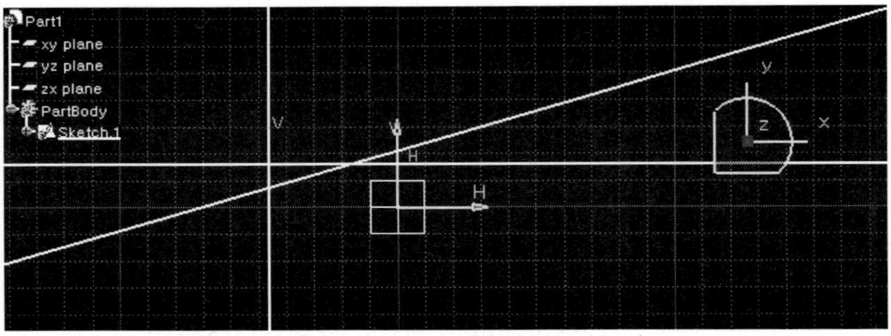

• Bi-Tangent Line( ) : 두 개의 요소에 접하는 Line을 생성한다.

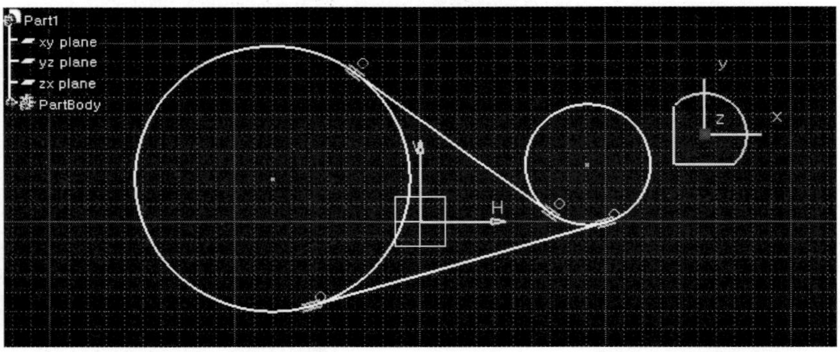

• Bisecting Line( ) : 두 개의 기존 Line이 이루는 각을 이등분하는 무한선을 생성한다. Bisecting Line 명령을 실행하고 기존 Line을 차례로 선택한다.

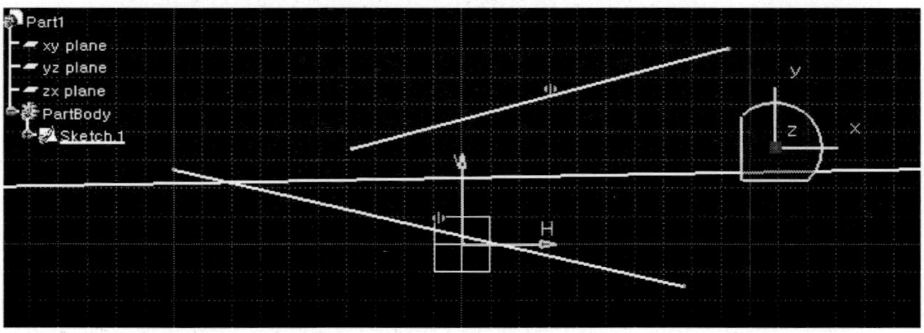

• Line Normal To Curve( ) : 기존 곡선에 수직인 Line을 생성한다.

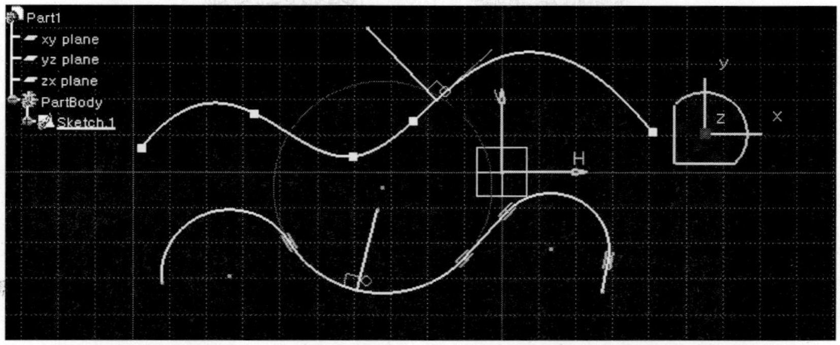

- Axis( ) : 축을 생성하는 기능으로서 그림과 같이 회전체의 중심축으로 사용된다.

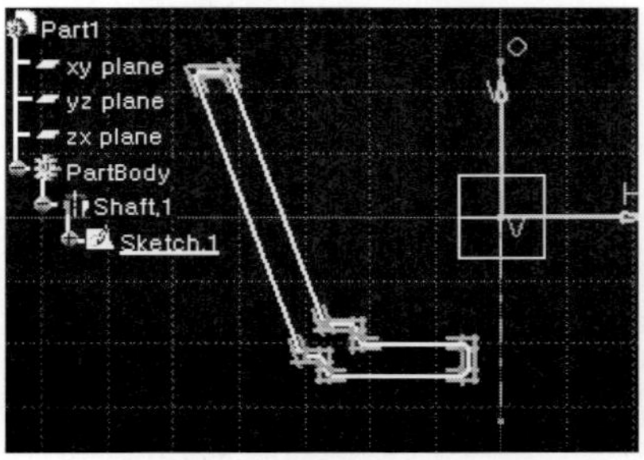

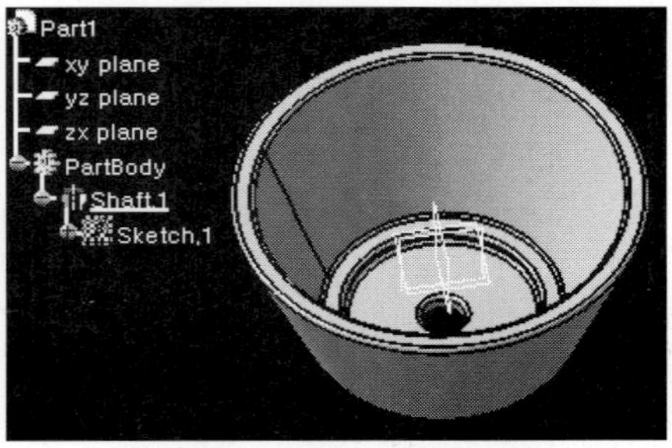

(7) Point( )

점의 생성과 이에 대한 옵션으로 구성되어 있다. Construction Element로 생성하여 참조 위치를 잡아줄 때 주로 사용된다.

- Point by Clicking( ) : 마우스 포인터로 위치를 지정하던지 혹은 좌표 값을 입력하여 점을 생성할 수 있으며, Construction Element로 생성한 점과 Standard Element로 생성한 점은 그림과 같이 구분된다.

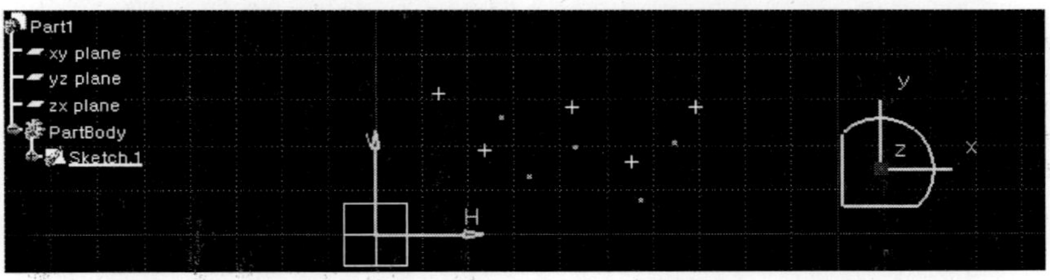

- Point by Using Coordinates( ) : 좌표 값을 정의하여 점을 생성한다.

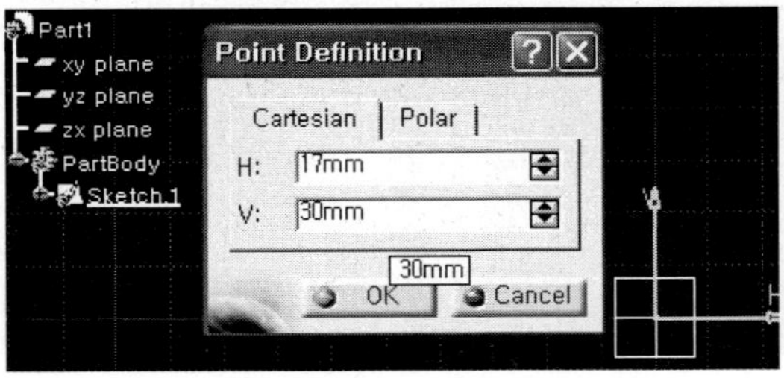

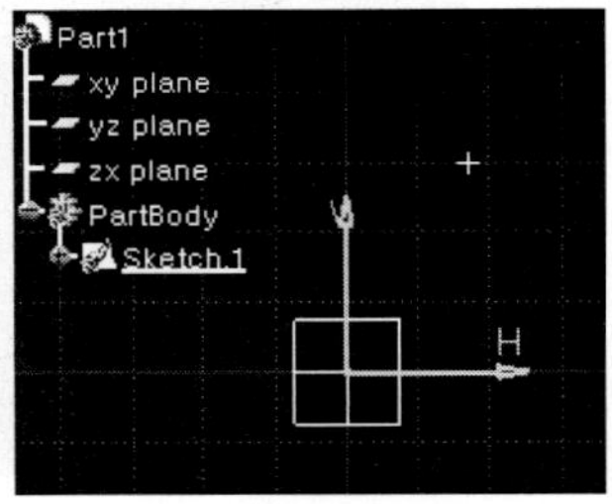

- Equidistant Points( ) : 선택한 Line 또는 Curve 위에 등간격의 점을 생성한다.

① Points & Length : 등간격으로 생성할 점의 개수와 요소의 시작점부터 일정 거리를 설정한다.

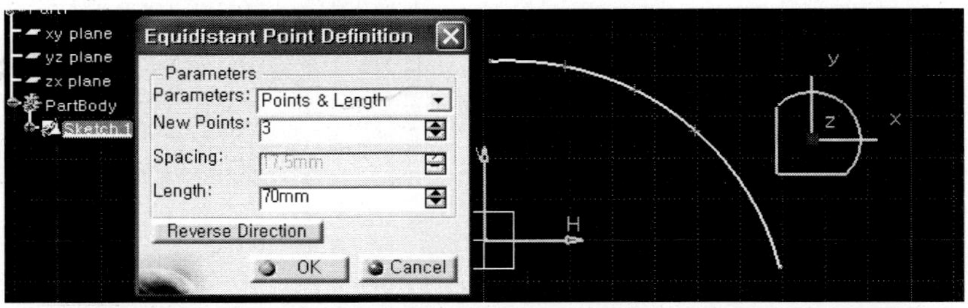

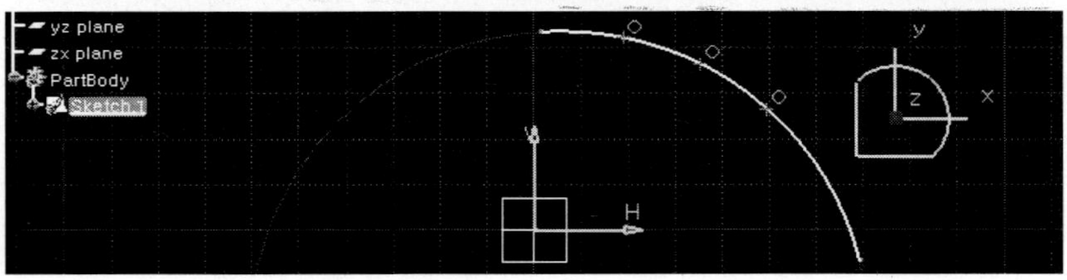

② Points & Spacing : 생성할 점의 수와 점 사이의 간격을 설정한다.

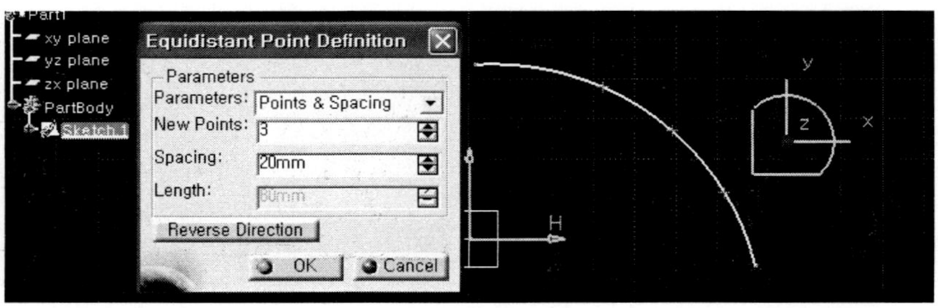

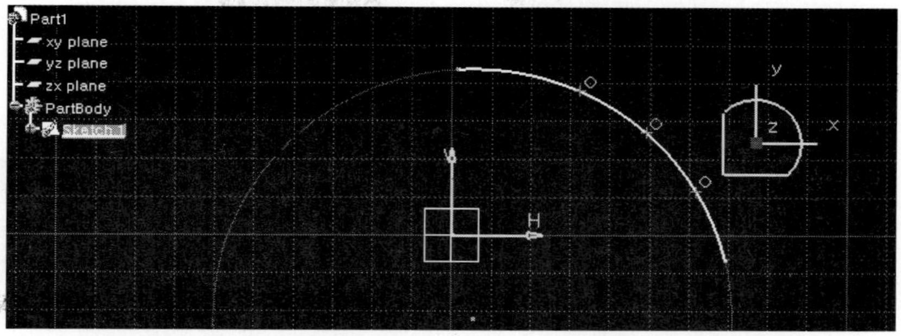

③ Spacing & Length : 점 사이의 간격과 요소의 시작점부터 일정 거리를 설정한다.

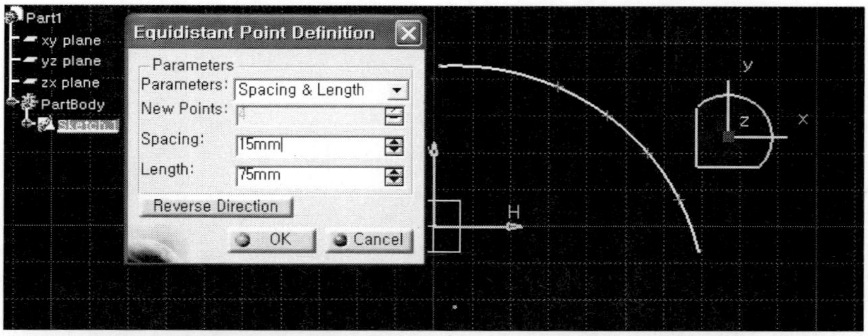

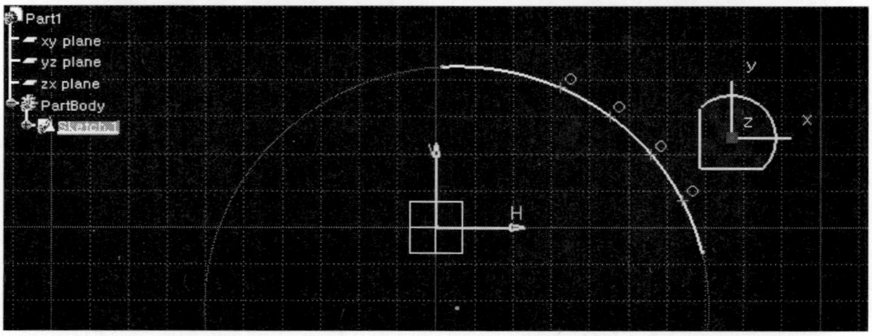

• Intersection Point( ) : 선택한 두 요소의 교차점을 생성한다.

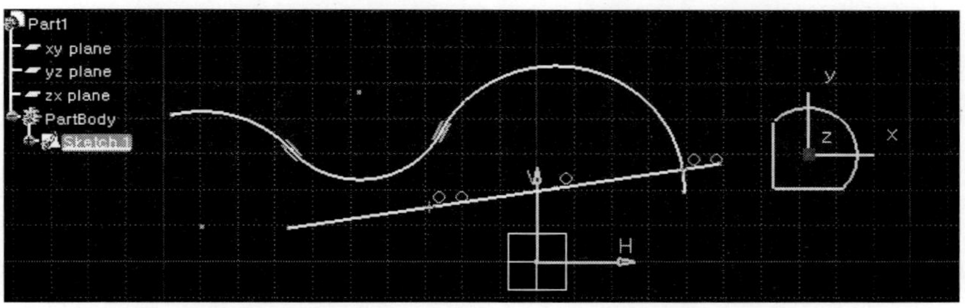

- Projection Point( ) : 이미 생성된 점들을 선택하여 지정한 곡선에 수직으로 투영시킨 새로운 점을 생성한다.

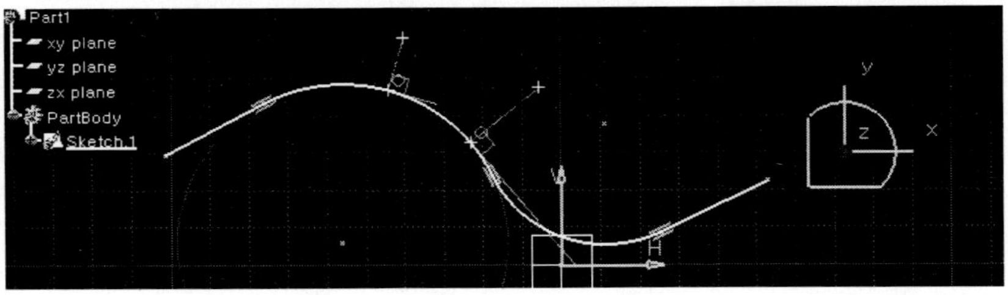

➢ 2.4 Constraint

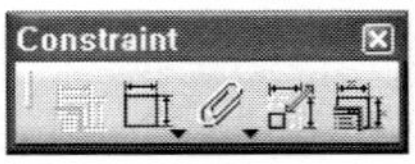

Sketch Profile에 대한 위치와 형상을 구속하는 기능을 한다.

(1) Constraint Defined in Dialog Box( )

- Constraint Definition 창에 나타나는 구속조건을 선택하여 형상구속(Geometrical Constraint)을 할 수 있다.

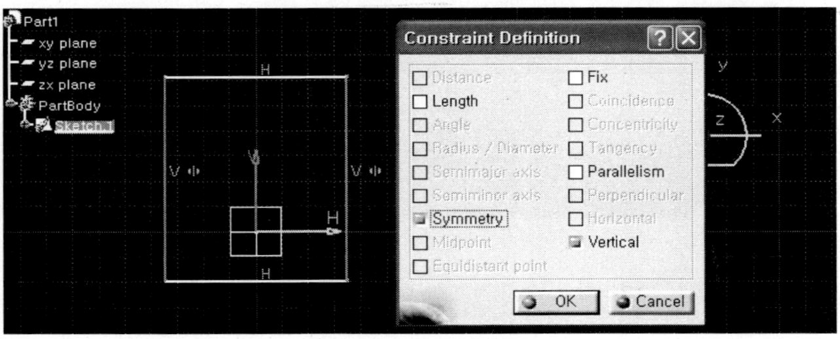

① Distance : 두 개 요소 사이의 거리를 구속

② Length : 한 개 요소의 길이를 구속

③ Angle : 두 개 요소 사이의 각도를 구속

④ Radius/Diameter : 원의 반지름/지름을 구속

⑤ Semimajor axis : 타원의 장축 길이를 구속

⑥ Semiminor axis : 타원의 단축 길이를 구속
⑦ Symmetry : 마지막에 선택한 요소를 기준으로 먼저 선택한 요소의 대칭 구속
⑧ Midpoint : Line을 이등분점에 위치하도록 구속
⑨ Equidistance point : 포인트 사이의 등간격인 지점에 위치 구속을 부여
⑩ Fix : 선택한 요소를 좌표 상에 고정
⑪ Coincidence : 두 개의 요소를 일치하도록 구속
⑫ Concentricity : 두 원의 중심이 일치하도록 구속
⑬ Tangency : 두 개의 요소가 서로 접선으로 만나도록 구속
⑭ Parallelism : 두 개의 요소가 서로 평행하도록 구속
⑮ Perpendicular : 두 개의 요소가 서로 직각으로 만나도록 구속
⑯ Horizontal : 수평축에 평행하도록 구속
⑰ Vertical : 수직축에 평행하도록 구속

(2) Constraint()

• 선택한 요소의 치수구속(Dimensional Constraint)을 할 수 있으며, 그림과 같이 생성된 치수를 더블 클릭하여 치수 값(Value)을 수정할 수 있다.

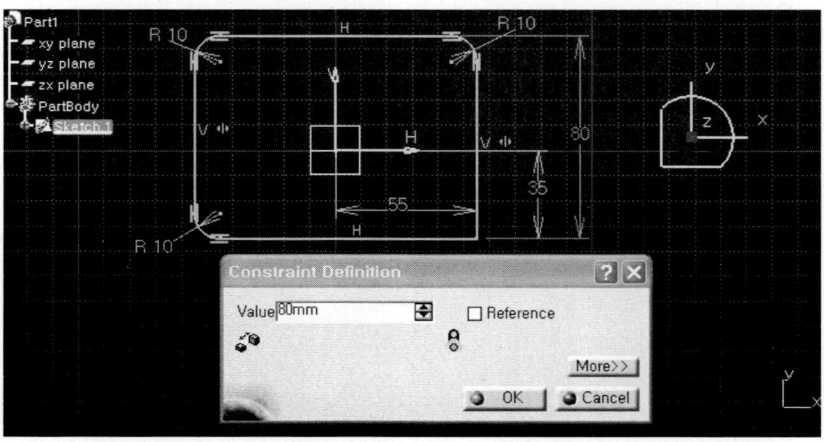

(3) Contact Constraint()

• 선택된 요소에 적절한 구속을 자동적으로 부여하며, 생성할 수 있는 구속은 다음과 같이 제한되어 있다.

선택된 요소	형상 구속	선택된 요소	형상 구속
Line & Circle	Tangency	Point & Point	Coincidence
Curve & Curve	Tangency	Point & Line	Coincidence
Circle & Circle	Concentricity	Line & Line	Coincidence
Curve & Ellipse	Concentricity		

- Line과 Circle을 동시에 선택하고 Contact Constraint 명령을 실행한 결과

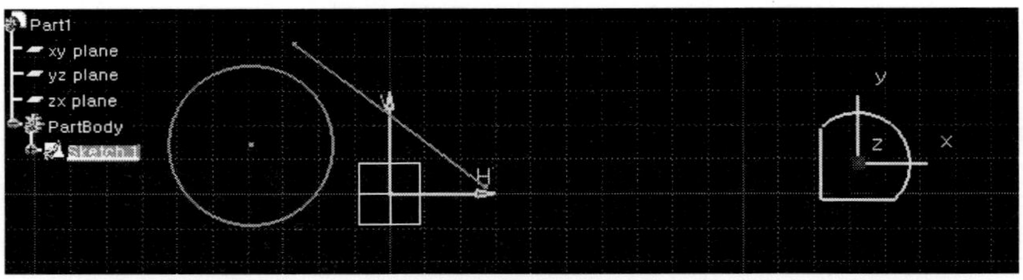

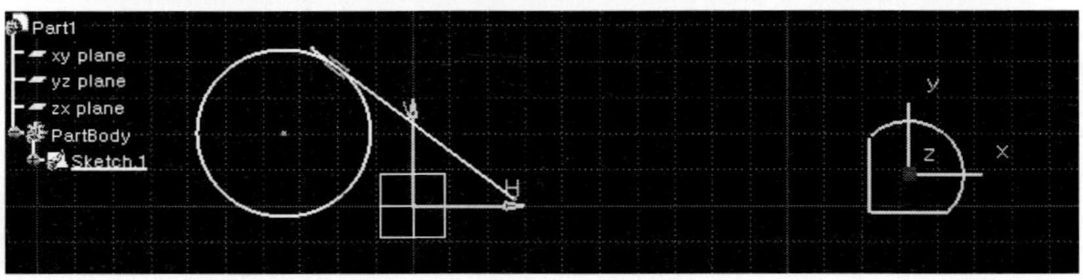

- Circle과 Ellipse를 동시에 선택하고 Contact Constraint 명령을 실행한 결과

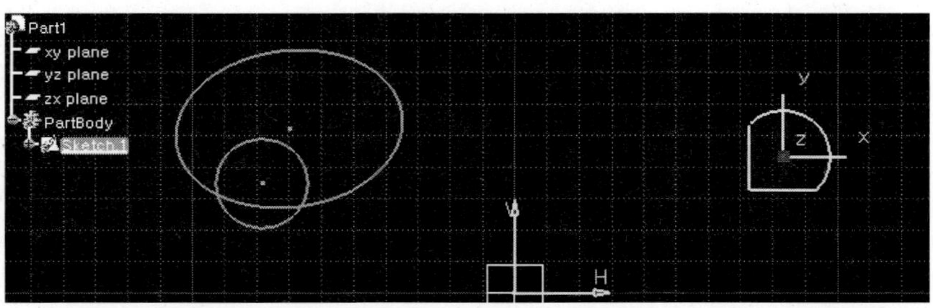

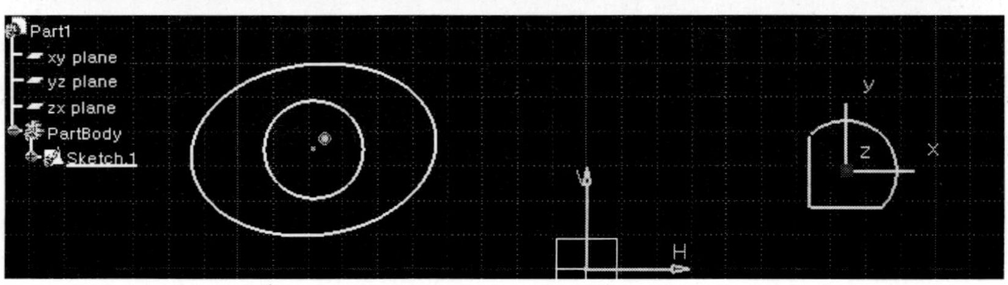

• Line과 Line을 동시에 선택하고 Contact Constraint 명령을 실행한 결과

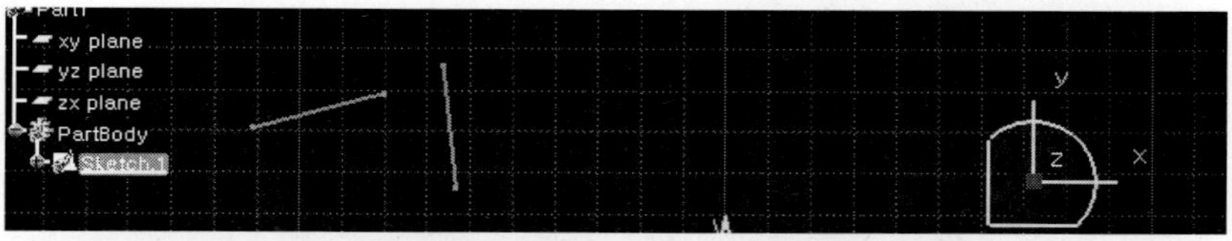

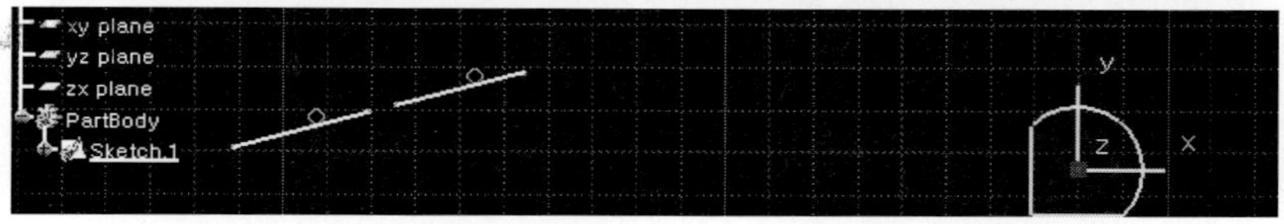

(4) Auto Constraint( )

• 구속조건을 부여할 요소를 선택하고 기준요소를 지정하여 적용한다.

① 구속시킬 요소를 선택한다.

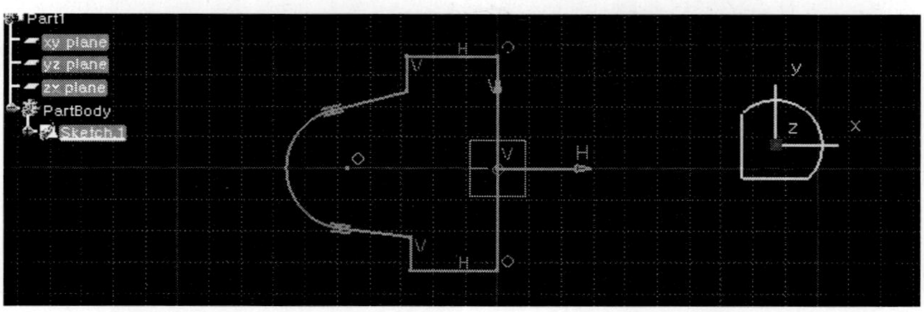

② Auto Constraint 명령을 실행한다.

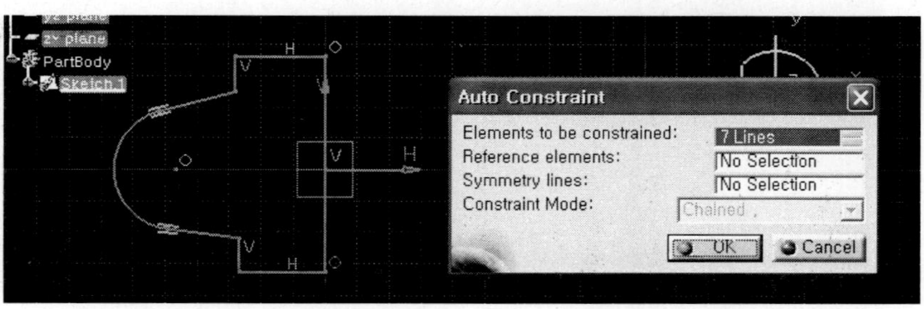

③ Reference elements로 Horizontal Axis(H-Direction)를 지정한다.

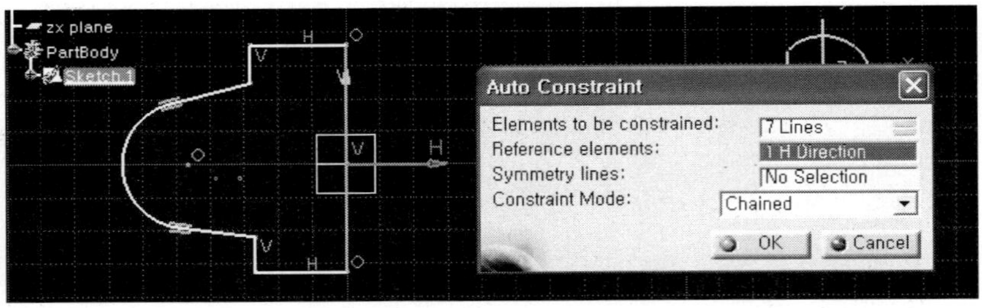

④ 자동으로 모든 치수가 부여되었다.

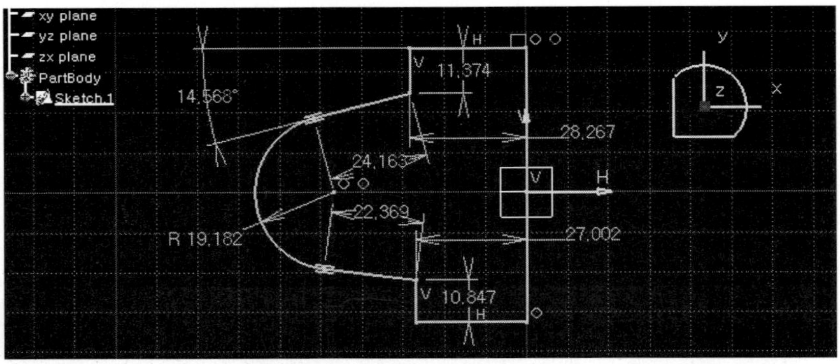

(5) Animate Constraint()

- 특정 치수에 대한 일정 범위 내에서 값의 변화에 따른 Profile의 형상을 관찰할 수 있다. Kinematics에서 요소의 구속을 미리 관찰할 때 사용할 수 있다.

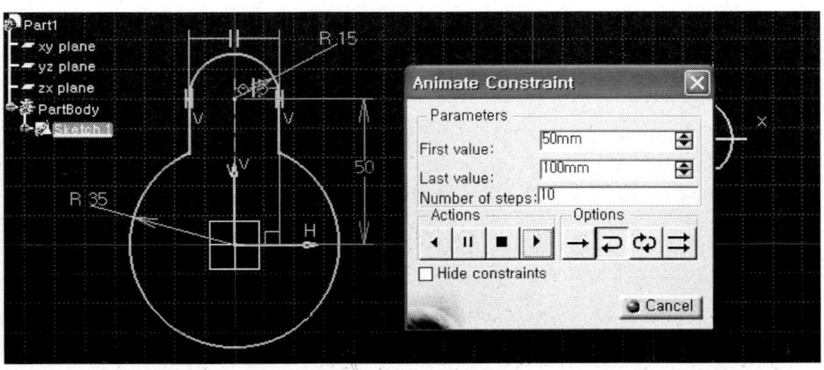

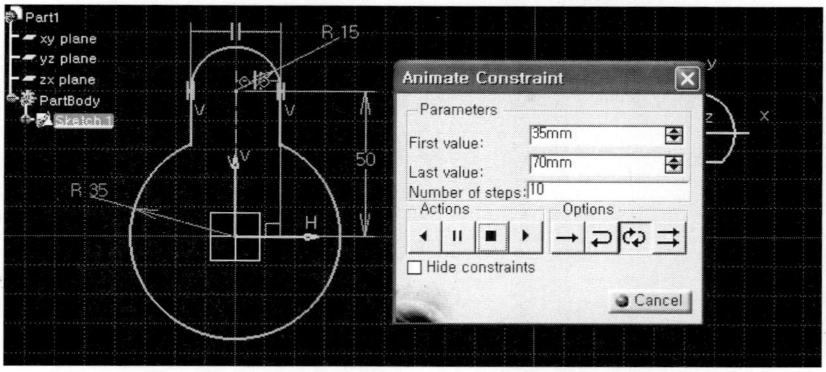

(6) Edit Multi-Constraint( )

- 구속된 치수를 그림과 같이 Current Value에 입력하여 일괄적으로 수정할 수 있다. 치수를 독립적으로 수정할 때 발생할 수 있는 형상의 심한 왜곡을 방지할 수 있다.

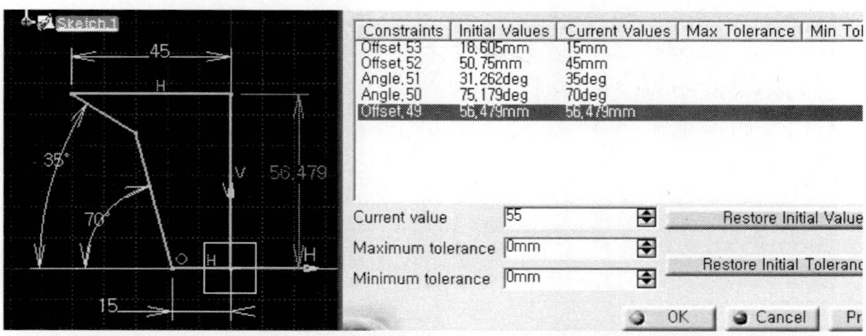

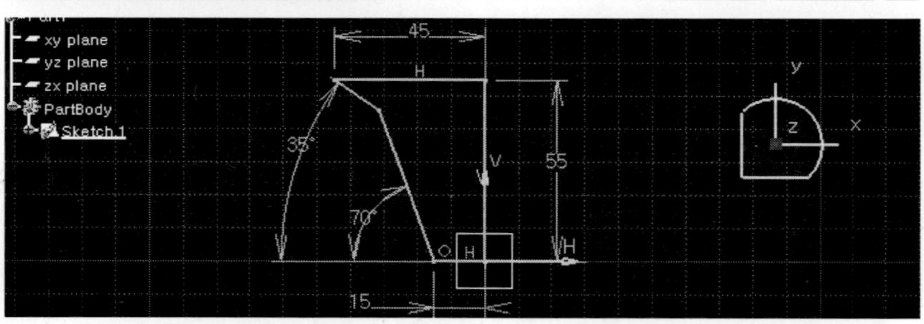

➢ 2.5 Operation

Sketch Profile이나 요소의 변형, 삭제, 절단, 복원 등과 같은 편집 작업을 할 수 있다.

(1) Corner( )

- 교차하는 두 요소의 모서리에 라운드를 생성하는 기능으로서 다음 그림과 같이 6개의 옵션이 있다.

① Trim All Elements : 두 요소를 라운드로 연결한 후 돌출된 부분을 모두 제거

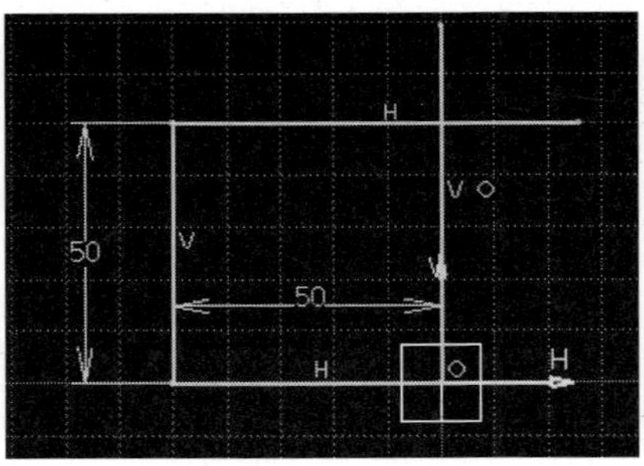

기존 요소

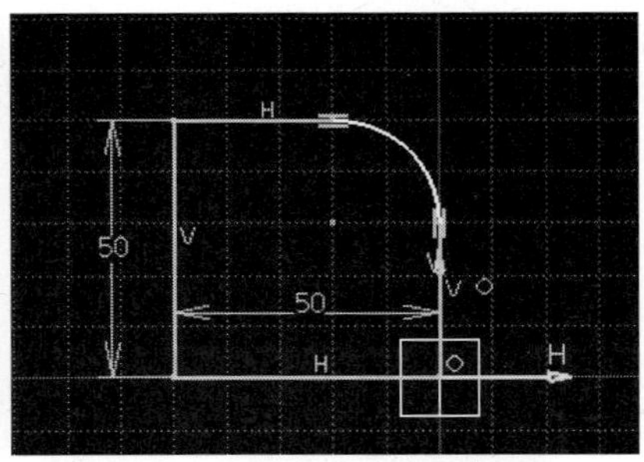

Trim All Elements

② Trim First Element : 두 요소 중 먼저 선택한 요소의 돌출된 부분을 제거

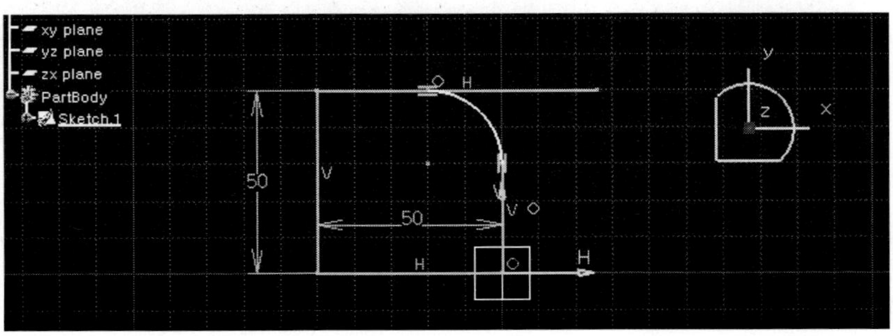

③ No Trim : 두 요소를 라운드로 연결하고 돌출된 부분을 제거하지 않음

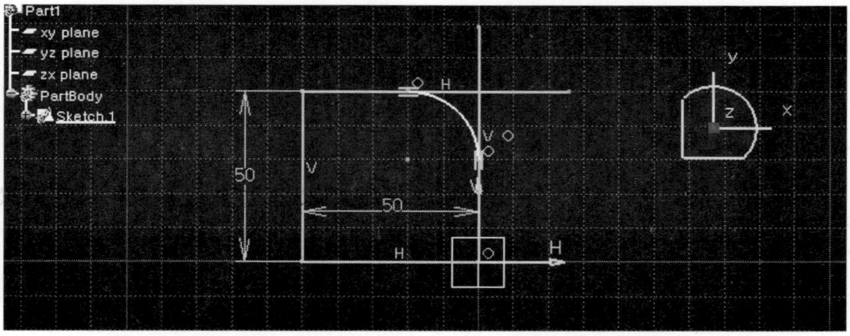

④ Standard Lines Trim : 라운드하고 남은 두 요소를 Standard Line으로 설정

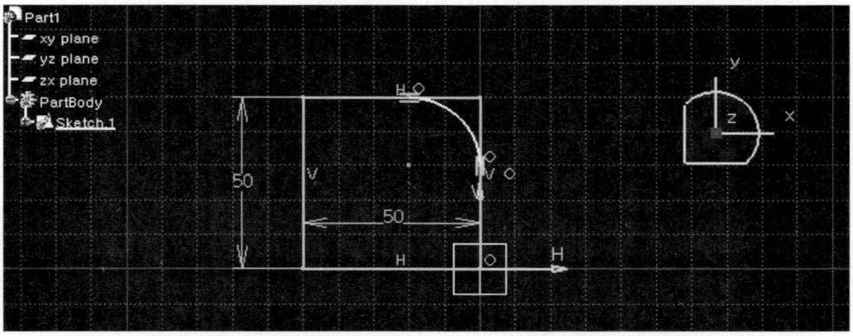

⑤ Construction Lines Trim : 라운드하고 남은 두 요소를 Construction Line으로 설정

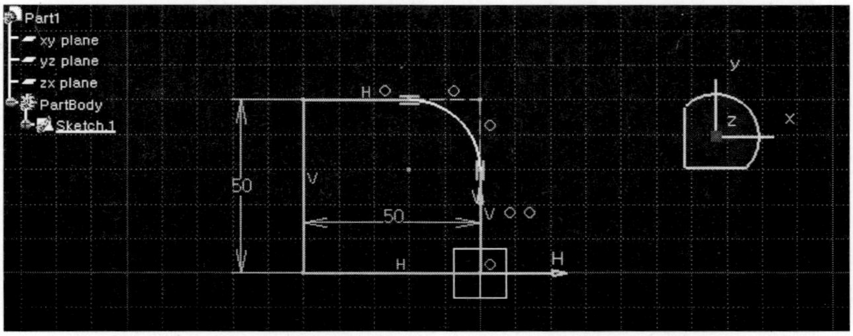

⑥ Construction Lines No Trim : Construction Line으로 설정하고 제거하지 않음

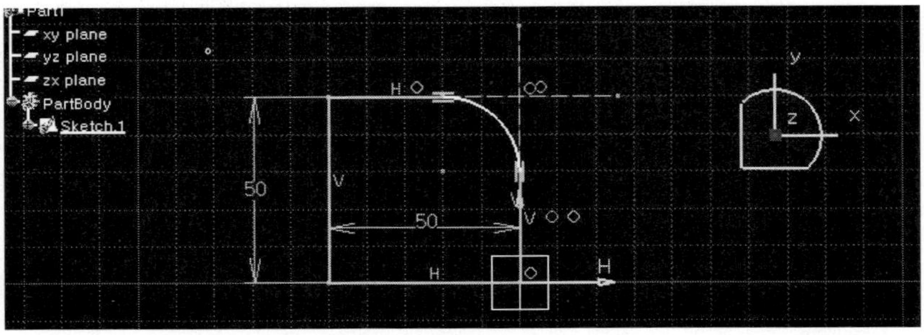

• 다수의 모서리에 동일한 라운드를 동시에 생성하기 위해 먼저 프로파일의 모서리에 있는 점들을 선택한다. 다음 그림과 같이 Sketch tools의 Radius에 라운드의 반지름 값을 입력한다. 생성된 라운드의 치수를 구속시킨다.

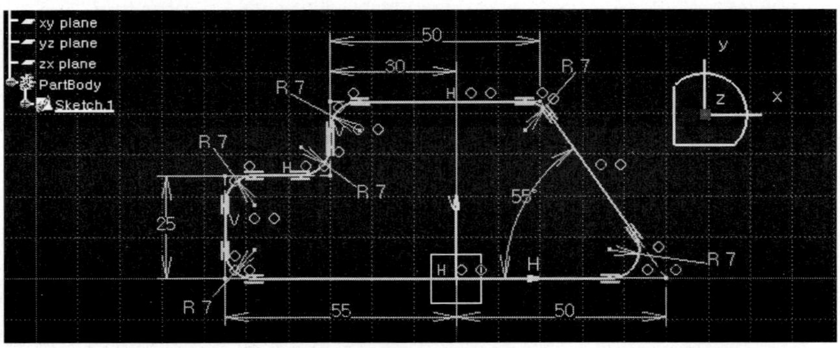

(2) Chamfer( )

• 두 요소가 교차되는 모서리에 모따기를 생성하는 기능으로 다음의 옵션이 있다.

① Trim All Elements : 두 요소를 모따기한 후 돌출된 부분을 모두 제거

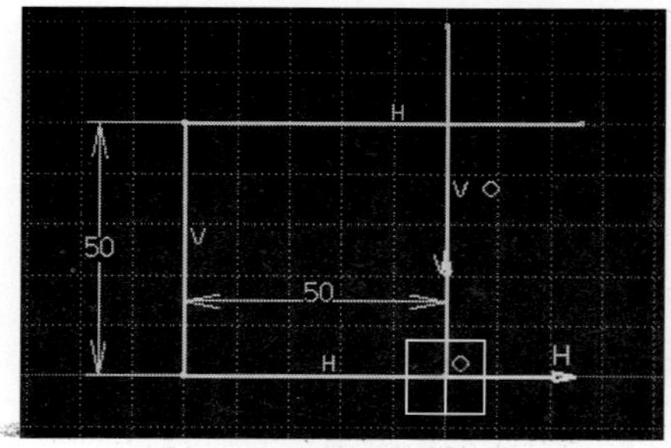

기존 요소

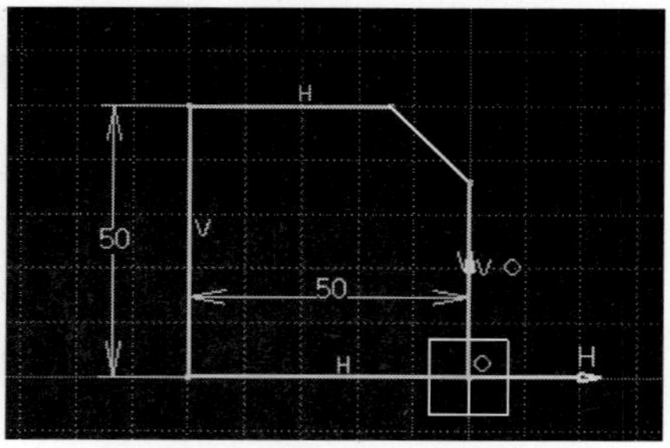

Trim All Elements

② Trim First Element : 두 요소 중 먼저 선택한 요소의 돌출된 부분을 제거

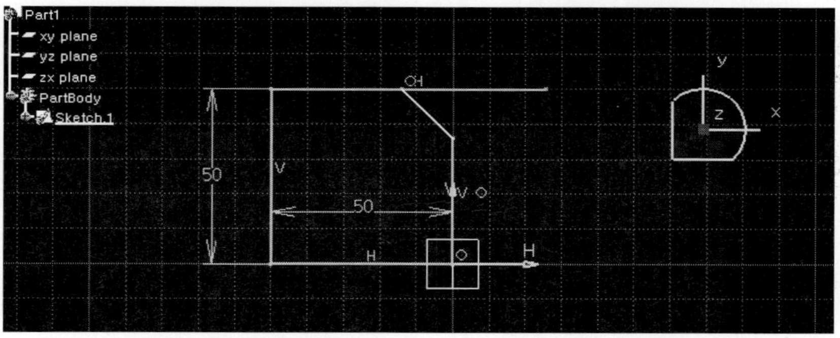

③ No Trim : 두 요소를 모따기하고 돌출된 부분을 제거하지 않음

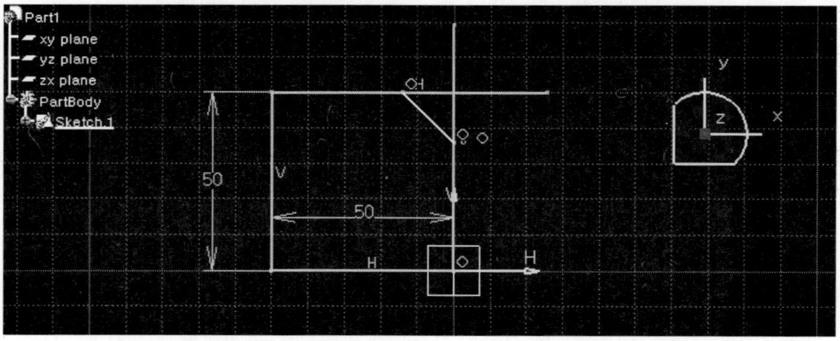

④ Standard Lines Trim : 모따기하고 남은 두 요소를 Standard Line으로 설정

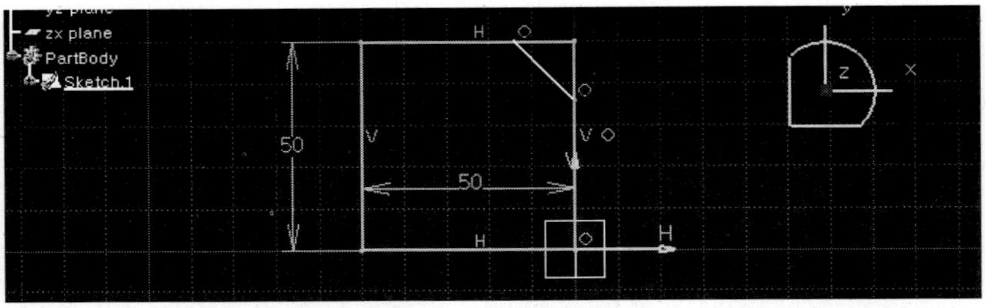

⑤ Construction Lines Trim : 모따기하고 남은 두 요소를 Construction Line으로 설정

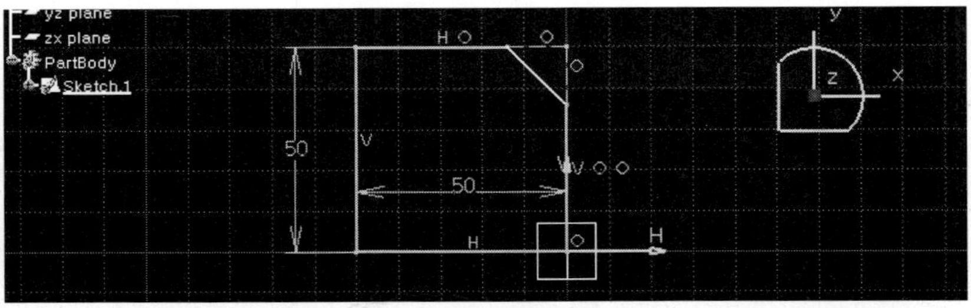

⑥ Construction Lines No Trim : Construction Line으로 설정하고 남은 요소를 제거하지 않음

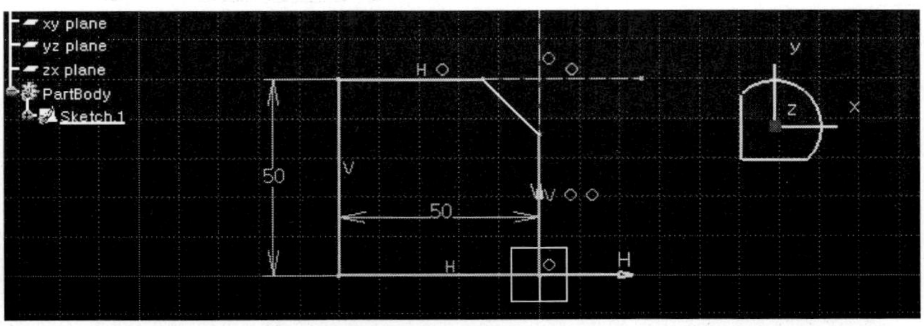

(3) Trim( )

- 교차점을 기준으로 필요하지 않은 요소를 지우고, 교차하지 않은 요소는 교차점까지 연장시키는 기능을 한다. 다음과 같은 두 가지 옵션이 있다.

① Trim All Elements( ) : 두 선의 교차점을 중심으로 잘라낸 후 필요하지 않은

모든 부분을 제거한다.

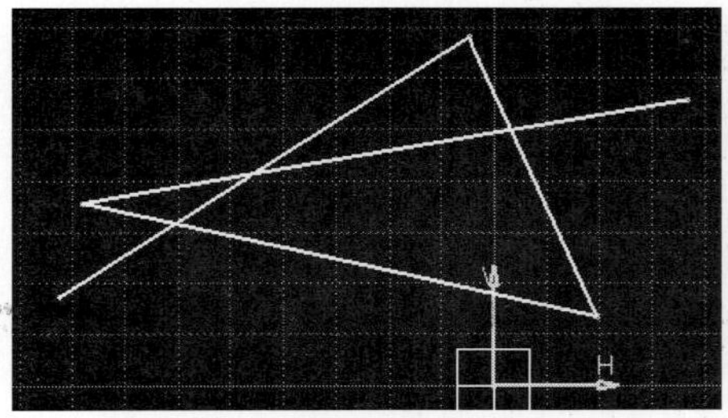

기존 요소

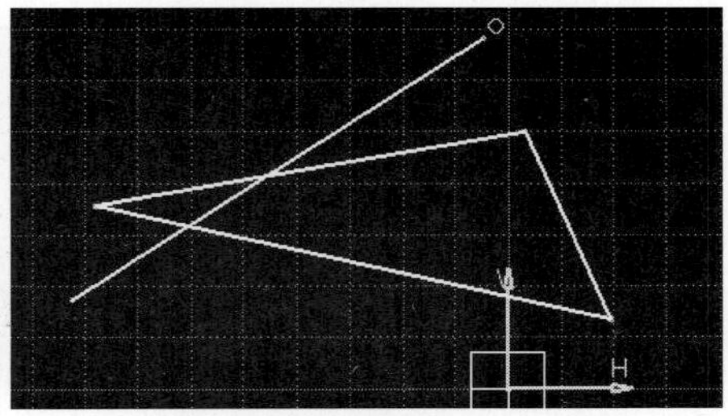

Trim All Elements

② Trim First Element( ) : 먼저 선택한 부분의 선을 잘라낸 후 처음 선택한 선의 나머지를 제거한다.

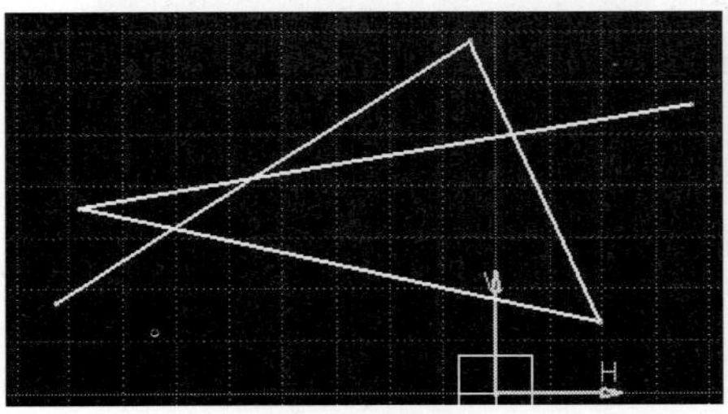

기존 요소

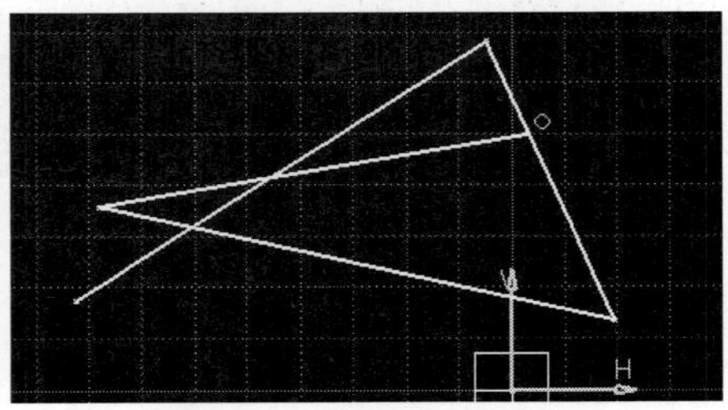

Trim First Element

(4) Break( )

- 임의의 요소를 끊는 기능을 한다.

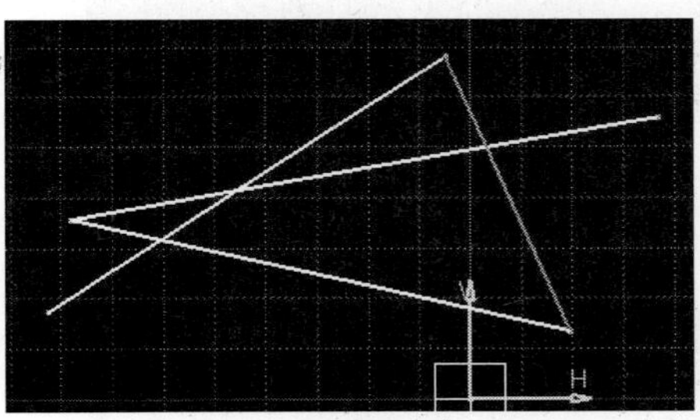

기존 요소

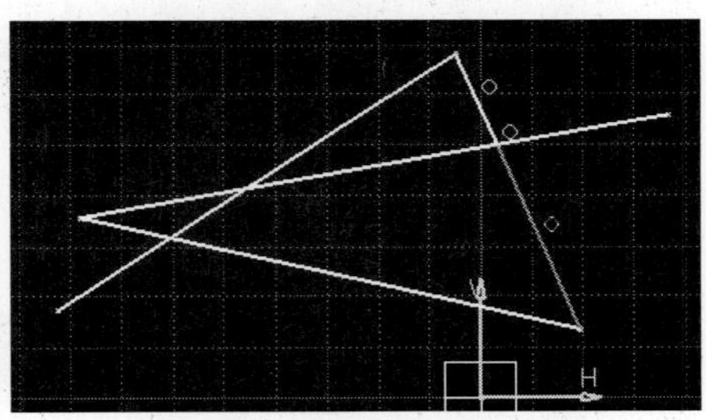

Break

(5) Quick Trim( )

- 요소의 교차점을 중심으로 원하는 부분만 쉽게 제거할 수 있으며 세 가지 옵션이 있다. 수평선 요소의 원 안쪽 부분을 선택하여 Quick Trim 명령을 실행하였을 때, 옵션에 따른 차이점을 다음의 그림에서 보여주고 있다.

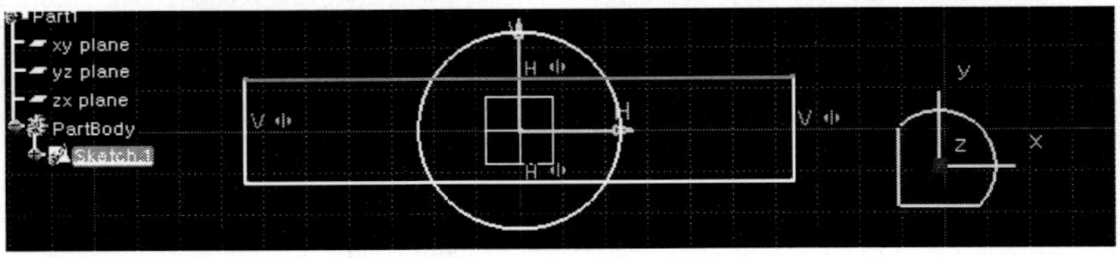

① Break And Rubber In( ) : 교차점을 기준으로 선택한 부분의 요소를 제거

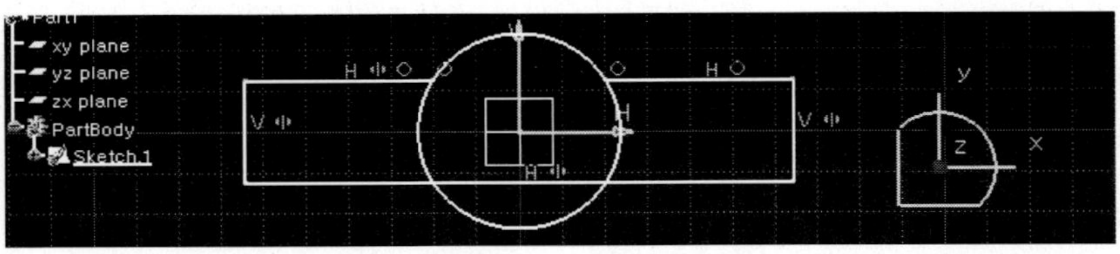

② Break And Rubber Out( ) : 교차점을 기준으로 선택한 부분 이외의 요소를 제거

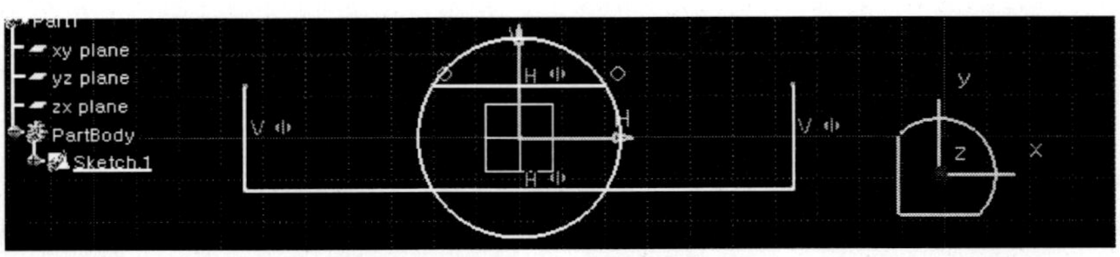

③ Break And Keep( ) : 선택한 요소를 교차점에서 끊는다.

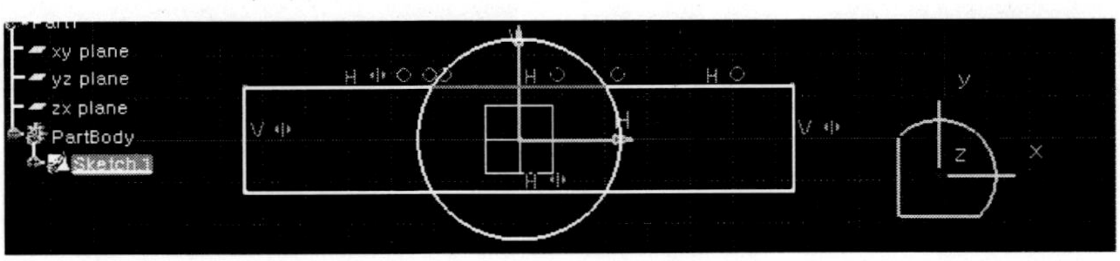

(6) Closed( )

• 잘려진 원이나 타원을 닫힌 상태로 복원시키는 기능을 한다.

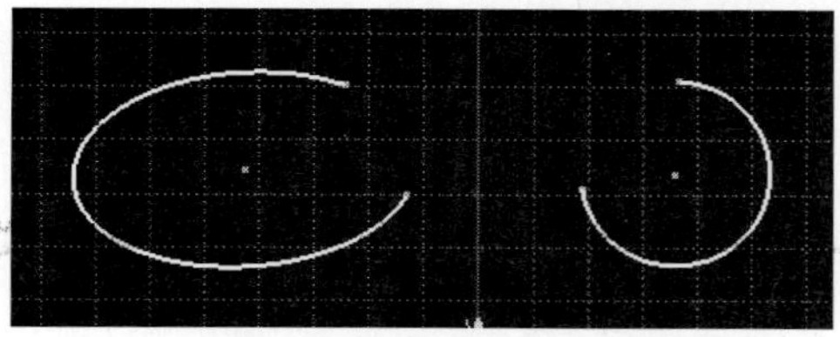

절단된 Ellipse와 Circle

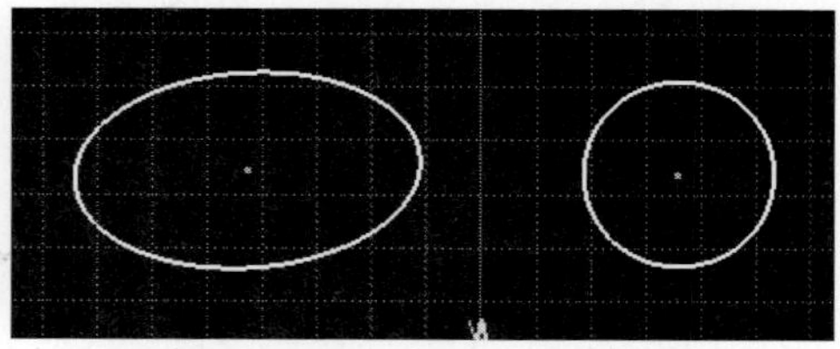

복원된 Ellipse와 Circle

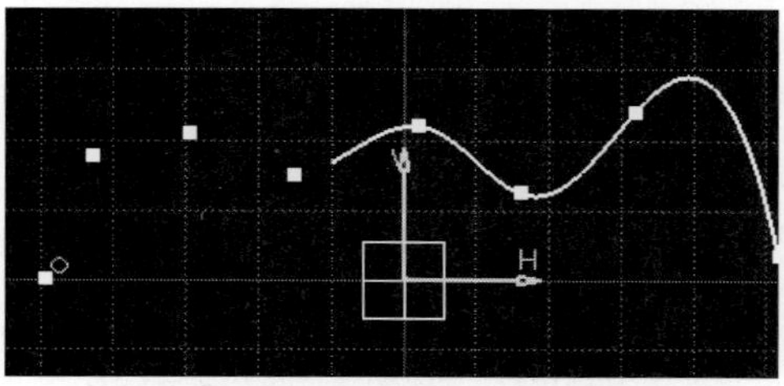

절단된 Spline Curve

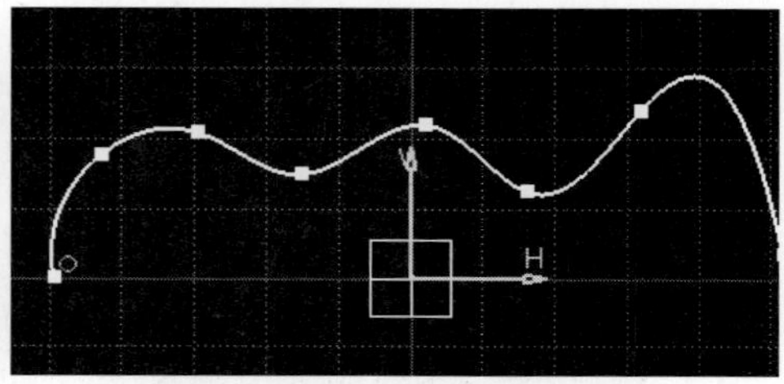

복원된 Spline Curve

(7) Complement( )

• 잘려진 원이나 타원에서 잘려진 부분만을 생성한다.

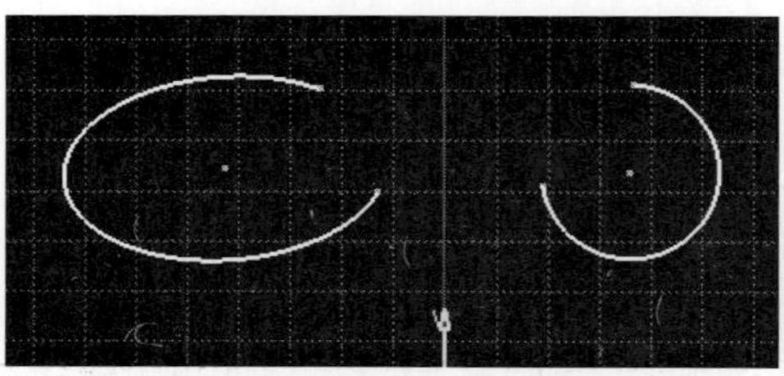

절단된 Ellipse와 Circle

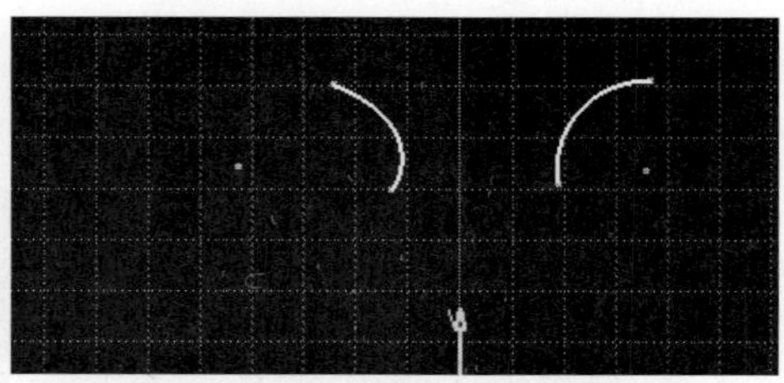

Ellipse와 Circle의 절단부분을 생성

2.6 Transformation

Sketch Profile에 대한 이동 및 변환, 회전, 축소 및 확대 등과 같은 수정 작업을 할 수 있다.

(1) Mirror( )

- 선택한 요소를 임의의 축을 기준으로 대칭 복사하는 기능을 한다. 이때 기준 축은 Line 혹은 Axis 모두 가능하다. 다음 그림에서 대칭축으로 Vertical Axis(V-Direction)를 지정하였다.

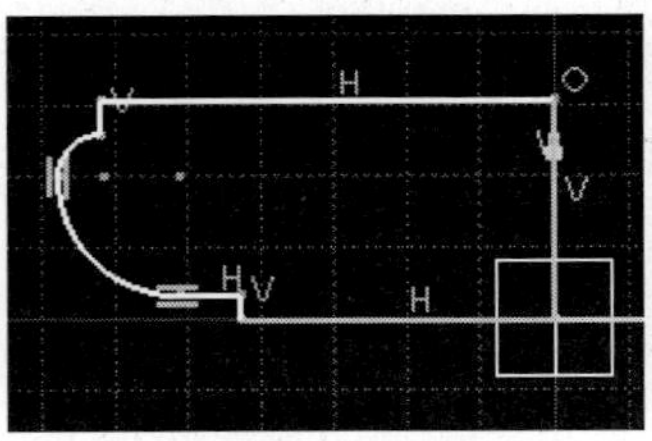

기존 요소

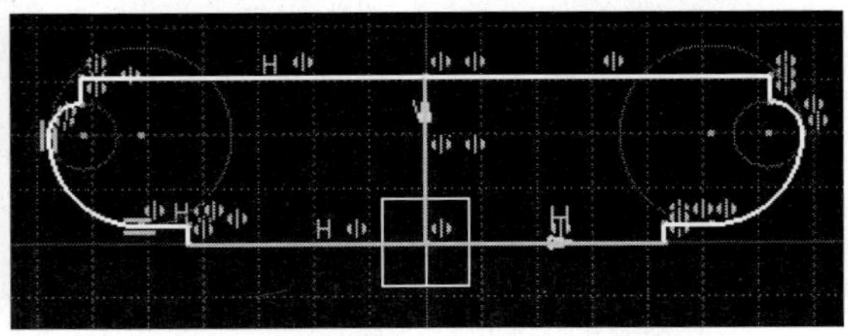

Mirror

(2) Symmetry( )

- 임의의 축을 기준으로 선택한 요소를 대칭되도록 이동시키며, 기준 축으로 Axis와 Line을 사용한다. Mirror에서와 마찬가지로 대칭축으로 Vertical Axis(V-Direction)를 지정하였다.

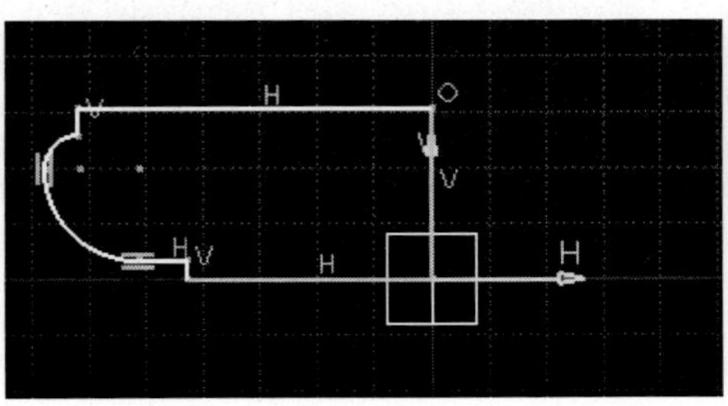

기존 요소

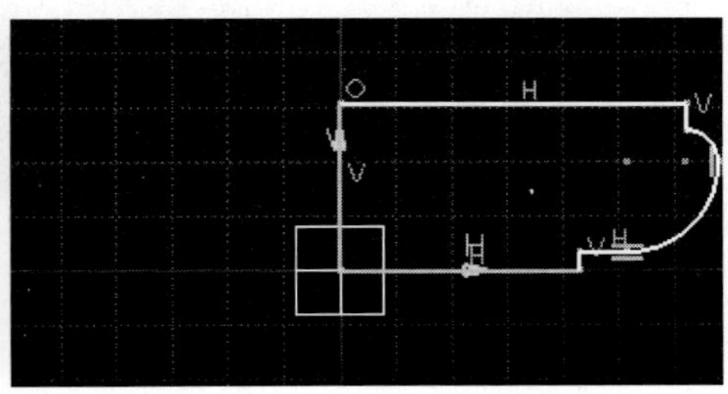

Symmetry

(3) Translate( )

- 선택한 요소를 일정한 거리와 방향으로 이동·복사시키는 기능을 한다. 여기서 Duplicate mode는 선택한 요소의 이동·복사, Keep internal constraints는 치수

구속의 이동·복사, Keep external constraints는 형상구속의 이동·복사, Value는 이동거리 등을 설정할 수 있는 옵션이다.

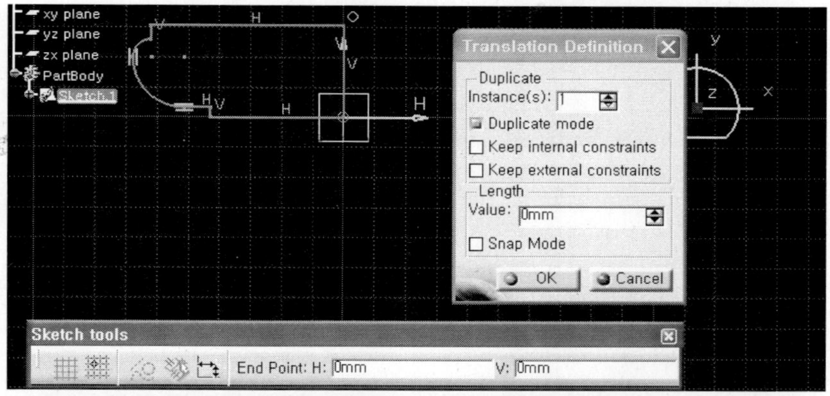

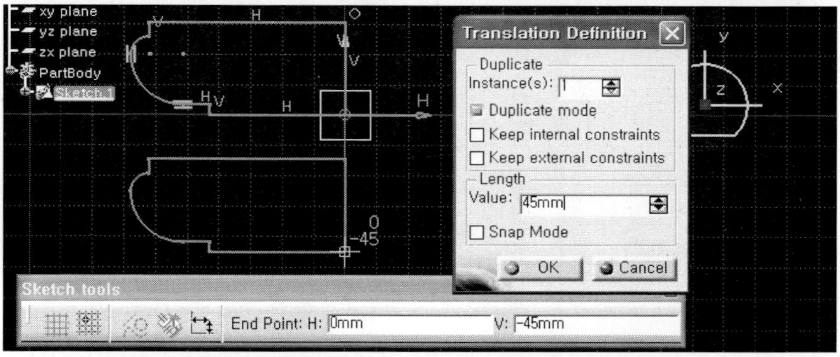

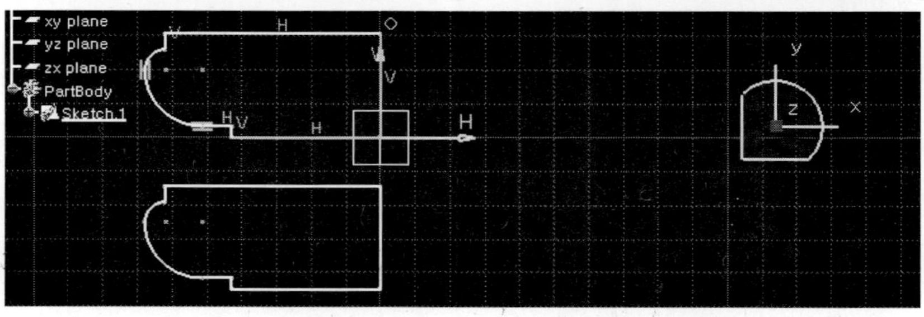

(4) Rotate( )

- 선택한 요소를 일정한 각도와 방향으로 회전시키는 기능을 한다. 그림에서 절대좌표의 원점을 회전 중심점으로 설정하고 35도 회전시킨 결과를 보여주고 있다.

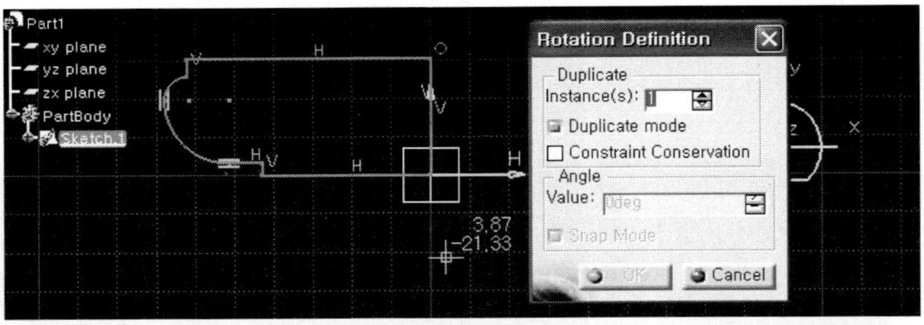

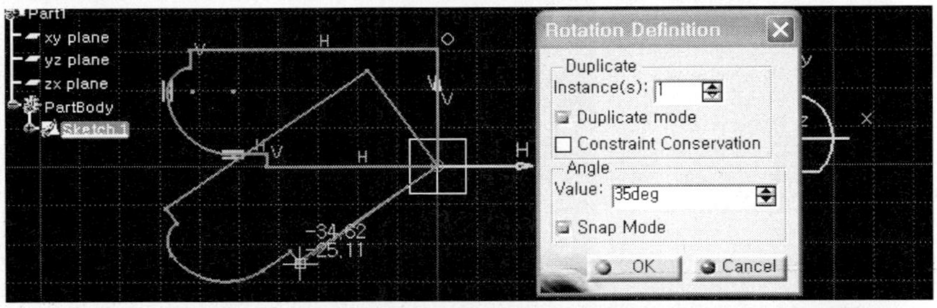

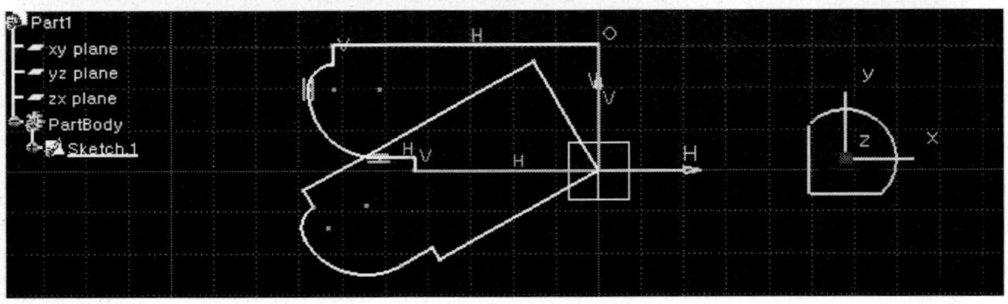

(5) Scale()

- 선택한 요소를 일정 비율로 확대 또는 축소시키는 기능을 한다. 그림에서 절대좌표의 원점을 Scale 기준점으로 설정하고 1.3배 확대한 결과를 보여주고 있다.

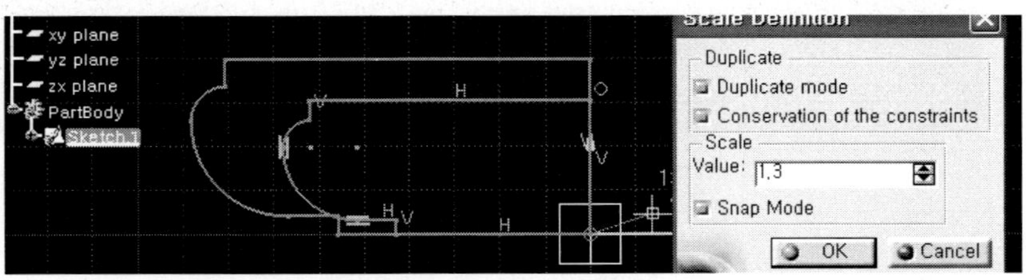

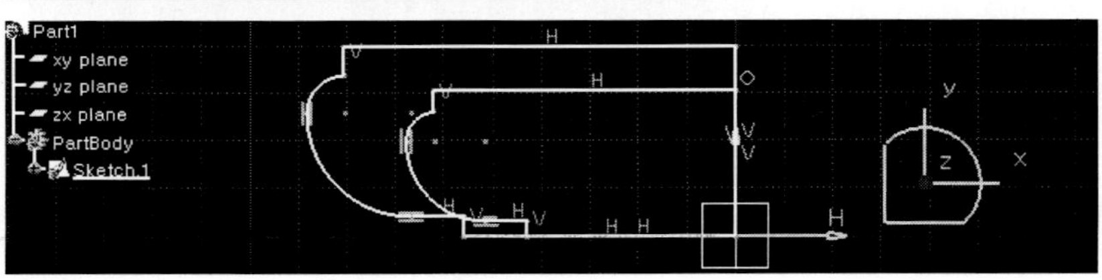

(6) Offset( )

- 선택한 요소를 일정한 거리만큼 수직 방향으로 복사하는 기능을 한다. Sketch tools의 옵션에서 선택한 요소만 Offset, 선택한 요소에 접하는 것까지 포함하여 Offset, 선택한 요소에 연결되는 모든 것을 포함하여 Offset하는 것과 같은 세 가지 유형을 설정할 수 있다. 이러한 유형에 대하여 양쪽 방향으로 Offset할 수 있도록 설정할 수도 있으며 이를 다음 그림에서 보여주고 있다.

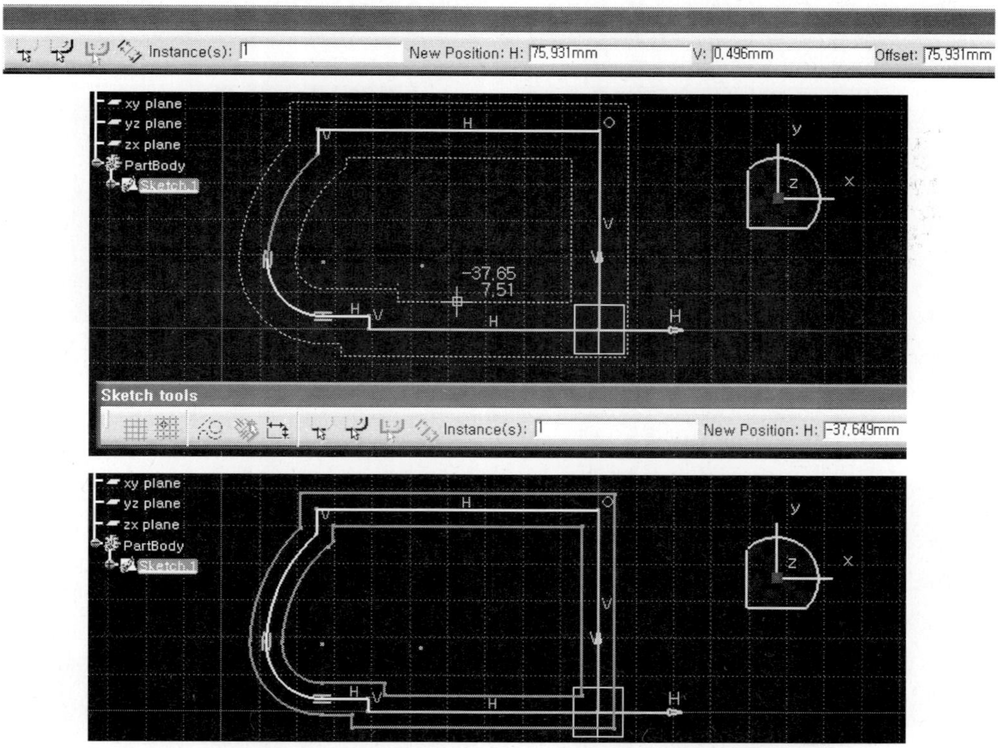

➤ 2.7 3D Geometry

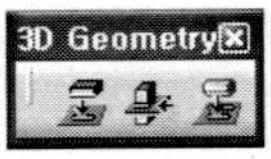

Feature의 특정 요소인 평면, 스케치 평면과 교차되는 평면이나 윤곽선으로부터 Sketch Profile을 추출할 수 있는 기능을 제공한다.

(1) Project 3D Elements( )

- Feature의 요소를 선택하여 Sketch Profile로 추출하는 기능이다. 다음 그림은 Sketch Profile을 추출하여 돌출시킨 것을 보여주고 있다.

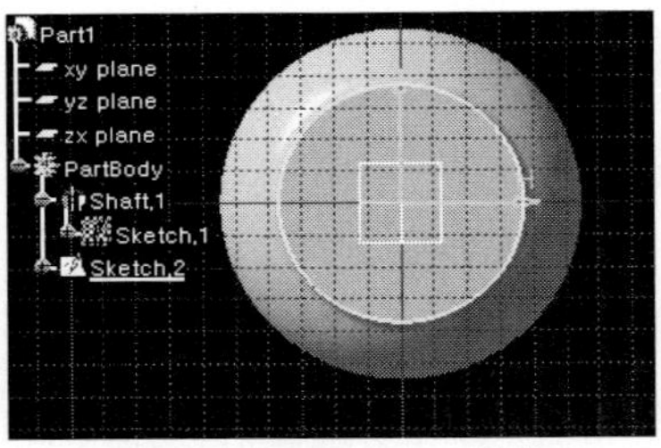

Sketch Profile 추출

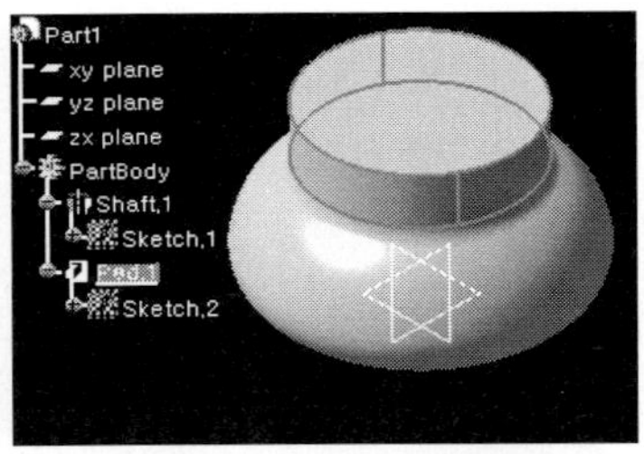

추출된 Profile을 돌출

(2) Intersect 3D Elements( )

- Feature와 Sketch Plane이 교차하는 요소를 추출하는 기능이다. zx-plane을 스케치 평면으로 하였을 때, Feature의 타원 기둥 윗면과 교차하는 선분(Sketch.5)이 스케치 요소로 추출된 것을 그림에서 보여주고 있다.

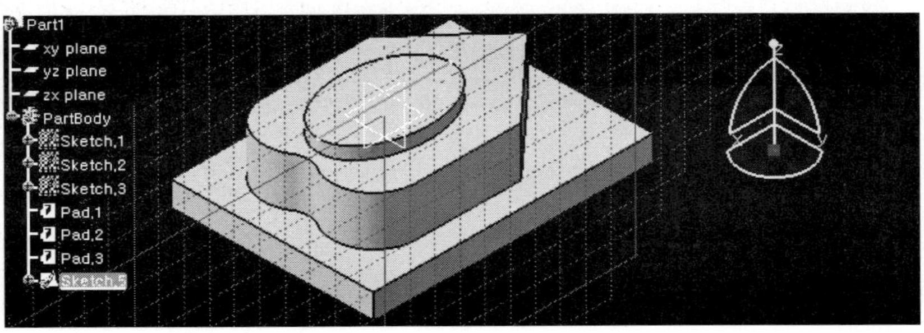

(3) Project 3D Silhouette Edges( )

- 주로 회전체 Feature의 윤곽선을 추출하는 기능이다. 스케치 평면인 yz-plane과 회전체의 윤곽선이 교차하여 만들어진 곡선(Sketch.2)을 다음 그림과 같이 추출하였다.

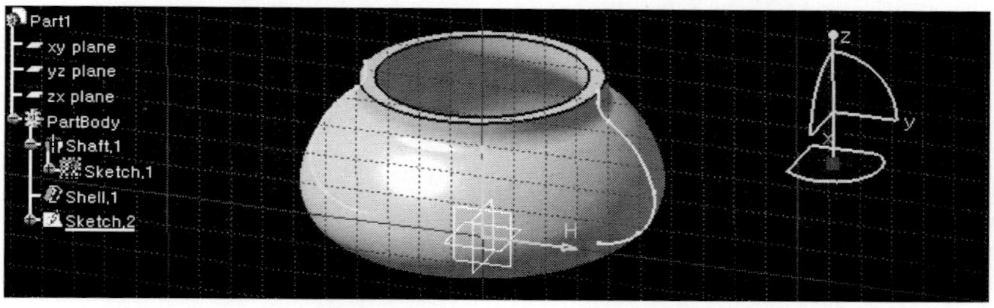

➢ 2.8 보조기능과 Sketcher Mode 끝내기

(1) Cut Part by Sketch Plane( )

- 모델링 작업 중에 Sketcher Workbench로 들어왔을 때, Solid Feature에 의해 가려진 부분의 내부를 파악할 수 있도록 하는 보조적 기능을 제공한다. 다음 그림과 같이 zx-plane을 지정하고 Sketcher Workbench로 들어 왔을 경우, Solid Feature의 내부 형상은 보이지 않는다. 이때 Cut Part by Sketch Plane 명령을 실행하면 zx-plane으로 절단된 단면의 모습을 정확하게 알 수 있다.

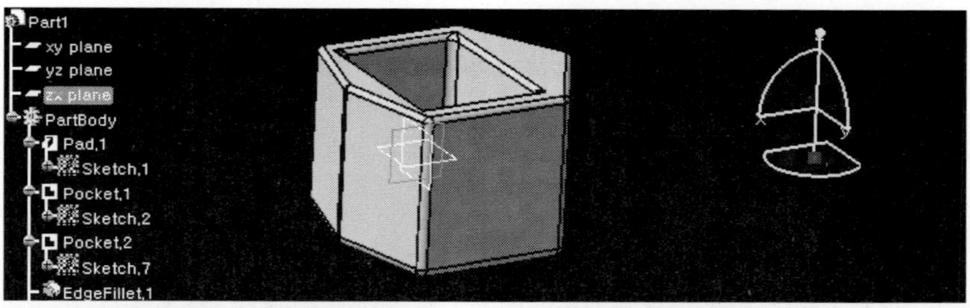

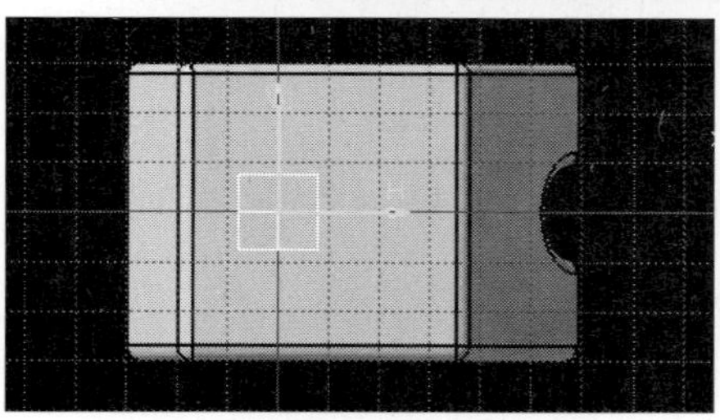

명령 실행 전

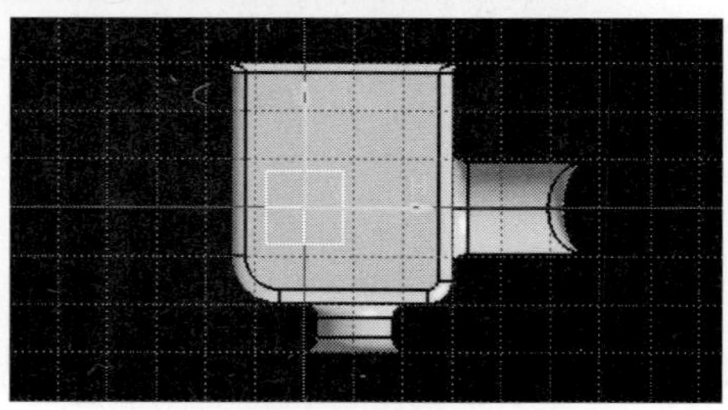

명령 실행 후

(2) Exit workbench( )

- Sketcher Workbench에서 Profile의 형상을 완성하고 구속조건을 완벽하게 부여하였으면 Exit workbench를 선택하여 3차원 모델링 영역으로 전환한다.

3. Part Design

평면 구조의 Sketch Profile에 대한 높이 방향의 돌출, 중심축을 기준으로 한 회전, Guide Curve에 대한 Sweep 등의 방법으로 Feature를 생성할 수 있으며, 이를 편집하고 변형시켜 복잡한 형상의 물체를 표현할 수 있다. 다음 그림과 같이 Part Design 또는 Sketcher를 선택하여 시작한다.

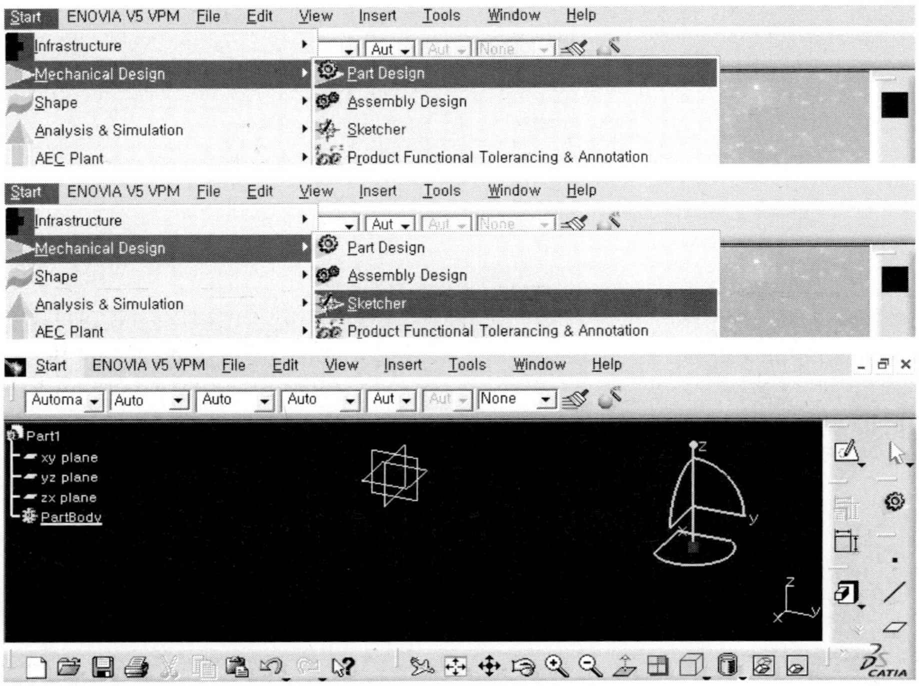

➢ 3.1 Sketch-Based Features

Pad, Pocket, Shaft, Groove, Hole, Rib, Slot, Stiffener 등을 생성한다.

(1) Pads( )

- Profile을 임의의 방향으로 돌출 시켜 입체적인 형상을 생성한다. Pad, Drafted Filleted Pad, Multi-Pad 등과 같은 세 가지 유형이 있다.
- Pad( ) : Sketch Profile을 선택하고 Pad 명령을 클릭하면 Pad Definition 창이 나타난다. First Limit과 Second Limit 영역에서 Type을 선택하고, Length를

입력하면 기본적인 Solid Feature가 생성된다.

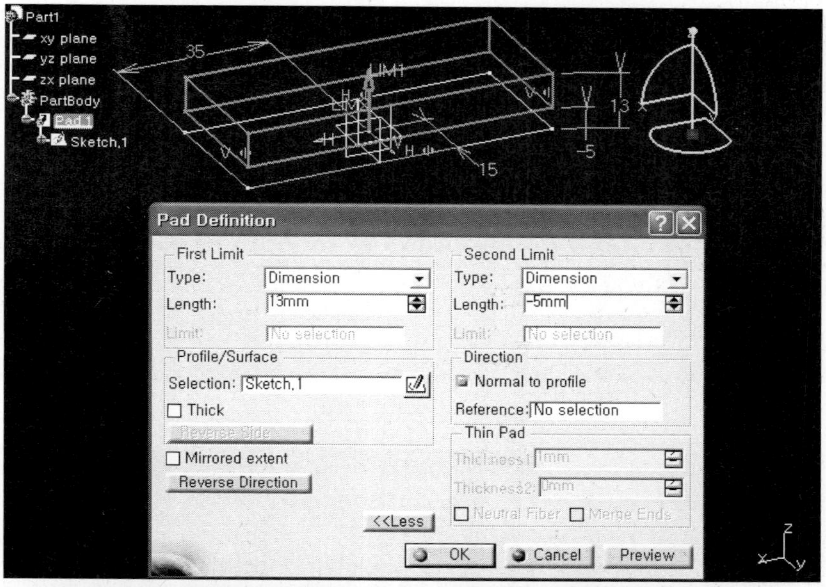

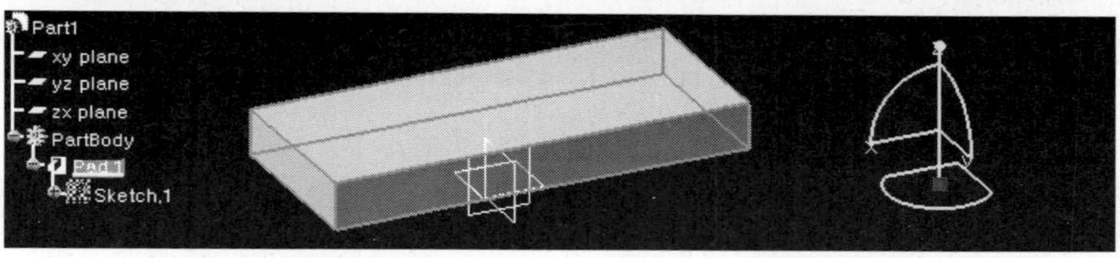

• Pad Type의 설정

① Dimension : 돌출 길이를 입력하여 Solid Feature를 생성

② Up to next : Profile에서 가장 가까운 면까지 Solid Feature를 생성

③ Up to last : 마지막 면까지 Solid Feature를 생성

④ Up to plane : 선택한 Plane까지 Solid Feature를 생성

⑤ Up to surface : 선택한 Surface까지 Solid Feature를 생성

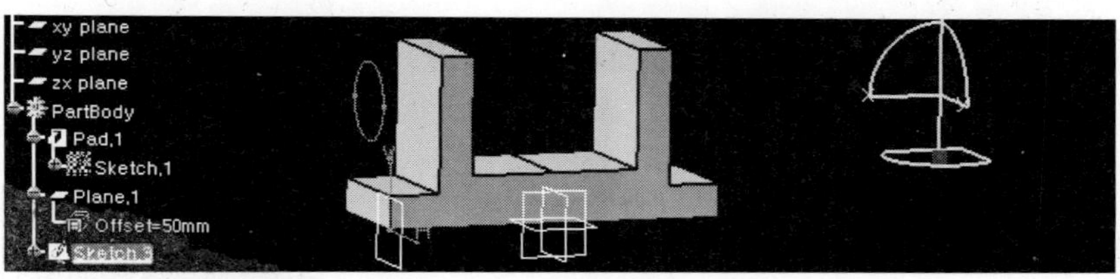

Sketch Plane

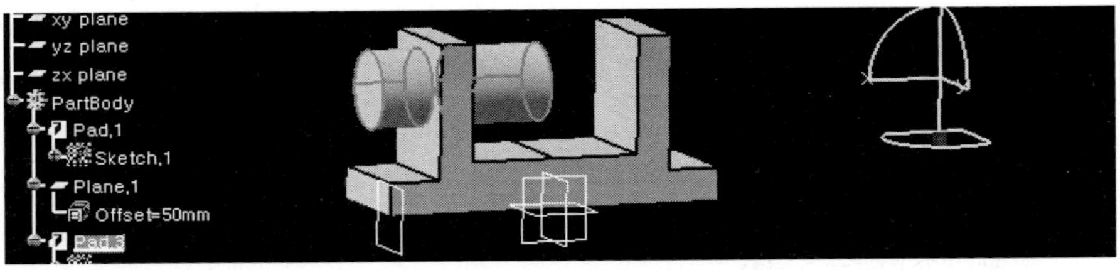

Dimension

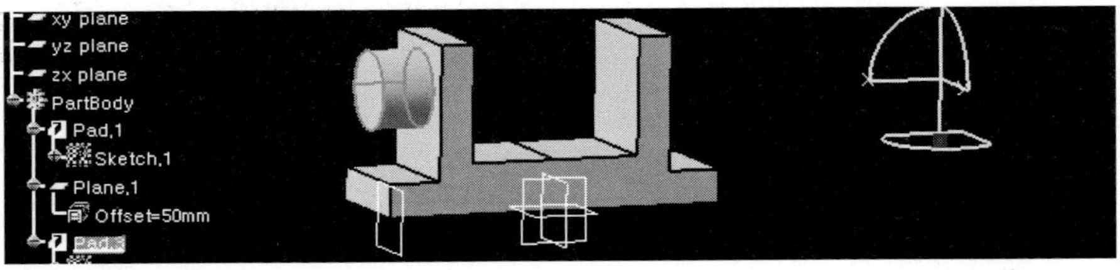

Up to next

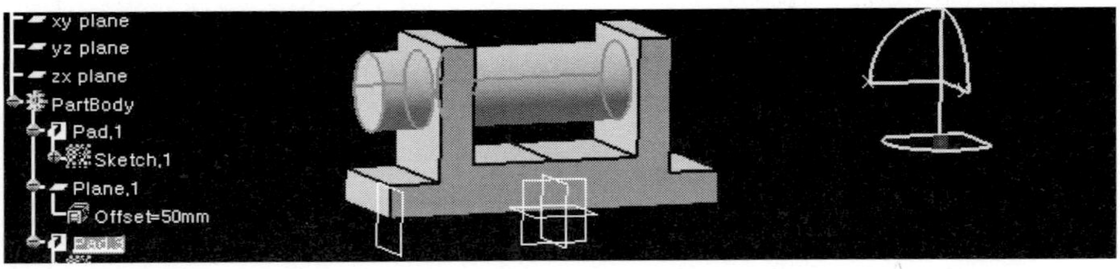

Up to last

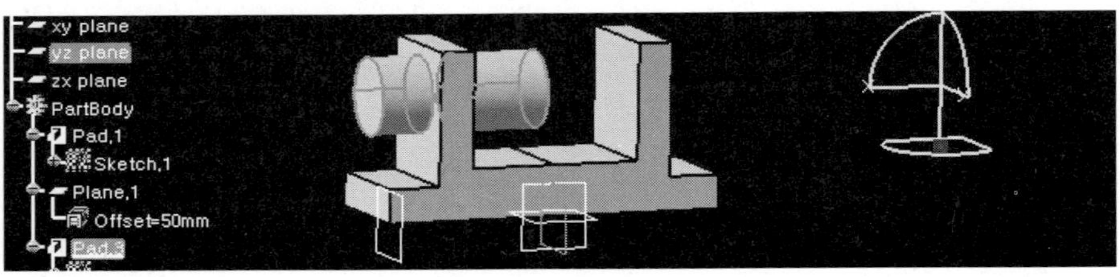

Sketch plane

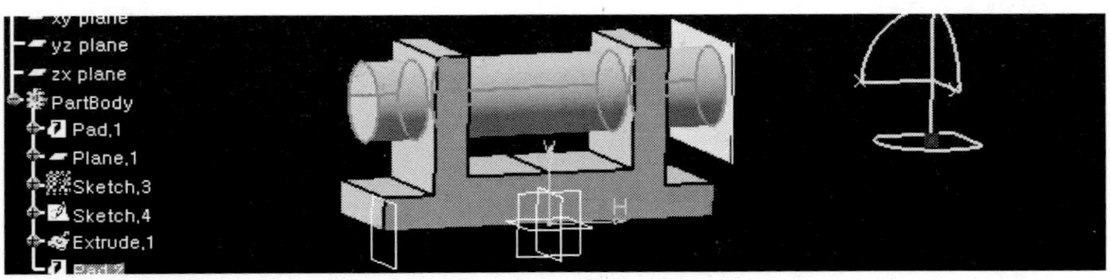

Up to surface

- Mirrored extent의 활성화 및 Thin Pad(Thick 활성화)에 의한 Solid 생성

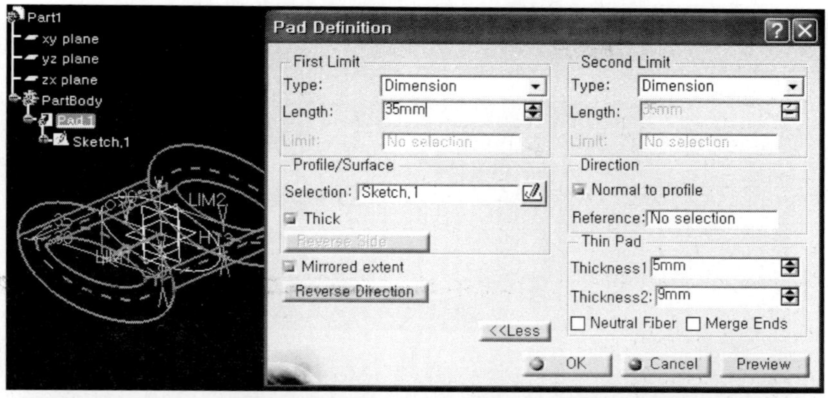

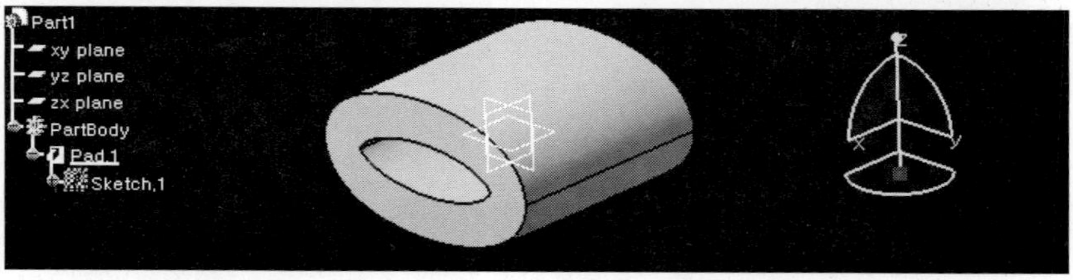

• Normal to profile 옵션

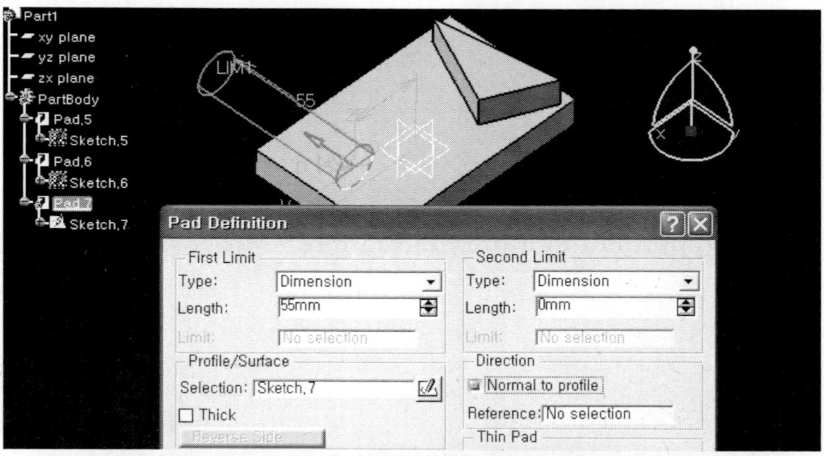

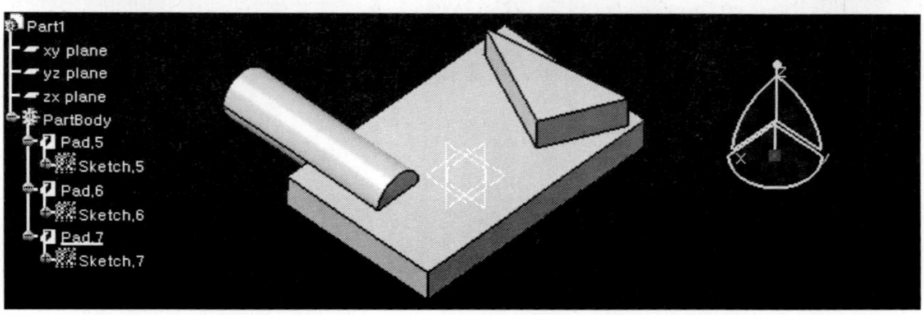

- Normal to profile 옵션(Reference 지정)

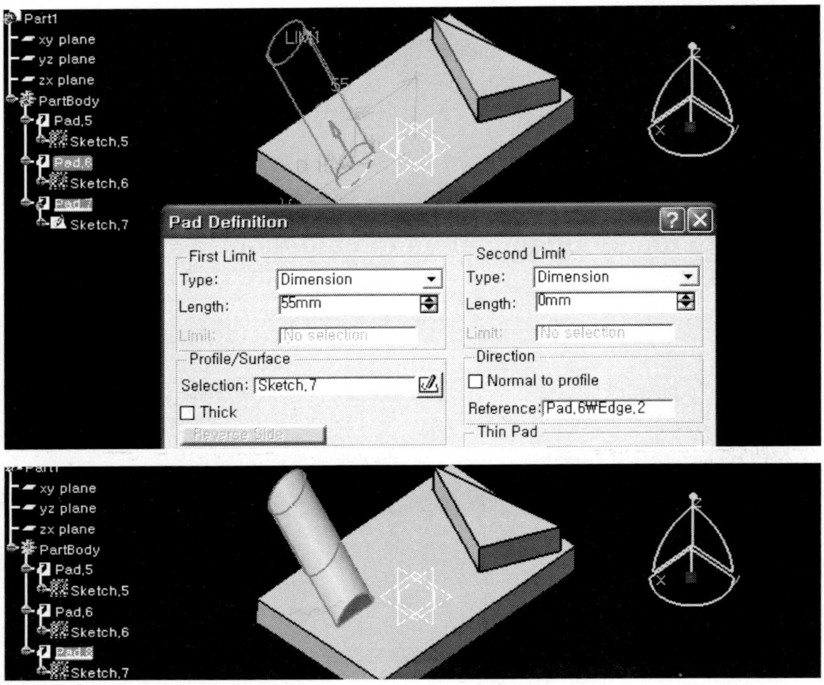

- Go to profile definition : 단일 Sketch에서 여러 개의 Profile이 있는 경우 선택된 Profile만 돌출시킬 수 있다.

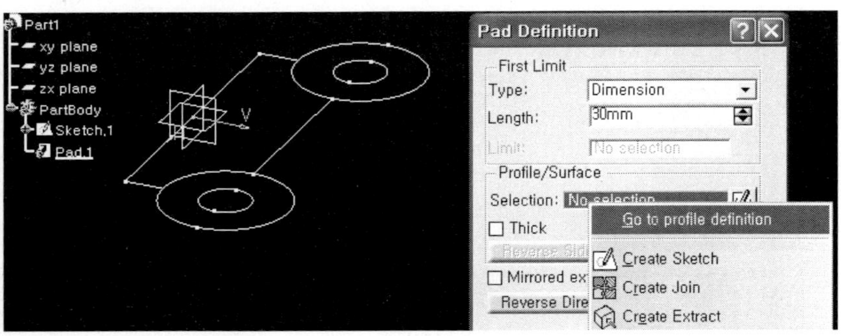

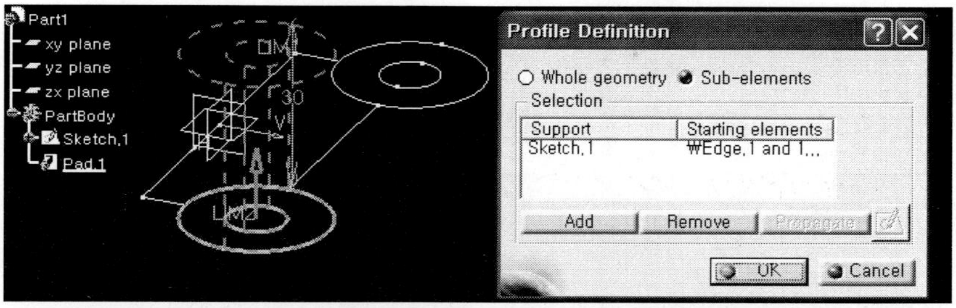

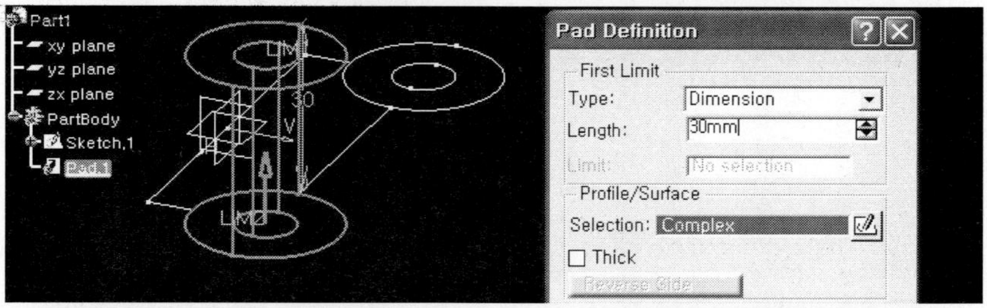

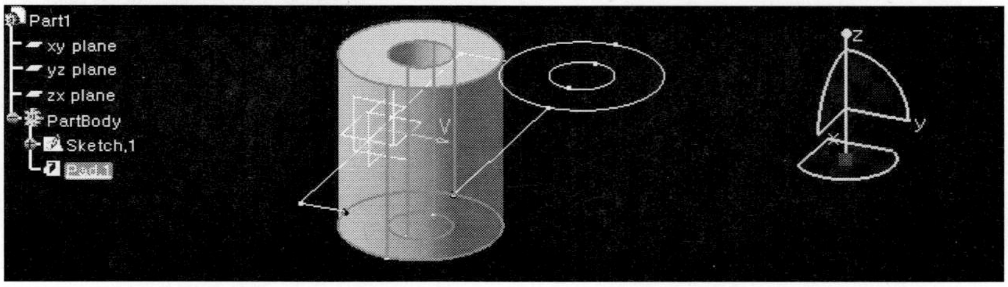

• Drafted Filleted Pad( ) : Sketch Profile을 돌출시키면서 Draft 및 Fillet을 동시에 실행할 수 있다.

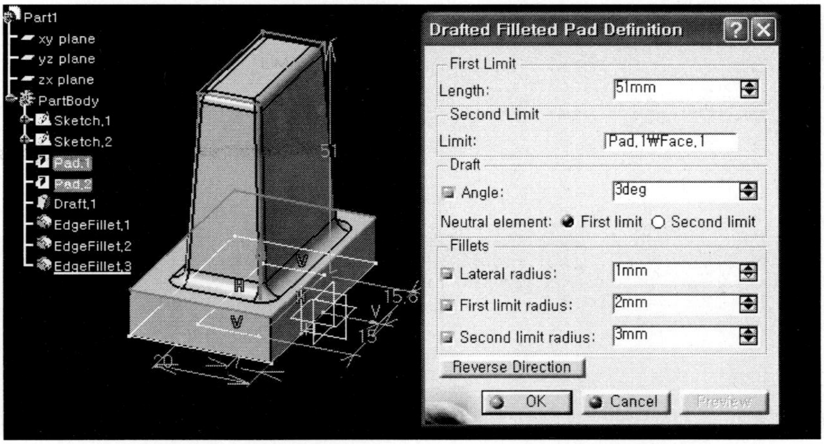

- Multi-Pad( ) : Sketch에서 여러 개의 Profile이 있는 경우 서로 다른 높이로 돌출시킬 수 있다.

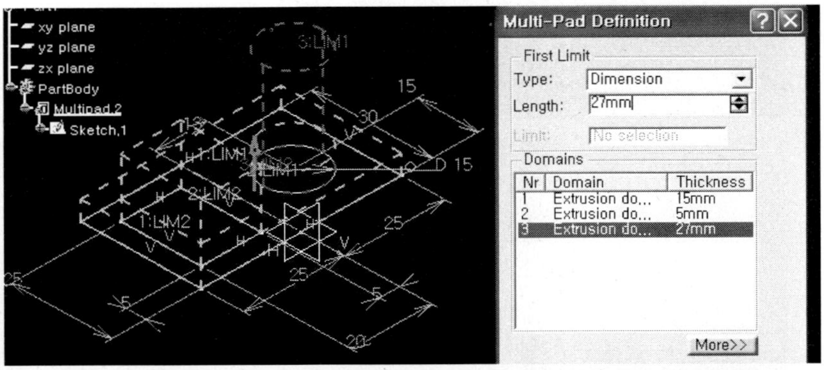

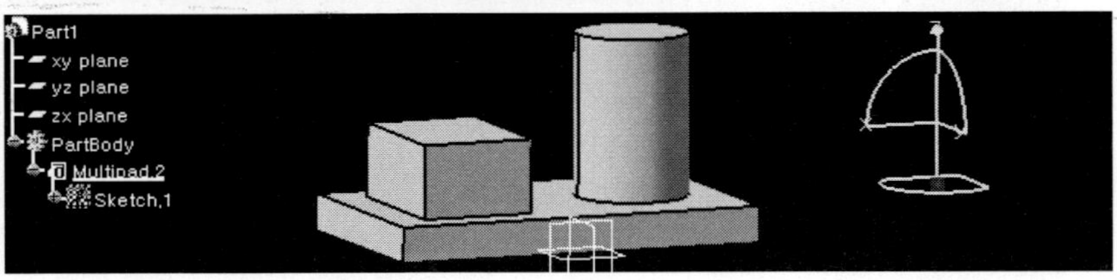

(2) Pocket( )

- 이미 생성된 Feature에 대하여 Profile 형상으로 제거하는 기능을 하며 실행 결과는 Pad와 반대가 된다. 옵션의 형식은 Pad와 마찬가지로 Drafted Filleted Pocket, Multi-Pocket과 같은 유형이 있다.
- Open Profile에 대한 Pocket 적용 : Closed Profile에 대하여 Pocket을 적용하면 안쪽의 닫혀 있는 부분이 제거되므로 Pocket의 방향을 지정할 필요가 없다. 그러나 Open Profile인 경우 제거할 방향이 어느 쪽으로 설정되어 있는지 확인하고 방향이 다르면 변경하여야 한다.

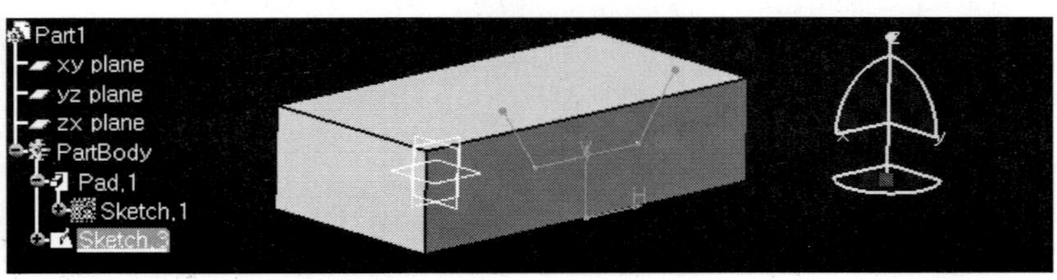

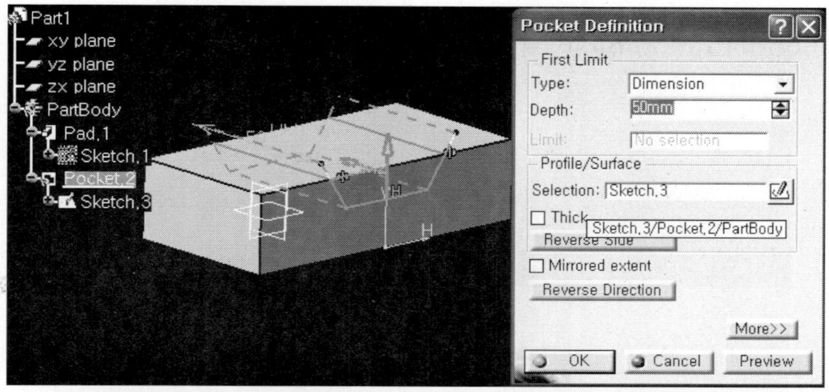

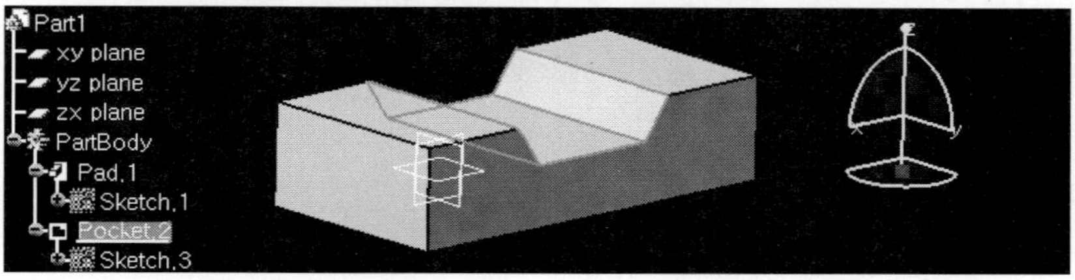

(3) Shaft( )

- 단면 Profile을 회전시켜 Solid Feature를 생성할 수 있는 기능이다. 먼저 Sketch Profile을 선택하고 Shaft 명령을 실행한다. Shaft Definition 창이 나타나면 기본적으로 First angle과 Second angle의 합이 360도 이하가 되도록 설정하여 실행시키면 회전체가 완성된다.
  Shaft Definition 창에서 Thick Profile은 단면 Profile에 두께를 부여하여 회전체를 생성하는 옵션으로서, 이를 체크하면 창이 확대되어 Profile을 안쪽 방향과 바깥쪽 방향으로 두께를 설정할 수 있는 Thickness1과 Thickness2가 나타난다.

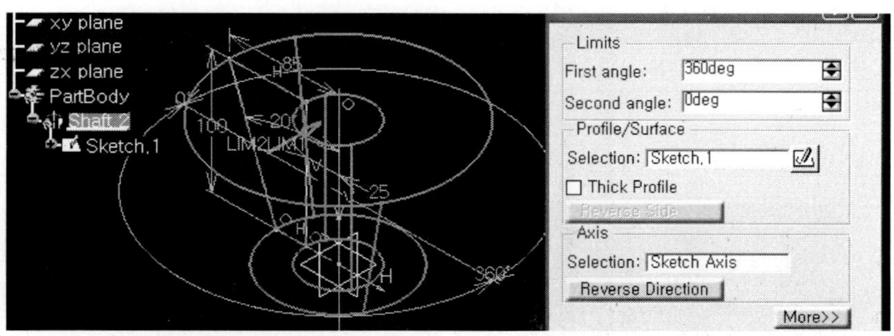

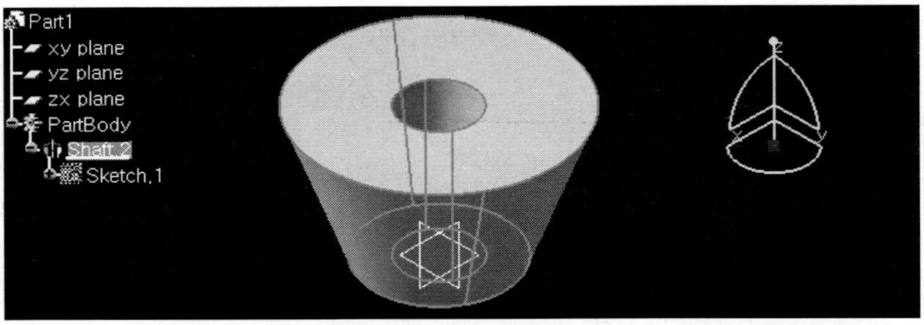

- Sketch Profile에 Axis를 생성하지 않았을 경우 : 회전체의 단면 형상을 Sketcher에서 작업할 때, Axis 기능으로 회전 중심축을 생성하였다면 곧바로 Shaft 명령을 적용할 수 있다. 그러나 Axis를 생성하지 않았으면 Shaft Definition 창에서 Axis의 Selection에 회전 중심축이 될 대상을 지정하여야 한다. 이때 메뉴 중에서 Create Line는 3차원 상에서 Line를 생성하여 회전축을 지정할 수 있다.

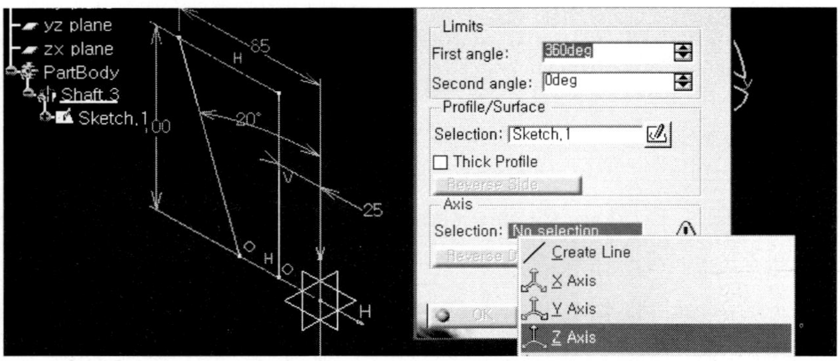

(4) Groove( )

- 주로 Shaft 명령 적용으로 생성된 회전체를 단면 Profile 형상으로 회전시켜 제거하는 기능을 한다. Groove 명령의 실행 결과는 Shaft와 반대이고 옵션은 Shaft와 동일하다.

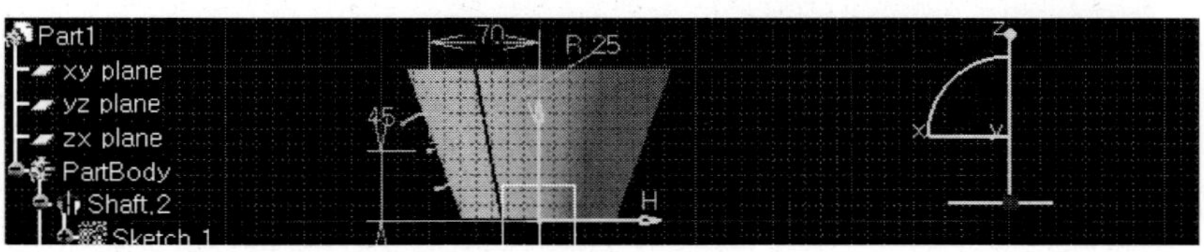

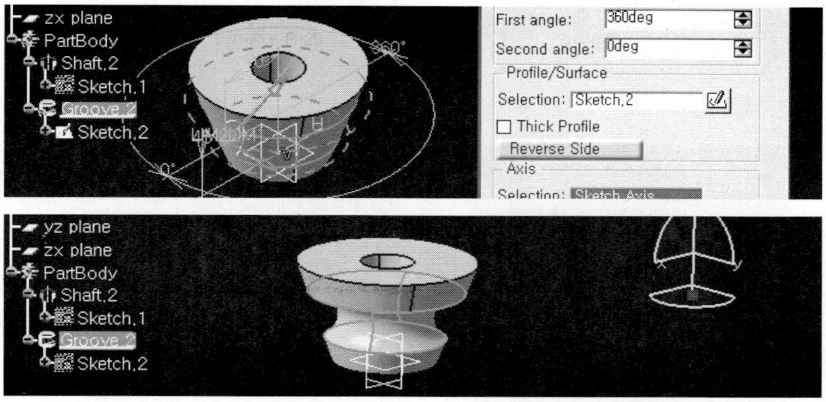

(5) Hole( )

- Sketch Profile을 사용하지 않고 기존 Solid Feature에 여러 가지 유형의 Hole과 Thread를 생성할 수 있는 기능을 한다.

① Feature의 라운드 부분에 Hole을 생성할 경우 : Hole 명령을 실행하고 라운드 부분의 둥근 모서리와 Hole을 생성할 평면을 지정한다. 라운드 모서리와 동심원을 이루는 위치에 Hole이 생성된다.

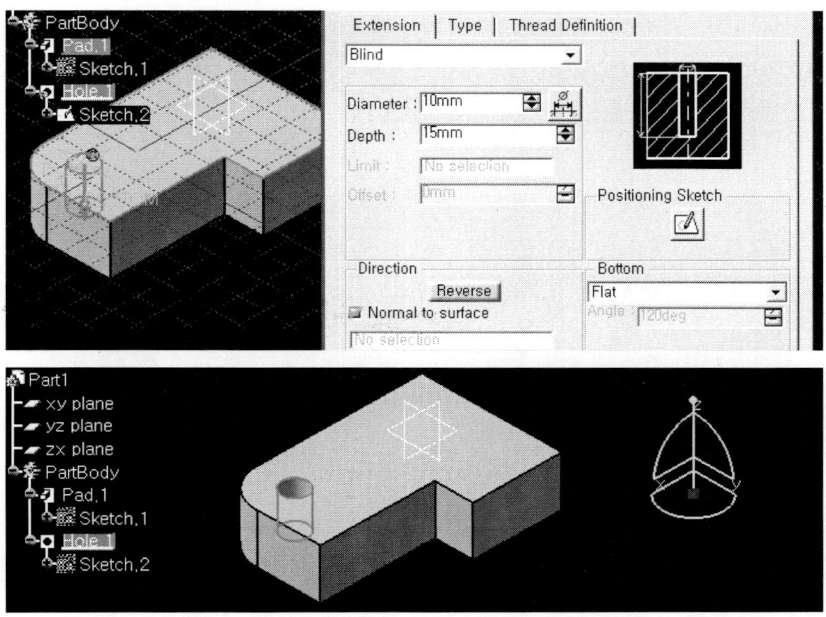

② 두 개 모서리의 거리를 부여하여 Hole을 생성할 경우 : Hole 명령을 실행하고 거리를 부여할 두 개의 모서리와 Hole을 생성할 평면을 지정한다.

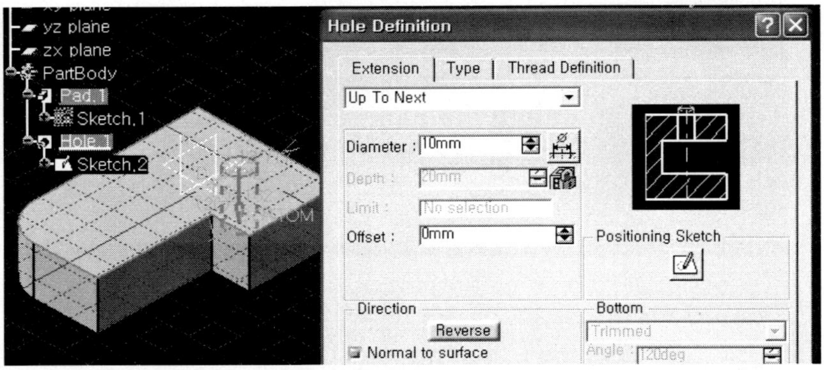

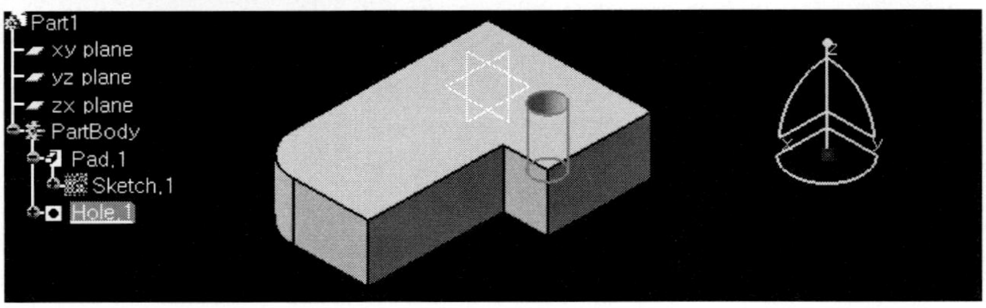

③ Positioning Sketch 이용 : Hole을 생성할 평면을 지정하고 Positioning Sketch를 클릭하면 Sketch 작업영역으로 전환한다. 여기서 Hole의 위치를 설정한다.

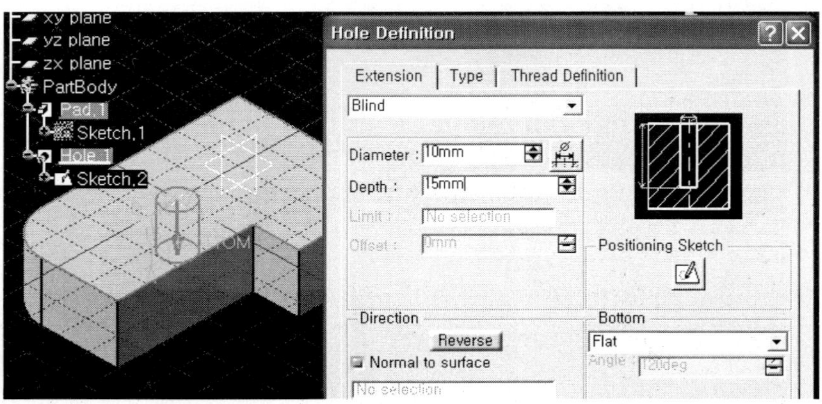

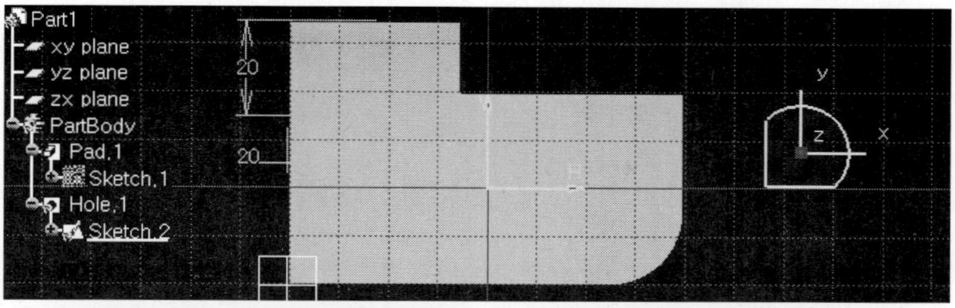

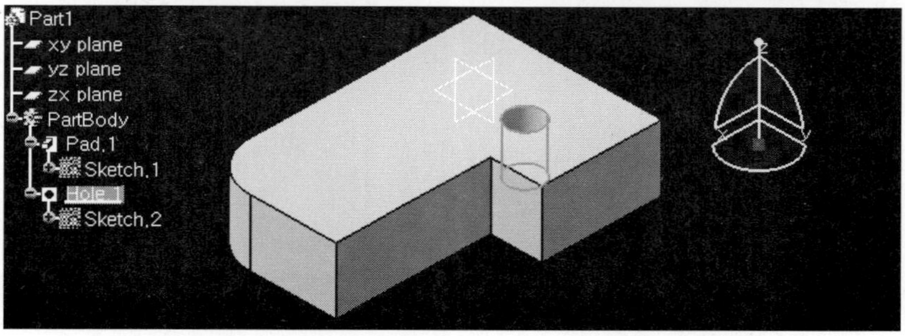

• Extension의 종류 : Hole Definition 창에서 Extension의 유형은 그림과 같이 순서대로 Blind, Up To Next, Up To Last, Up To Plane, Up To Surface 등이 있다. 여기서 Blind는 깊이를 설정해 주어야 하고, Up To Plane과 Up To Surface는 Pad 명령에서와 같이 특정한 Plane과 Surface를 지정해 주어야 한다.

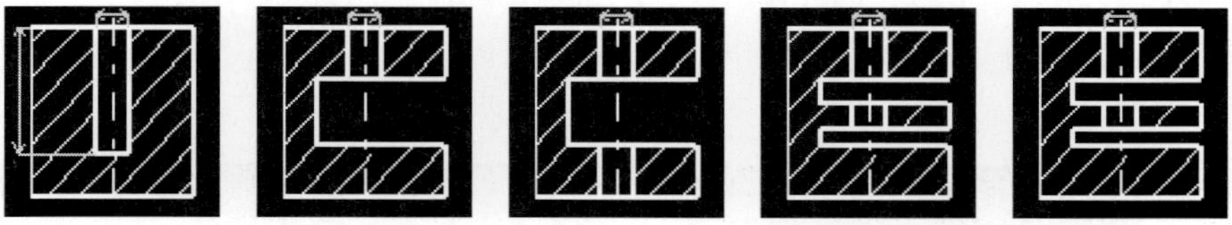

• Tolerancing Dimension( ) : 생성된 Hole에 공차를 부여할 수 있는 옵션으로서 Hole Definition 창의 Tolerancing Dimension을 클릭하여 Limit of Size Definition 창을 열고 다음과 같은 유형으로 설정할 수 있다.

▶ Numerical values : 공차 지정
 - Upper Limit : 위 치수허용차
 - Lower Limit : 아래 치수허용차
 - Symmetric Lower Limit : 아래 치수허용차와 위 치수허용차를 동일하게 설정

▶ Numerical values : 규격에 있는 공차를 지정

▶ Single limit : 최대허용치수와 최소허용치수를 설정

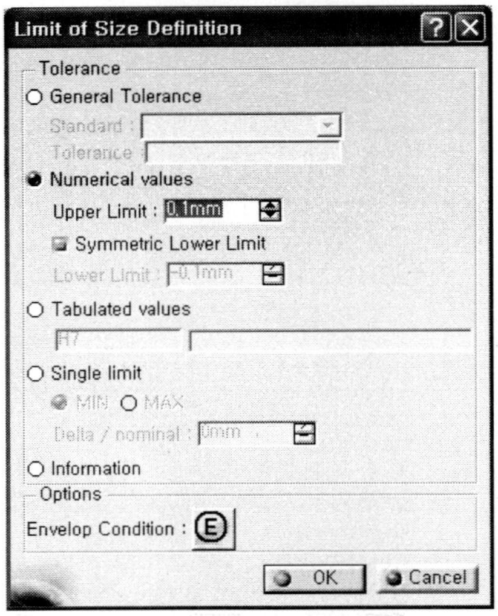

• Hole Type 설정 : Hole Definition 창의 Type에서 다섯 가지 유형을 선택하여 설정할 수 있다. Simple Type은 단순한 Hole을 생성하므로 특별히 설정할 것은 없지만 Tapered는 Parameters에서 Angle을 설정하여야 한다. 볼트머리를 생성하는 Counterbored는 볼트머리의 Diameter와 Depth를 설정하고, 나사머리를 생성하는 Countersunk는 나사머리의 Depth와 Angle을 설정하여 준다. Core와 나사머리 형상의 Counterdrilled는 Parameters에서 Diameter, Depth, Angle을 설정하고 Anchor Point 위치를 선택한다.

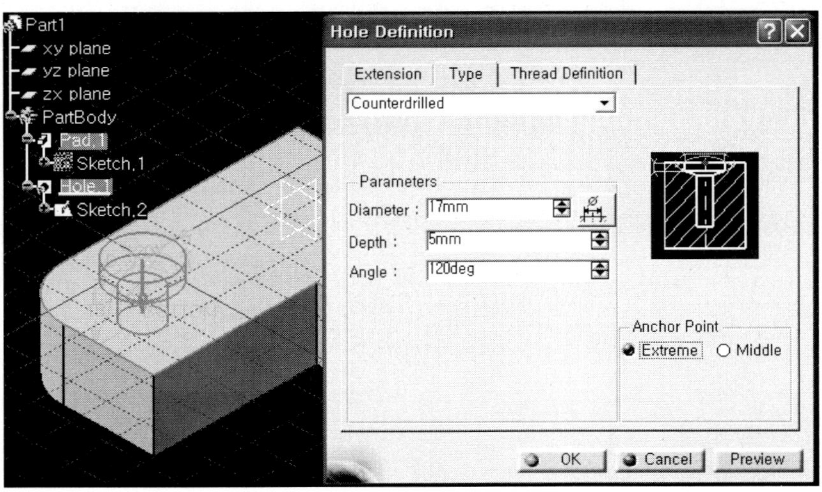

- Thread 설정 : Hole에 Thread를 설정할 수 있는 옵션으로 Hole Definition 창의 Thread Definition 탭을 선택하여 나사를 정의할 수 있다.

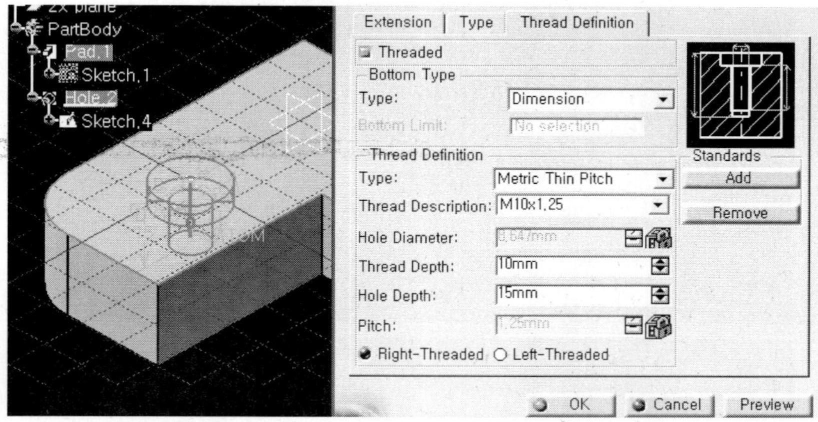

① Thread Type : No Standard, Metric Thin Pitch, Metric Thick Pitch등과 같은 세 가지 종류가 있다.
  - No Standard : 표준규격이 아니므로 Hole의 치수를 직접 입력
  - Metric Thin Pitch : 미터가는나사로서 M8에서 M39까지 15개 종류
  - Metric Thick Pitch : 미터보통나사로서 M1에서 M90까지 44개 종류

② Right Thread, Left Thread : 오른나사 혹은 왼나사를 설정한다.

③ Standard : 사용자가 정의해 놓은 Thread로 설정할 수 있다.

(6) Rib( )

- 단면 Profile 형상이 Center Curve로 지정된 안내 곡선을 따라가면서 Solid를 생성하는 기능을 한다.

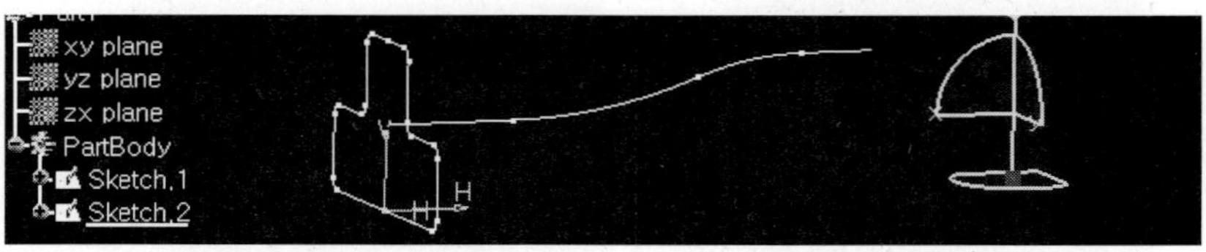

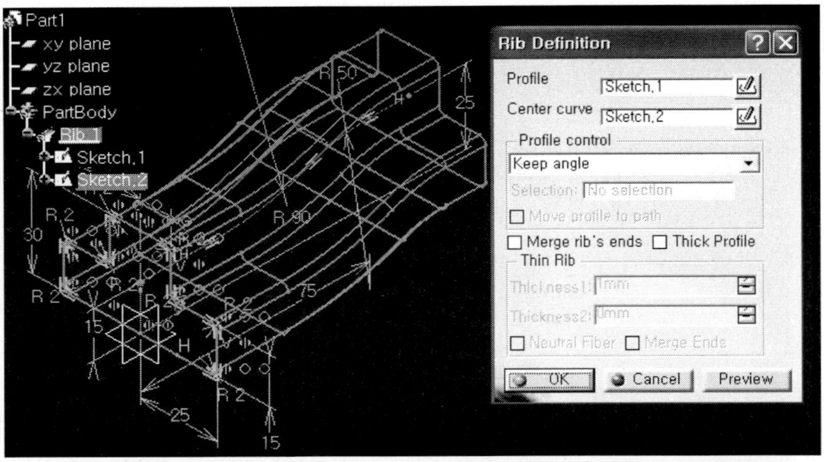

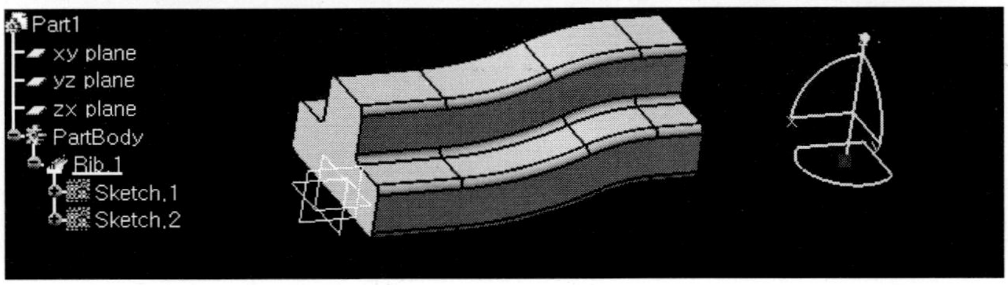

- Open Profile의 Rib 적용 : 단면 Profile(Sketch.2)과 Center Curve(Solid Feature의 모서리)를 선택하면 Open Profile(Sketch.2)이 Solid Feature의 표면까지 연장되어 Rib Solid를 생성한다.

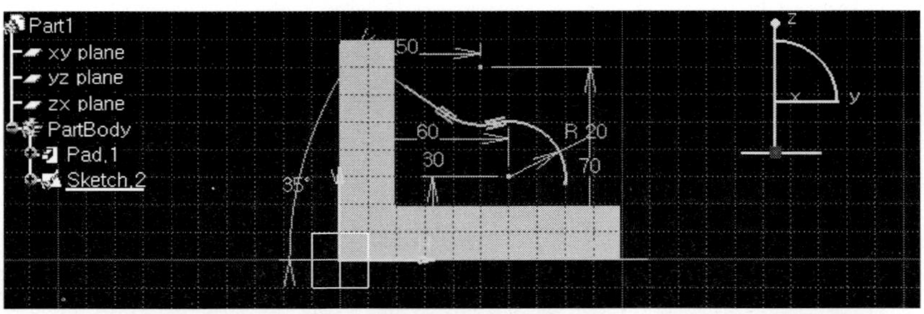

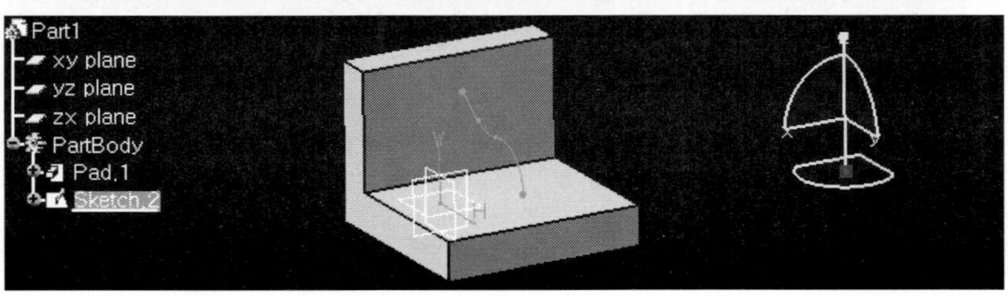

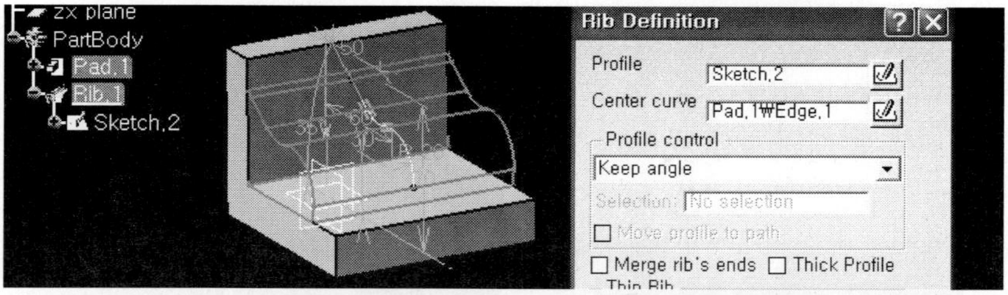

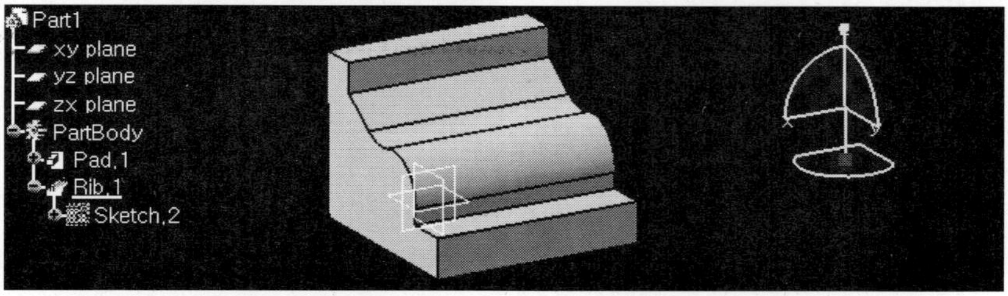

• Profile control : 단면 Profile의 방향성을 지정하는 옵션이다.

① Keep angle : Profile이 Center Curve에 수직인 상태를 유지하면서 진행

② Pulling direction : 지정된 Plane에 수직인 상태로 단면 Profile이 진행

③ Reference surface : 곡면에 Profile이 일정한 각도를 유지한 상태로 진행

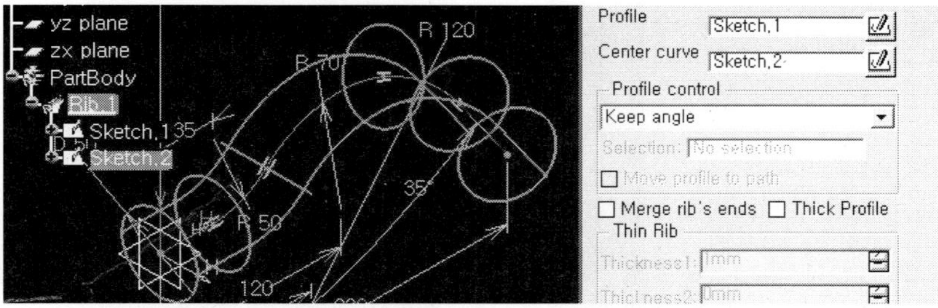

Keep angle : Profile이 Center Curve에 수직

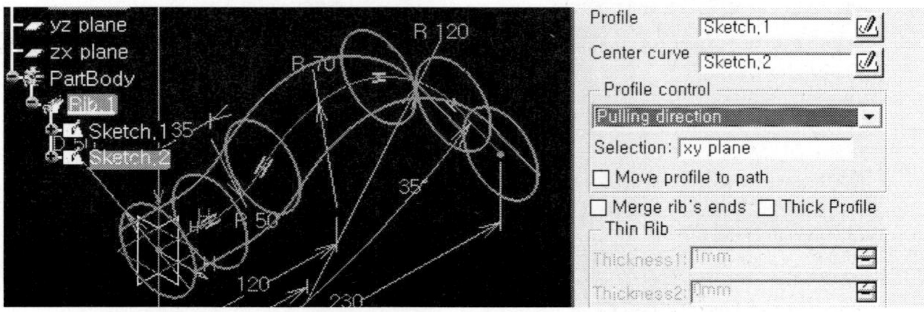

(Pulling direction : Profile이 xy plane에 수직)

(7) Slot( )

- 단면 Profile이 Center Curve로 지정된 안내 곡선을 따라가면서 기존 Solid를 제거하는 기능을 하며 Rib를 적용했을 경우와 반대인 결과를 보여준다.

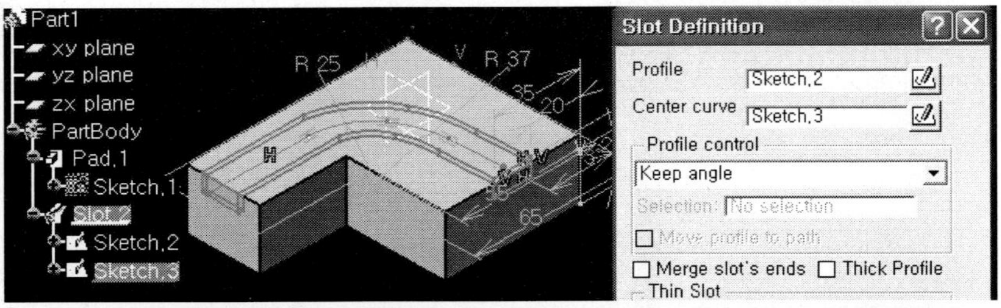

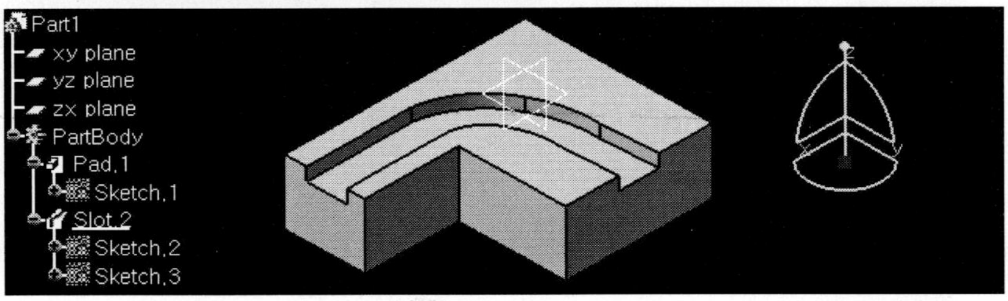

(8) Stiffener( )

- 열린 Profile에 의해 보강재 형상을 생성한다. Profile을 기준으로 옵션의 설정에 따라 돌출 방향을 한쪽 혹은 양쪽으로 설정할 수 있다.
- From Side Mode : Profile이 생성된 Plane의 수직방향으로 보강재 두께가 돌출되고, Sketch Plane과 같은 방향으로 보강재가 생성된다. 이때 Solid에 의해 닫혀있는 방향으로 보강재가 생성되도록 설정한다.

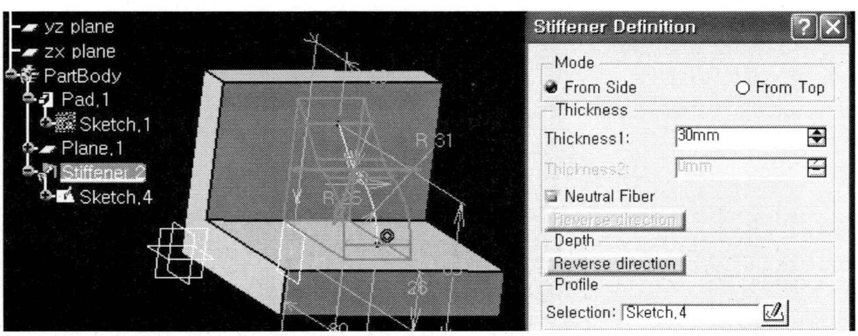

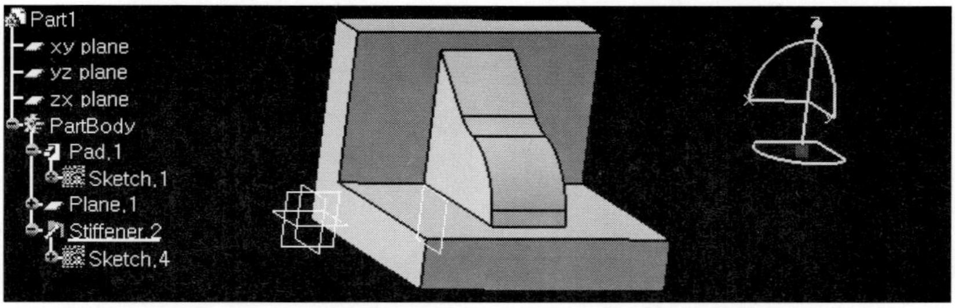

- From Top Mode : Profile이 생성된 Plane과 같은 방향으로 보강재 두께가 돌출되고, Sketch Profile이 생성된 Plane의 수직방향으로 보강재가 생성된다.

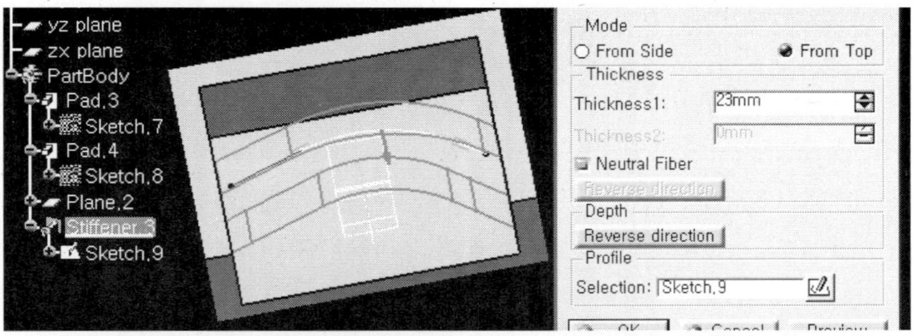

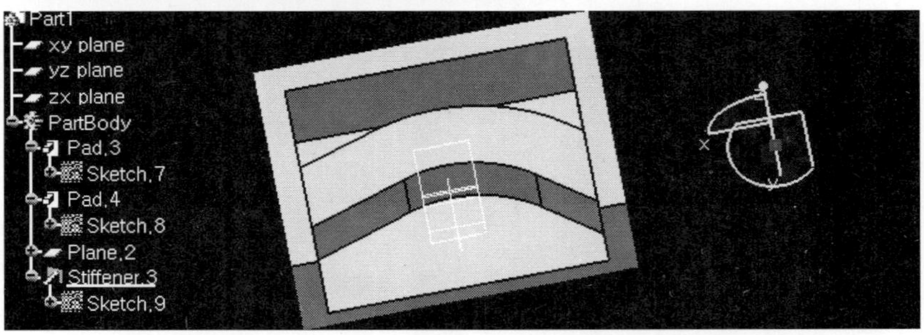

(9) Solid Combine( )

- 평행하지 않는 두 개의 단면 Profile이 서로 교차하는 부분을 Solid로 생성한다.

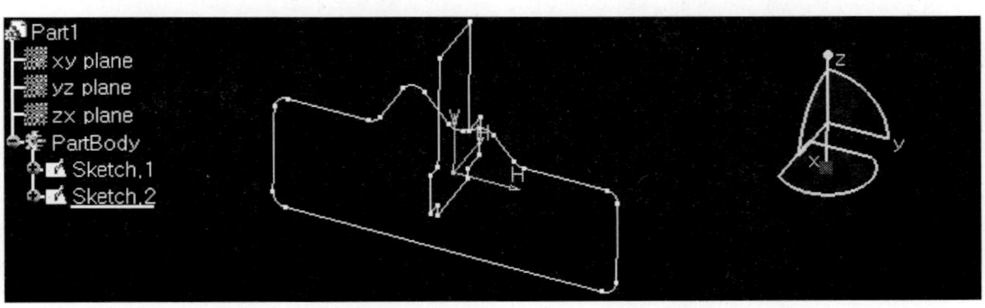

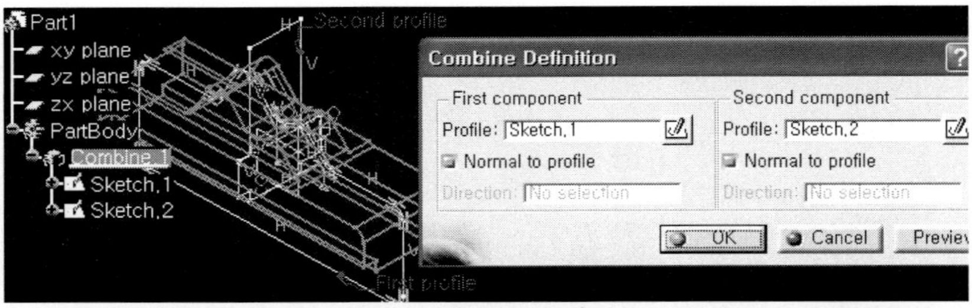

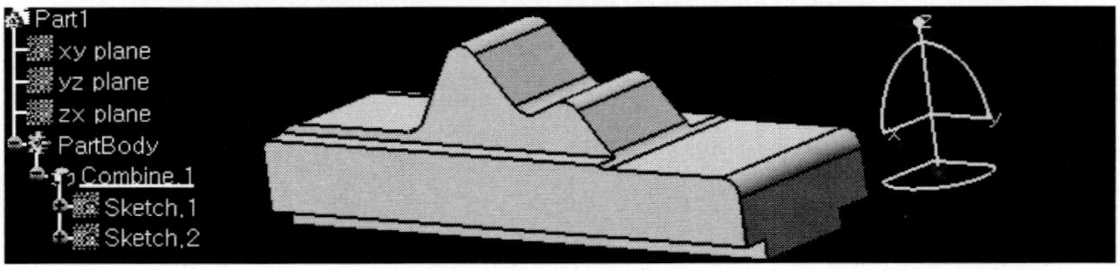

(10) Multi-sections Solid()

- 모양이 서로 다른 두 개 이상의 단면 Profile을 Section으로 지정하고 Guide로 지정된 안내 곡선을 따라 Solid Feature를 생성하는 기능이다.
- Multi-sections Solid 적용 : 세 개의 단면을 Section으로 지정하고 곡선 세 개를 Guide로 지정한다. 이때 단면 Profile의 교점과 곡선은 일치해야 한다.

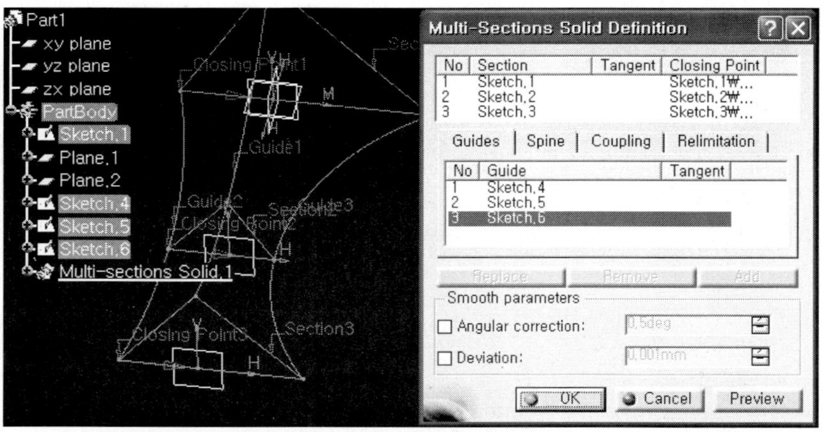

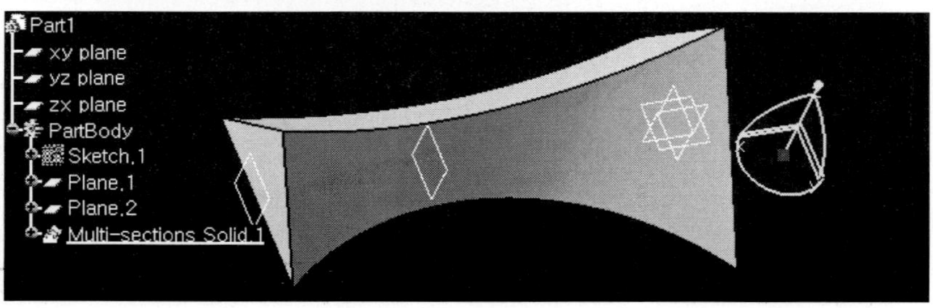

- Spine에 의한 Multi-sections Solid 적용 : Spine은 단면 Profile의 진행 방향성을 설정한다. 이때 Spine으로 지정된 곡선은 단면 Profile의 교점과 일치하지 않아도 된다는 점이 Guide에 의한 것과 차이가 있다.

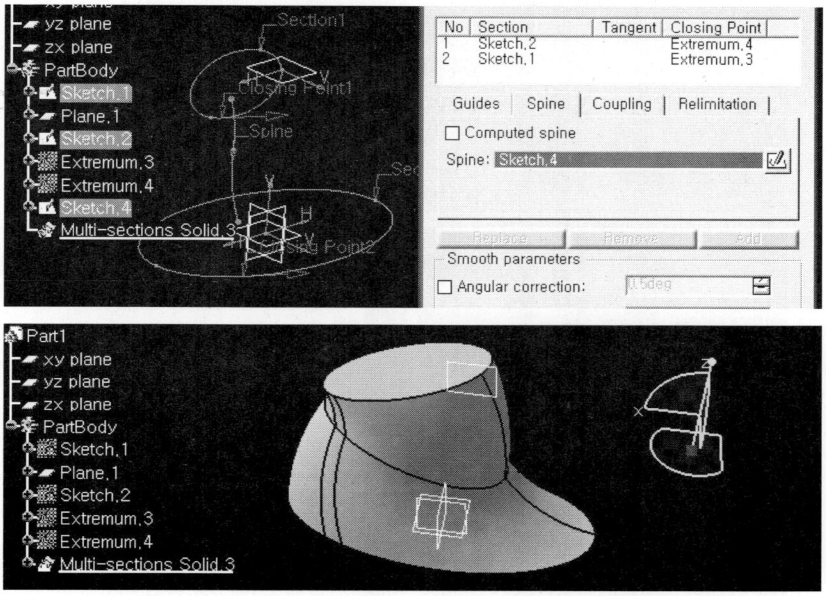

- Sections coupling 설정

① Ratio : 단면이 사각형으로 시작하여 타원으로 끝나는 것과 같이 단면 Profile의 형상에 있어서 현저한 차이가 있을 경우 주로 적용한다. Section을 지정하고 Replace를 선택하여 Closing Point의 위치를 변경한다. Sections coupling을 Ratio로 설정하여 완료한다.

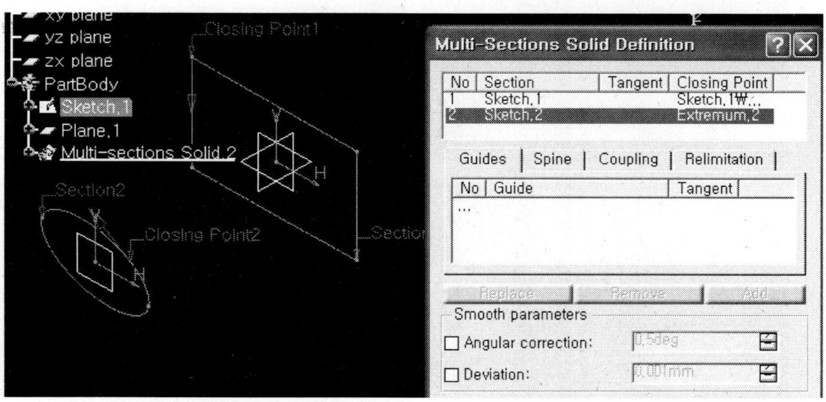

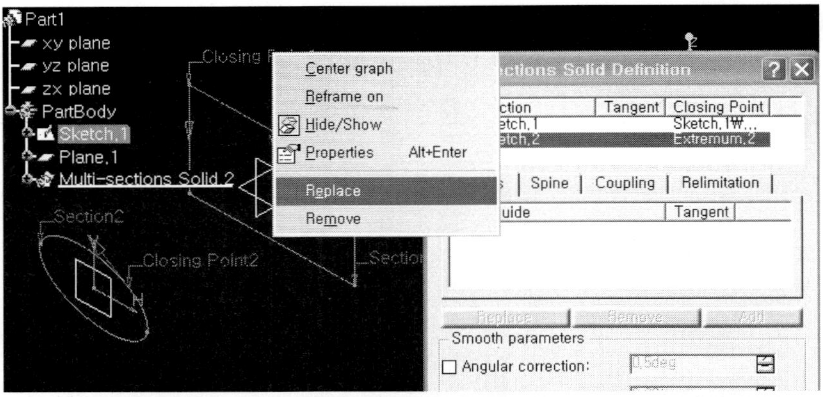
Part1
xy plane
yz plane
zx plane
PartBody
Sketch.1
Plane.1
Multi-sections Solid.2
Section2
Closing Point2
Center graph
Reframe on
Hide/Show
Properties Alt+Enter
Replace
Remove
Tangent
Closing Point
Extremum.2
Spine
Coupling
Relimitation
Tangent
Smooth parameters
Angular correction:

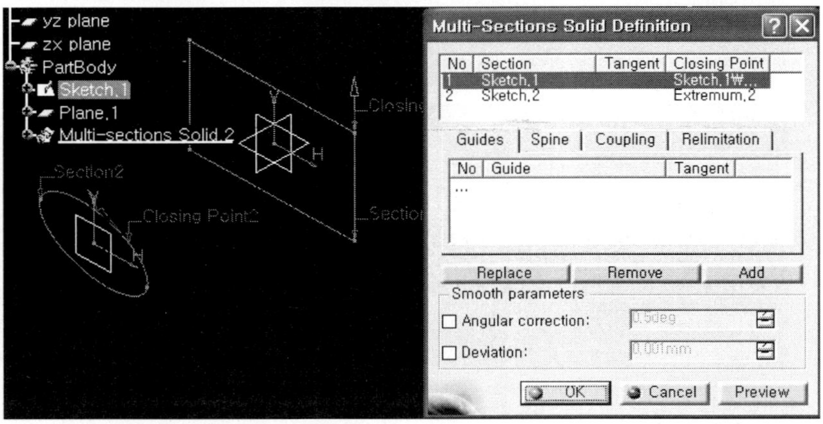
yz plane
zx plane
PartBody
Sketch.1
Plane.1
Multi-sections Solid.2
Section2
Closing Point2
Multi-Sections Solid Definition
No Section Tangent Closing Point
1 Sketch.1 Sketch.1₩...
2 Sketch.2 Extremum.2
Guides Spine Coupling Relimitation
No Guide Tangent
Replace Remove Add
Smooth parameters
Angular correction: 0.5deg
Deviation: 0.001mm
OK Cancel Preview

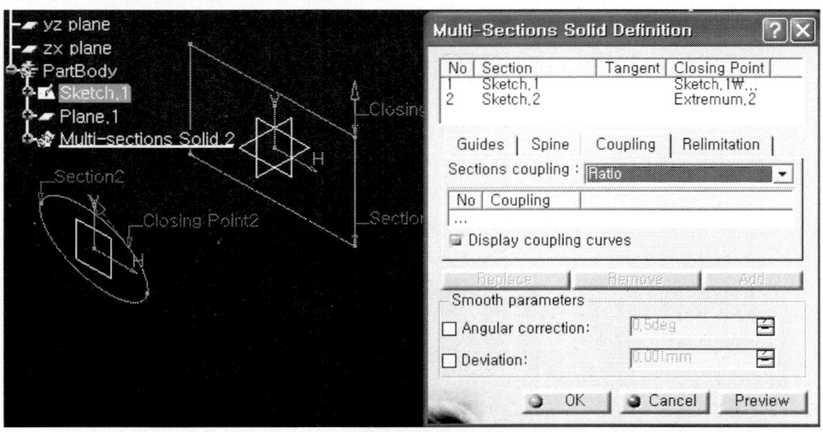
yz plane
zx plane
PartBody
Sketch.1
Plane.1
Multi-sections Solid.2
Section2
Closing Point2
Multi-Sections Solid Definition
No Section Tangent Closing Point
1 Sketch.1 Sketch.1₩...
2 Sketch.2 Extremum.2
Guides Spine Coupling Relimitation
Sections coupling : Ratio
No Coupling
Display coupling curves
Replace Remove Add
Smooth parameters
Angular correction: 0.5deg
Deviation: 0.001mm
OK Cancel Preview

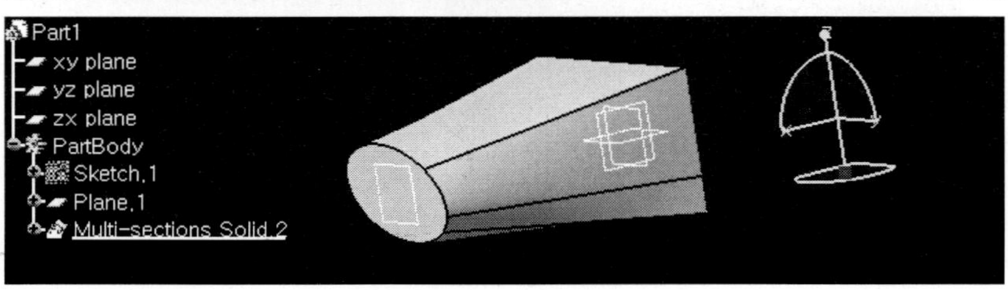
Part1
xy plane
yz plane
zx plane
PartBody
Sketch.1
Plane.1
Multi-sections Solid.2

② Tangency : 단면 Profile을 접선으로 연결한다.
③ Tangency then curvature : Tangency보다 더 부드럽게 연결한다.
④ Vertices : 단면 Profile의 꼭지점 개수가 서로 같을 경우 설정한다.

- Relimitation 옵션

① Relimited on start section과 Relimited on end section을 활성화 : Section으로 지정된 Profile까지만 Solid를 생성

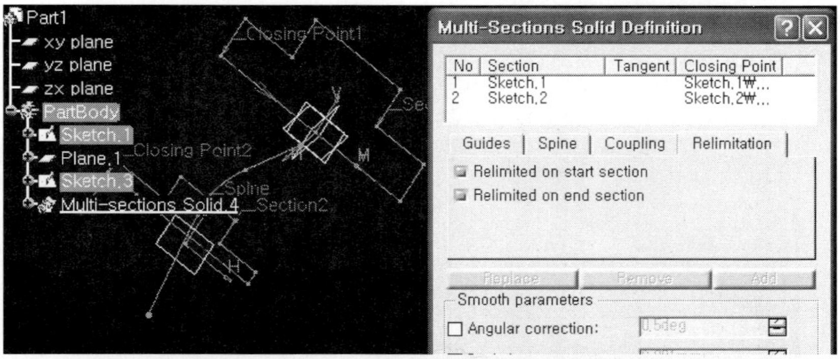

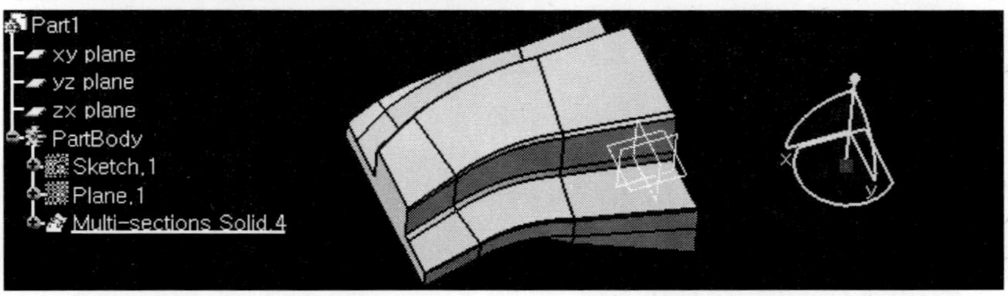

② Relimited on start section과 Relimited on end section을 비활성화 : Spine으로 지정된 길이까지 Solid를 생성

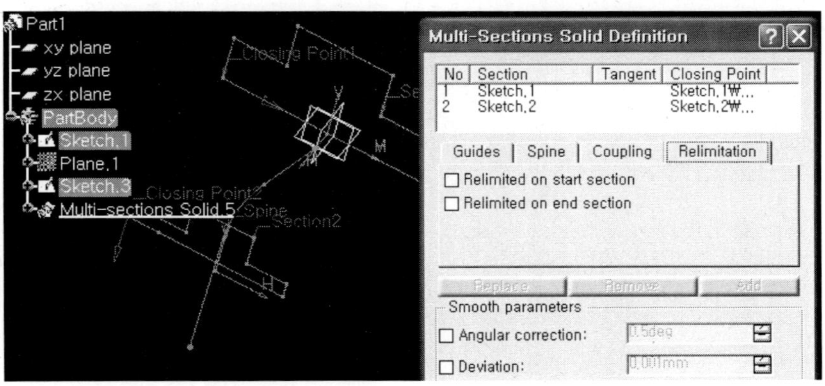

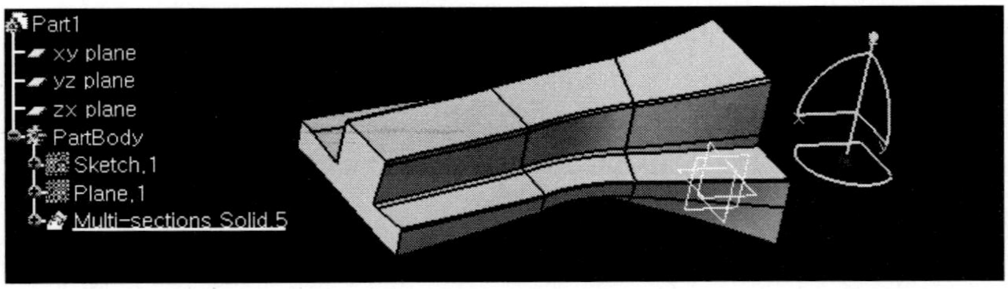

(11) Removed Multi-sections Solid( )

- 서로 다른 두 개 이상의 단면 Profile을 안내 곡선으로 지정된 방향을 따라 이미 생성된 Solid Feature의 일부분을 제거하는 기능을 한다.

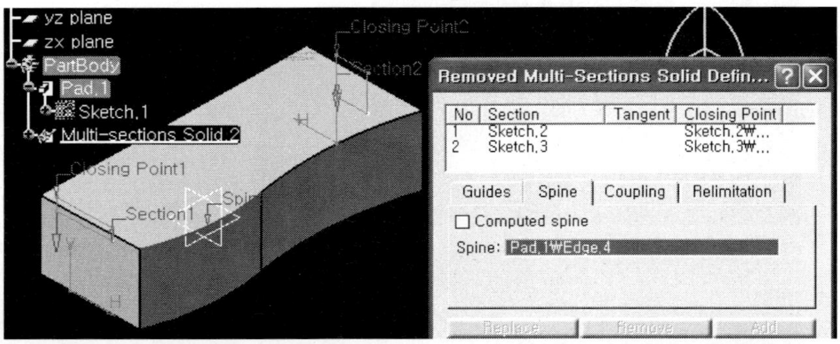

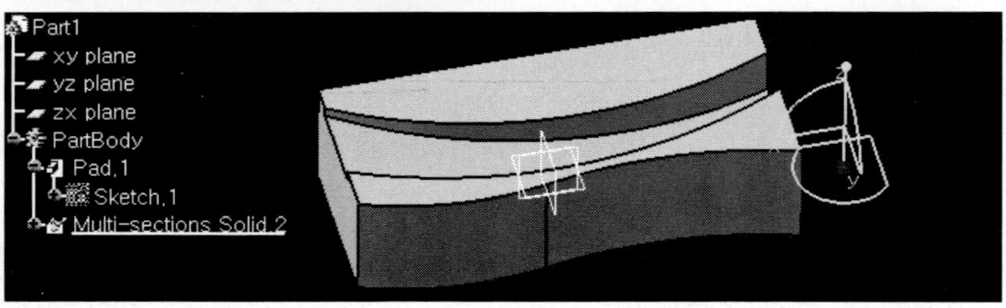

➢ 3.2 Dress-Up Features

이미 만들어진 Solid Feature 모서리의 라운드 처리, 일정한 각도의 구배 생성과 같은 편집 기능을 한다.

(1) Edge Fillet()

- 모서리에 라운드를 생성하는 기능으로서 Edge Fillet Definition 창에서 반지름을 입력하고 Feature의 모서리와 면을 선택하여 실행할 수 있다.
- Propagation 설정

① Tangency : 선택한 Edge와 연속인 모서리 전체에 Fillet을 적용

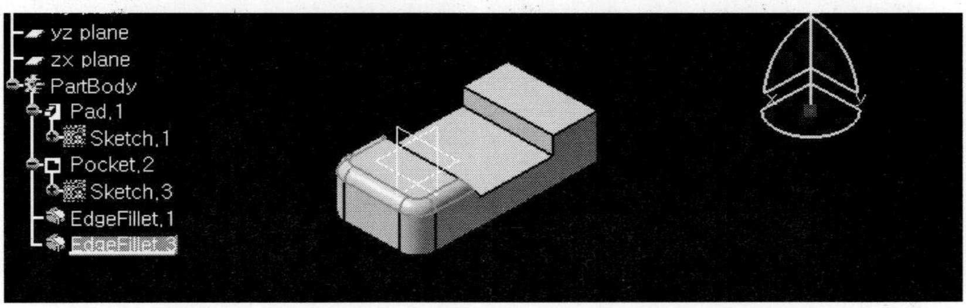

② Minimal : 선택한 Edge에 한하여 Fillet을 적용

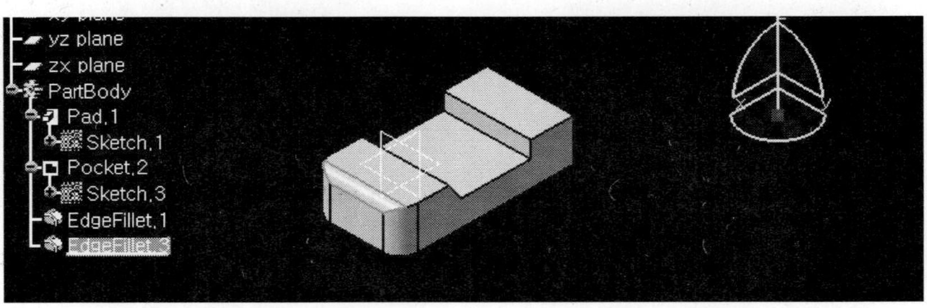

- Edge to Keep 옵션 : 모서리의 크기보다 Fillet의 반지름이 큰 상태에서 명령을 실행하면 Update Error 창이 나타난다. '확인' 을 클릭하고 Feature Definition Error 창이 나타나면 '예' 를 클릭한다. Edge Fillet Definition 창이 확대되어 다시 나타났을 때, Edge to Keep 옵션을 적용할 모서리를 선택하여 완료한다.

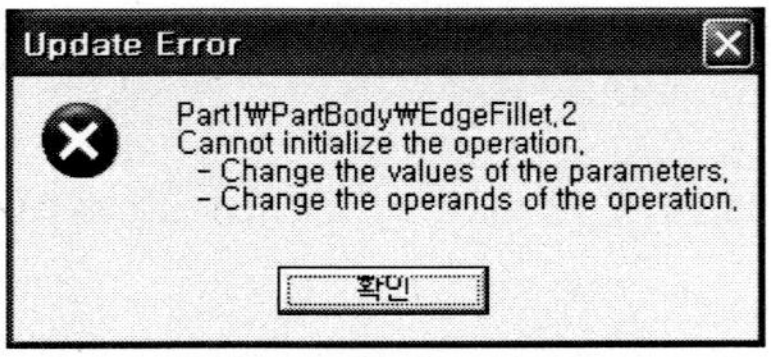

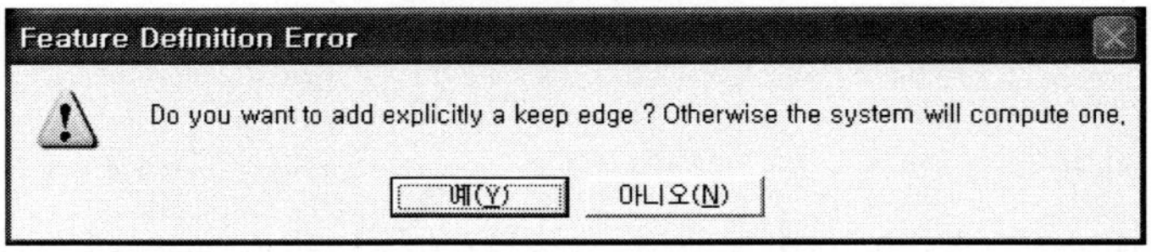

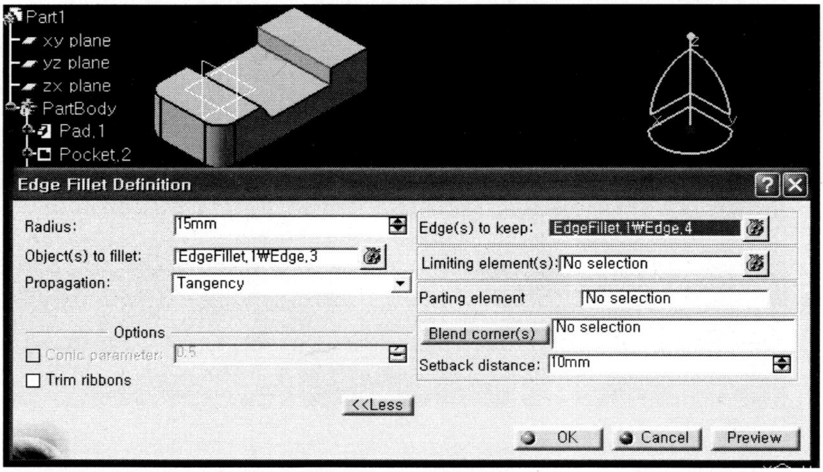

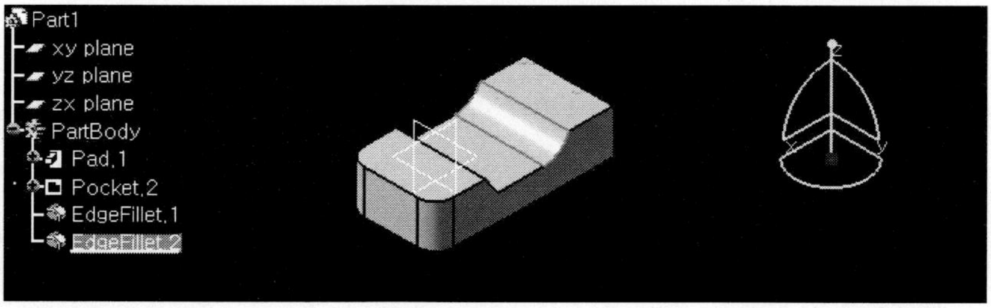

• Limiting element : 지정한 Limit element부터 화살표 방향으로 적용한다.

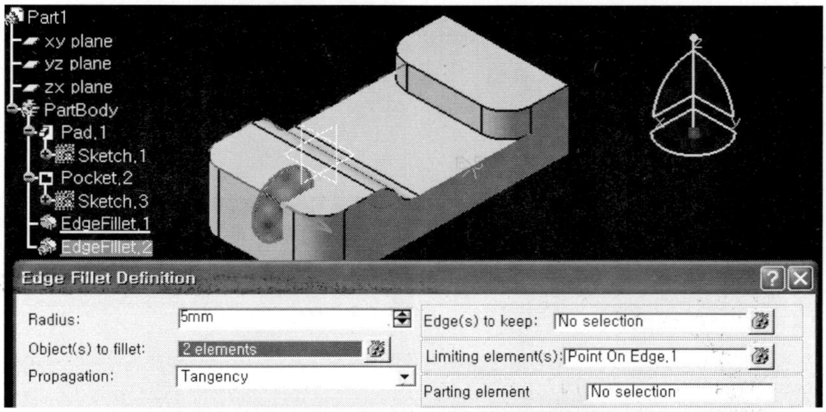

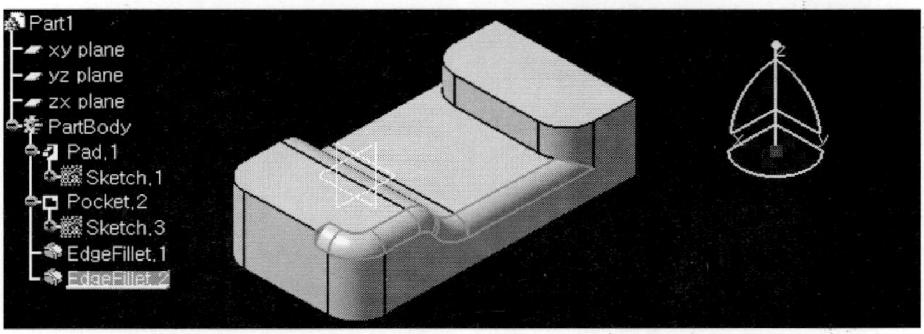

• Trim ribbon 적용 : 인접한 Fillet이 서로 교차되는 부분을 자연스럽게 처리한다.

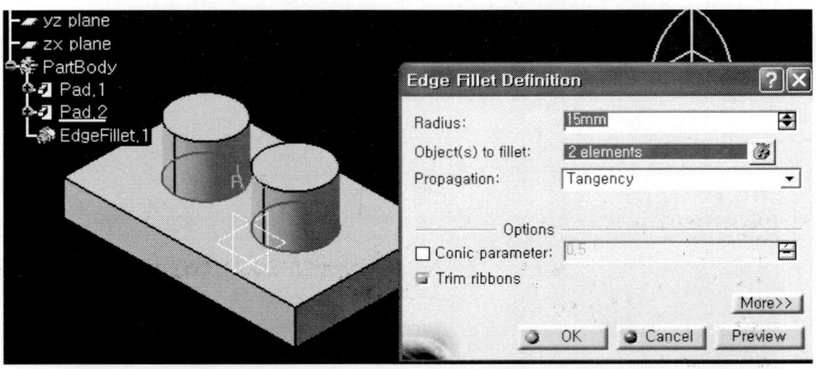

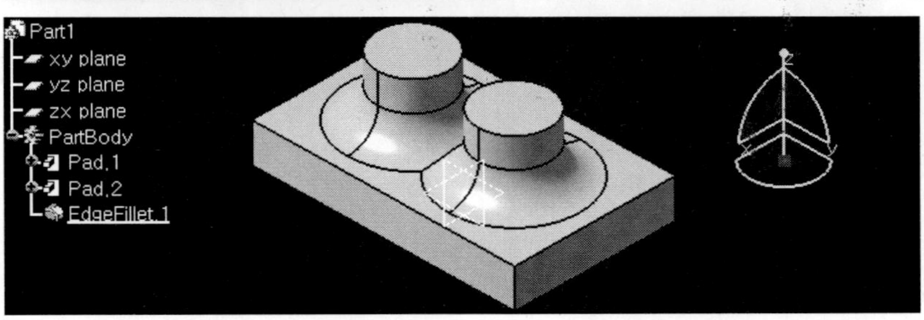

(2) Variable Radius Fillet( )

- 라운드를 생성할 모서리에 여러 개의 Point를 지정하여 각각 다른 값의 Radius를 갖는 Fillet을 생성할 수 있다.

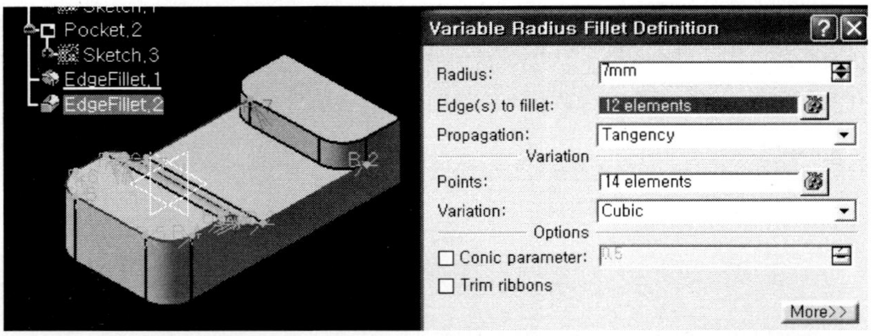

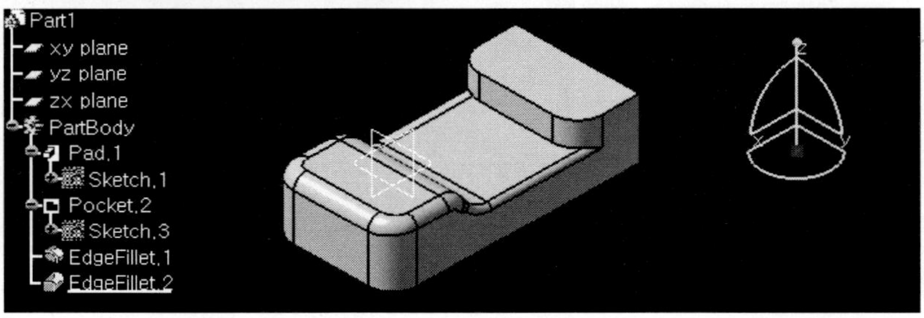

- Variable Radius를 생성할 Point 지정 : 라운드를 부여할 Edge를 선택하고 Point를 추가로 지정한다. Vertex 지점을 지정하거나 Point를 생성하여 지정할 수 있다. 마우스 우측 버튼을 이용한 Point 생성 메뉴를 다음 그림에서 보여주고 있다. 이때 Point 지점에 표시되는 치수를 더블 클릭하여 수정할 수 있다.

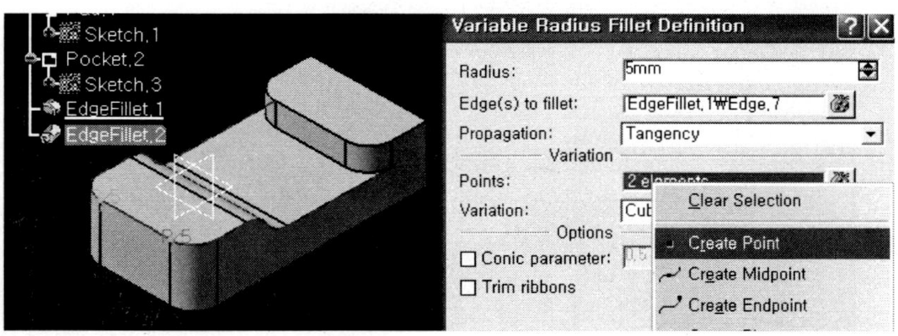

- Point 생성 메뉴 설명

① Clear Selection : 지정된 Point 영역 삭제

② Create Point : Point 생성
③ Create Midpoint : 선택한 요소의 중간 지점에 Point를 생성
④ Create Endpoint : 선택한 요소의 끝점에 Point를 생성
⑤ Create Plane : Plane을 생성
⑥ Create Intersection : 선택한 요소의 교차지점을 지정
⑦ Create Projection : 요소를 투영한 지점을 지정
⑧ Elements list : 지정한 Points의 목록을 표시

- Variation Mode
① Cubic mode : Fillet의 Radius 변화를 곡선으로 처리
② Linear mode : Fillet의 Radius 변화를 직선으로 처리

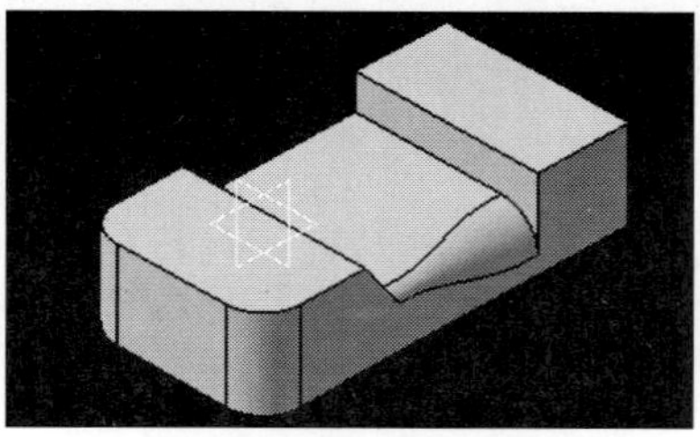
Cubic mode

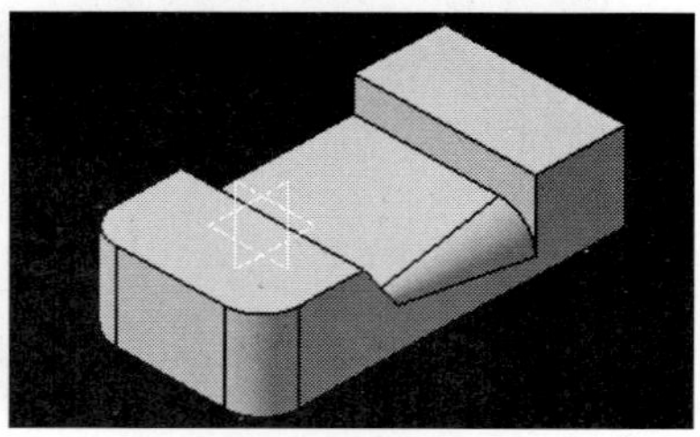
Linear mode

(3) Face-Face Fillet( )

- 서로 떨어져 있는 두 면 사이를 부드럽게 곡면 처리하는 기능을 한다.

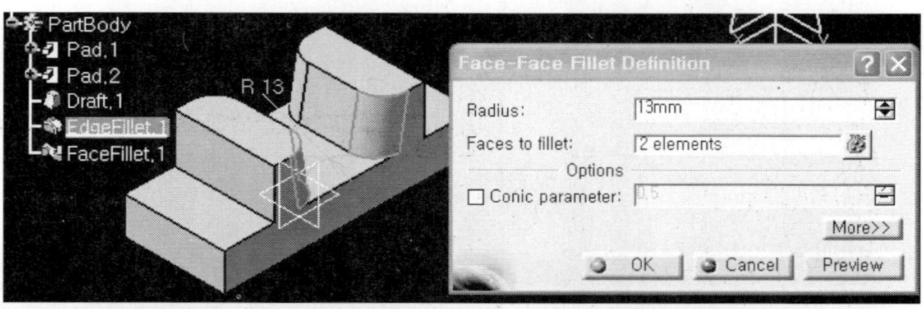

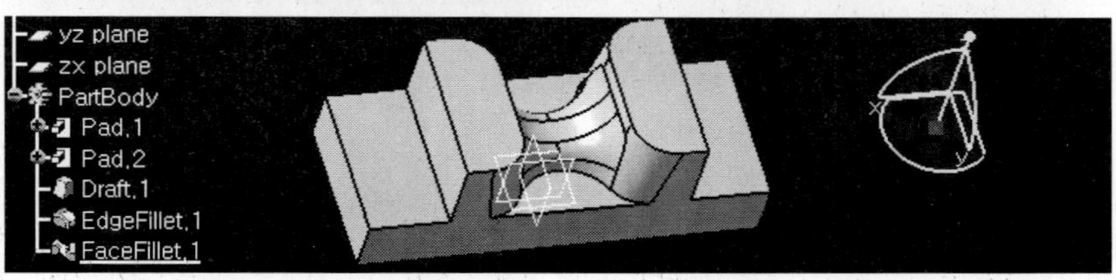

(4) Tritangent Fillet( )

- 서로 연결되어 있는 세 개의 면 중에서 가운데 있는 면을 제거하면서 나머지 두 개의 면을 접선으로 곡면 처리하는 기능을 한다. 우선 Fillet을 적용시킬 두 개의 면을 지정하고 나머지 제거할 면을 지정한다.

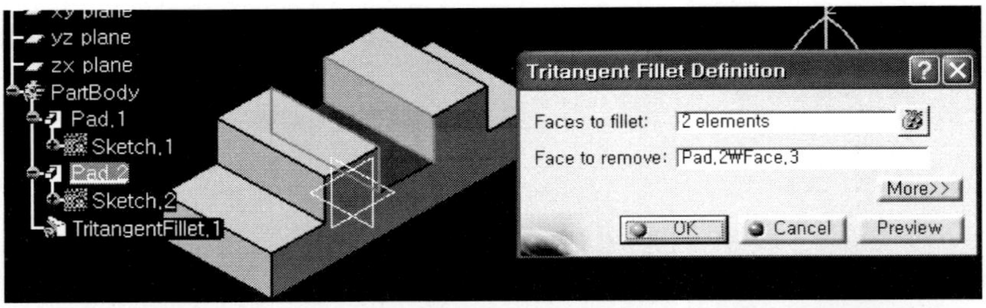

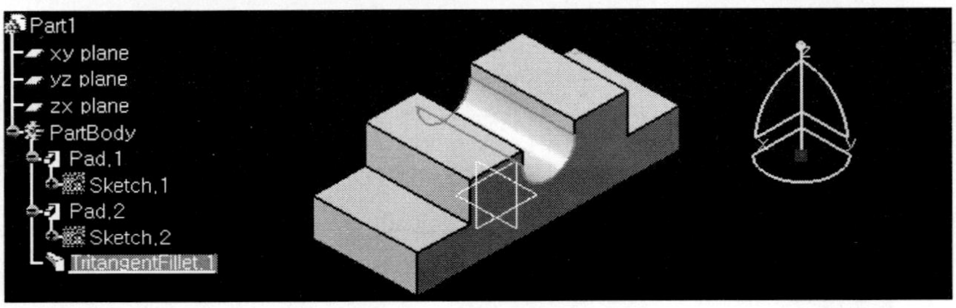

(5) Chamfer( )

- Solid Feature의 모서리에 모따기를 생성한다. 길이와 각도를 입력하여 실행할 수 있고, 두 개의 길이를 설정하여 모따기를 생성할 수도 있다.

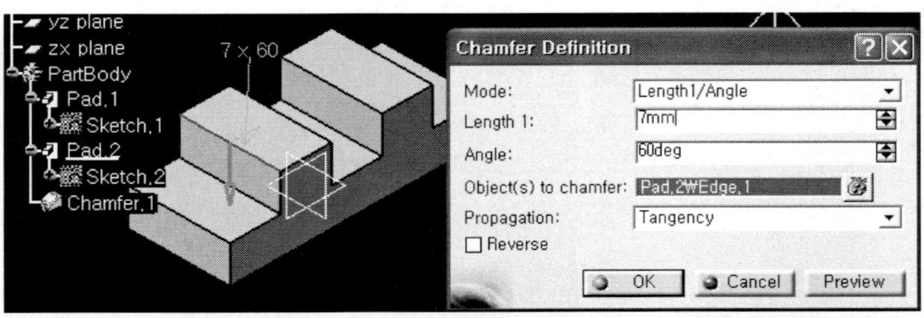

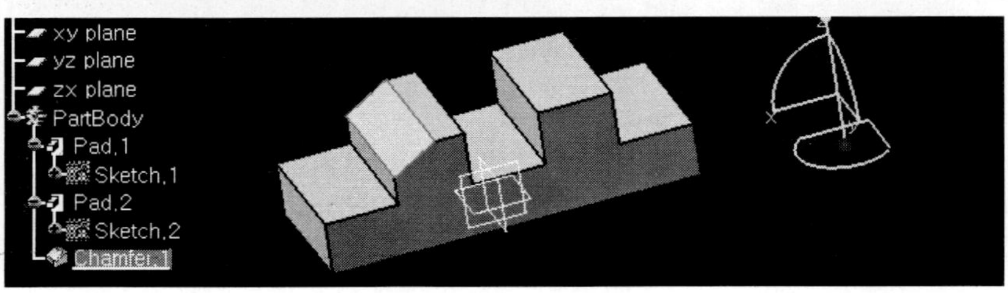

(6) Draft Angle( )

- 수직인 Solid Feature의 면에 구배를 생성한다. 구배 각도를 입력하고 구배를 적용할 면과 Neutral Element의 대상이 될 면을 지정한다. 마지막으로 추출 방향을 설정하여 완료한다.

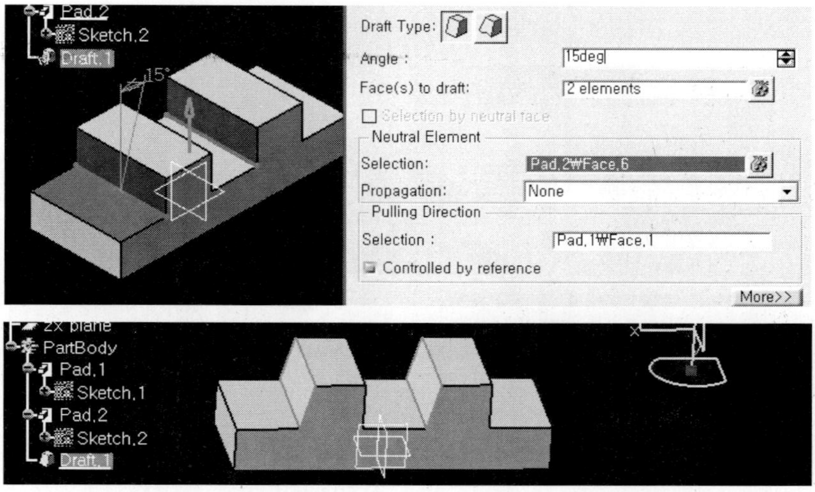

- Selection by neutral face 옵션 : 중립면(neutral face)에 인접한 모든 면에 구배를 적용할 때 사용하는 옵션이다.

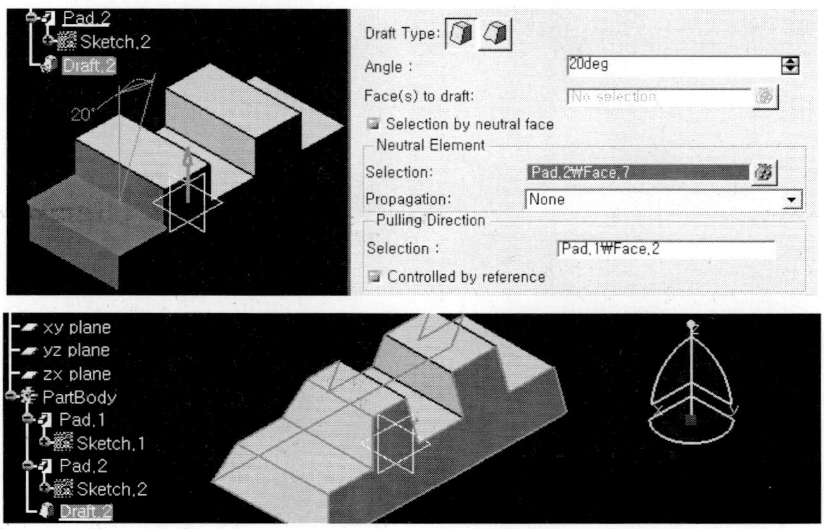

- Parting Element 옵션 : 중립면을 기준으로 한 쪽 방향으로 구배를 주거나 양쪽 방향으로 줄 수 있도록 지정할 수 있는 옵션이다. 먼저 'Parting=Neutral' 을 체크한 상태에서 'Draft both sides' 의 체크 여부에 따라 적용 결과가 구분된다.

① 'Draft both sides' 에 체크하지 않은 경우

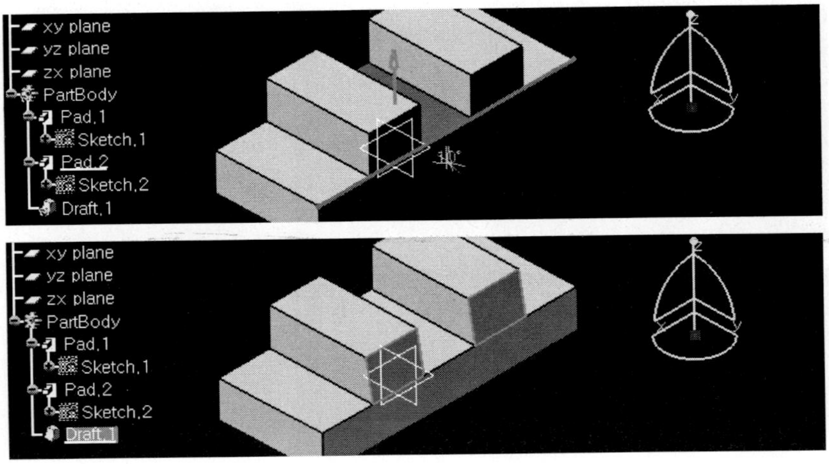

② 'Draft both sides' 에 체크한 경우

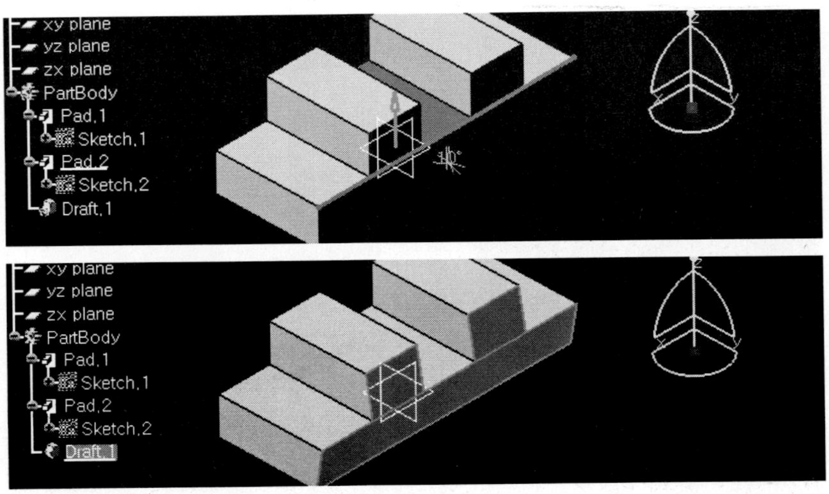

- Define parting element 옵션 : 동일 평면 내에서 부분적인 구배 적용이 가능한 옵션으로서 'Define parting element' 옵션을 체크한 상태에서 'Selection' 으로

지정할 면을 선택한다.

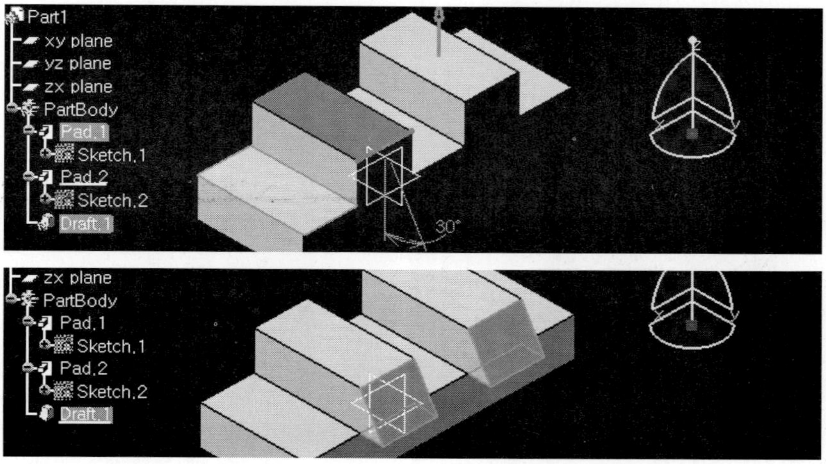

(7) Shell( )

- Solid Feature의 표면으로부터 안쪽 방향 또는 바깥쪽 방향으로 일정한 두께를 남겨둔 상태에서 내부를 제거할 수 있다. 'Face to remove'에 지정할 면을 선택하고 두께 값을 입력한다. 'Other thickness faces' 는 두께 값이 부분적으로 다를 때 적용할 수 있는 옵션으로서, 이를 적용한 곳에 표시된 치수를 더블 클릭하여 두께 값을 변경한다.

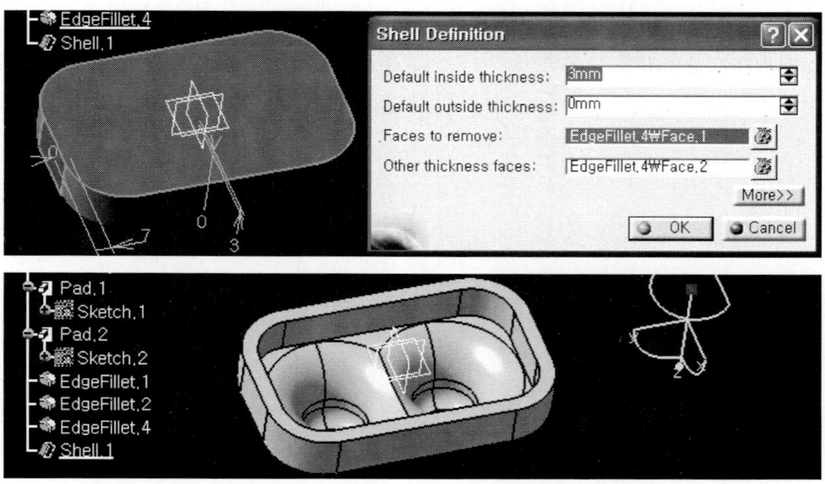

(8) Thickness()

• 평면 또는 곡면에 일정한 두께를 덧붙여 주는 기능을 한다. 두께를 부여할 면을 선택하고 'Default thickness' 에 덧붙일 두께 값을 입력한다. Thickness를 적용할 또 다른 면이 있을 경우 'Other thickness faces' 에서 선택하고 치수를 더블 클릭하여 두께 값 변경한다.

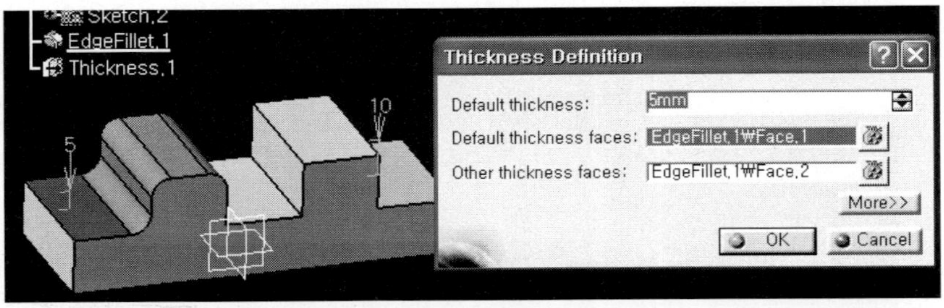

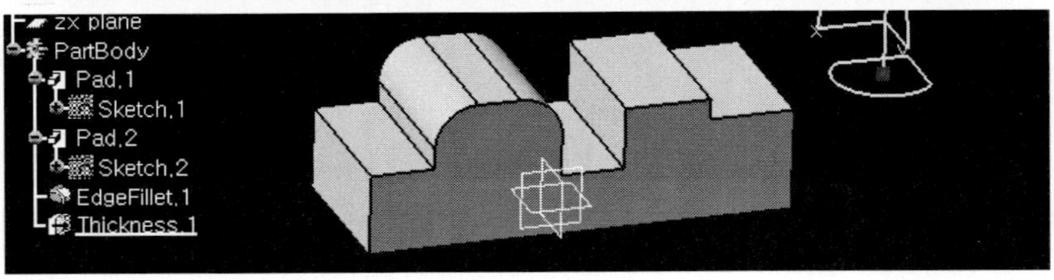

(9) Thread/Tap()

• 나사를 생성할 수 있는 기능으로서 Solid Feature에서는 나사의 형상이 표시되지 않는다. 다만 2차원 도면을 생성하였을 때 기계제도 규칙에 준하여 나사가 표시된다. 'Lateral Face' 에서 나사가 생성될 원기둥 표면을 지정하고, 나사부의 길이는 'Limit Face' 에서 지정한다. 이때 경계면으로서 Face 또는 Plane으로 지정하면 된다.

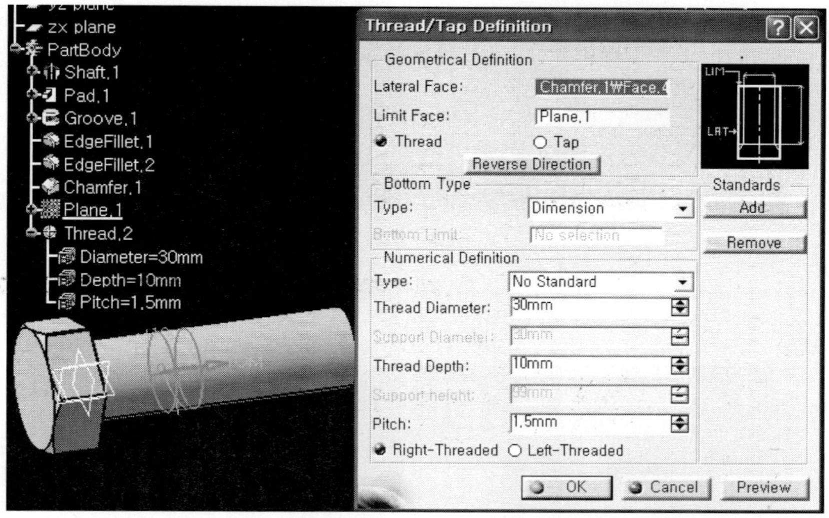

➤ 3.3 Transformation Features

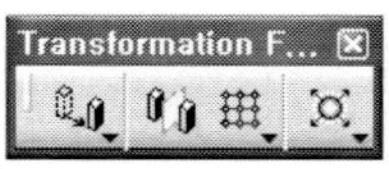

Feature의 이동, 회전, 대칭 복사, 배열, 확대 및 축소 등과 같은 기능을 한다.

(1) Translation( )

- Feature를 평행 이동하는 기능을 한다.

① Direction과 Distance에 의한 이동 : Direction에서 임의의 모서리를 선택하여 이동시킬 방향을 지정하고 Distance에서 이동거리를 입력한다.

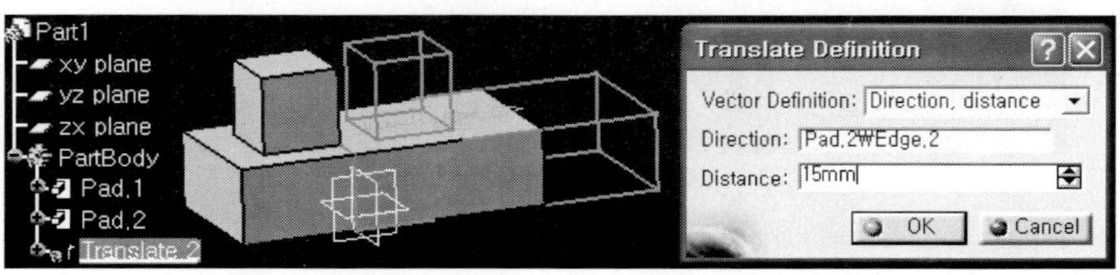

② Point to point에 의한 이동 : Start Point와 End Point를 지정하여 이동시킬 방향과 이동거리를 설정한다.

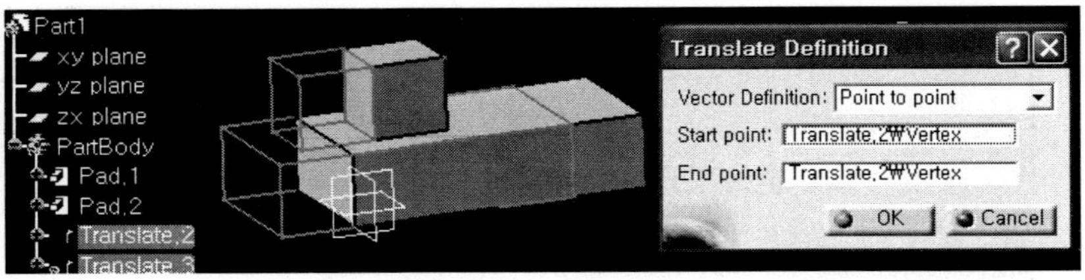

③ Coordinates에 의한 이동 : 공간 좌표 값을 입력하여 이동시킨다.

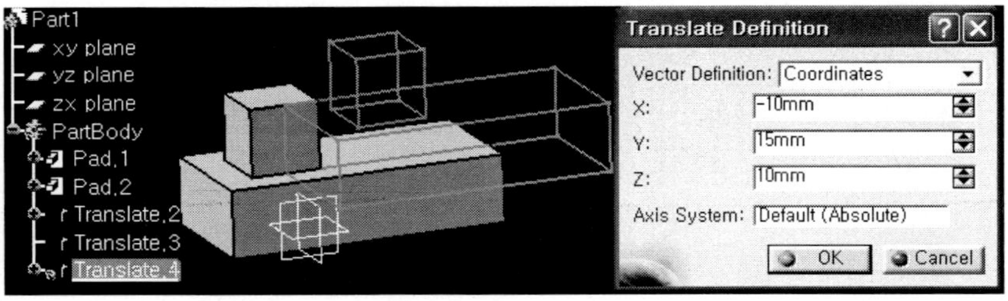

(2) Rotation( )

- Feature를 임의의 축을 중심으로 회전 이동시키는 기능을 한다. 중심축과 각도를 설정하여 회전 이동시키는 Axis-Angle, 중심축과 두 개의 요소를 지정하여 적용하는 Axis-Two Element, 세 개의 점을 이용하는 Three Points 등과 같은 옵션을 Definition Mode에서 선택할 수 있다.

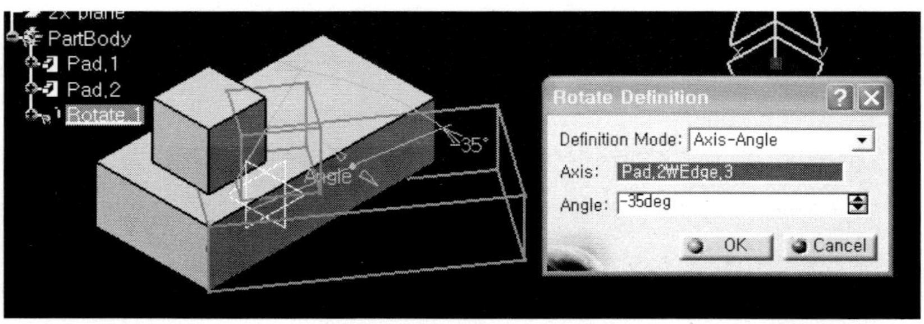

(3) Symmetry( )

- Reference에서 지정된 Plane, Edge, Point 등을 기준으로 대칭 이동시키는 기능을 한다.

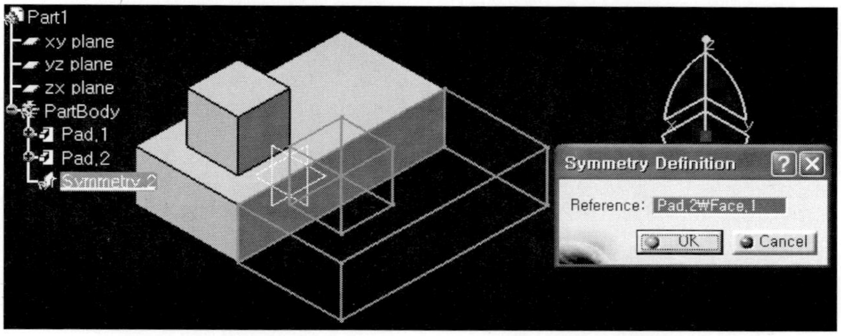

(4) Mirror()

- Mirroring element에서 Plane을 지정하여 대칭 복사시키는 기능을 한다.

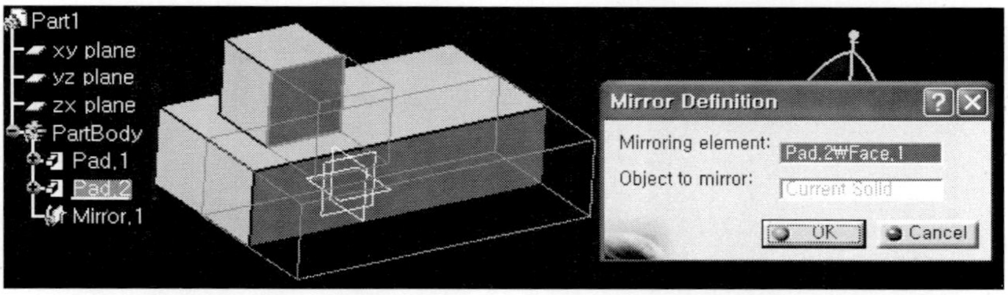

(5) Rectangular Pattern()

- 선택한 Solid Feature를 직사각형 형태로 배열하는 기능을 한다. First Direction과 Second Direction에서 Parameters를 Instance(s) & Spacing으로 선택한 경우를 그림에서 보여주고 있다. 배열의 전체 형상을 설정하는 Reference element로서 xy plane을 지정하였으나 일반적으로 Feature의 모서리를 이용한다.

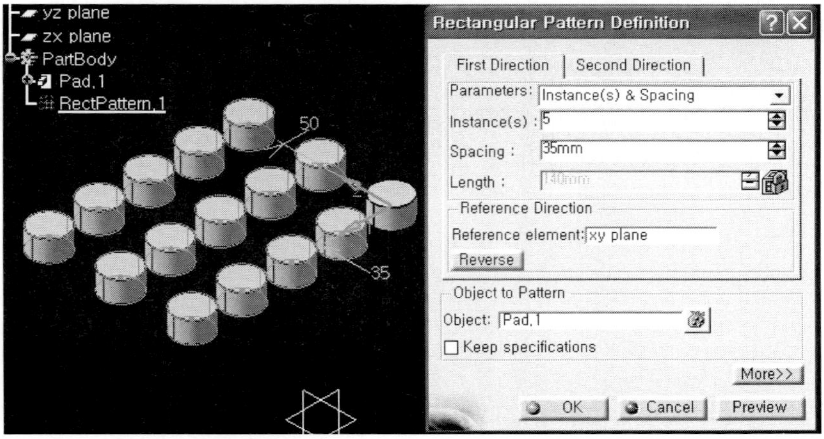

- Parameters 설정

① Instance(s) & Length : 배열할 개수와 전체 길이를 지정

② Instance(s) & Spacing : 배열할 개수와 동일한 거리의 간격을 지정

③ Spacing & Length : 동일한 거리의 간격과 전체 길이를 지정

④ Instance(s) & Unequal Spacing : 배열할 개수와 임의의 간격을 지정할 수 있으며 치수를 더블 클릭하여 각각 다른 값으로 변경

- Keep specifications 옵션 : 배열 대상의 속성을 유지해야 할 경우 사용할 수 있는 옵션이다. 배열 대상(Pad.3)의 속성이 'Up to next'로 설정된 경우에 있어서 옵션의 사용 여부에 따른 차이를 다음 그림에서 보여주고 있다.

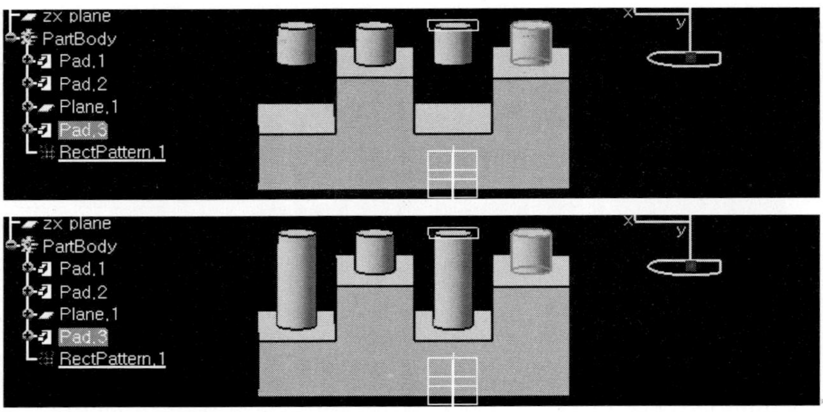

(6) Circular Pattern( )

- 선택한 Feature를 둥근 원형 형태로 배열할 수 있다. 먼저 배열 대상을 선택하고 Circular Pattern 명령을 실행한다. Axial Reference의 Instance(s) & angular spacing인 경우와 Crown Definition에서 Circle(s) & circle spacing을 선택하여 2열의 Circle과 열 간격을 25㎜ 안쪽으로 설정한 것을 다음의 그림에서 각각 보여주고 있다. 여기서 배열의 형상을 설정하는 Reference element로서 Feature의 둥근 곡면을 지정하였다.

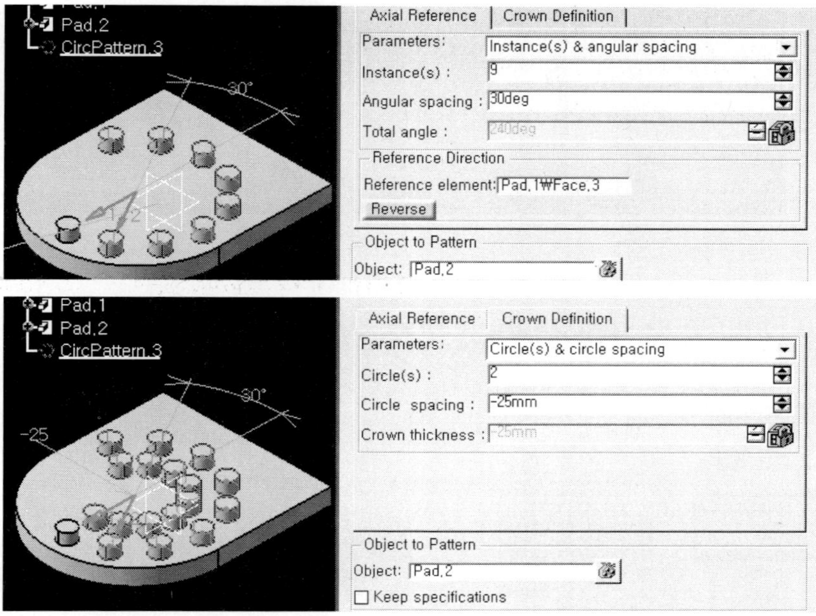

- Axial Reference에서 Parameters의 유형

① Instance(s) & total angle : 배열할 개수와 전체 각도를 설정

② Instance(s) & angular spacing : 배열할 개수와 등간격의 각도를 설정

③ Angular spacing & total angle : 등간격의 각도와 전체 각도를 설정

④ Complete crown : 완전한 원형 배열로 설정된 개수에 의해 Pattern을 생성

⑤ Instance(s) & unequal angular spacing : 배열할 개수와 임의 각도로 간격을 설정할 수 있으며 각도 치수를 더블 클릭하여 다른 값으로 변경

- Crown Definition에서 Parameters의 유형

① Circle(s) & crown thickness : Circle의 개수와 전체 거리를 설정

② Circle(s) & circle spacing : Circle의 개수와 Circle 사이의 거리를 설정

③ Circle spacing & crown thickness : Circle 사이의 거리와 전체 거리를 설정

(7) Scaling( )

- Feature의 평면이나 꼭지점을 기준으로 확대 혹은 축소시키는 기능을 한다.

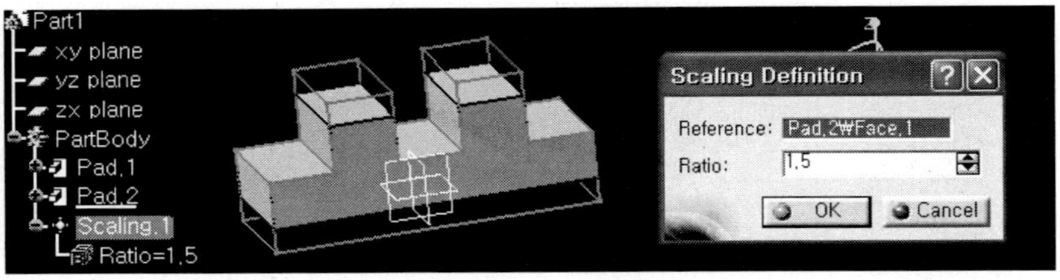

➢ 3.4 Insert & Boolean Operation

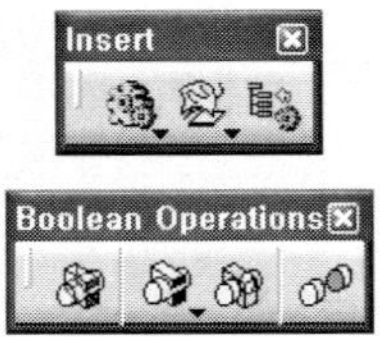

새로운 Body를 생성하고 삽입할 수 있으며, Body에 추가된 Feature에 대하여 Add, Assembly, Remove 등의 연산 기능을 PartBody에 적용할 수 있다.

(1) Body( )

- PartBody에 새로운 Body를 삽입하는 기능이다. 풀다운 메뉴의 Insert에서 Body를 선택하거나 혹은 Toolbar에서 Body 아이콘을 선택하여 실행할 수 있다.

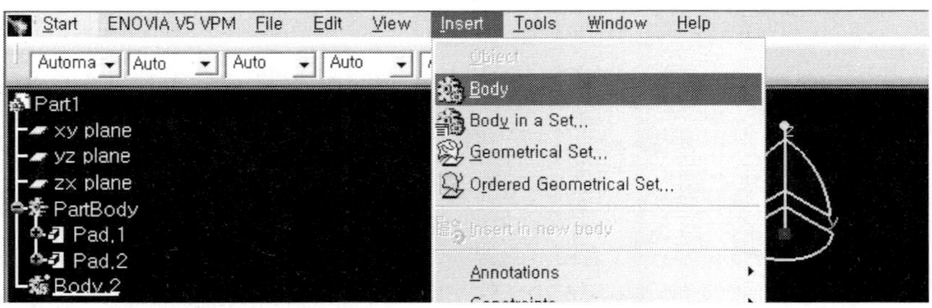

- Define in Work Objection : PartBody와 새로 추가된 Body는 작업영역이 서로 구분되므로 해당 영역을 활성화 시킨 후 작업에 들어가야 한다. 활성화 된 작업 영역은 밑줄로 표시되어 있으며, 활성화 되지 않은 영역에서 마우스 우측 버튼을 클릭하여 나타난 메뉴인 'Define in Work Objection' 을 선택하여 작업영역을 전환한다.

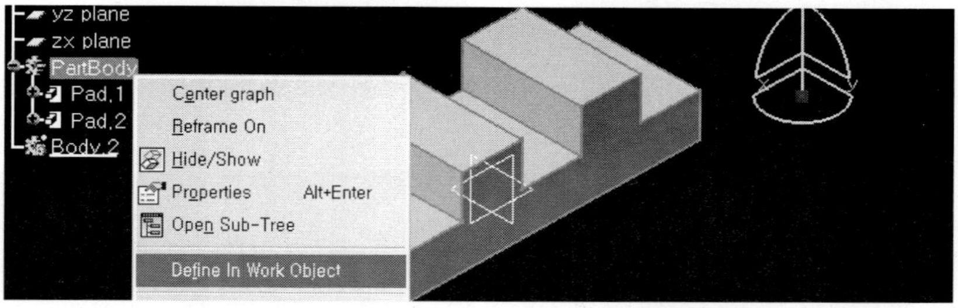

(2) Insert in new body( )

- PartBody에서 작업한 Feature를 새로운 Body로 이동하여 더하는 기능이다. 그림과 같이 PartBody에서 작업한 Feature(Pad.2 및 EdgeFillet.1)를 선택하고 명령(Insert in new body)을 실행하여 새로운 Body(Body.4)로 이동시켜 Assemble한 것을 보여주고 있다.

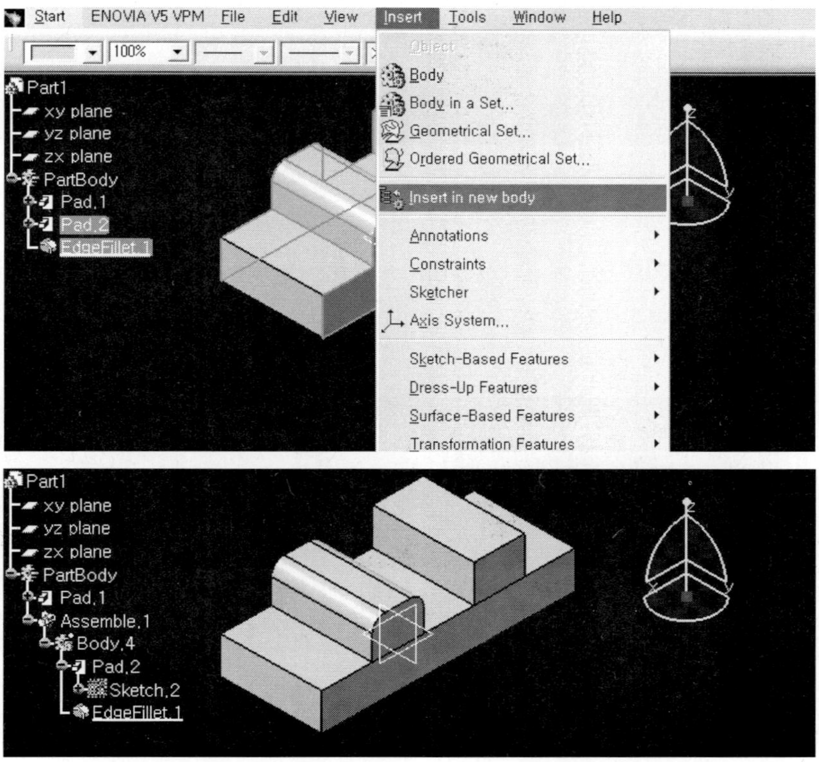

(3) Assembly( )

- 새로운 Body와 PartBody를 합하여 서로 결합시키는 기능을 한다. 다음 그림에서

Pad.3과 Pad.1은 서로 분리된 것이었으나 Assembly 명령으로 합해진 것을 보여주고 있다.

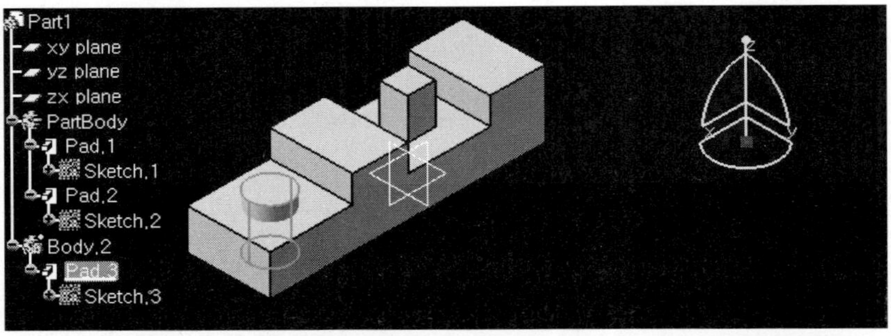

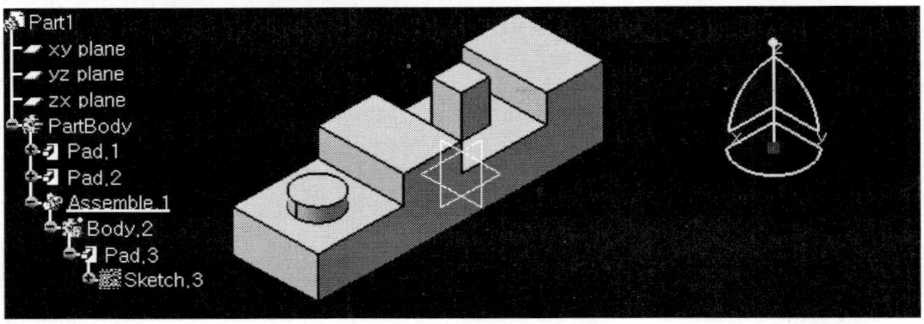

(4) Add( )

- PartBody와 새로운 Body를 결합시키는 기능은 Assembly 명령과 같지만 여기서는 Body의 속성을 가지지 않고 합한다는 점에서 차이가 있다.

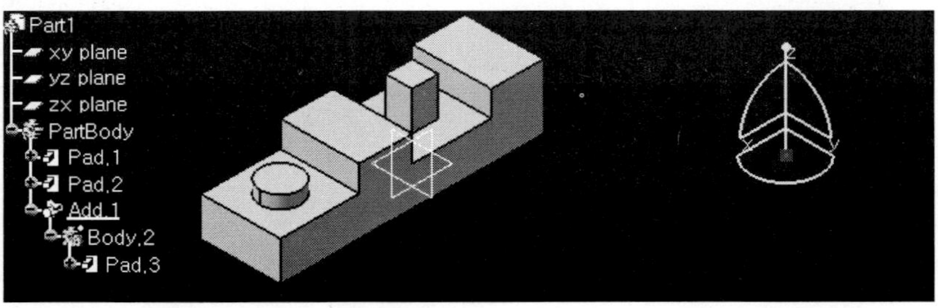

(5) Remove( )

- 하나의 Body에서 다른 Body를 제거하는 기능으로서 공통으로 교차되는 부분까지 모두 제거된다. Remove하기 위해 선택하는 순서에 따라 결과가 다르게 나타날 수 있음을 그림에서 보여주고 있다.

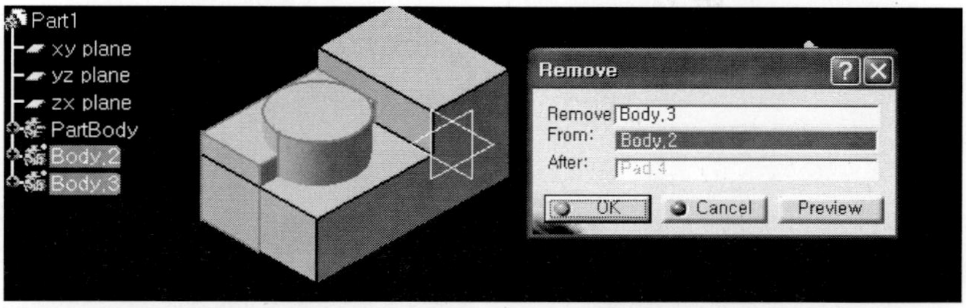

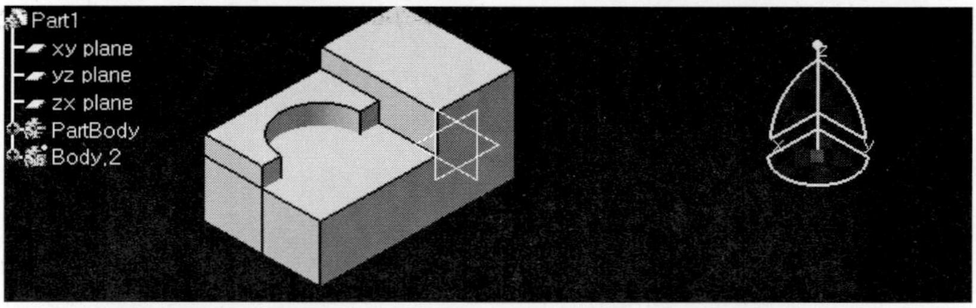

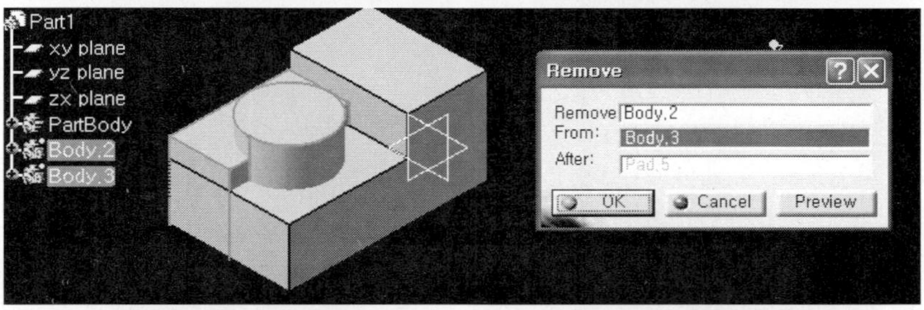

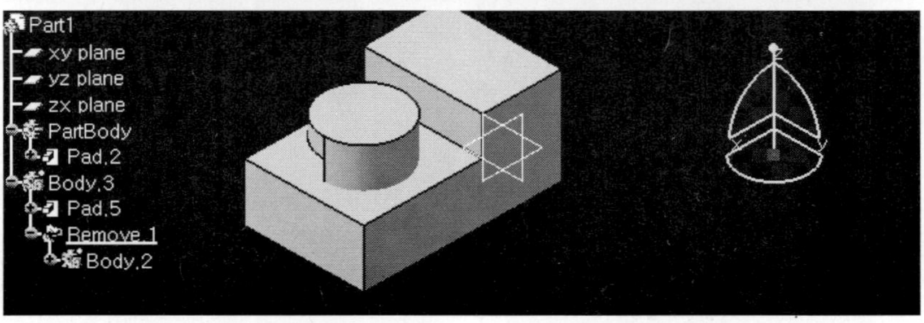

(6) Intersect( )

- 두 개의 Body에서 서로 교차되는 부분만 남기고 나머지는 제거한다.

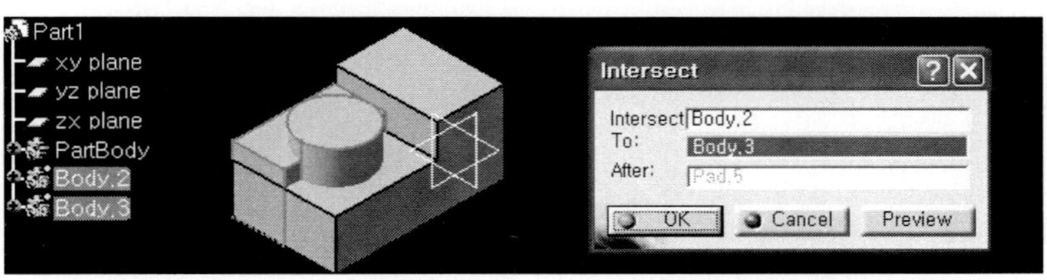

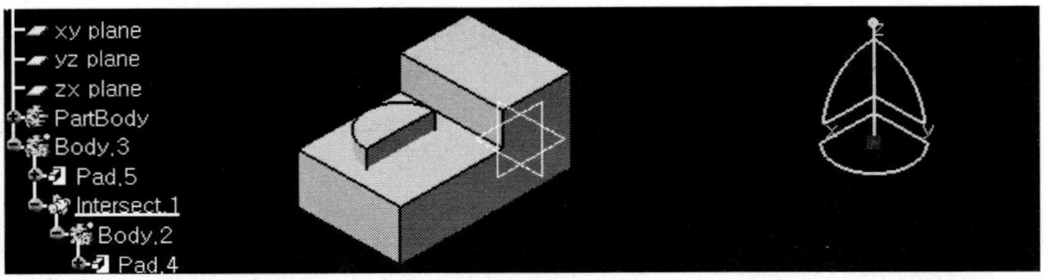

➢ 3.5 Surface-Based Features

Split, Thick Surface, Close Surface, Sew Surface 등과 같이 Surface를 기반으로 Feature를 생성하는 기능으로 구성되어 있다.

(1) Split( )

- Solid Feature가 Surface나 Plane을 기준으로 두 개 영역으로 구분되었을 때 어느 한쪽을 제거하는 기능을 한다. 화살표 방향이 남겨질 부분을 표시하므로 화살표를 클릭하여 제거할 부분을 선택할 수 있다.

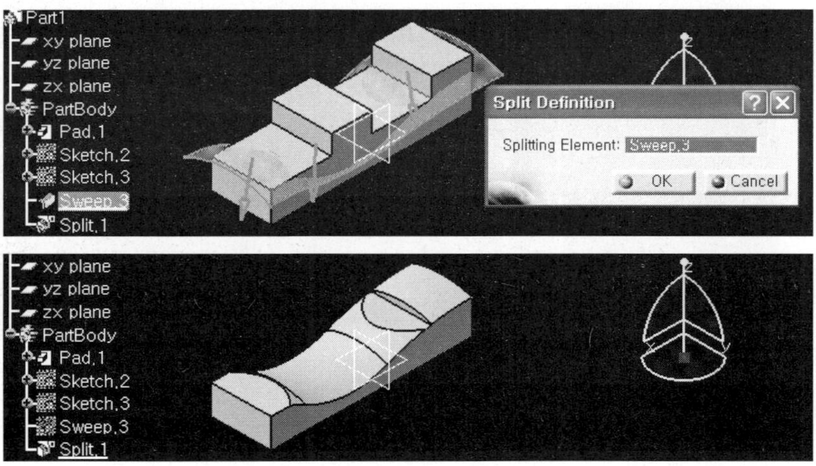

(2) Thick Surface( )

- Surface에 두께를 부여하여 Solid Feature를 생성하는 기능을 한다. 화살표가 지시하는 방향, First Offset 및 Second Offset에 입력하는 값 등으로 Surface에 다양한 두께를 부여할 수 있다.

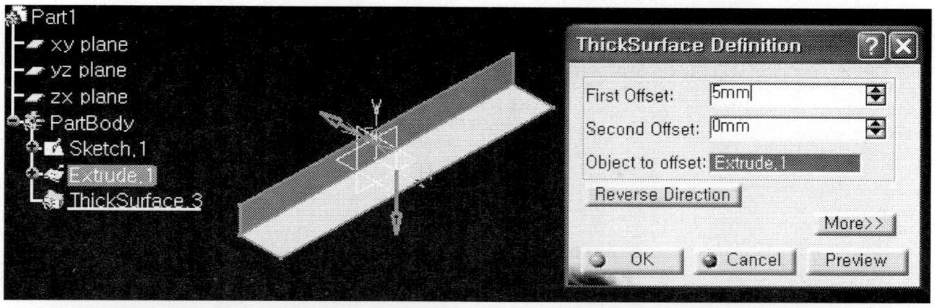

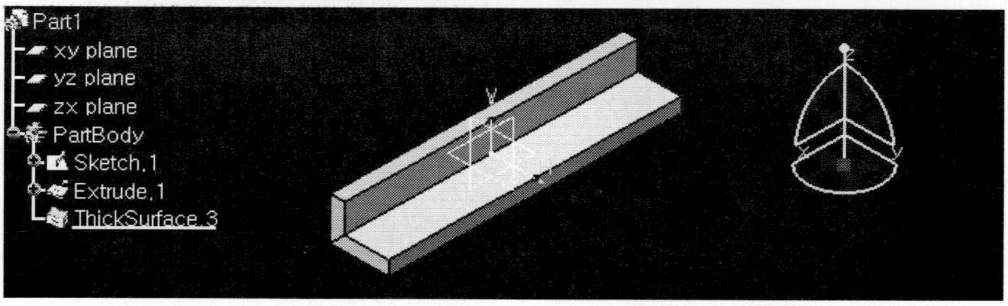

(3) Close Surface( )

- 열리거나 닫힌 Surface의 내부를 Solid로 채울 수 있다.

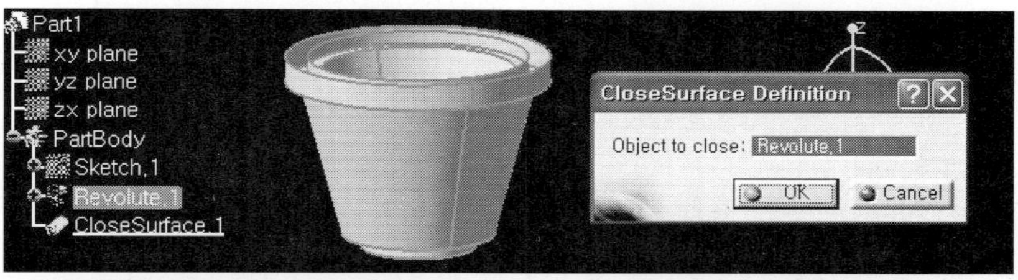

(4) Sew Surface( )

- Solid Feature와 Surface의 교차되는 부분은 제거하는 동시에 비어있는 내부 공간은 Solid로 채워주는 기능을 한다.

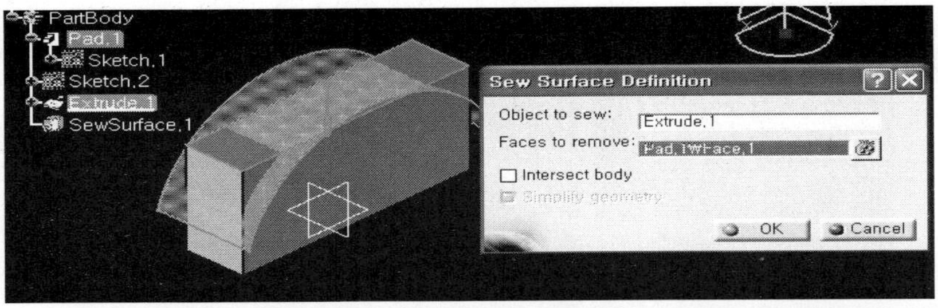
PartBody
Pad.1
Sketch.1
Sketch.2
Extrude.1
SewSurface.1
Sew Surface Definition
Object to sew:
Extrude.1
Faces to remove:
Intersect body
Simplify geometry
OK
Cancel

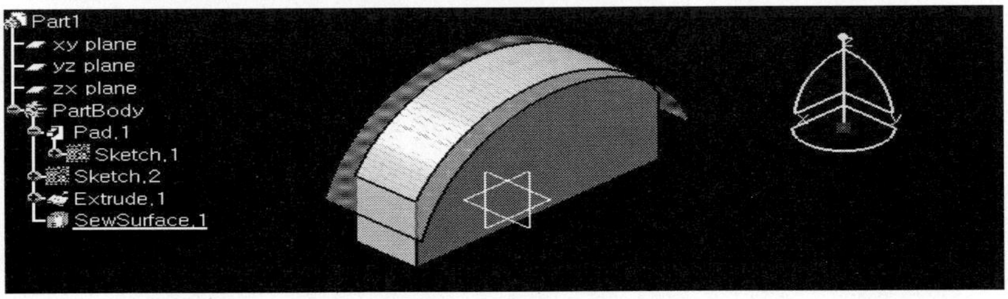
Part1
xy plane
yz plane
zx plane
PartBody
Pad.1
Sketch.1
Sketch.2
Extrude.1
SewSurface.1

4. Wireframe and Surface Design

Part Design에서 어떤 Feature가 생성될 때 평면 구조의 Profile이 미리 설정된 경로를 따라가면서 형상이 만들어지며 내부는 Solid로 채워지는 구조가 된다. 이에 비해 Surface Design은 내부가 비어 있는 형상으로서 점, 선, 면에 의해 원하는 형상이 생성되며, 주로 곡면과 같은 복잡한 형상을 구현하기 위해 사용한다.

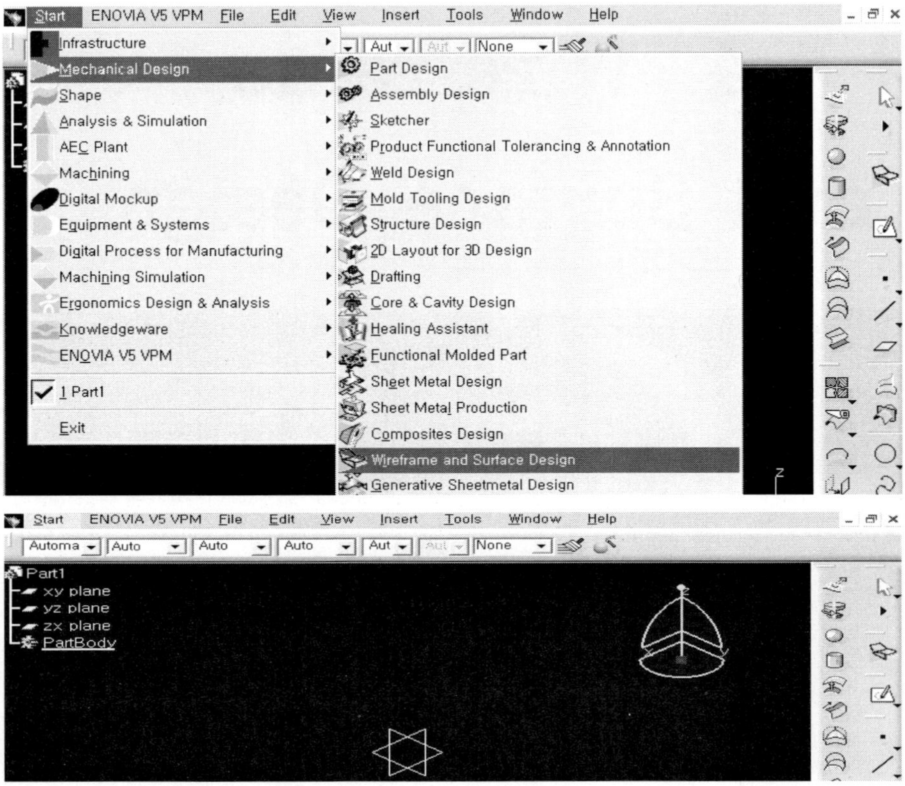

➢ 4.1 Wireframe

Point, Line, Axis, Plane, Circle, Spline, Helix 등을 생성할 수 있다.

(1) Point(·)

- 3차원 작업 영역에서 점을 생성할 수 있는 기능으로서 Coordinates, On curve, On plane, On surface, Circle/Sphere/Ellipse center, Tangent on curve,

Between 등과 같은 유형으로 점을 생성할 수 있다.

- Coordinates : 좌표계에서 X, Y, Z 축의 값을 입력하여 점을 생성한다.

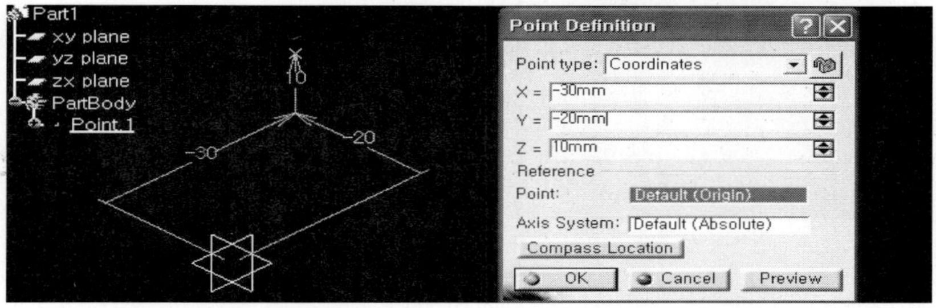

- On curve : Curve 위에 점을 생성한다.

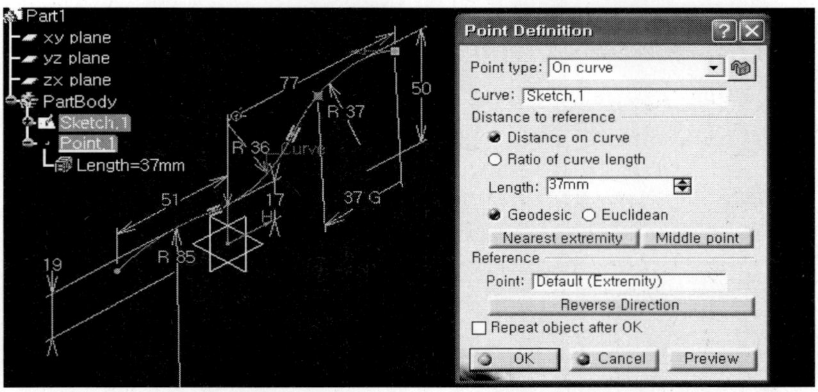

① Distance on curve : 시작점에서부터 측정된 거리에 점을 생성한다.

② Ratio of curve length : Curve의 전체 길이를 1로 하였을 때, 입력된 비율에 해당하는 지점 위에 점을 생성한다.

③ Nearest extremity : 선택한 점에서 가장 가까운 끝점에 생성한다.

④ Middle point : Curve의 중간지점에 점을 생성한다.

- On plane : Plane 위에 점을 생성한다.

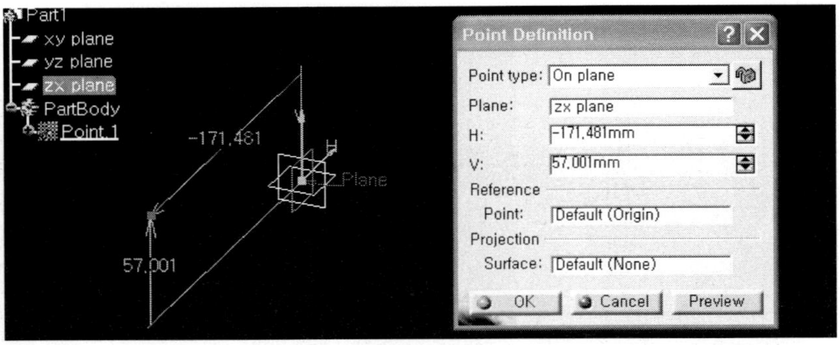

• On surface : Surface 위에 점을 생성한다.

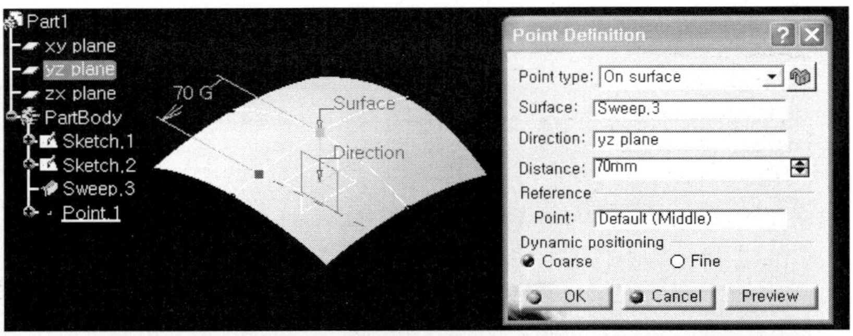

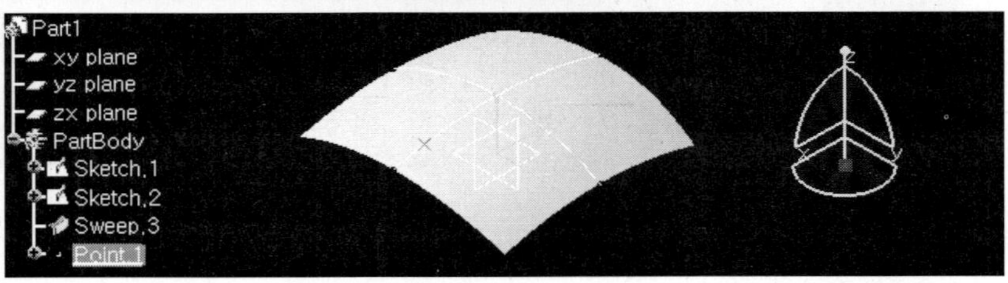

• Circle/Sphere/Ellipse center : 원, 구 타원 등의 중심에 점을 생성한다.

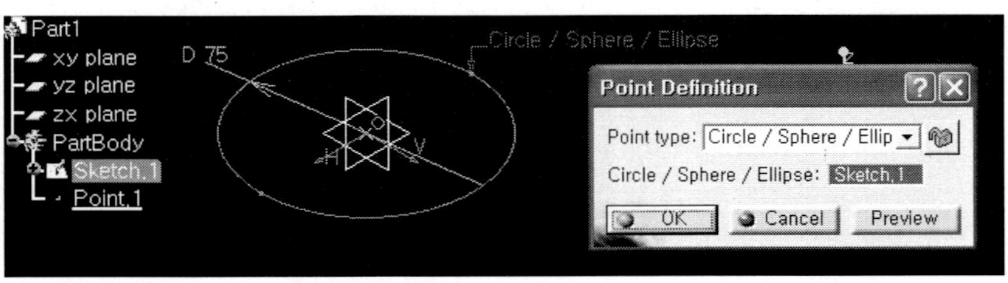

• Tangent on curve : 지정된 Direction과 Curve가 접선인 점을 생성한다. 임의의

Reference Element를 지정하여 가장 근접한 점만 생성할 수도 있다.

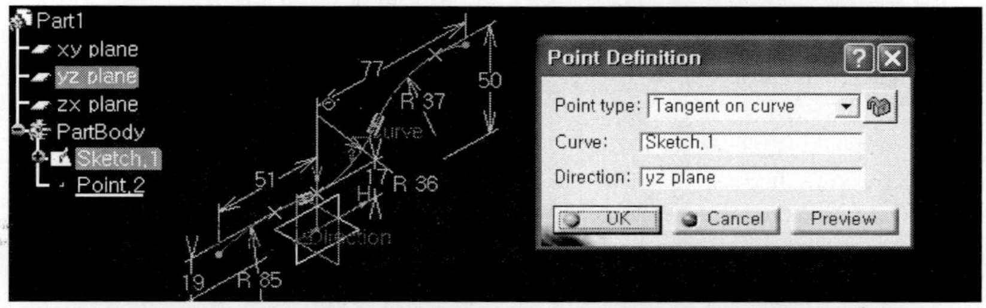

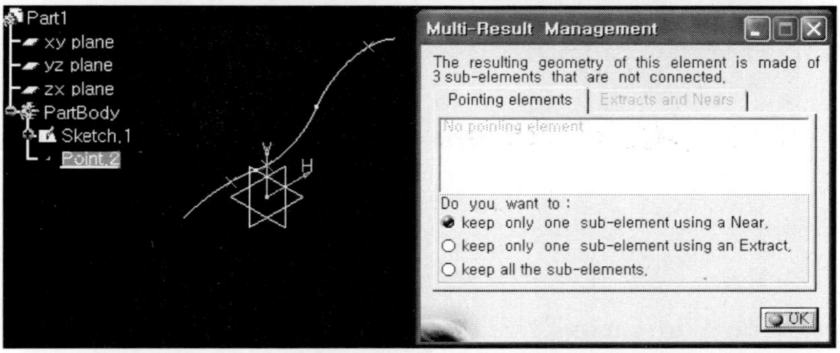

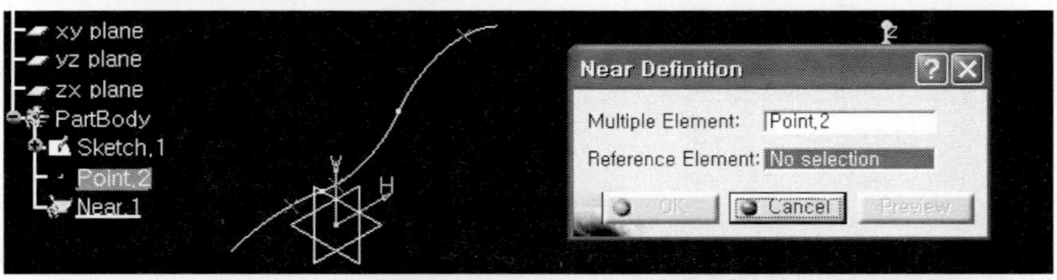

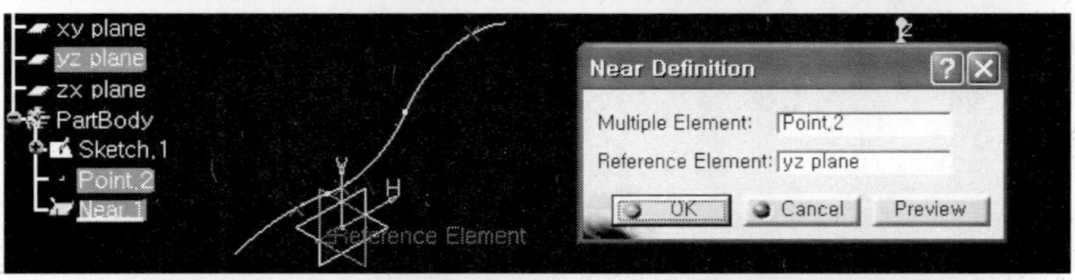

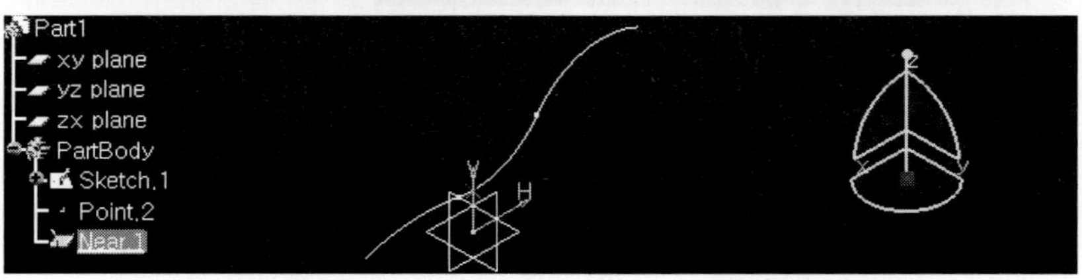

• Between : 두 점 사이의 비율을 설정하여 점을 생성한다.

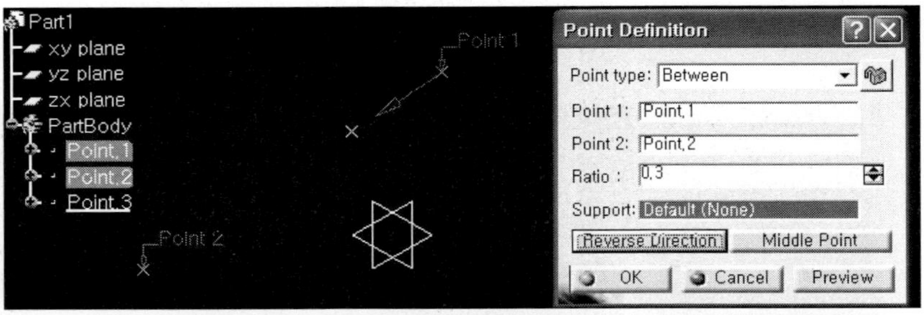

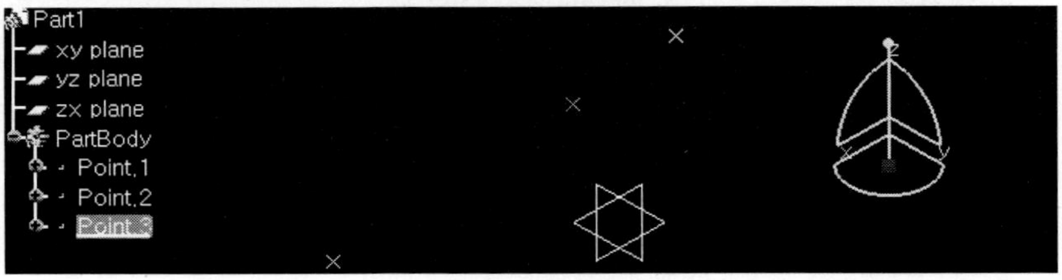

(2) Line( )

- 3차원 영역에서 선을 생성할 수 있는 기능으로서 Point-Point, Point-Direction, Angle/Normal to curve, Tangent to curve, Normal to surface, Bisecting과 같은 유형으로 선을 생성할 수 있다.
- Point-Point : 두 점으로 선을 생성한다. Length type에서 Infinite를 설정하여 무한선을 생성할 수도 있다.

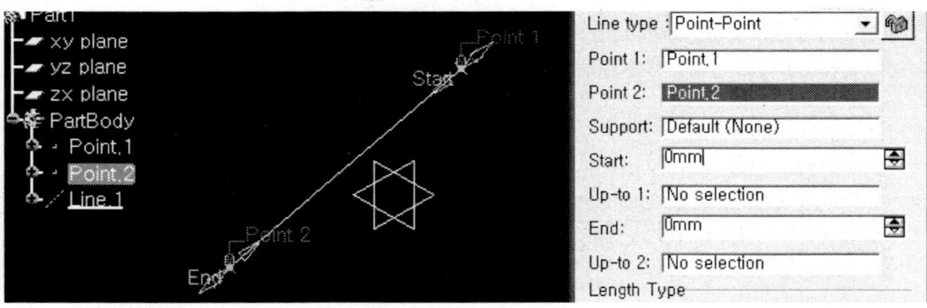

- Point-Direction : 선의 시작점과 방향을 지정하여 생성한다. 그림의 Direction에 yz plane을 지정하였다.

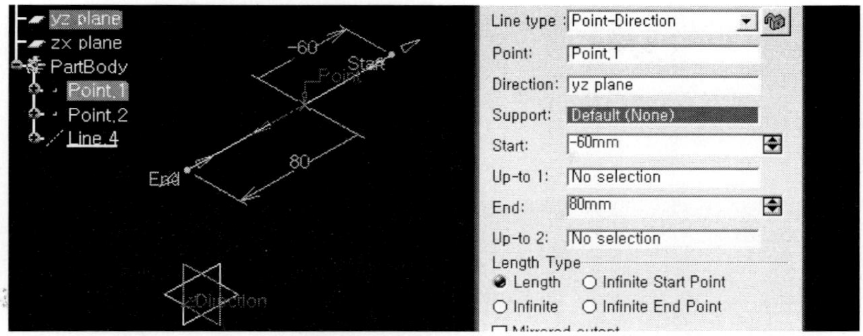

• Angle/Normal to curve : 임의의 곡선에 어떤 각도를 가지거나 수직인 선을 생성한다.

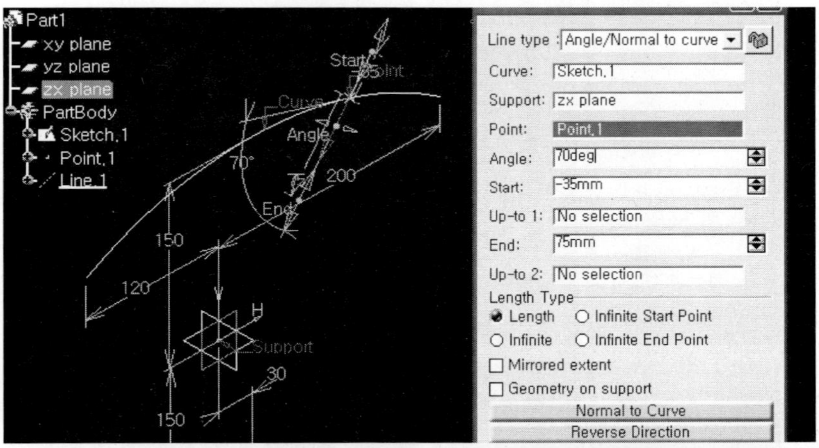

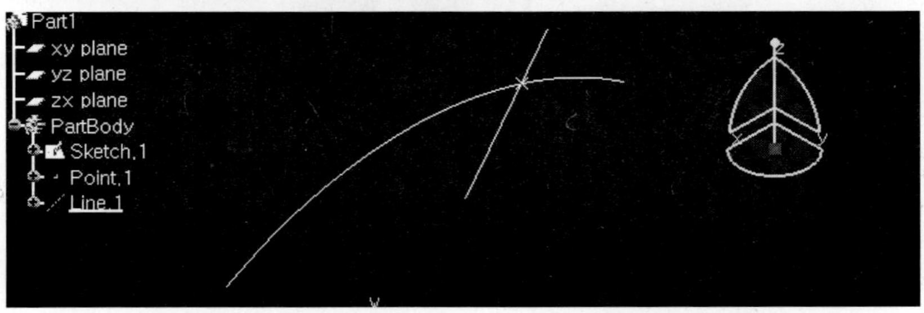

① Mirrored extent : 시작점을 기준으로 대칭선을 생성한다.

② Geometry on support : 임의의 surface에 투영한 선을 생성한다.

③ Normal to Curve : 곡선에 수직인 선을 생성한다.

- Tangent to curve : 임의의 곡선에 어떤 각도를 가지거나 수직인 선을 생성한다.

① Mono-Tangent

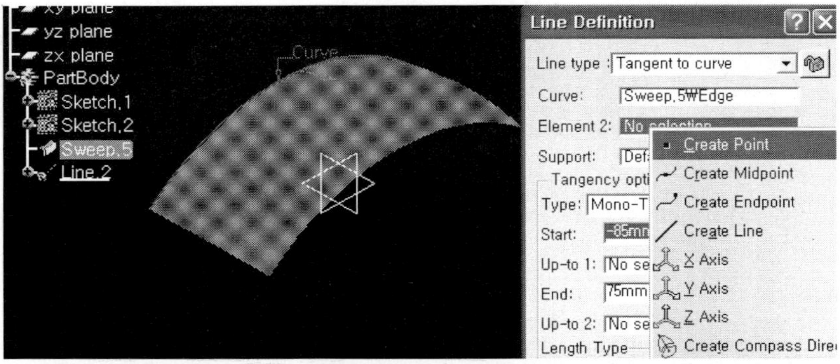

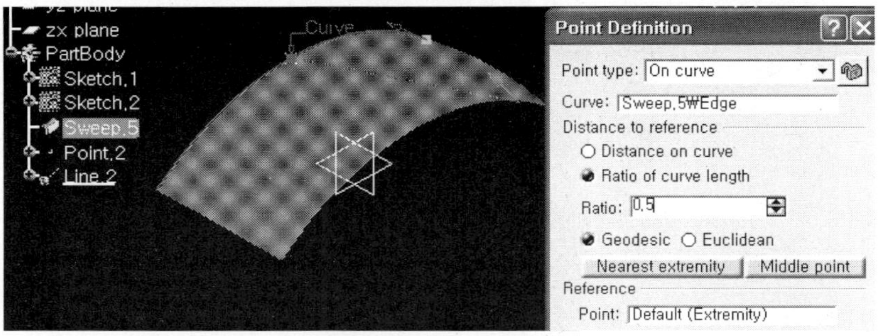

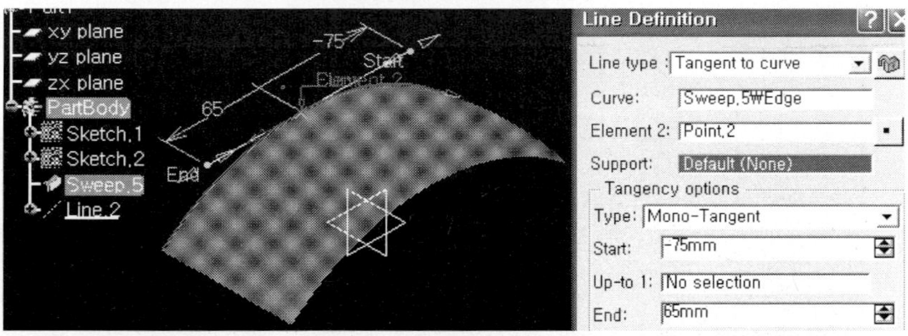

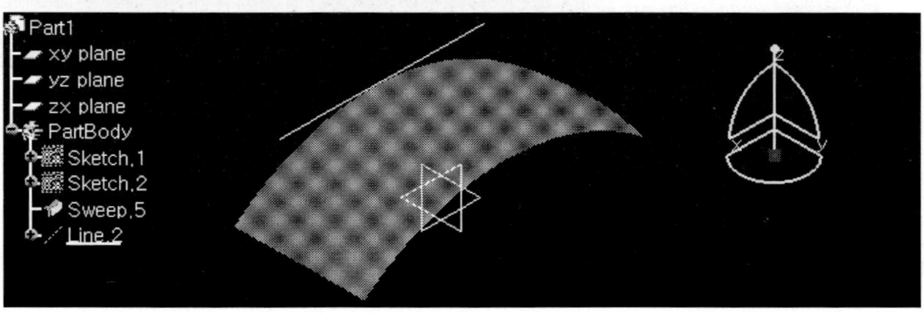

② BiTangent : 동일 평면 위에 있는 두 개의 곡선 요소를 이용하여 접선 Line을 생성한다. 미리보기로 표시된 접선 Line 중에서 선택한다.

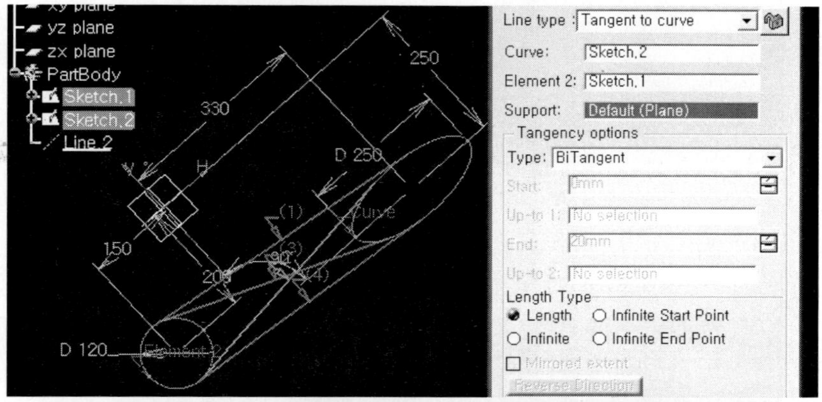

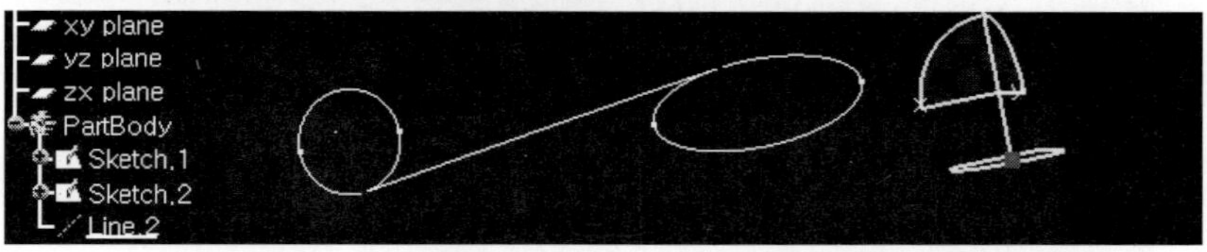

• Normal to surface : Surface에 수직한 선을 생성한다. Surface와 시작점을 선택하고 실행한다.

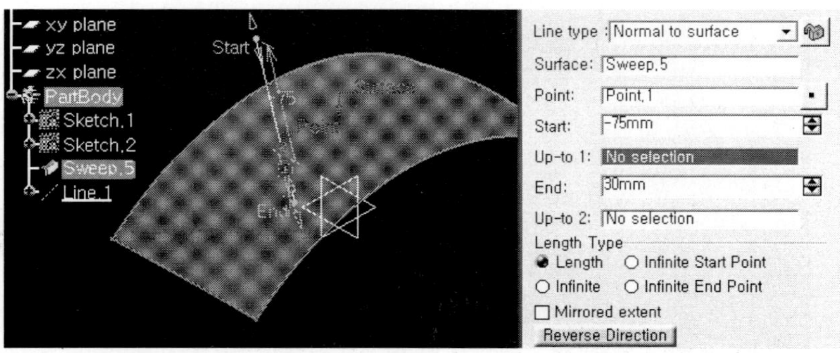

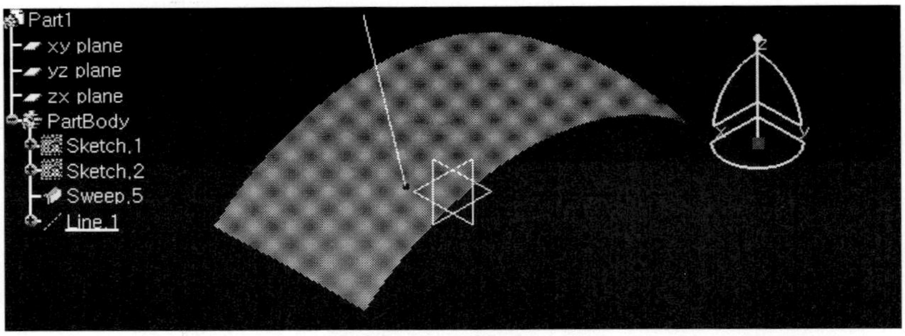

• Bisecting : 두 개의 Line을 이등분하는 선을 생성한다.

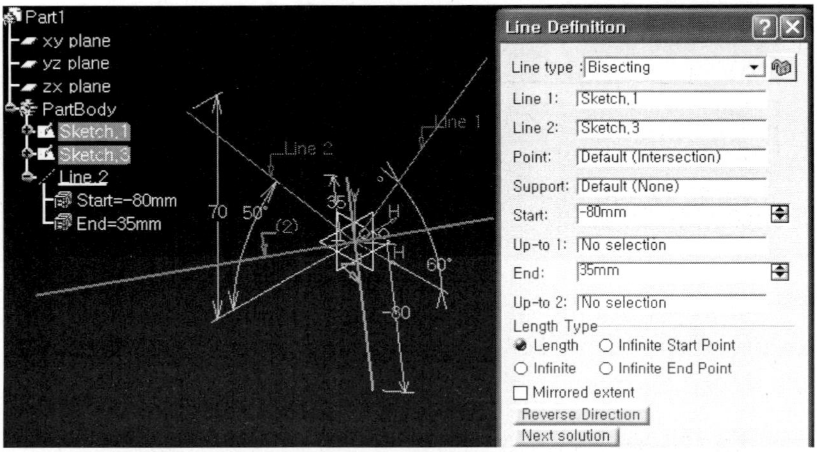

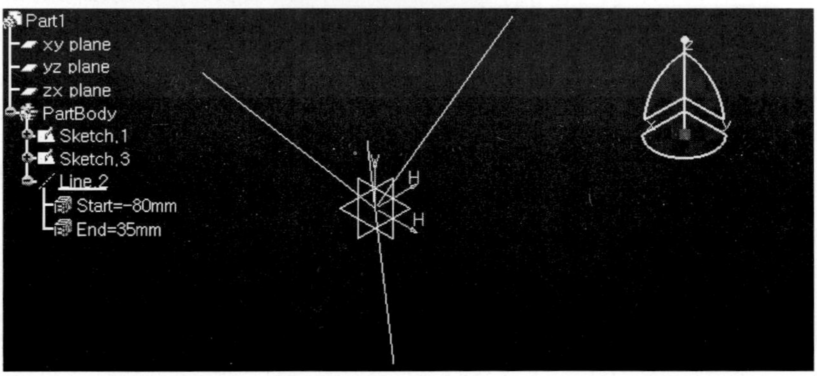

(3) Plane( )

• Offset from plane : 설정된 거리만큼 떨어진 곳에 Reference plane과 평행한 새로운 면을 생성한다.

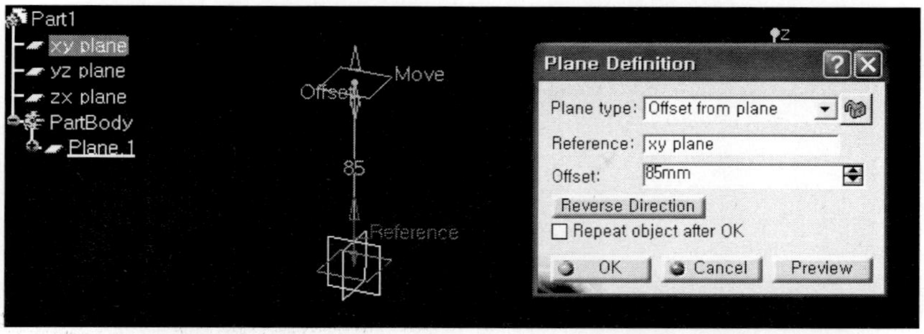

• Parallel through point : Reference plane과 평행한 새로운 면을 지정된 점에 생성한다.

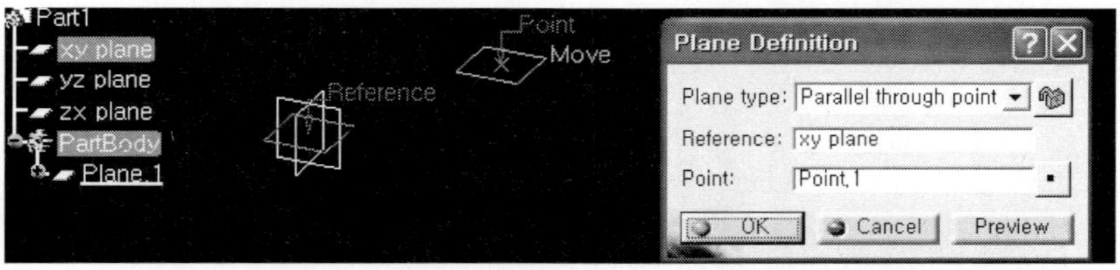

• Angle/Normal to plane : 회전 중심축을 기준으로 Reference plane과 일정한 각도를 이루거나 수직으로 새로운 면을 생성한다.

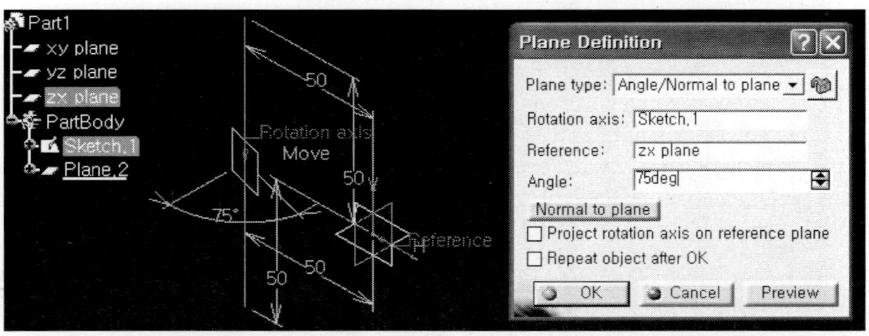

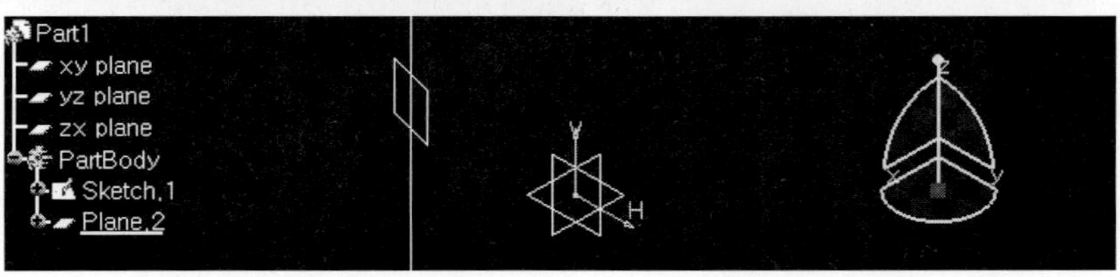

• Through three points : 세 점을 지나는 면을 생성한다.

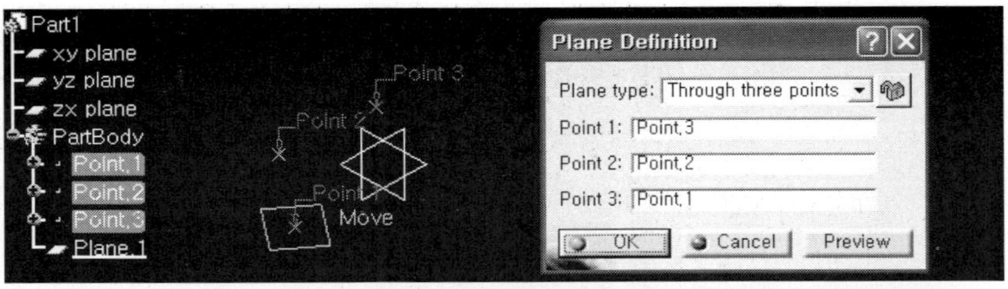

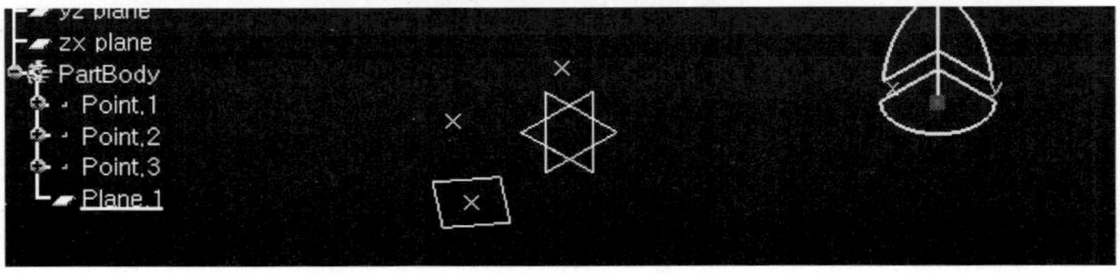

- Through two lines : Plane의 위치와 방향을 결정하는 두 개의 선을 이용하여 새로운 면을 생성한다.

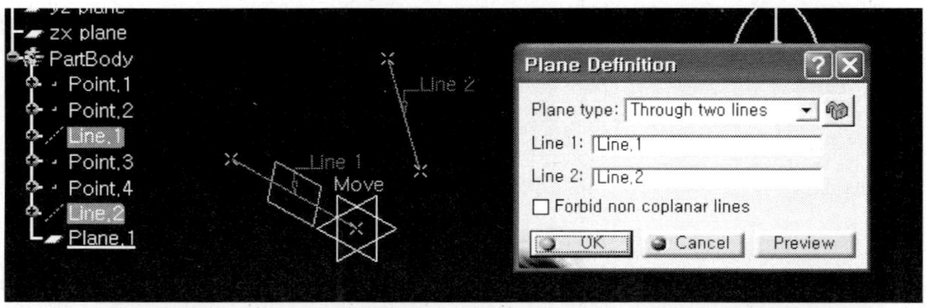

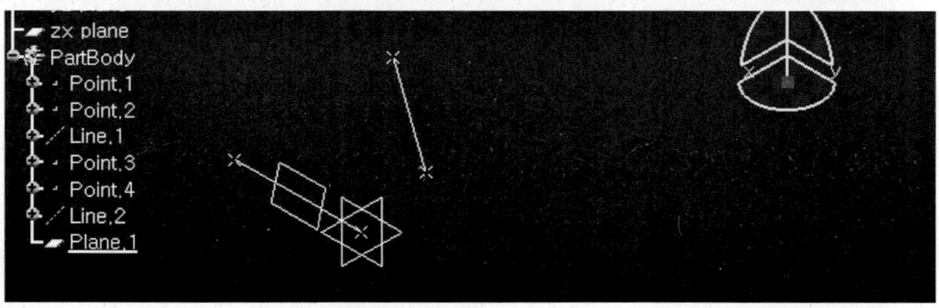

- Through point and line : 한 개의 점과 선을 지나는 면을 생성한다.

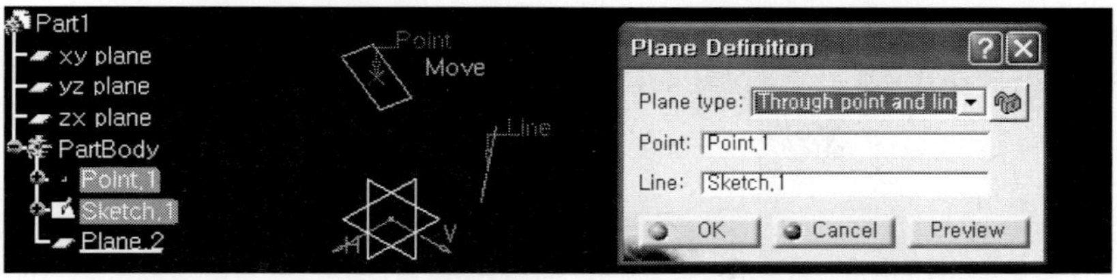

• Through planar curve : Curve를 포함하는 면과 동일한 평면을 생성한다.

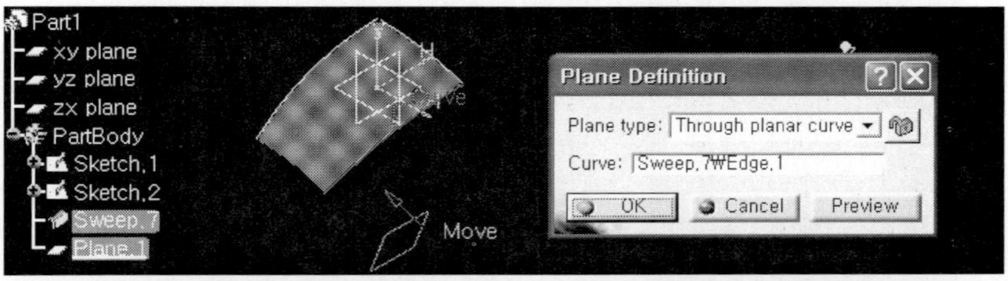

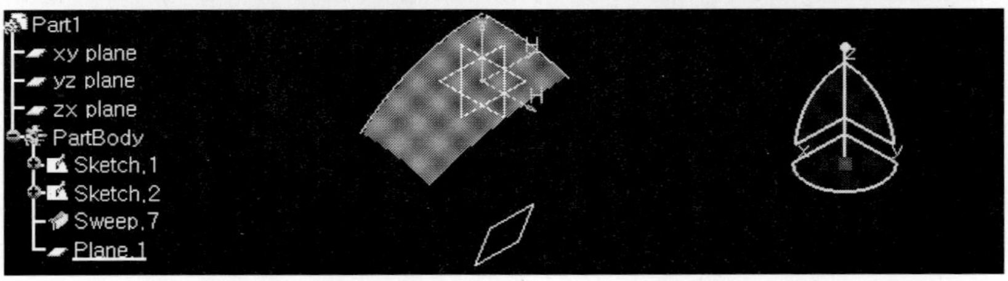

• Normal to curve : Curve에 수직인 평면을 생성하는 기능으로서 Curve 위에 점을 지정하여 새로운 평면의 위치를 설정 한다.

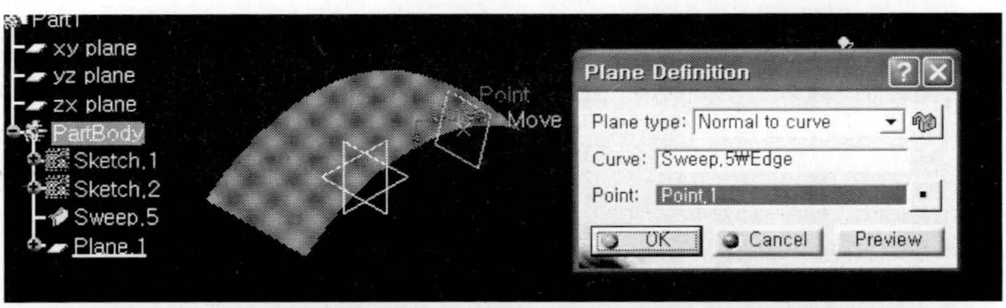

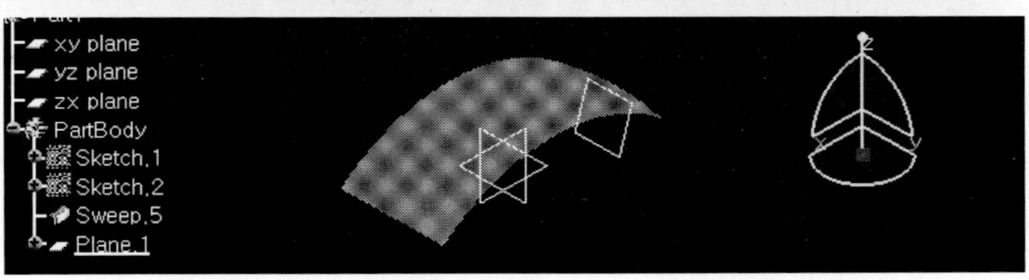

- Tangent to surface : 선택한 Surface 위에 놓여 있는 임의의 점에서 곡면과 접하는 새로운 평면을 생성한다.

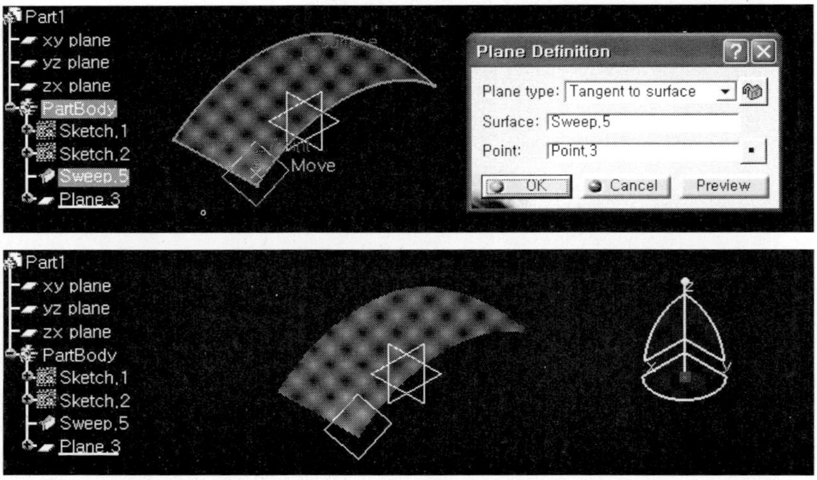

- Equation : 방정식(Ax+By+Cz=D)을 만족하는 x, y, z 값을 입력하고 주어진 점을 선택하여 새로운 plane을 생성한다.

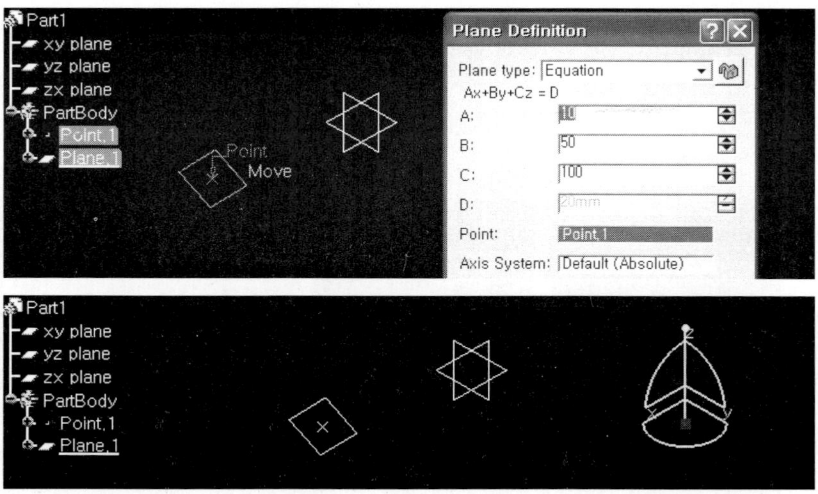

- Mean through points : 지정된 여러 개의 Point를 평균하여 면을 생성한다.

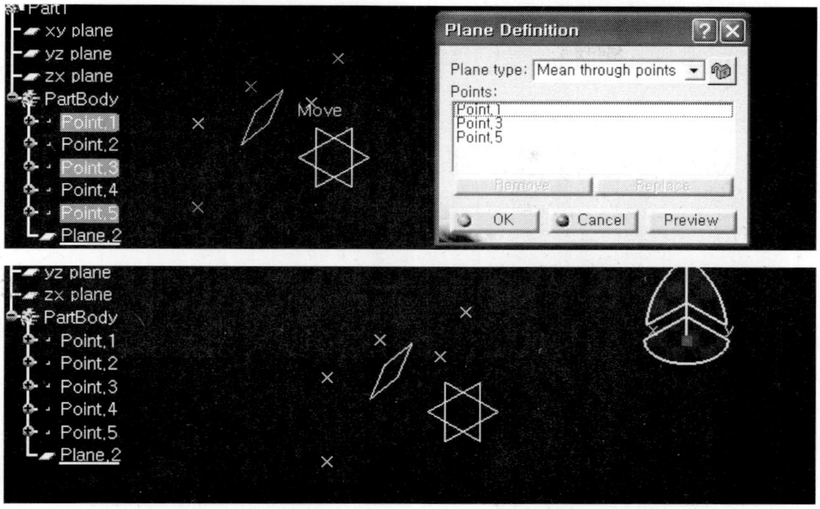

(4) Axis( )

• 3차원 작업 영역에서 축을 생성하는 기능이다. Axis Definition 창에서 Element를 Sphere로 선택하였을 때는 그림과 같이 Direction을 지정해야 한다.

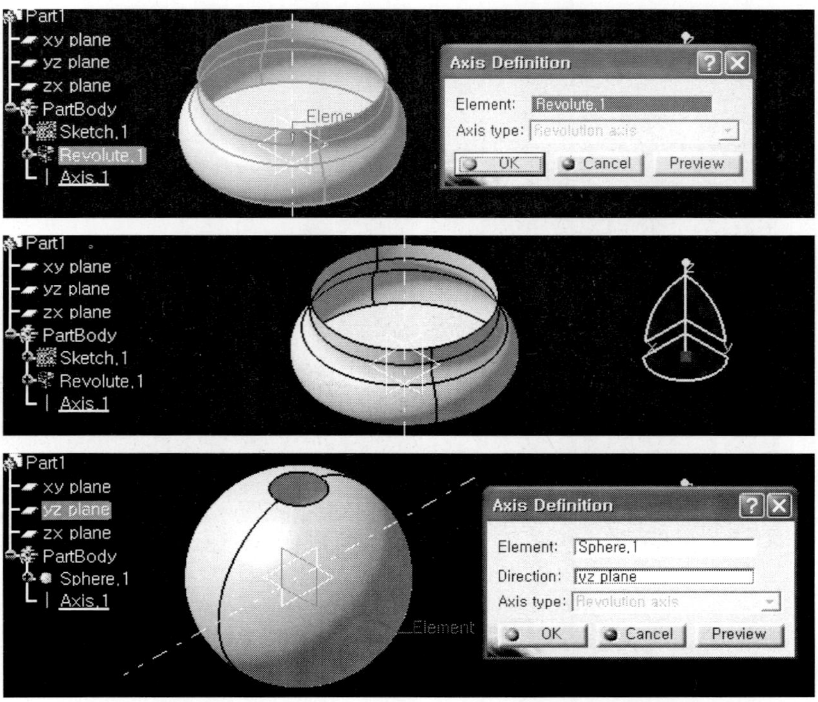

(5) Polyline( )

- 여러 개의 주어진 점들을 연결하는 선을 생성한다. 지정한 Point에 Radius를 입력하여 Polyline에 라운드를 줄 수 있다.

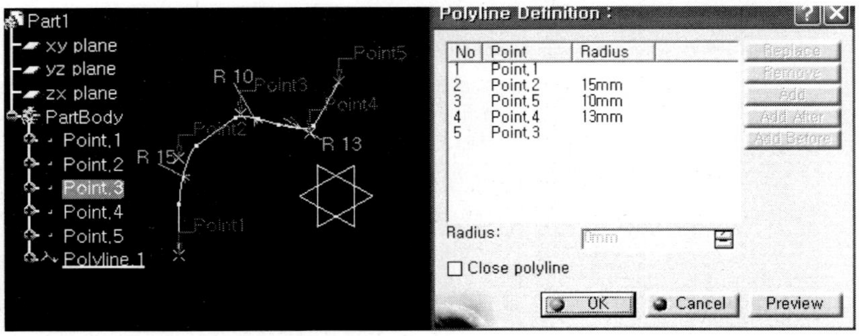

(6) Projection( )

- Profile을 Surface에 투영시키는 기능으로서 'Projection type' 의 'Normal' 은 수직 방향, 'Along a direction'은 Direction에서 설정한 방향으로 투영시킨다.

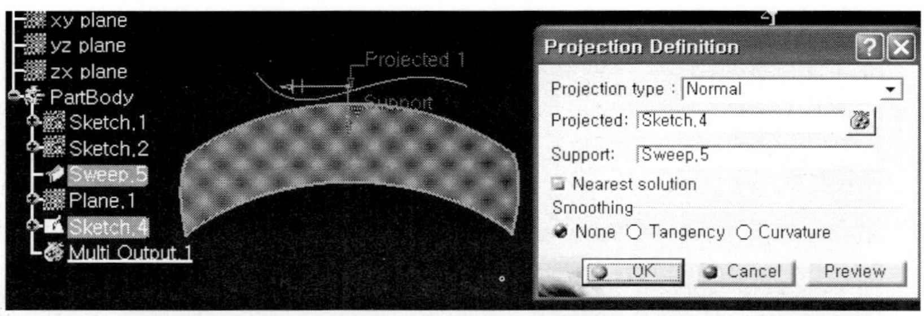

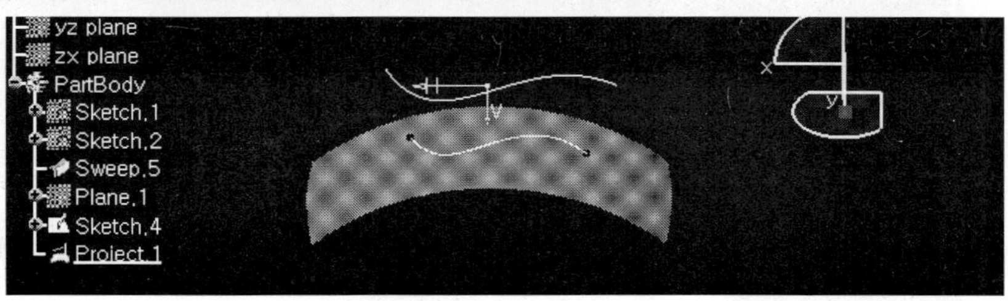

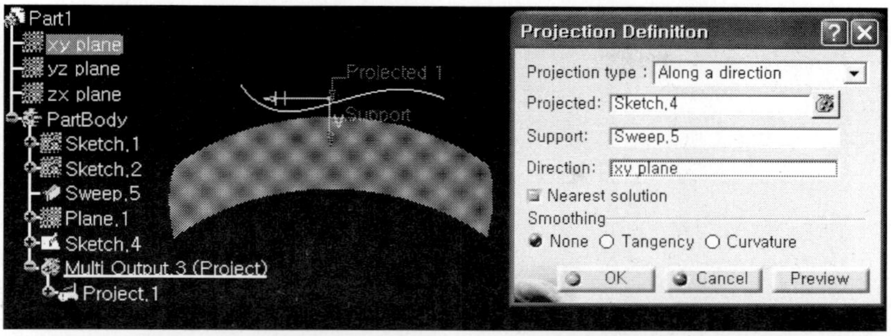

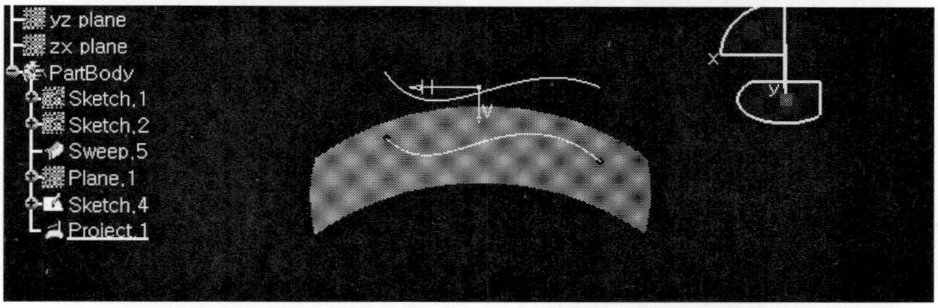

(7) Intersection( )

• 임의의 요소가 서로 교차하면서 발생할 수 있는 Point, Curve, Surface 등을 생성하는 기능이다.

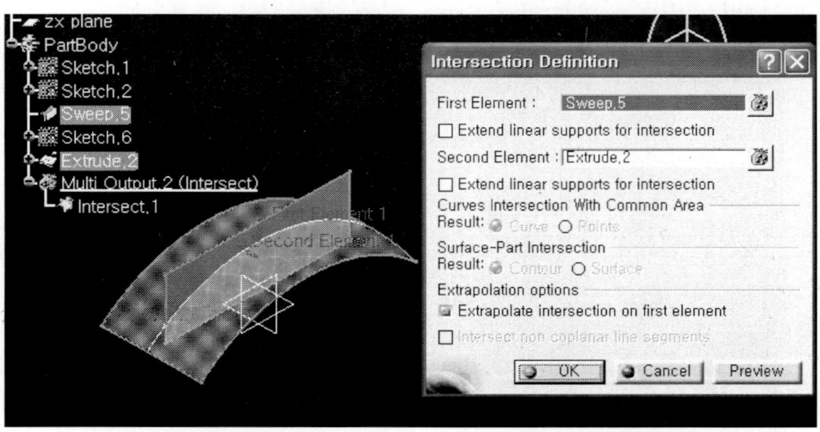

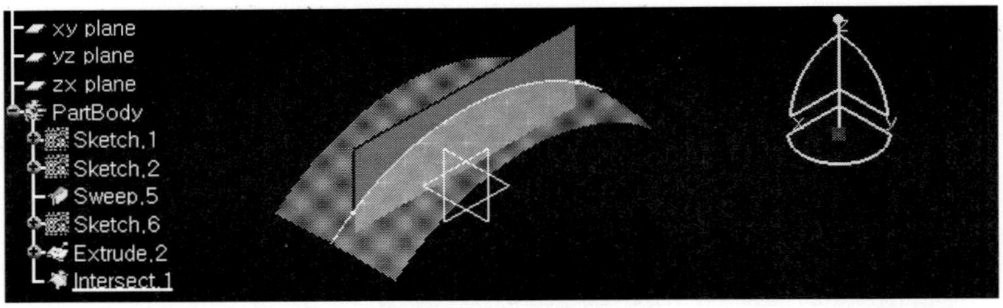

(8) Circle( )

- Center and radius : 중심과 반지름을 설정하여 원을 생성한다.

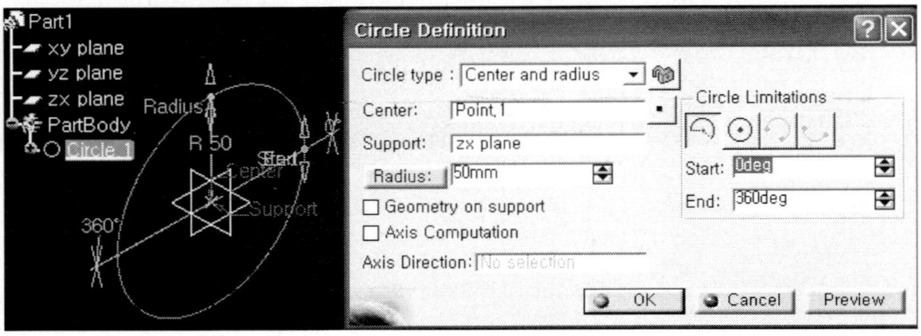

- Center and point : 중심과 한 점을 설정하여 원을 생성한다.

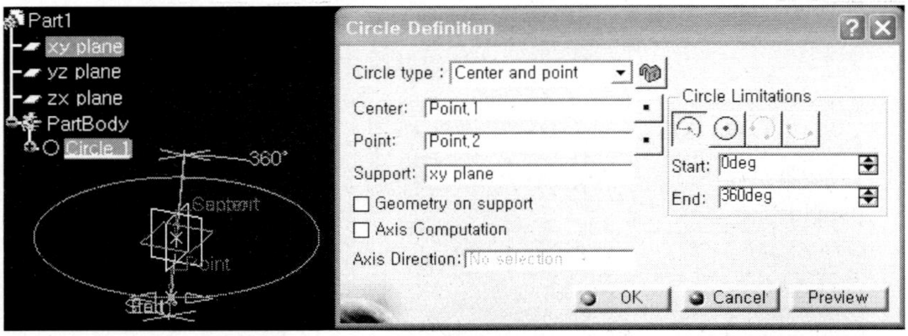

- Two points and radius : 두 점과 반지름을 설정하여 원을 생성한다. 다음 그림과 같이 'Circle Limitation'에서 호를 생성할 수 있다.

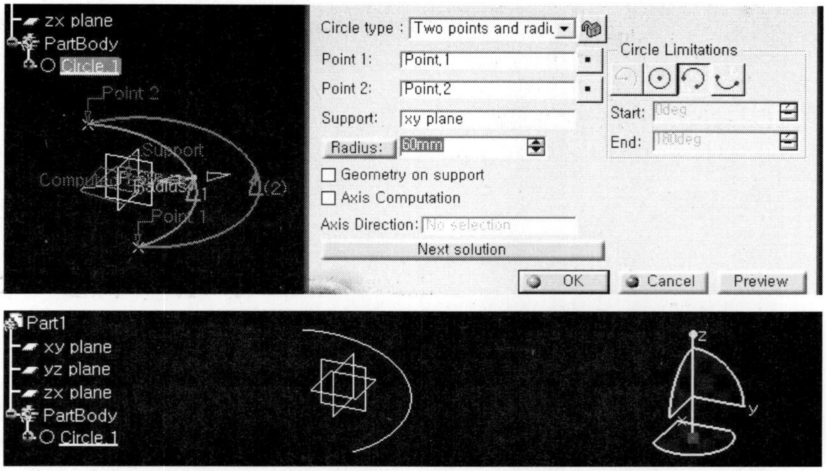

• Three points : 세 점을 설정하여 원을 생성한다.

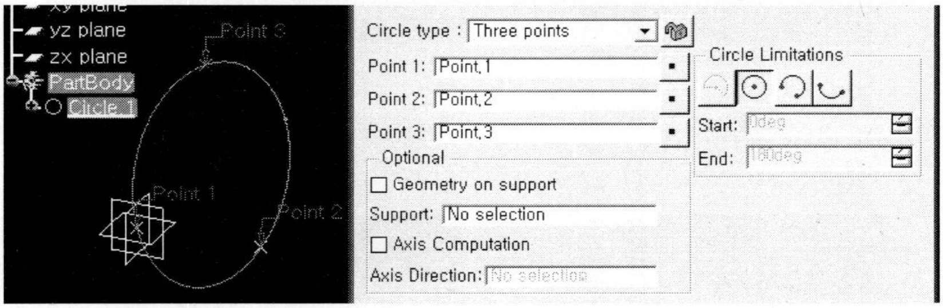

• Center and axis : 중심과 중심을 지나는 축의 방향으로 원을 생성한다.

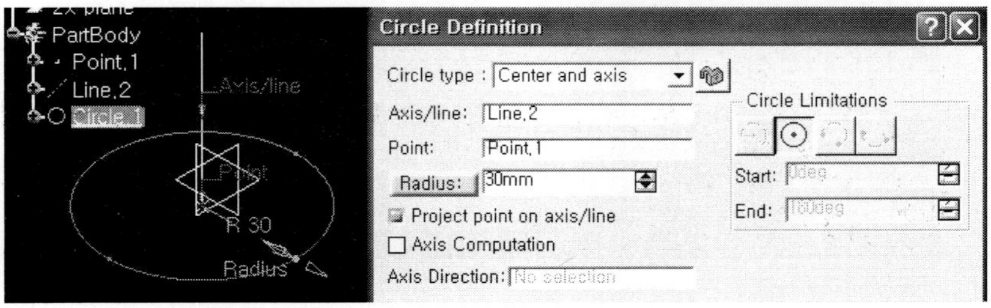

• Bitangent and radius : 원에 접하는 두 요소와 반지름으로 원을 생성한다.

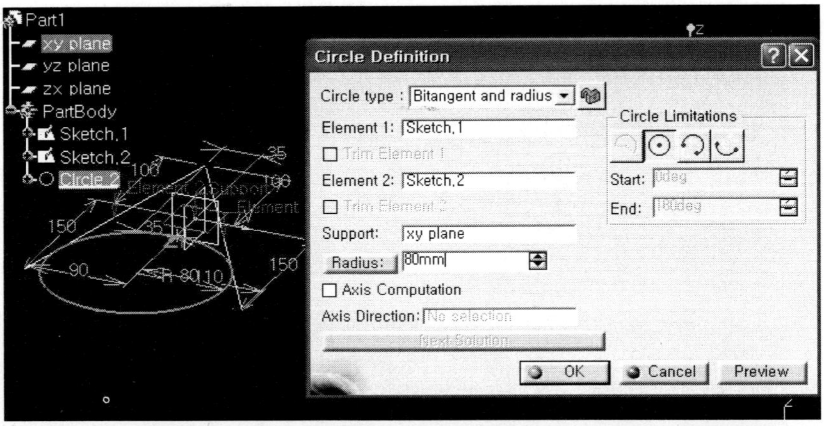

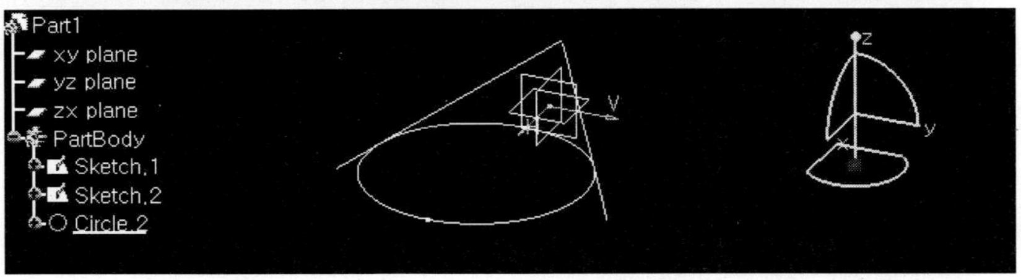

• Bitangent and point : 원에 접하는 두 요소와 한 점으로 원을 생성한다.

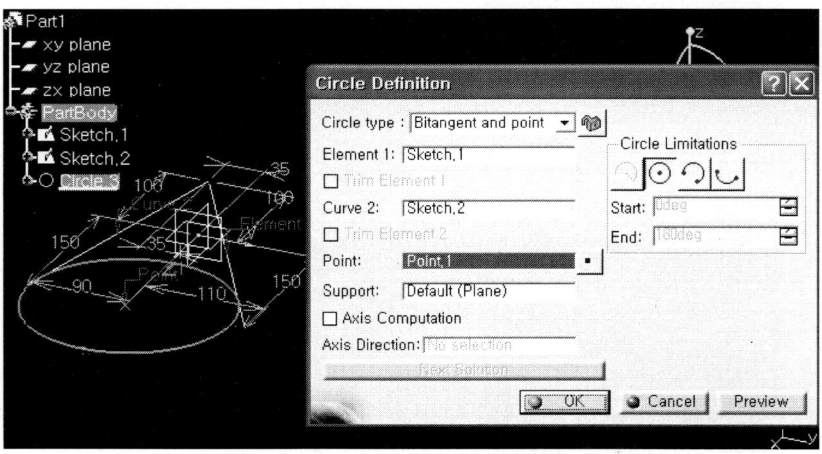

• Tritangent : 세 요소에 접하는 원을 생성한다.

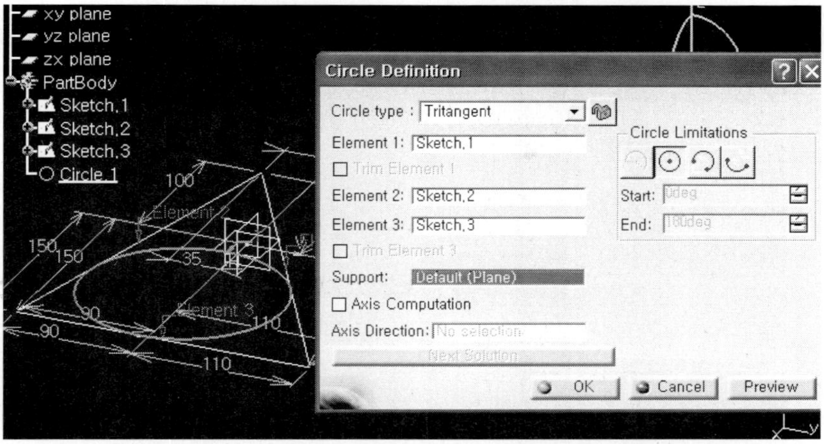

• Center and tangent : 한 요소에 접하는 원의 중심을 설정하여 생성한다.

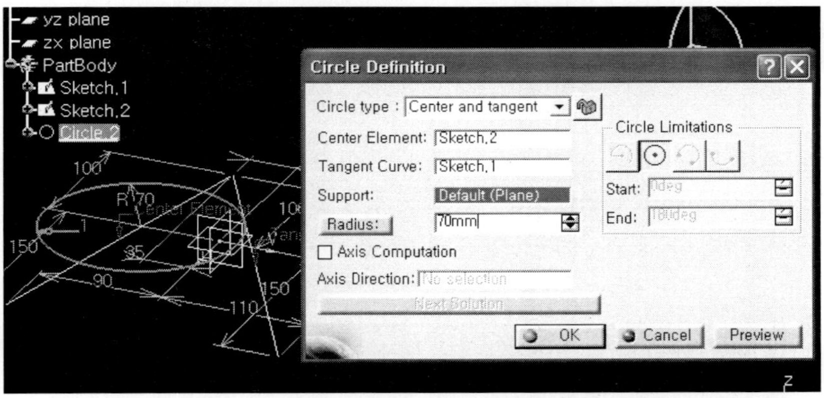

(9) Corner( )

• 3차원 작업영역에서 라운드를 생성하는 기능을 한다. 두 요소를 선택하고 반지름을 'Radius' 에 입력하여 라운드를 생성한다.

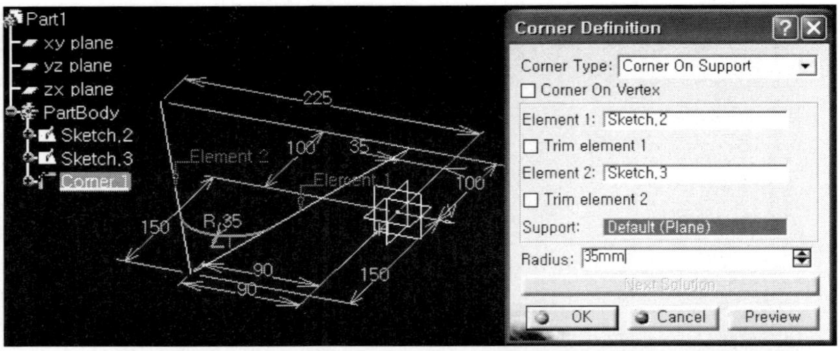

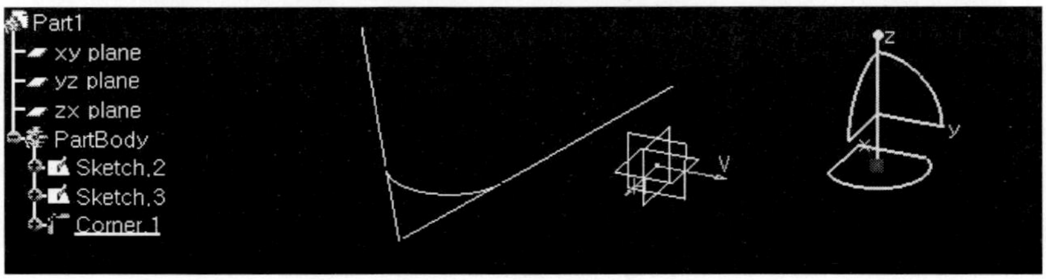

(10) Connect Curve( )

- 두 개의 요소를 연결하여 하나의 curve를 생성한다. Connect Curve Definition 창에서 First Curve와 Second Curve의 Point로서 두 요소가 연결되는 방향의 끝점을 지정해 준다. Continuity의 옵션에서 Point, Tangency, Curvature로 각각 설정하여 적용한 결과를 다음의 그림에서 보여주고 있다.

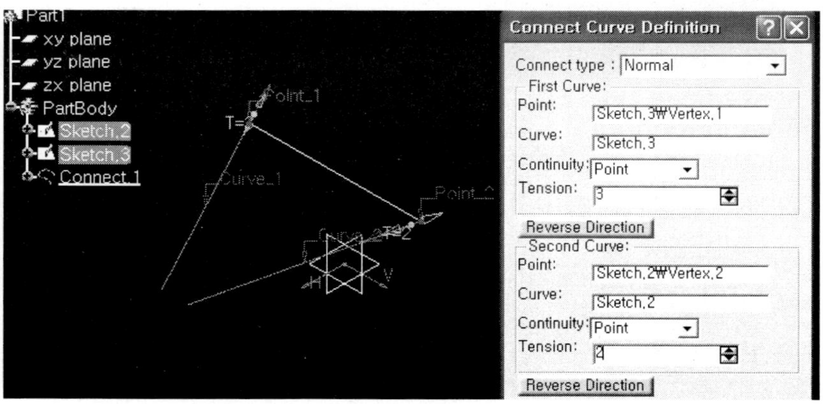

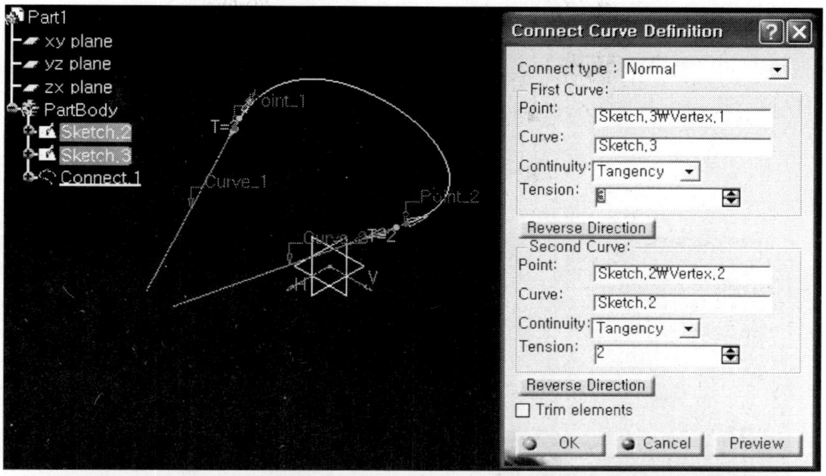

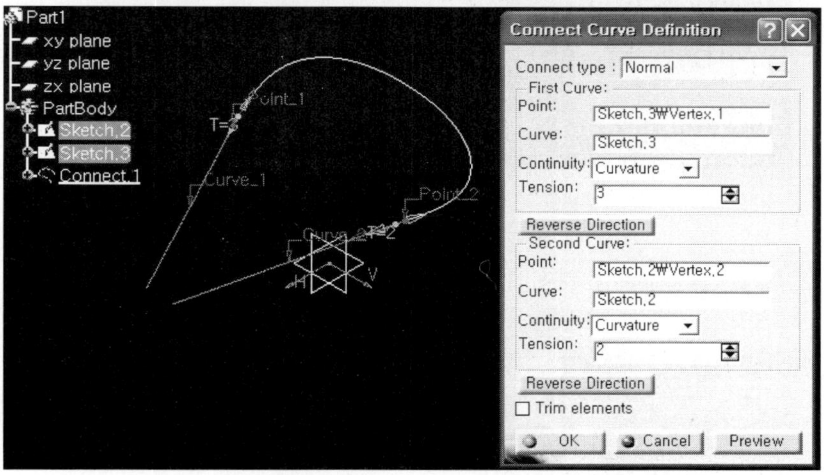

(11) Spline( )

- 3차원 작업영역에서 여러 개의 Point를 연결하여 Spline을 생성한다.

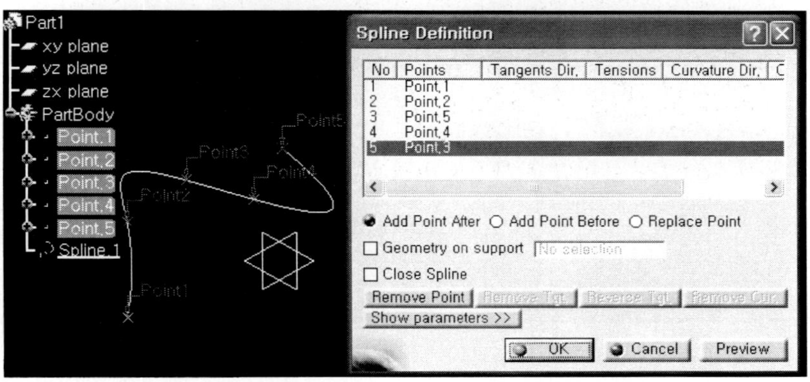

(12) Helix( )

- 3차원 작업영역에서 나선 형상의 Profile을 생성한다. 먼저 나선 형상이 생성될 시작점과 Axis를 지정하고 피치, 나선의 높이 등을 입력하여 Helix Curve를 완성한다.

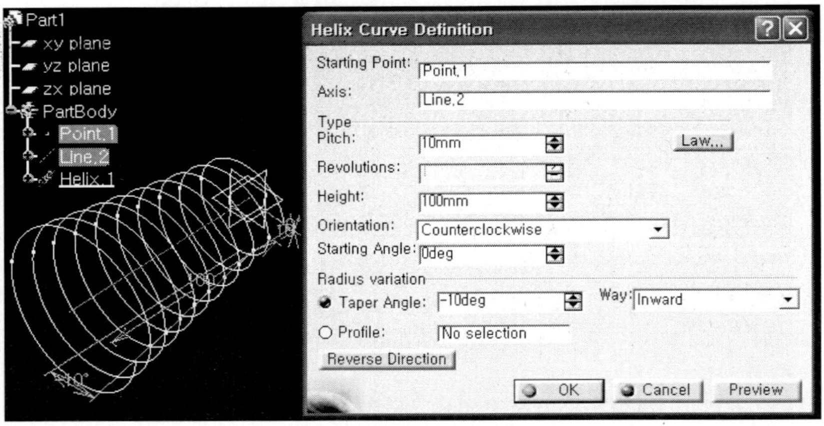

➢ 4.2 Surfaces

Wireframe 기반의 Profile을 3차원 모델 영역에서 돌출, 회전, Sweep 등의 방법으로 Surface를 생성한다.

(1) Extrude( )

- Sketch Profile을 일정 방향으로 돌출시켜 Surface를 생성한다.

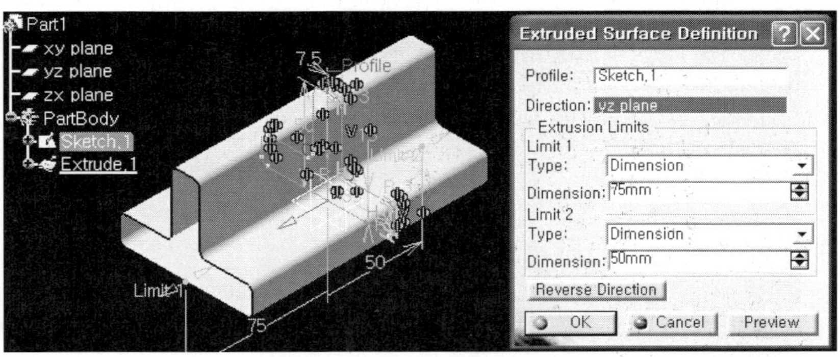

(2) Revolve( )

- 중심축을 기준으로 Sketch Profile을 회전시켜 Surface를 생성한다. Profile을 생성할 때 Axis 기능으로 회전 중심축을 작성하는 것이 일반적이지만 3차원 영역에서 V(H)-Direction과 같은 축을 지정하여 적용할 수도 있다. Angular Limits에서 Angle 1과 Angle 2에 입력한 회전 각도의 합은 360deg 이하로 해야 한다.

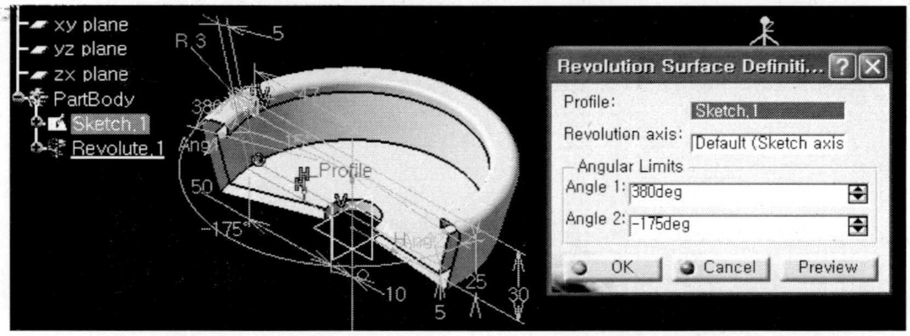

(3) Sphere( )

- 구를 생성하는 기능으로서 구의 반지름, Parallel Angle 및 Meridian Angle 등을 입력하여 완성한다.

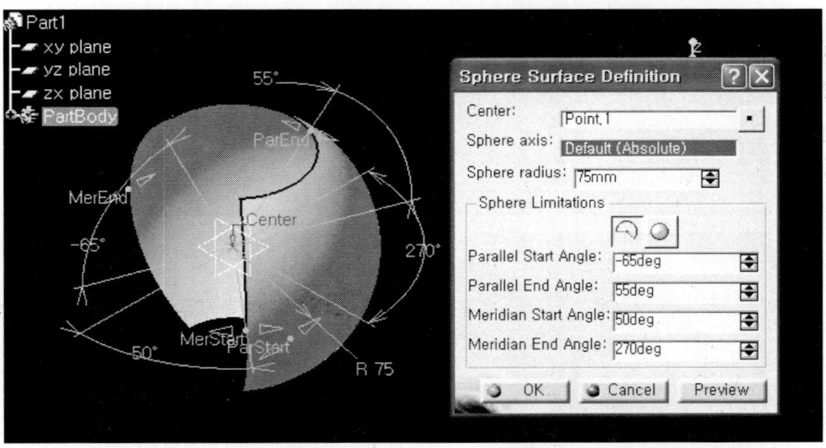

(4) Cylinder( )

- 원기둥 모양의 Surface를 생성하는 기능으로서 중심의 위치를 지정하고 반지름 및 원기둥의 길이를 입력하여 완성한다.

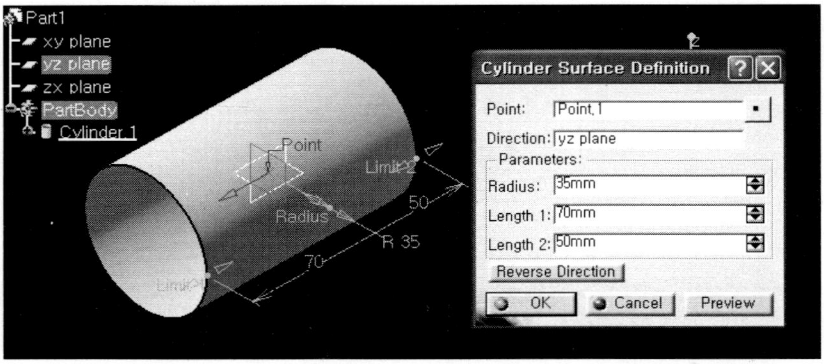

(5) Offset()

- Surface를 일정한 거리만큼 평행하게 생성하는 기능으로서 Offset 명령을 적용할 평면이나 곡면을 선택하고 평행 거리를 입력한다. 'Both side' 는 양쪽 방향으로 생성되고 'Repeat object after OK' 는 여러 개의 면을 생성할 수 있는 옵션이다.

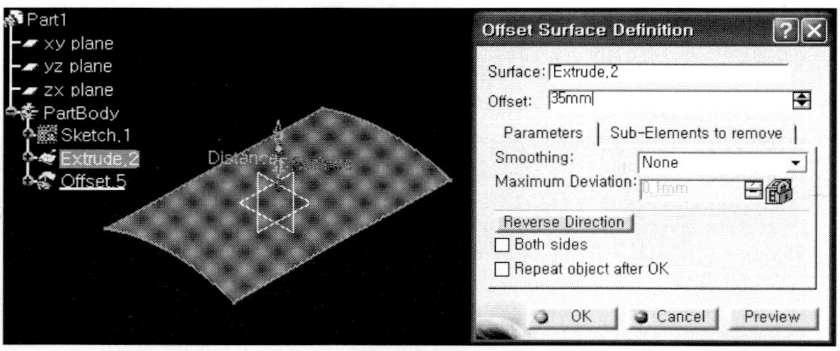

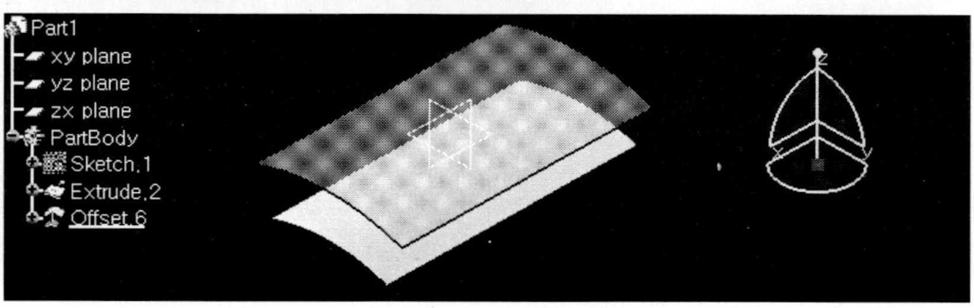

(6) Sweep()

- 단면인 Profile이 Guide curve의 안내 곡선을 따라 Surface를 생성하는 기능이다. Explicit, Line, Circle, Conic과 같은 종류의 Profile type이 있다.

- Explicit : 형상의 단면인 Profile, Guide curve 및 Spine을 이용하여 단순한 곡면을 생성한다.

① With reference surface : 단면 형상이 안내 곡선을 따라가면서 Surface를 생성한다.

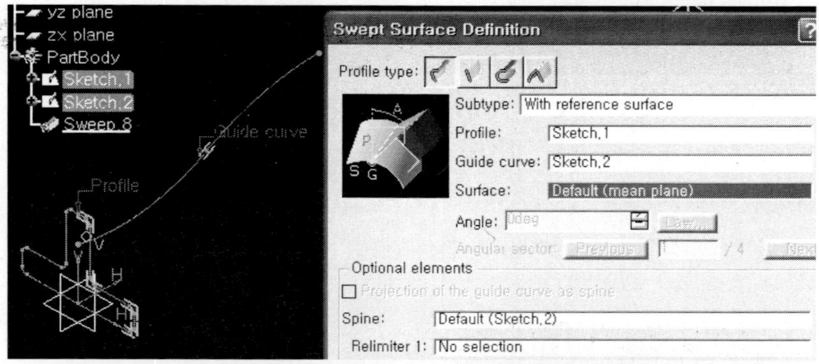

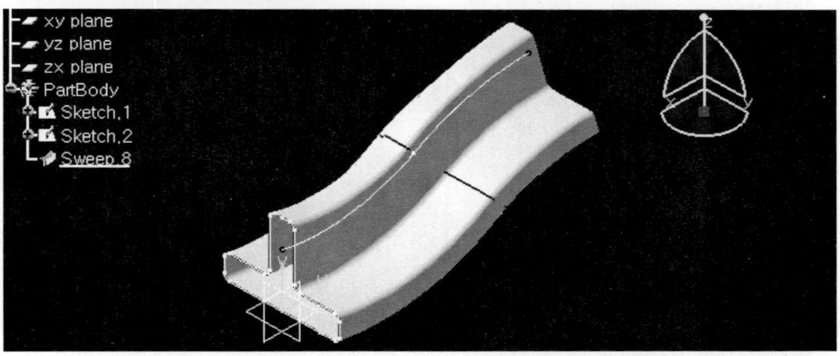

② With two guide curve : 단면 형상이 두 개의 안내 곡선을 따라서 Surface를 생성한다.

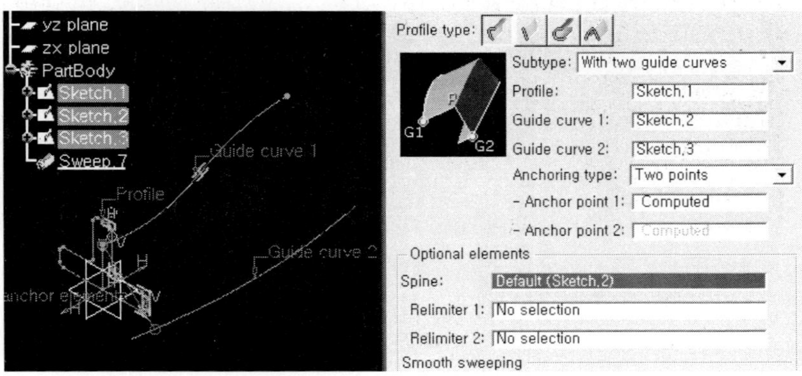

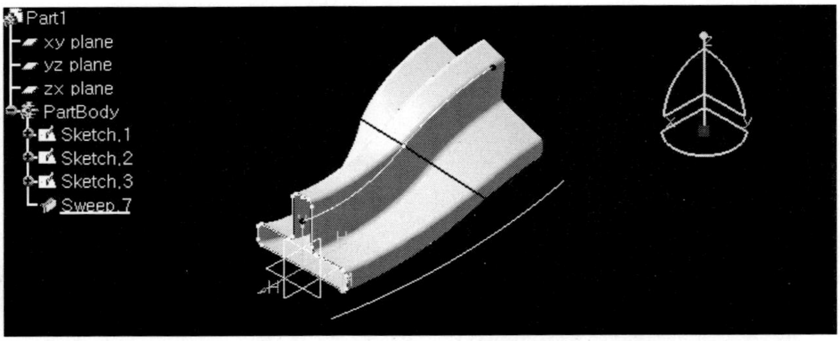

③ With pulling direction : 단면 형상이 안내 곡선과 Direction으로 설정된 면을 따라가면서 Surface를 생성한다. 여기서 Direction으로 설정된 면은 입력한 각도 만큼 기울여진 방향으로 단면 형상을 안내한다.

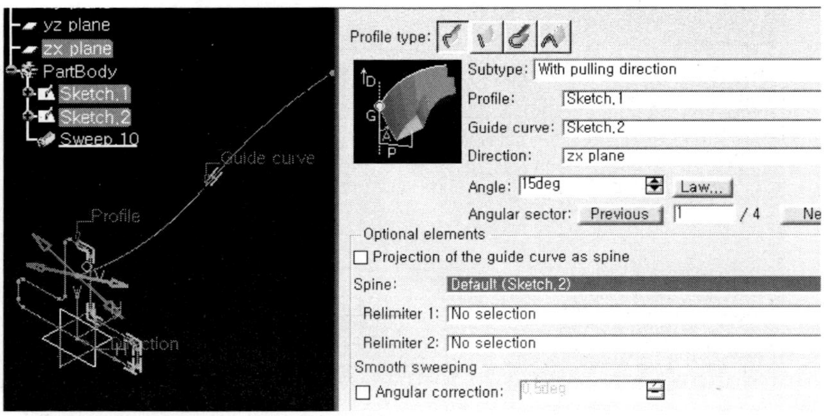

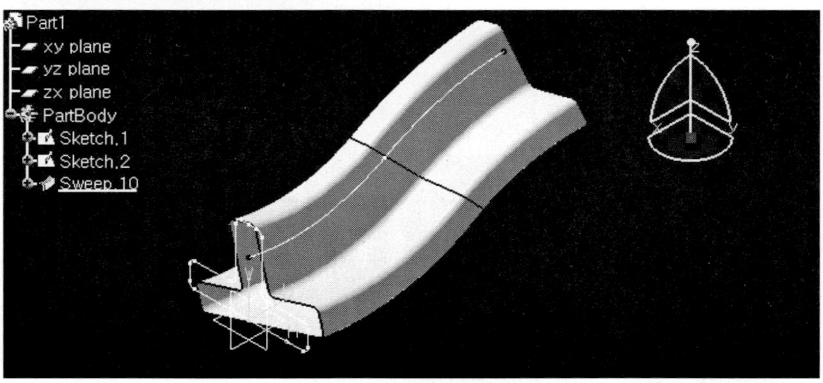

(7) Fill( )

- 여러 개의 Boundary Curve를 지정하여 그 내부에 Surface를 생성하는 기능이다. Fill Surface Definition 창에서 Passing point를 설정하여 새로 생성되는 Surface가 이 점을 통과하도록 할 수 있다.

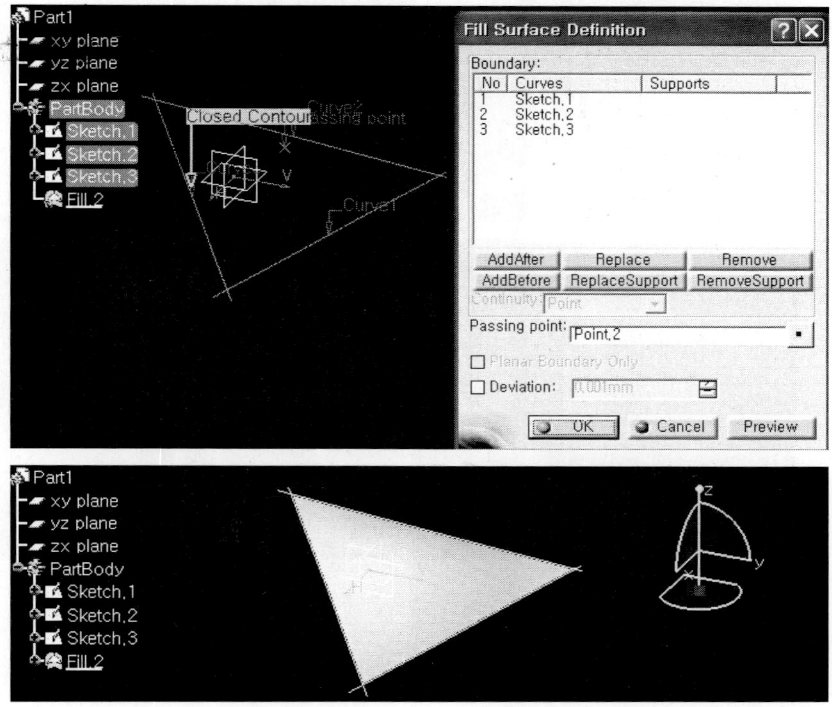

(8) Multi-Sections Surface( )

- 두 개 이상의 단면 Profile을 이용하여 Surface를 생성하는 기능으로서, Spine이나 Guide curve를 이용할 수도 있다. 단면의 형상이 서로 현저하게 다를 경우 전체 형상이 심하게 왜곡될 수 있으므로 Coupling에서 Profile 사이의 연결성을 설정할 수 있다.

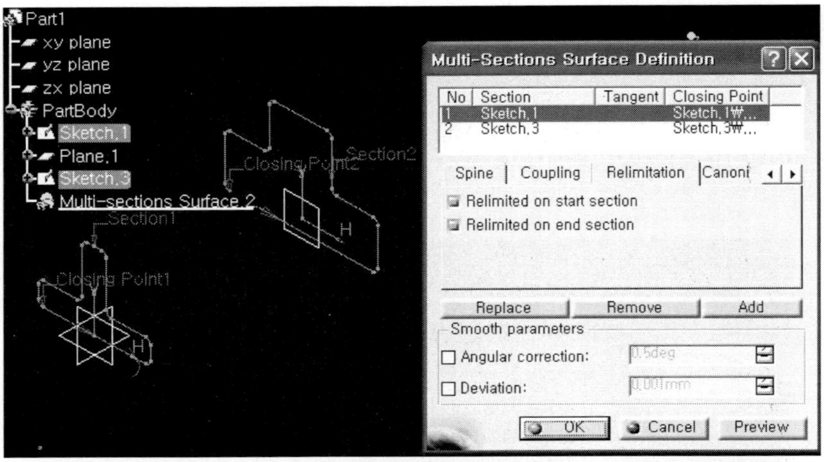

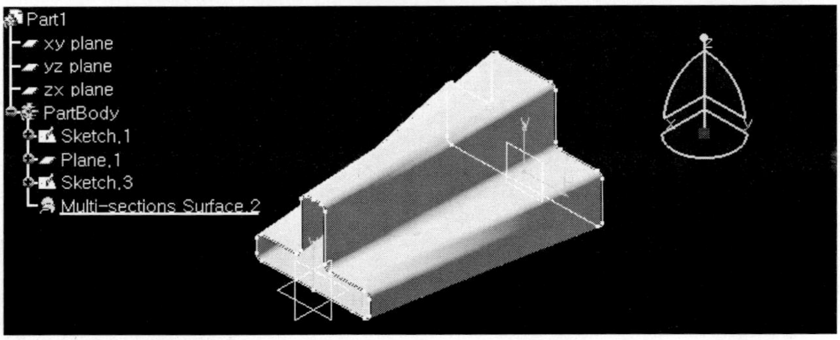

(9) Blend( )

• 두 개의 Surface를 새로운 Surface로 부드럽게 연결하는 기능으로서, 연결 부분의 곡면 모서리 또는 Sketch에서 생성한 곡선을 First curve 및 Second curve로 설정하면 된다. 옵션 가운데 'Trim first/second support'는 Surface의 불필요한 부분을 제거하면서 Blend를 적용할 때 이용한다. 'First/Second continuity' 옵션에서는 Point, Tangency, Curvature와 같은 Blend 유형을 설정할 수 있다.

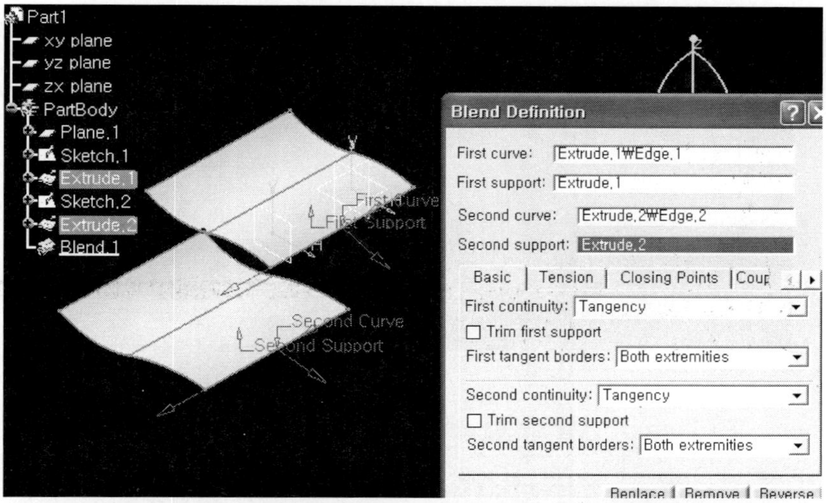

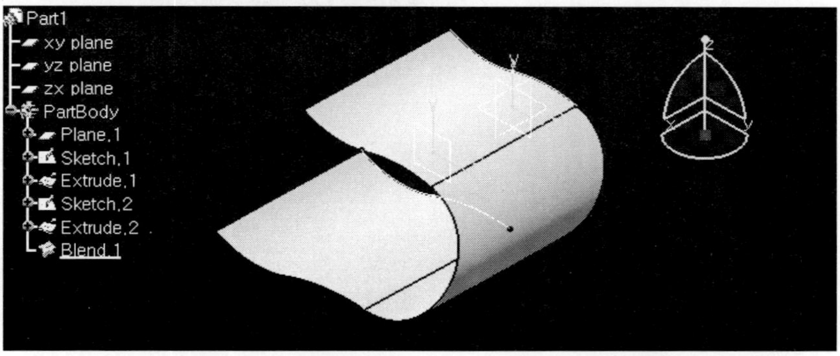

➢ 4.3 Operations

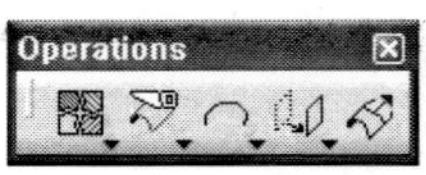

Surface의 결합, 절단, 제거, 이동, 회전, 대칭 복사, 확대/축소 등과 같은 편집 기능을 한다.

(1) Join( )

- 두 개 이상의 곡면이나 Curve를 결합시켜 하나의 요소로 만들어 준다.

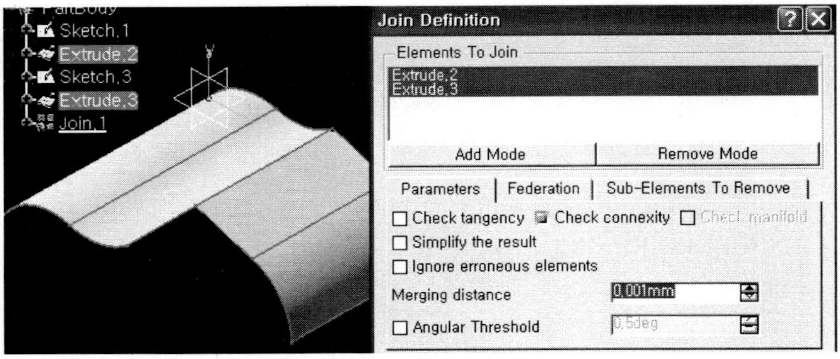

① Element To Join : 결합할 요소를 선택하여 입력한다.

② Check tangency : 결합할 요소의 접선 연결 여부를 확인한다.

③ Check connexity : 결합할 요소의 연결 여부를 확인한다.

(2) Healing( )

- 서로 인접한 Surface 사이의 틈새를 채워주고 수정하는 기능을 한다.

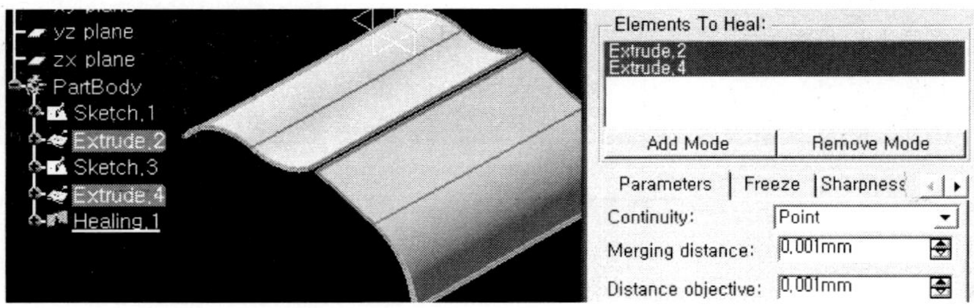

(3) Untrim( )

- Trim에 의해 절단된 Surface를 다시 복구시키는 기능을 한다.

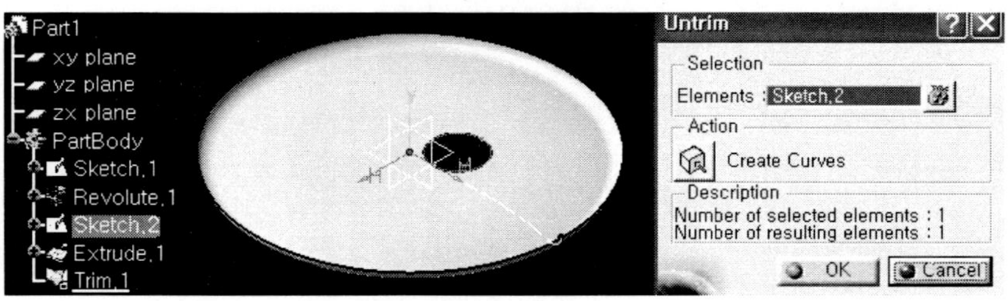

(4) Disassembly( )

- Join으로 결합된 Surface나 Sketcher workbench에서 생성된 Profile을 분해하는 기능을 한다.

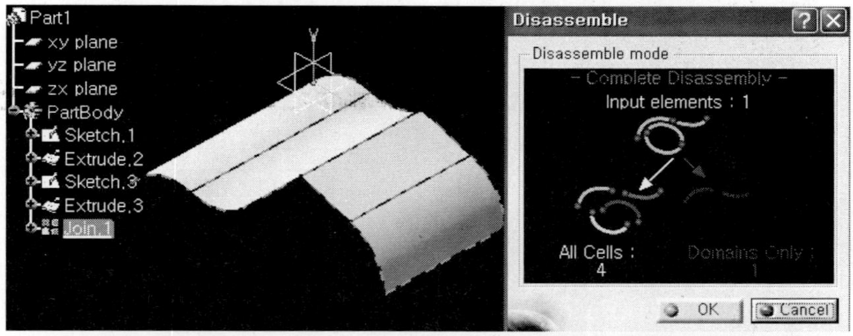

(5) Split( )

- 곡선이나 Surface를 기준으로 절단시키는 기능을 한다. 'Element to cut' 에서 절단할 대상인 Surface와 'Cutting element' 를 지정하고 'Other side' 버튼으로 절단 방향을 선택한다.

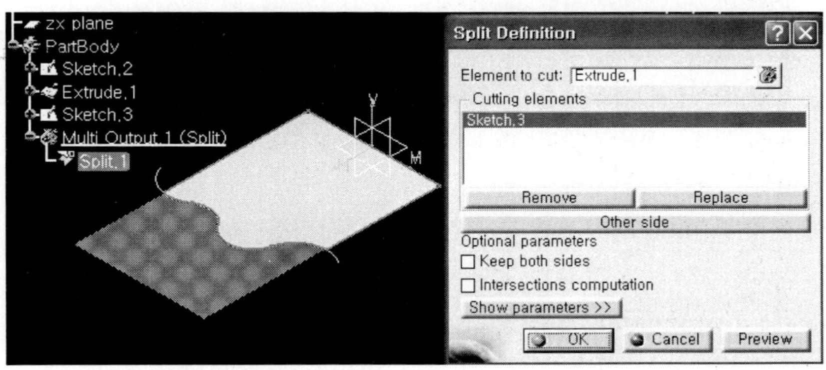

(6) Trim( )

- 서로 교차하는 곡선과 곡면을 절단하여 제거하는 기능을 한다.

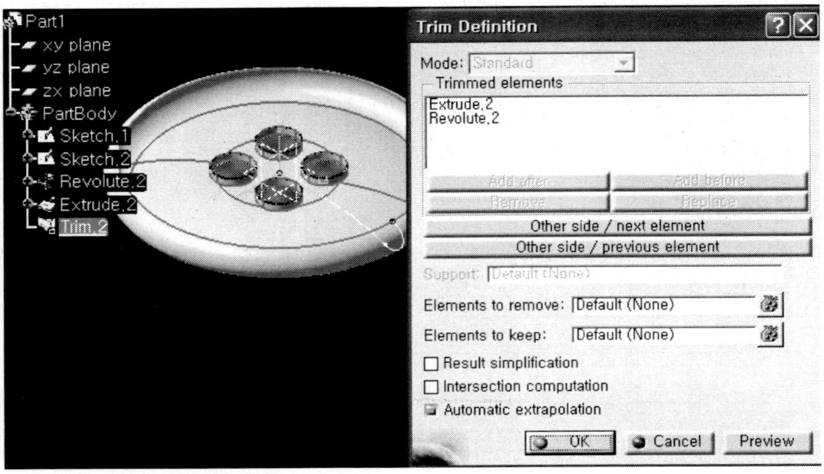

(7) Boundary( )

- Surface의 모서리를 추출하여 Sketch Profile로 이용할 수 있는 Boundary Curve를 생성한다.

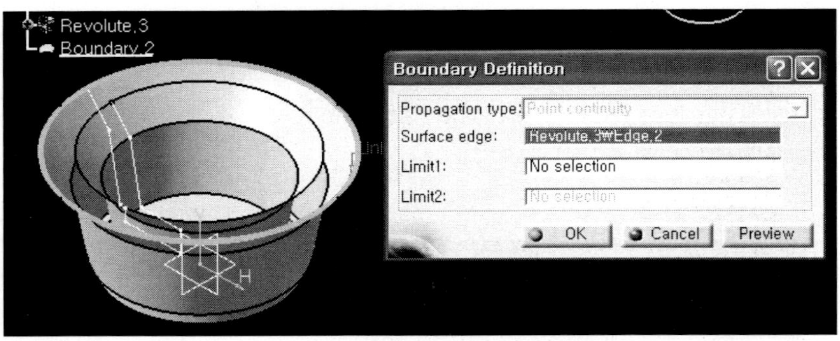

- Propagation type의 종류

① Complete boundary : Surface의 모든 모서리를 추출한다.

② Point continuity : 지정한 점에 연결된 모서리를 추출한다.

③ Tangent continuity : 선택한 모서리와 접선으로 연결된 것을 추출한다.

④ No propagation : 선택한 모서리만 Profile로 추출한다.

(8) Extract( )

• Solid Feature로부터 모서리와 면을 추출한다.

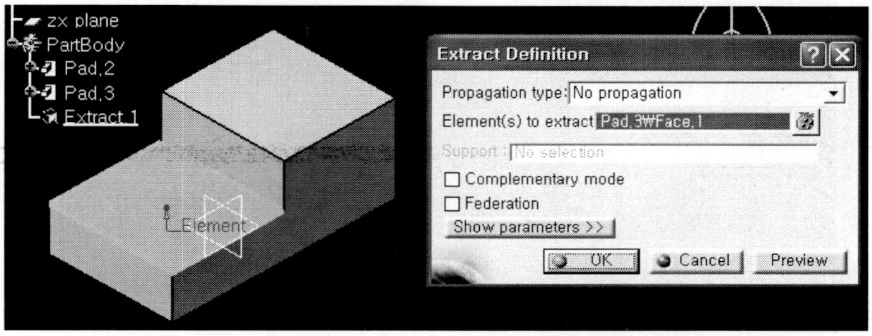

(9) Translate( )

• Surface를 일정 방향으로 이동시키는 기능을 하며 Vector Definition 설정의 유형은 다음과 같다.

① Direction, distance : 이동 방향과 거리를 설정하여 이동
② Point to point : 시작점과 끝점을 설정하여 이동
③ Coordinates : X, Y, Z 방향의 좌표를 설정하여 이동

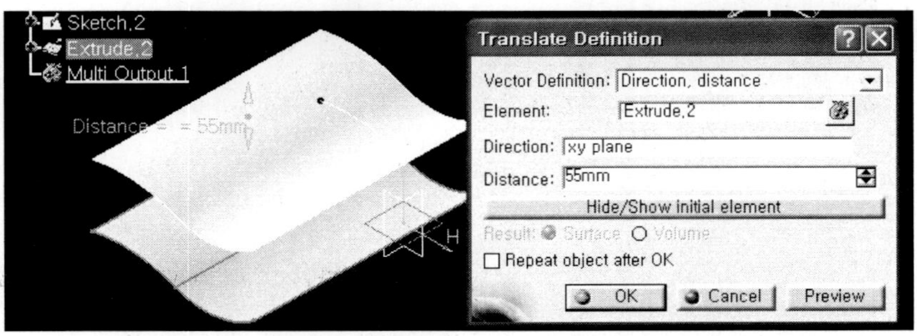

(10) Rotate( )

• 중심축을 기준으로 Surface를 일정 각도만큼 회전 이동시키는 기능을 한다. 회전 이동을 설정하는 유형은 Axis-Angle, Axis-Two Elements, Three Points 등과 같은 것이 있다.

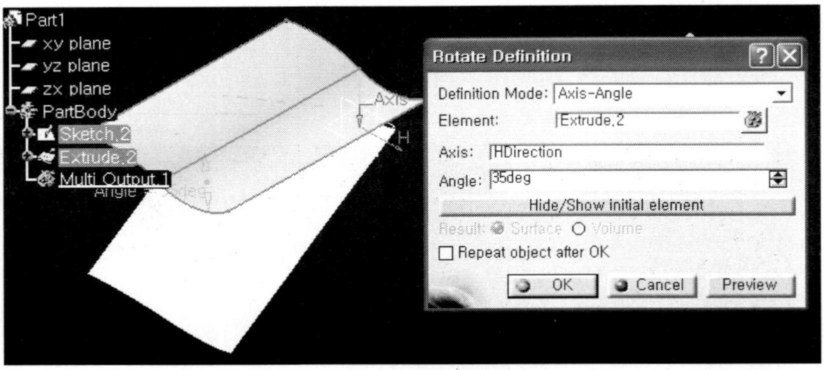

(11) Symmetry( )

- Surface Feature의 직선 모서리 혹은 Plane 등을 기준으로 대칭 복사시키는 기능을 한다.

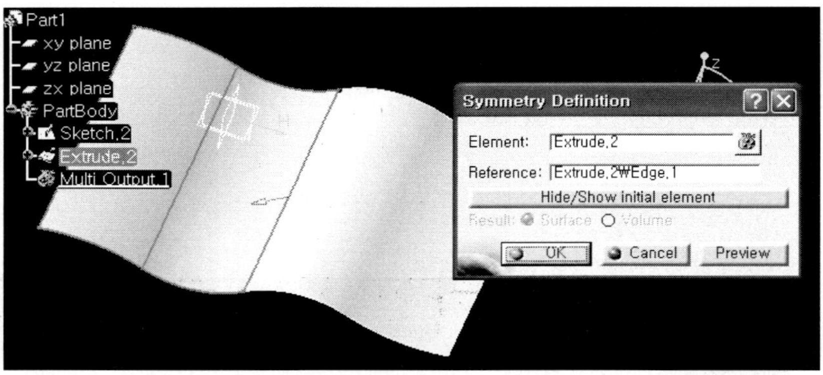

(12) Scaling( )

- 일정 비율로 확대 또는 축소시키는 기능을 한다.

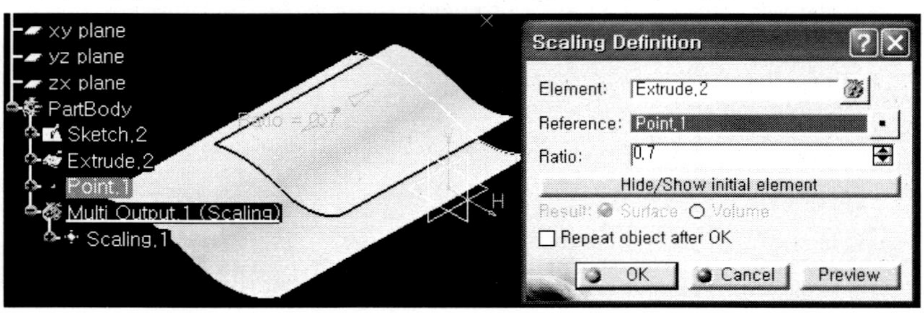

(13) Affinity( )

- 설정된 지점을 중심으로 X, Y, Z 방향에 입력한 비율로 각각 확대 또는 축소시키는 기능을 한다.

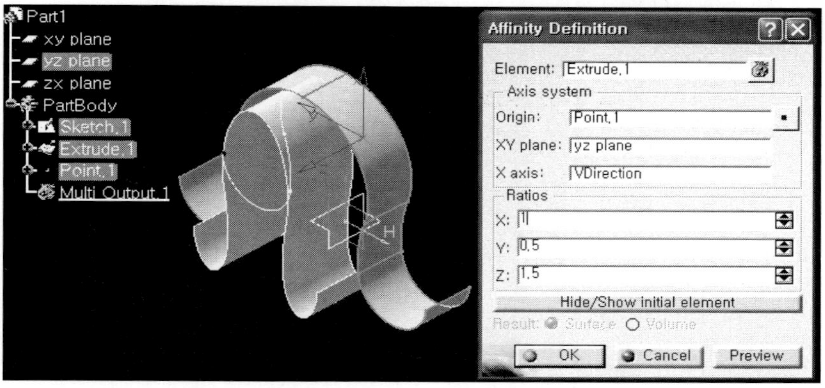

(14) Extrapolate( )

- Surface Feature의 Boundary를 이용하여 곡면이나 Curve를 연장시키는 기능을 한다. 곡선을 연장시킬 경우 끝점을 Boundary로 지정하여 적용하면 된다.

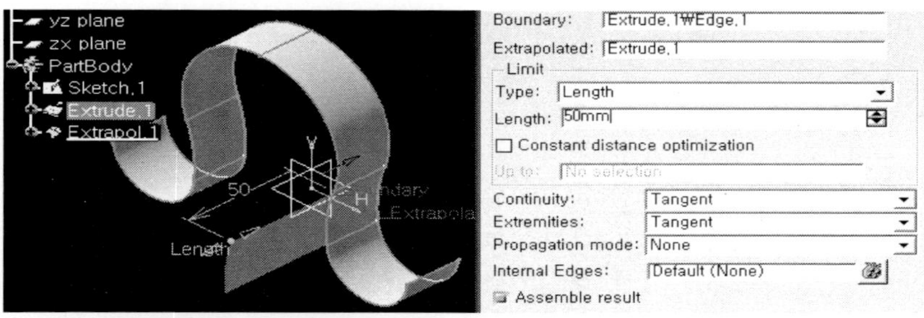

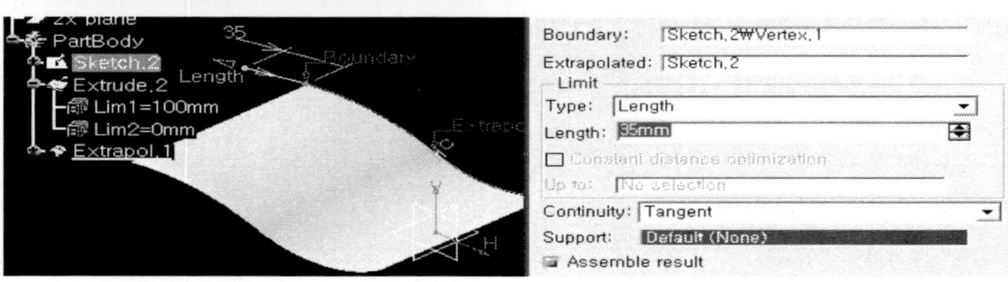

5. Assembly Design

Part Design에서 작업한 단품들을 조립하는 기능을 한다. Part Design에서 이미 만들어진 단품들을 불러와서 조립할 수도 있고, Assembly Design에서 단품을 생성하여 조립하는 방법이 있다. 현실에 존재하는 거의 모든 제품은 단품인 부품들로 구성되었다. 제품으로서의 기능을 유지하기 위해서는 단품 모델링 자체의 형상 결과도 중요하지만, 최종적으로 각 단품들이 결합되어 제품을 형성하는 조립상태에서의 결과가 더욱 중요하다.

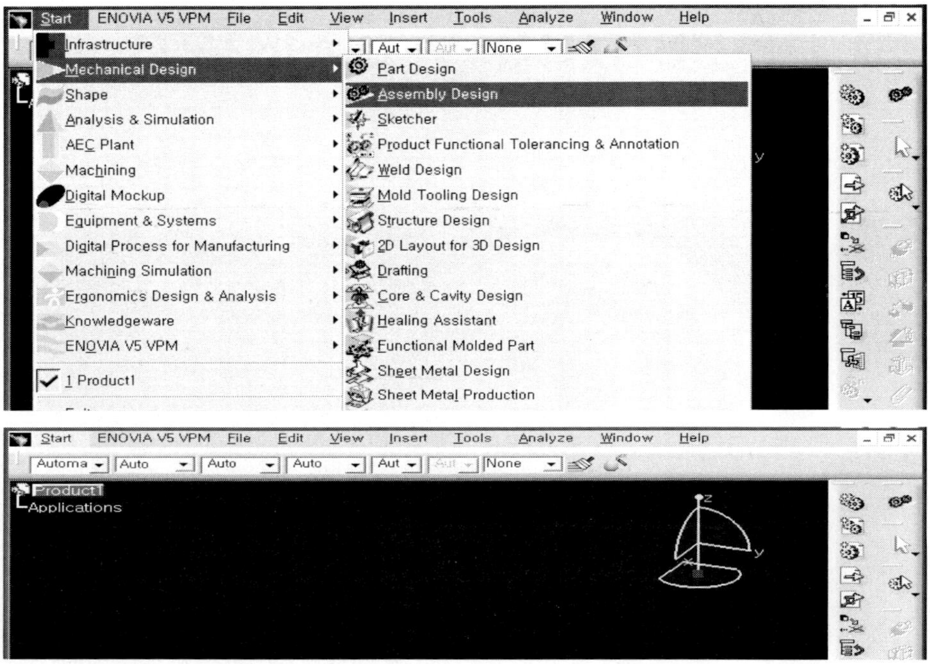

➢ 5.1 Product Structure Tools

새로운 Part 혹은 Product의 추가, 제거, 교체 등과 Tree를 편집하는 기능을 한다.

(1) Component( )

- 새로운 Component를 생성하는 기능으로서 우선 추가할 위치를 지정하고 명령을 실행시킨다. 다른 방법으로는 그림과 같이 마우스 우측 버튼에 의한 메뉴를 이용하여 적용할 수도 있다.

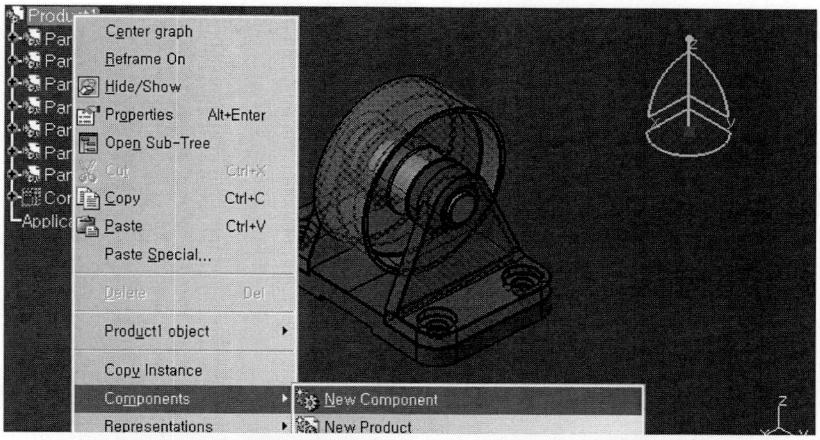

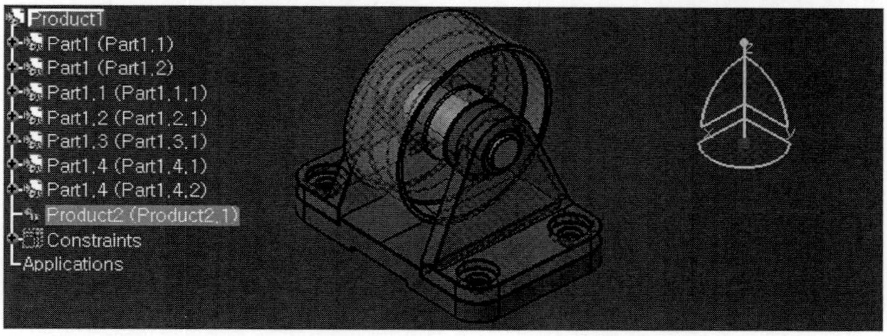

(2) Product( )

- Sub Assembly를 적용하기 위해 새로운 Product를 생성하는 기능이다. 기본적으로 Product는 내부적 상호 관계가 서로 연결되어 있으므로 Component와 차이가 있다.

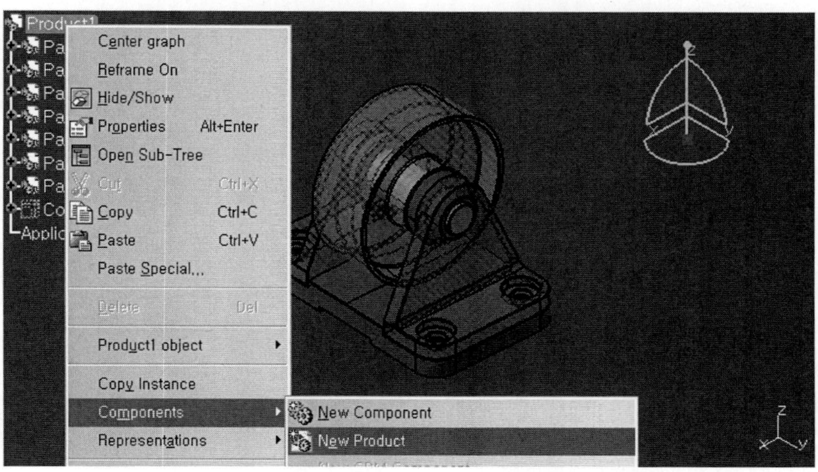

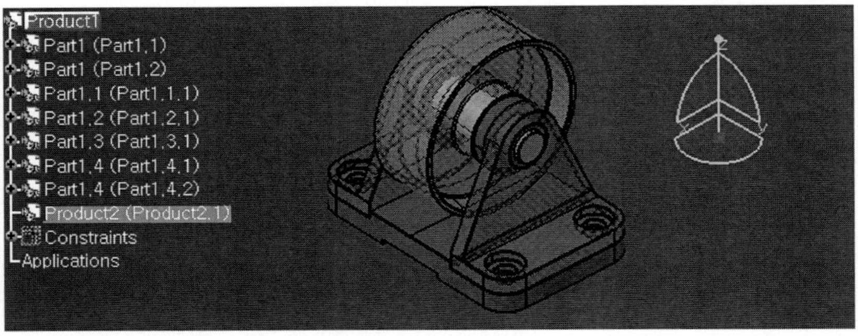

(3) Part( )

- Assembly Design에서 조립 작업을 하는 과정 중에 새로운 단품을 생성하여 추가 할 수 있는 기능을 한다.

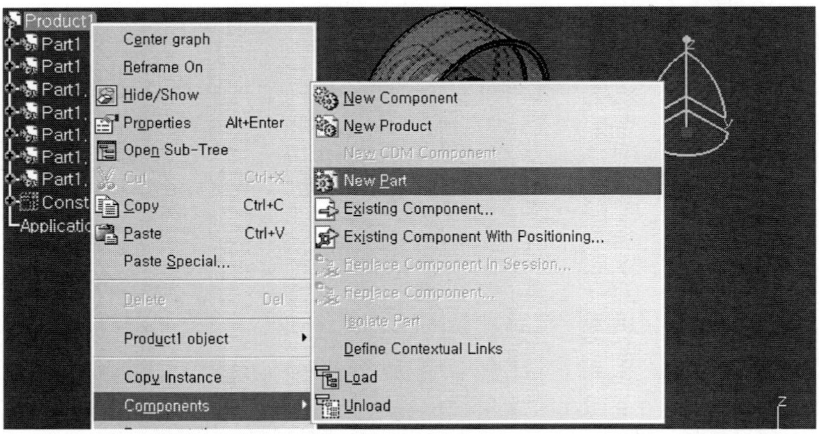

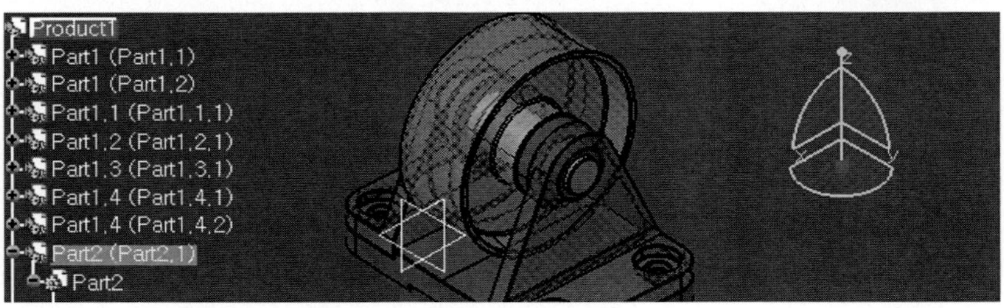

(4) Existing Component( )

- 이미 만들어진 단품이나 Sub Assembly를 불러오는 기능을 한다.

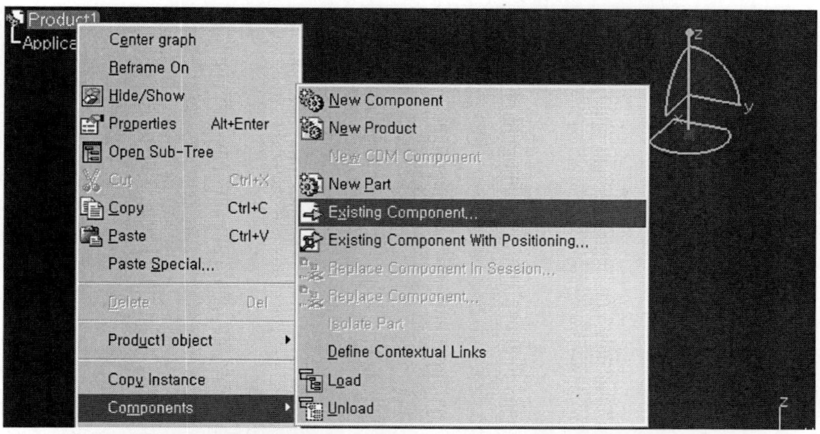

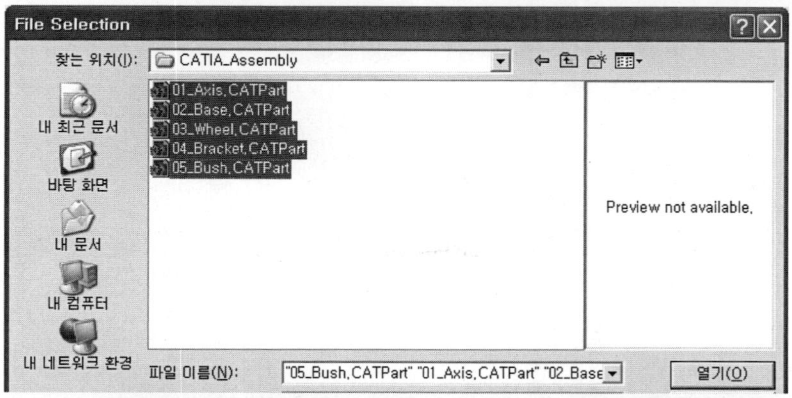

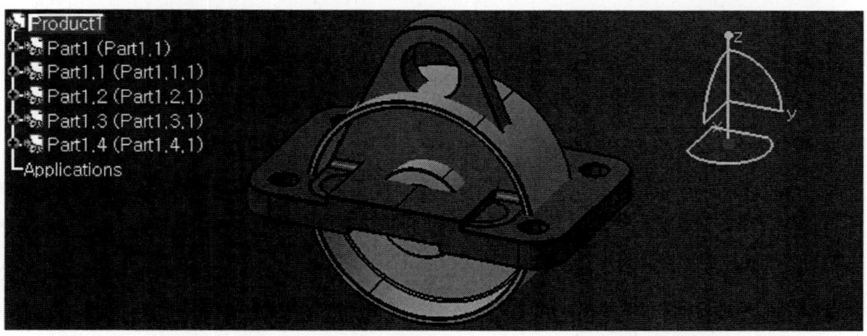

(5) Existing Component With Positioning( )

- 단품이나 Sub Assembly를 불러오면서 단품의 위치와 기능을 미리 지정하여 불러 올 수 있다.

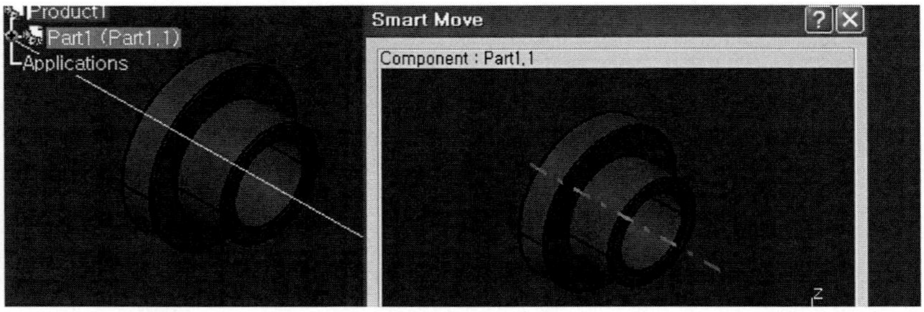

(6) Replace Component()

- Assembly 작업을 진행하면서 다른 단품으로 교체할 수 있는 기능이다.

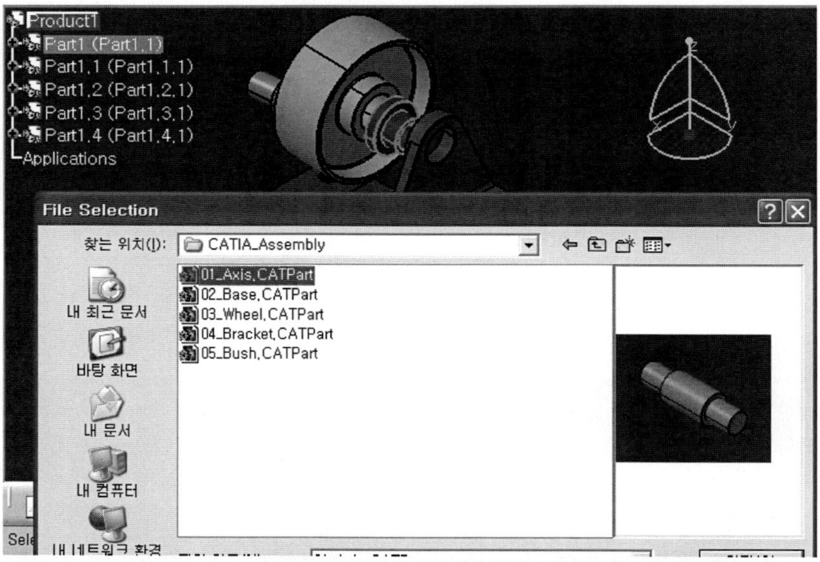

(7) Graph tree Reordering( )

- Assembly 작업 영역에서 Tree의 구조를 다시 정렬할 수 있는 기능으로서, 명령을 실행하면 부품 목록이 나타나고 여기서 정렬하면 된다.

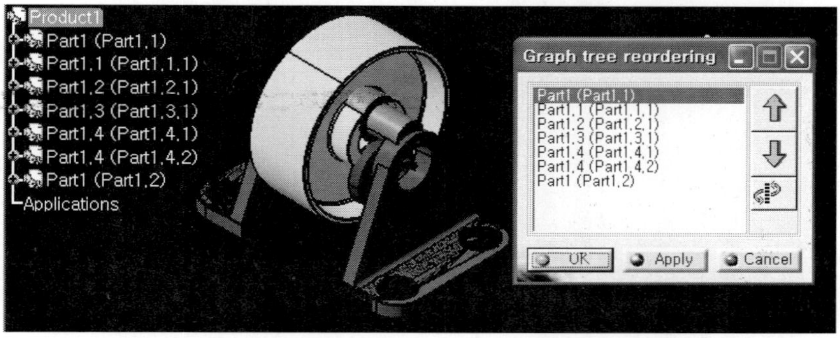

(8) Generate Numbering( )

- Assembly 작업이 완료된 조립품에서 각각의 단품들에 번호를 부여할 수 있는 기능이다. 이때 단품들의 부품 번호는 숫자 또는 문자로 부여할 수 있다. 각각의 단품에 부여된 부품 번호는 속성을 표시하는 Properties에서 Instance의 Number에서 확인할 수 있다.

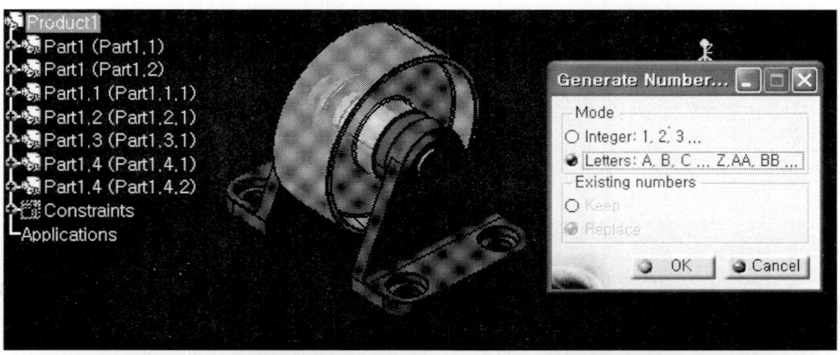

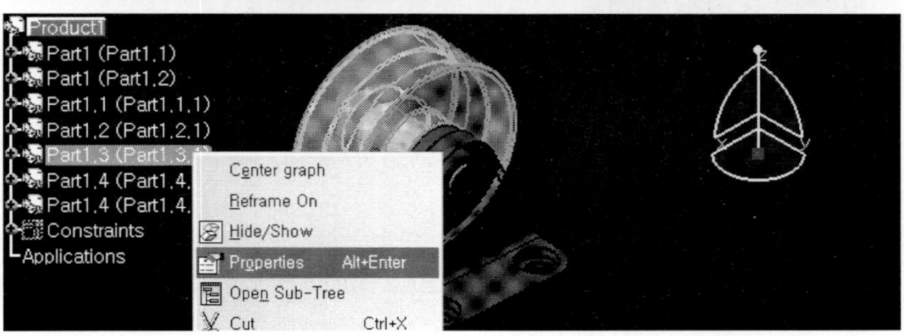

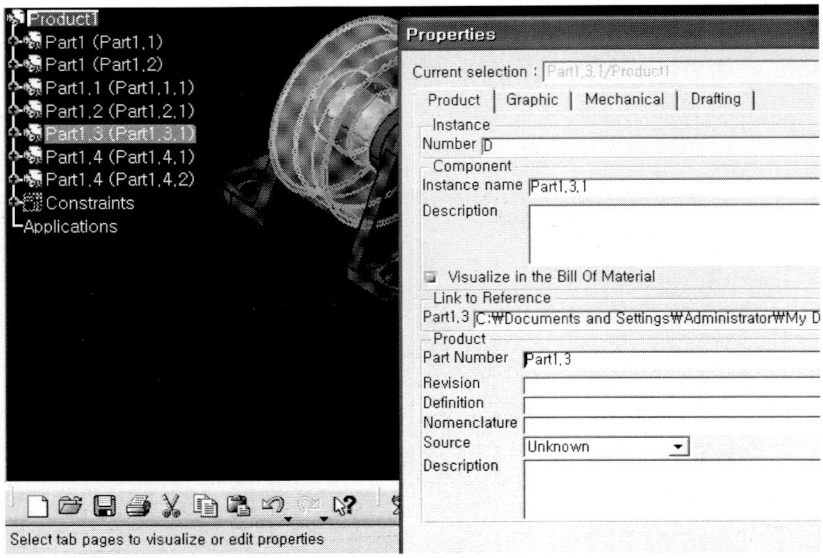

➢ 5.2 Move

Assembly 작업 과정에서 단품의 이동 및 회전, 조립품의 분리에 의한 해체 등의 기능을 한다.

(1) Manipulation( )

- Assembly 작업 과정에서 x, y, z축 방향으로 직선 이동시키거나 회전시킬 수 있다. 또한 xy, yz, zx plane 위의 평면 내에서 자유롭게 이동시킬 수 있다.

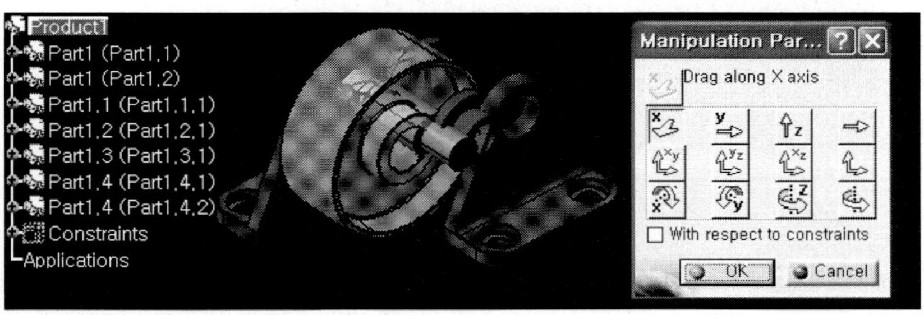

(2) Snap( )

- Solid Feature 상호간의 특정 형상을 이용하여 정렬시킬 수 있는 기능으로서, 단

품의 Point, Edge, Axis, Plane 등과 같은 요소를 기준으로 설정하여 서로 일치시킬 수 있다. 일치시킬 대상을 선택한 후 기준이 될 요소를 선택한다.

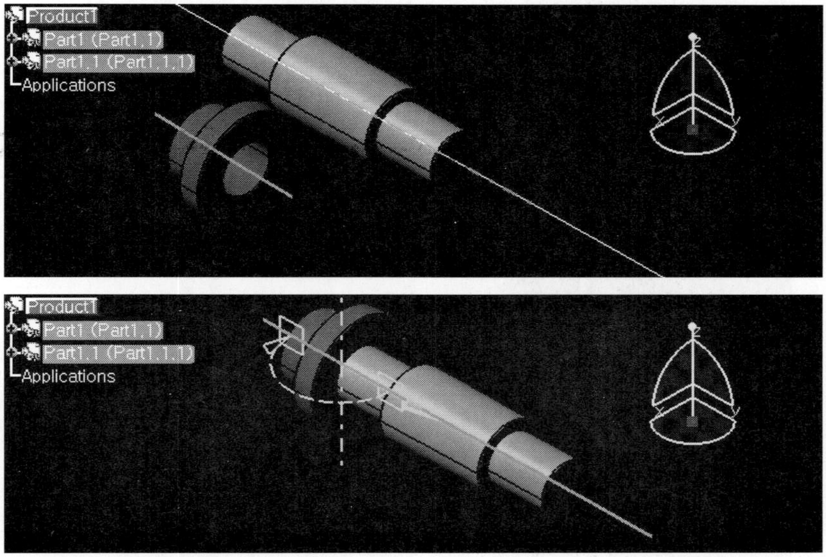

(3) Smart Move()

- Snap 기능과 Constraint 기능을 동시에 사용할 수 있다.

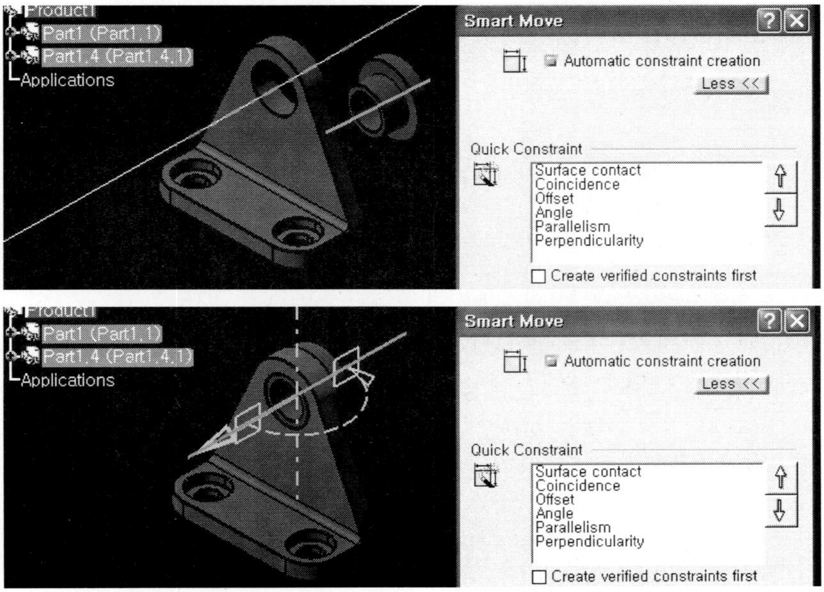

(4) Explode( )

- Assembly 작업이 완료된 조립품을 분리하는 기능을 한다. 'Selection'에서 조립품인 product를 선택하고, 'Fixed product'에는 Explode 실행 후 위치를 고정시킬 단품을 지정한다.

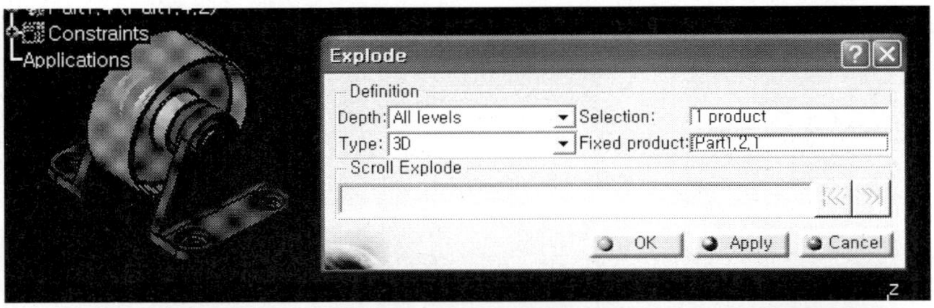

➢ 5.3 Constraints

Assembly 작업 과정에서 단품의 이동 및 회전, 조립품의 분리에 의한 해체 등의 기능을 한다.

(1) Coincidence Constraint( )

- 단품의 Point, Edge, Axis, Plane과 같은 요소를 기준으로 설정하여 단품들 사이를 서로 일치시키는 기능을 한다. Option에서 Update를 수동으로 설정하면 구속조건의 적용이 되지 않은 것처럼 보일 수 있다. 이러한 경우 Update All( )을 직접 클릭하여 실행시키면 된다.

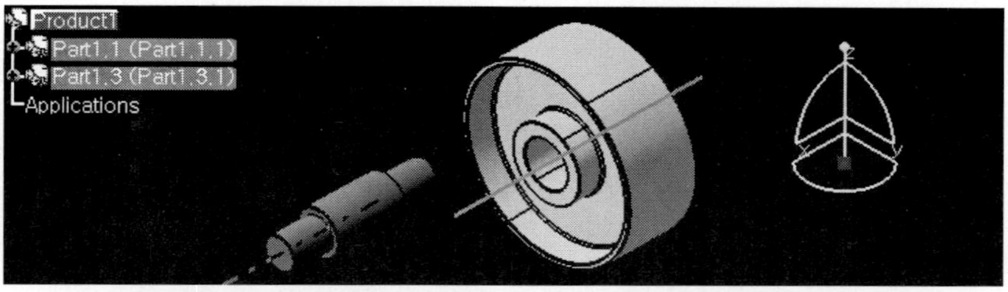

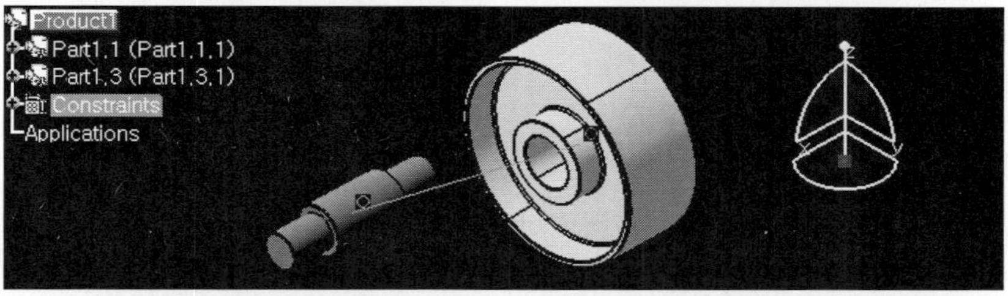

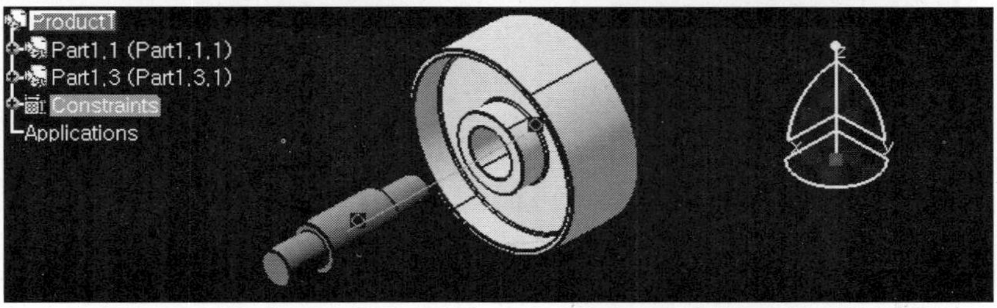

(2) Contact Constraint( )

- 단품의 Point, Edge, Plane과 같은 요소를 접촉 기준으로 설정하여 단품들이 서로 접촉되도록 구속시키는 기능을 한다.

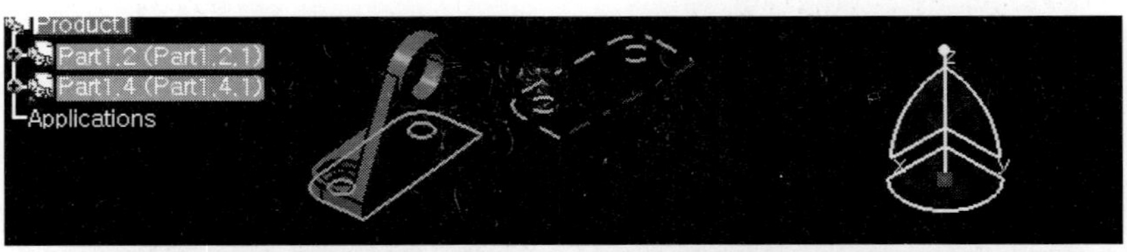

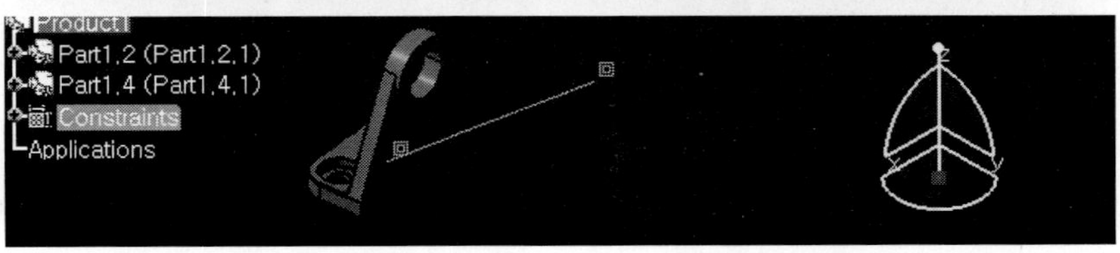

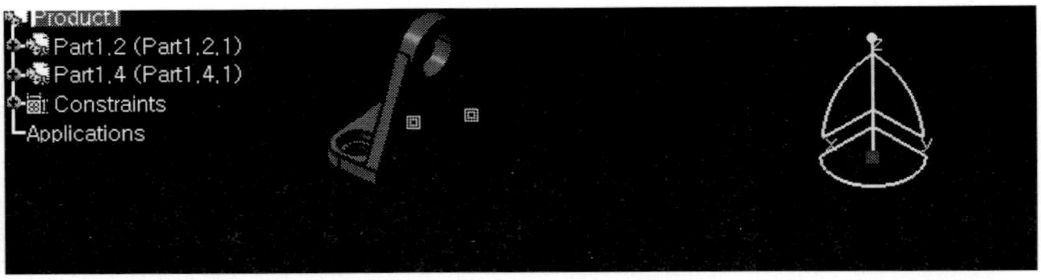

(3) Offset Constraint( )

- 단품들의 구성요소 사이에 일정한 거리만큼 평행되도록 구속시키는 기능이다.

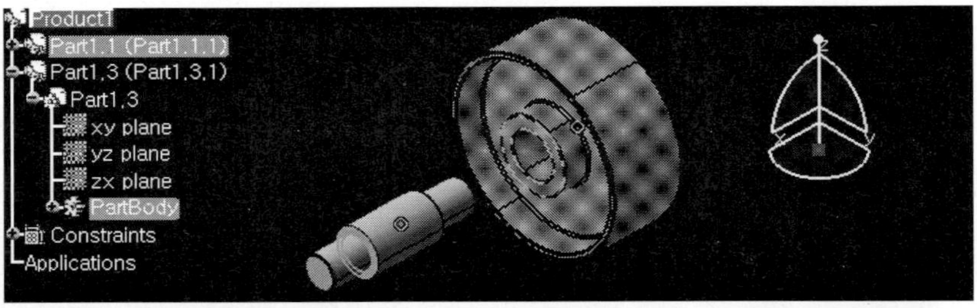

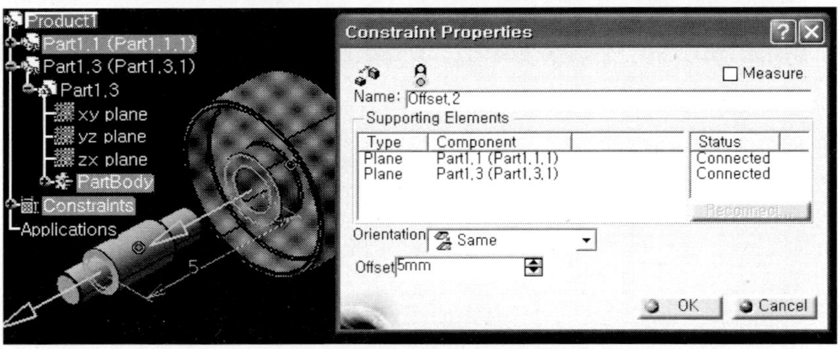

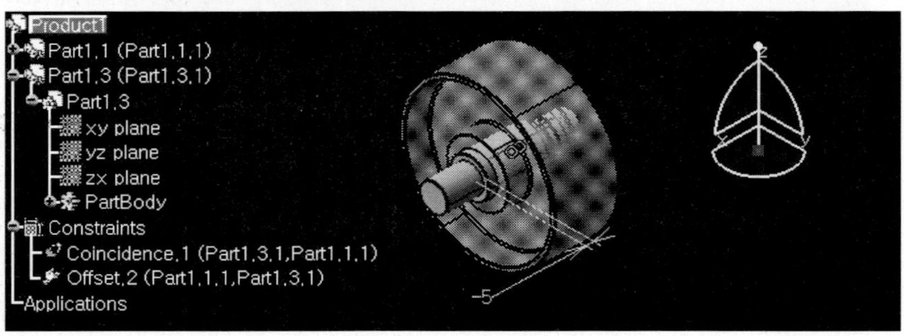

(4) Angle Constraint( )

- 단품들의 구성요소 사이에 각도를 설정하여 구속시키는 기능이다.

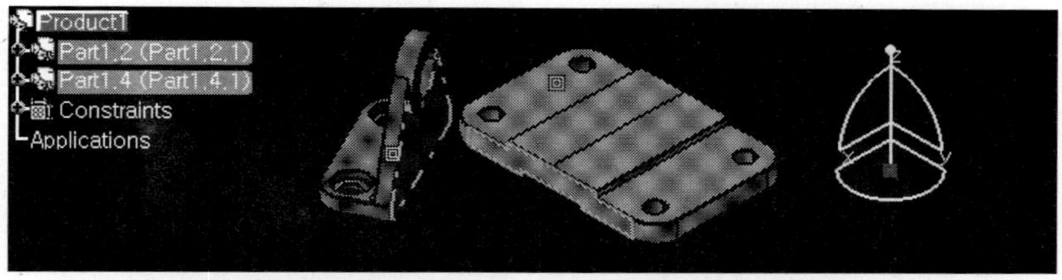

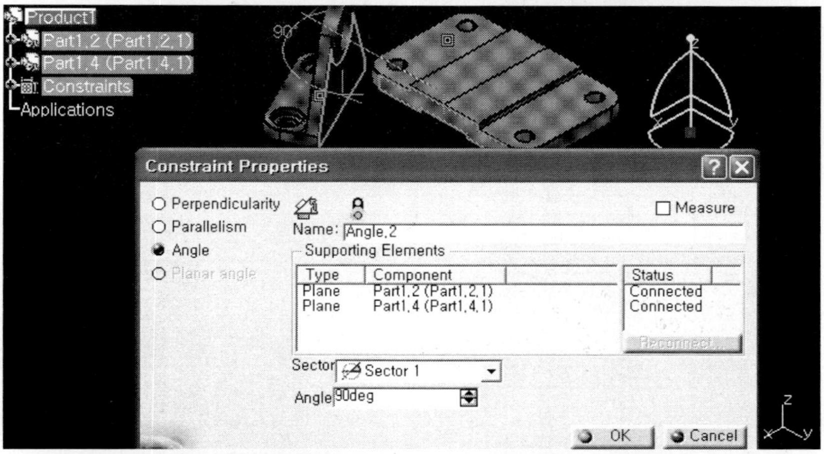

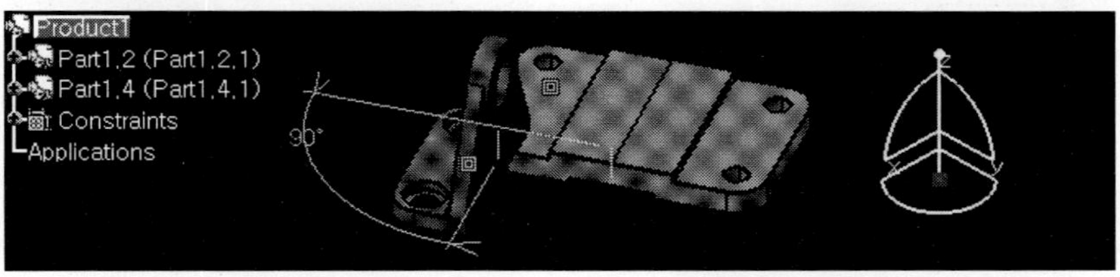

(5) Fix Component( )

- Assembly 작업에서 주로 기준이 되는 단품을 일정 위치에 고정시키는 기능으로서, 구속시킬 Part를 선택하고 Fix Component 명령을 실행한다.

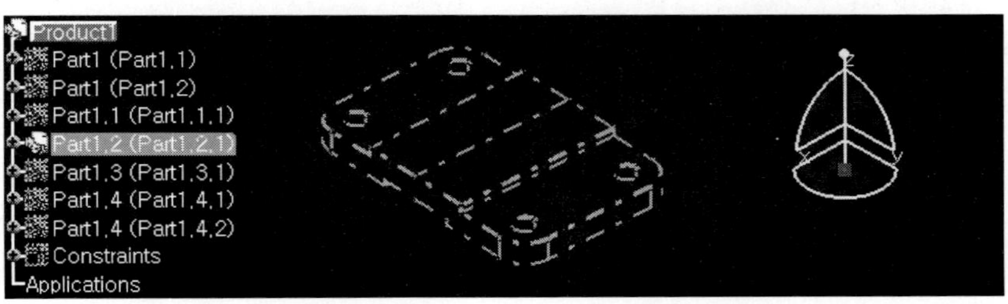

(6) Fix Together( )

- 여러 개의 구성요소를 함께 고정되도록 구속시키는 기능을 한다.

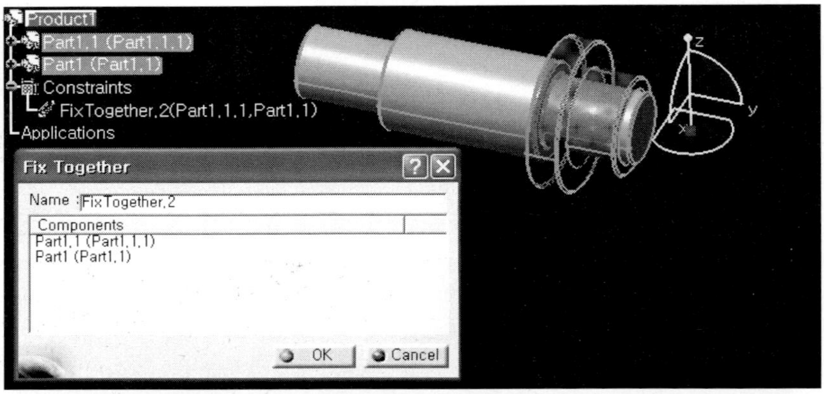

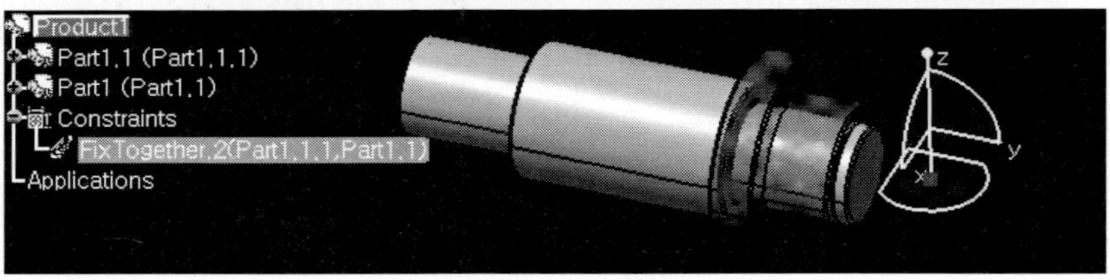

(7) Quick Constraint( )

- 구속 대상의 단품들에 있어서 자동적으로 가장 적합한 구속을 적용하는 기능으로서, 구속조건에 대한 우선순위는 옵션에서 설정한다.

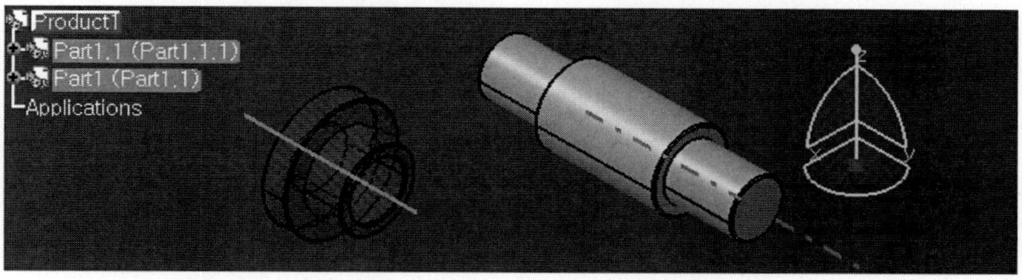
Product1
Part1.1 (Part1.1.1)
Part1 (Part1.1)
Applications

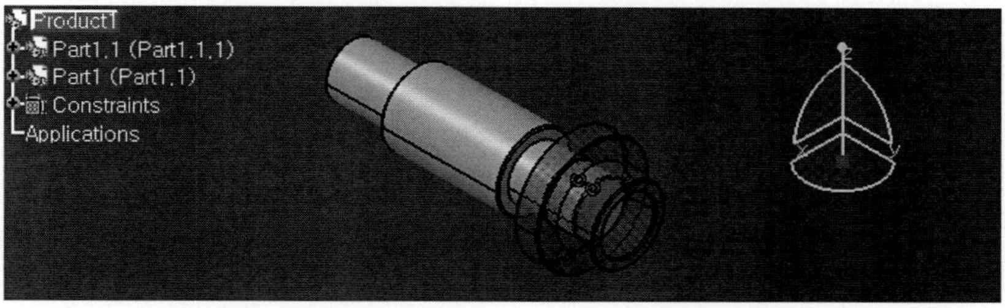
Product1
Part1.1 (Part1.1.1)
Part1 (Part1.1)
Constraints
Applications

6. Drafting

CATIA에서 설계를 완료하고 제품을 제작하기 위해 설계자와 제작자 사이에 데이터를 상호 공유할 수 있는 시스템이 필요하지만 많은 투자와 노력이 요구된다. 그러나 전통적인 방식에 따라 제작도면을 이용한다면 최소의 비용으로 정확한 의사 전달이 가능하므로 이러한 도면의 필요성을 지금도 인정하고 있다.

도면의 규격에 준하여 Drawing View를 생성하고 치수, 도면기호, 주석, 표제란 등을 포함한 도면 작성을 간편하게 할 수 있다. 도면 작성에 있어서 Sketcher에서와 같은 방식으로 Profile을 작성하고 치수를 기입하여 도면을 생성할 수 있는 방법인 Interactive Drafting 방법이 있고, Part Design에서 3차원으로 설계한 단품으로부터 도면을 자동으로 생성하는 Generative Drafting 방법이 있다.

➢ 6.1 New Drawing

(1) Drawing 시작하기

- Start 메뉴에서 Mechanical Design, Drafting을 차례대로 선택한다. 이어서 나타나는 New Drawing 창에서 도면의 표준을 정하는 Standard, 도면의 크기를 결정하는 Sheet Style, 도면의 방향 등을 설정하고 Drawing Sheet로 들어간다.

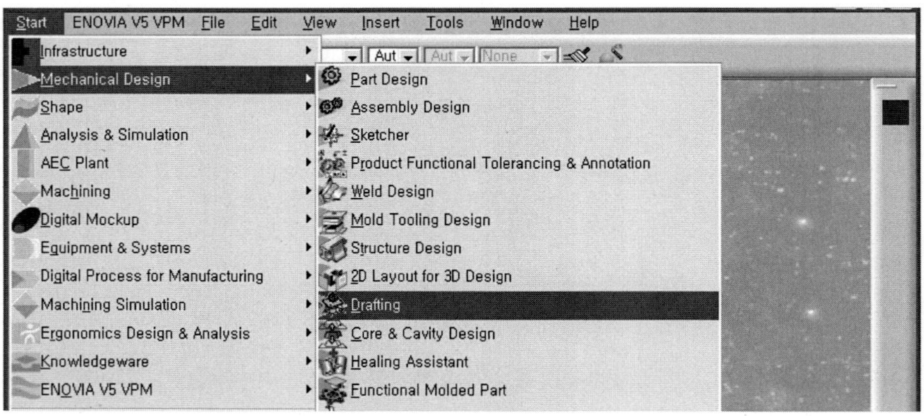

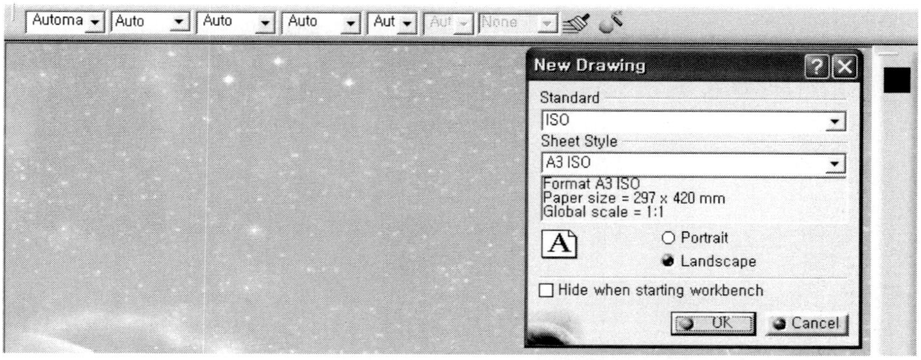

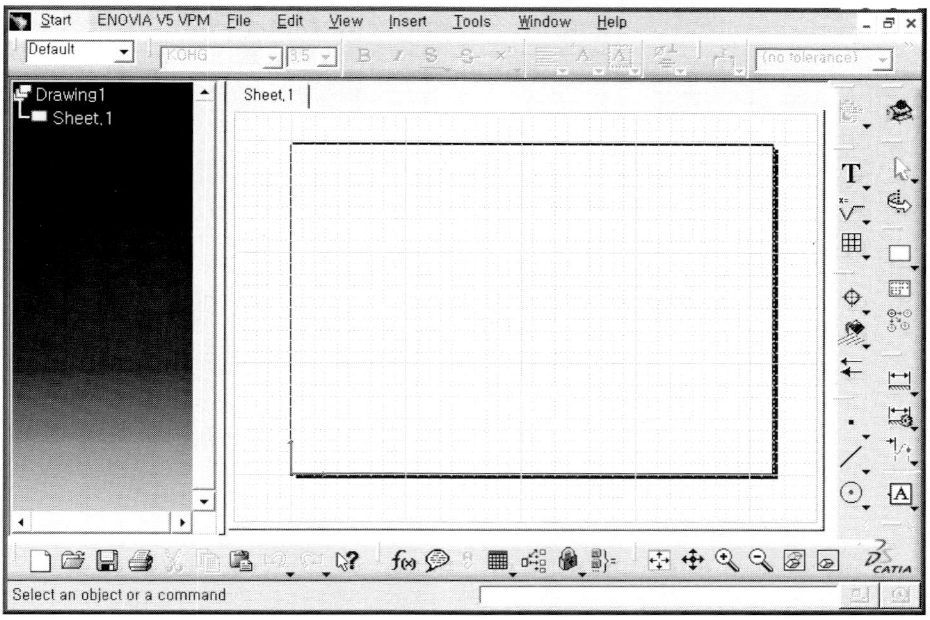

(2) Drawing Sheet

- 도면 한 장을 의미하는 Drawing Sheet는 New Sheet 명령으로 여러 장을 만들어 사용할 수 있다. Properties에서 Drawing Sheet의 기본적인 사항을 다음 그림과 같이 설정할 수 있다. Properties 창에서 Drawing Sheet의 이름, 축척, 규격, 방향, 투상법 등을 설정한다. Projection Method 영역에는 기본적으로 First angle standard로 설정되어 있다. 우리나라와 같이 3각법을 표준으로 하는 사용자는 Third angle standard로 설정하면 된다.

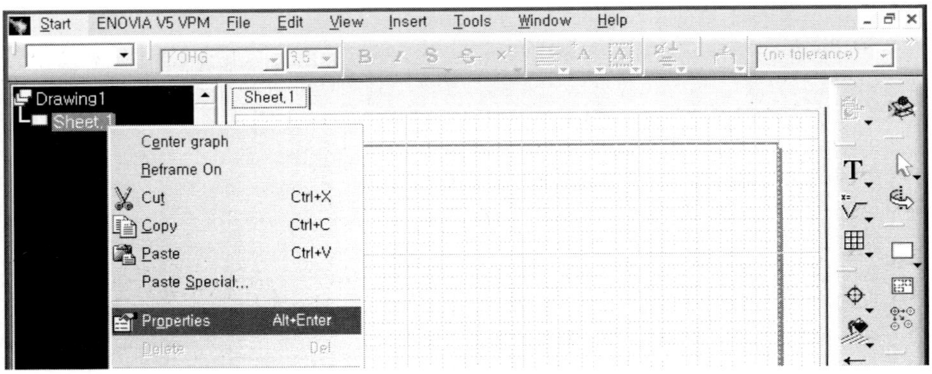
Start
ENOVIA V5 VPM
File
Edit
View
Insert
Tools
Window
Help
Drawing1
Sheet.1
Center graph
Reframe On
Cut Ctrl+X
Copy Ctrl+C
Paste Ctrl+V
Paste Special...
Properties Alt+Enter
Delete Del

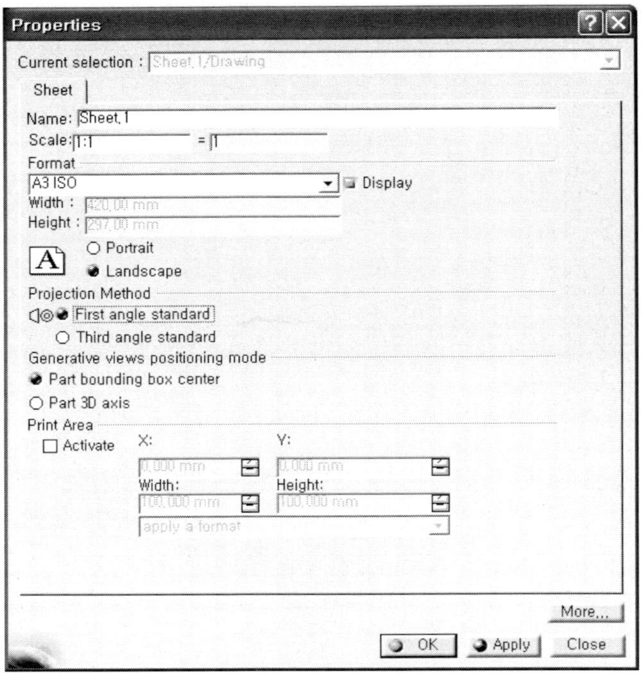
Properties
Current selection : Sheet.1/Drawing
Sheet
Name: Sheet.1
Scale: 1:1 = 1
Format
A3 ISO
Display
Width : 420,00 mm
Height : 297,00 mm
Portrait
Landscape
Projection Method
First angle standard
Third angle standard
Generative views positioning mode
Part bounding box center
Part 3D axis
Print Area
Activate
X:
Y:
Width:
Height:
apply a format
More...
OK
Apply
Close

➤ 6.2 Views

투상도, 단면도, 상세도, Clipping View, Break View 등을 생성하는 기능을 한다.

(1) Front View( )

- 정면도를 생성하는 기능으로서 우선 Part Design에서 생성한 단품 파일을 열어놓는다. Drawing Sheet로 전환하여 Front View 명령을 실행한다. 모델 영역에서 Solid Model의 정면도로 배치할 면을 선택하면 자동으로 Drawing Sheet로 이동하면서 정면도가 나타난다. Blue Manipulator를 조작하여 정면도의 방향을 변경할 수 있다.

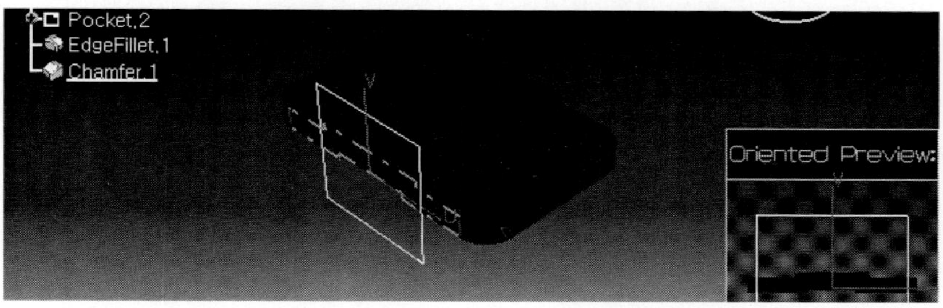

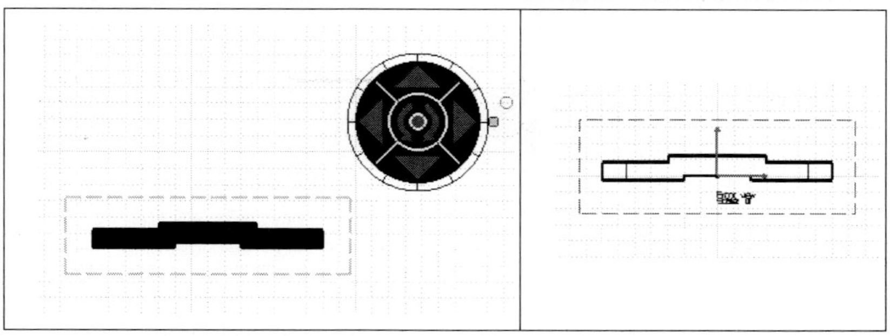

(2) Projections View( )

- 정면도를 생성한 상태에서 이를 기준으로 평면도, 우측면도, 좌측면도, 배면도 등을 추가로 생성할 수 있는 기능이다.
- 선 Drawing Sheet의 Properties에서 3각법인 Third angle standard로 설정한다. rojection View를 클릭하고 마우스를 정면도의 우측으로 가져가면 우측면도가 자동으로 나타난다. 우측면도를 배치할 위치에 지정하고 다시 Projection View를 클릭한다. 앞에서와 같은 방법으로 마우스를 정면도 위쪽으로 가져가면

평면도가 자동으로 나타나고 평면도를 배치할 위치에 지정하면 된다.

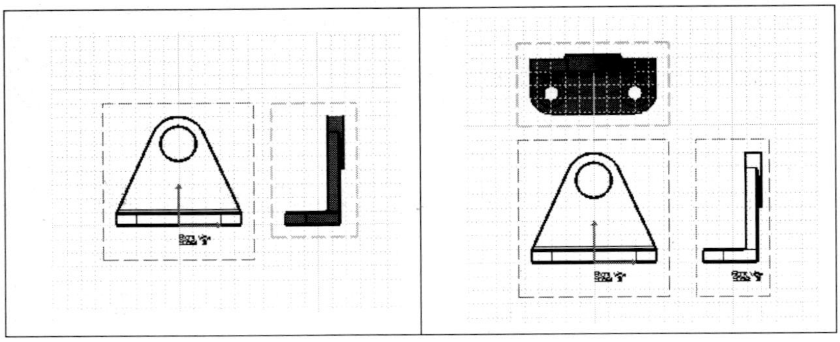

(3) Auxiliary View()

- 설정된 축을 기준으로 하여 투상도를 생성하는 기능이다. Auxiliary View를 클릭하고 축으로 사용할 선을 지정한다. 다음 그림과 같이 지정된 축에서 본 투상도가 자동으로 생성되고 이를 배치시킬 위치를 선택하면 완료된다. 임의 방향의 기준으로 사용될 축은 새롭게 생성하여 사용할 수 있다.

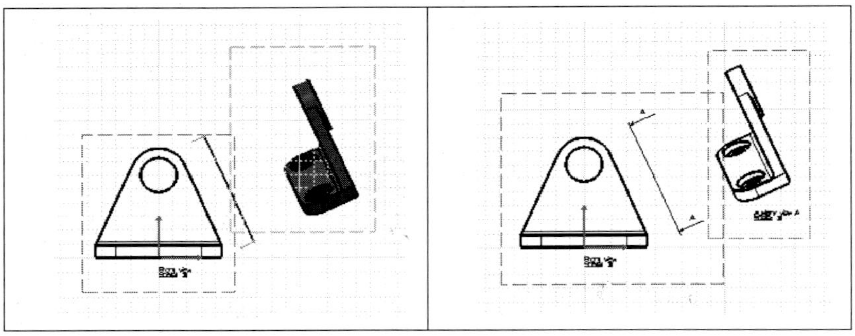

(4) Isometric View()

- 등각투상도를 생성하는 기능이다. Isometric View를 클릭하고 모델 영역으로 이동하여 Solid Model를 선택하면 자동으로 Drawing Sheet로 전환되면서 등각투상도가 나타난다. 등각투상도를 배치할 위치에 지정하여 완료한다.

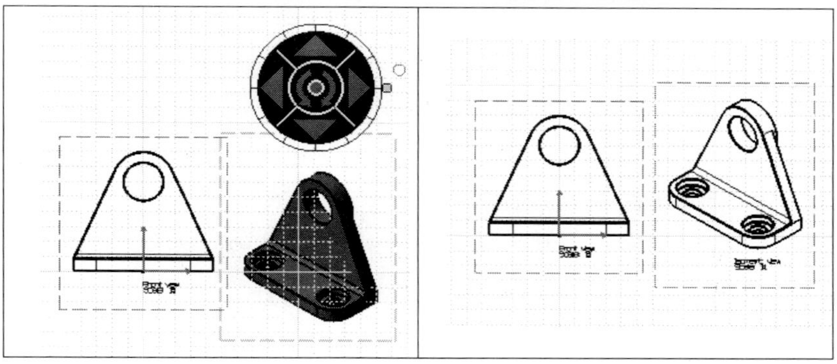

(5) Advanced Front View( )

- 정면도를 확대 또는 축소시키면서 투상도를 생성할 수 있는 기능이다. 다음 그림과 같이 Advanced Front View 명령을 실행하면 View Parameters 창이 나타난다. Scale에 비율을 입력하고 모델 영역으로 이동하여 Solid Model의 정면도로 배치할 면을 선택하면 자동으로 Drawing Sheet로 이동하면서 설정된 비율의 정면도가 나타난다.

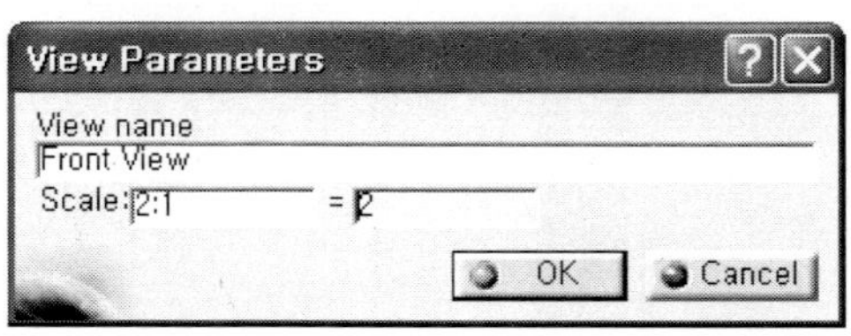

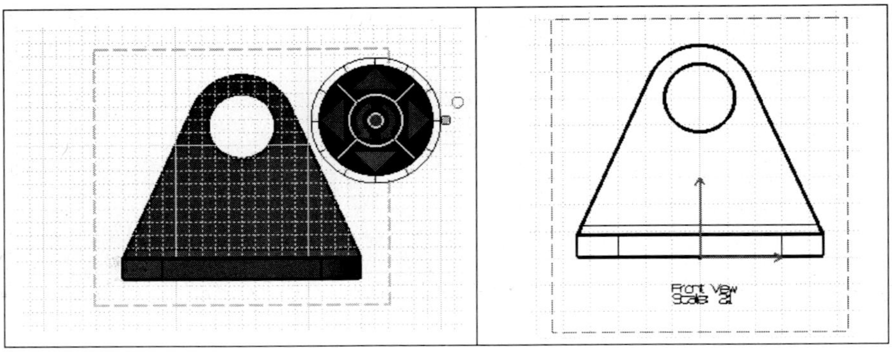

(6) Offset Section View( )/Offset Section Cut( )

- 임의의 기준선에서 수직으로 절단한 Solid Model의 단면도를 생성시키는 기능이다. 그림과 같이 Offset Section View를 실행하고 투상도에 절단면의 기준선을 생성한다. 이때 기준선은 직각으로 경로의 위치를 이동시킬 수도 있다. 기준선이 생성되어 단면도가 나타나면 배치할 위치를 지정한다.

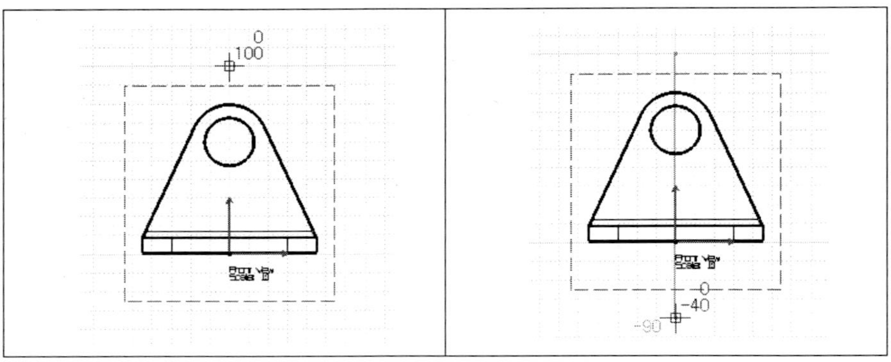

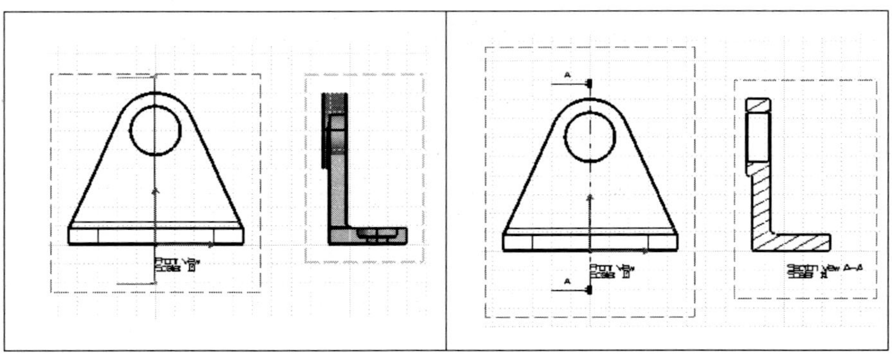

(7) Aligned Section View( )/Aligned Section Cut( )

- Solid Model을 임의의 기준선으로 절단하여 기준선이 지나간 경로를 따라 절단된 단면도를 생성시키는 기능이다. 그림과 같이 Aligned Section View를 실행하고 단면도를 생성할 투상도에 절단면의 기준선을 생성한다. 이때 기준선이 지나간 경로를 따라 절단된 단면도가 나타나면 배치할 위치를 지정하여 완료한다.

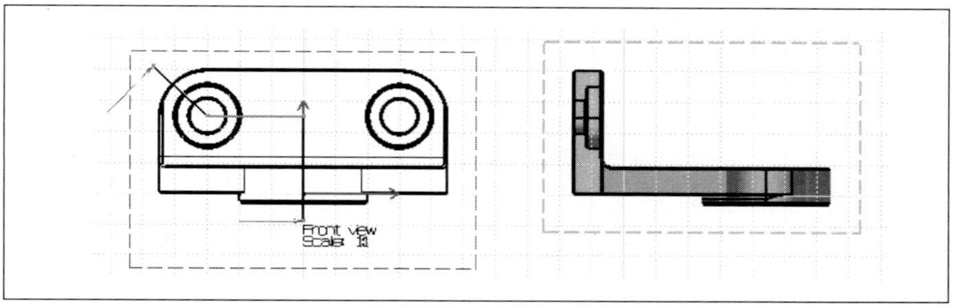

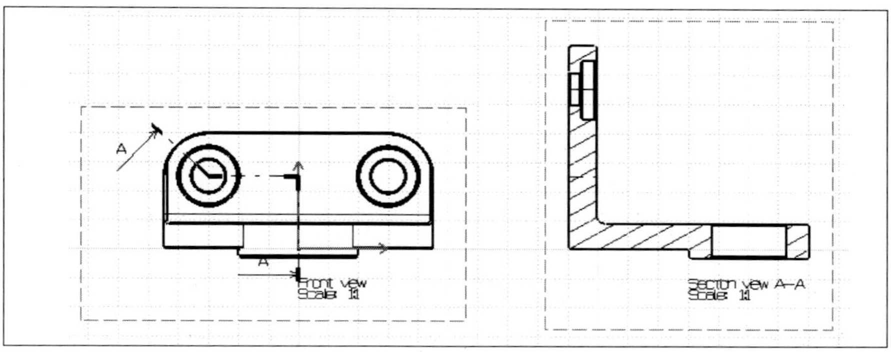

(8) Detail View( )/Detail View Profile( )

- 도면의 특정 부분을 일정한 비율로 확대하여 상세도를 생성하는 기능이다. 그림과 같이 Detail View 명령을 실행하면 Tools Palette 창이 나타난다. 여기서 반지름을 입력하여 원형 Profile을 생성한 후 상세도를 작성할 부분을 선택한다. 상세도가 나타나면 배치할 위치를 지정하여 완료한다.

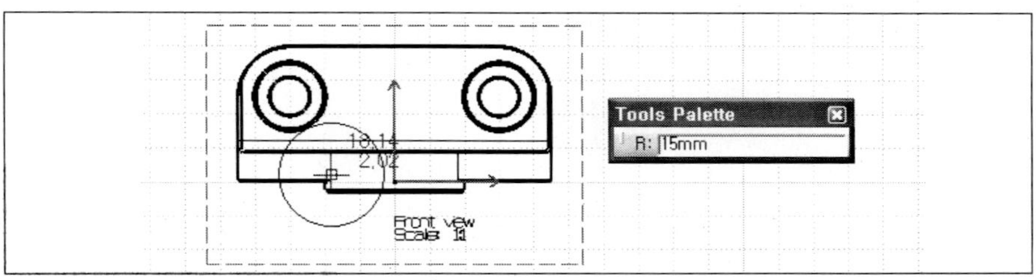

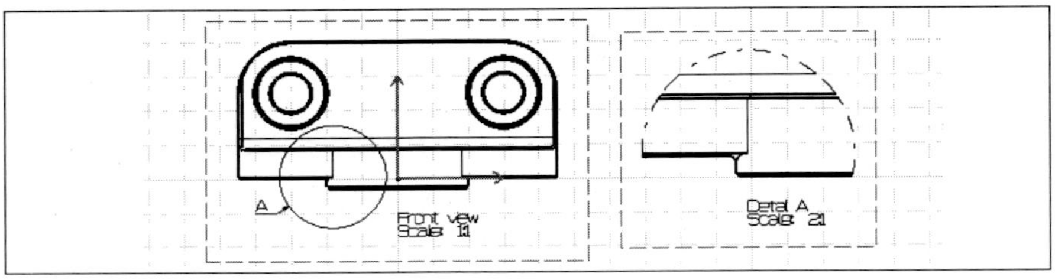

(9) Clipping View()/Clipping View Profile()

- 원형 Profile에 의해 도면의 특정 부분을 선택하여 남겨두고 나머지 부분은 모두 삭제하는 기능을 한다.

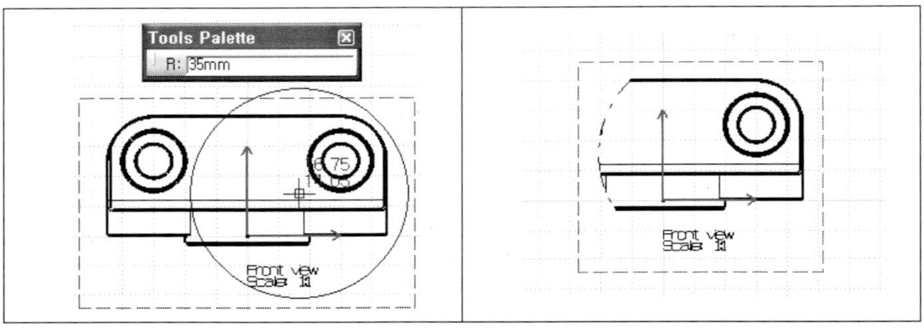

(10) Broken View()

- 도형의 형상이 너무 길어서 모두 표시할 필요가 없는 경우, 또는 동일한 형태로 반복되는 형상의 일정 부분을 제거하여 표시할 때 사용할 수 있는 기능이다.

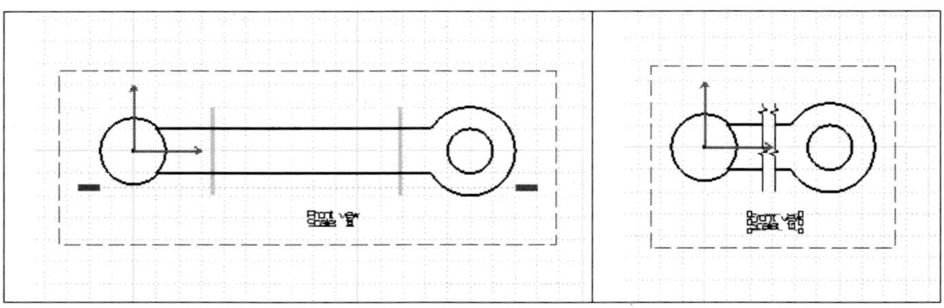

(11) Breakout View()

- 면의 특정 부분을 선택하여 내부 단면을 나타낸다. 다각형 Profile에 의해 도면을 선택하여 실행한다.

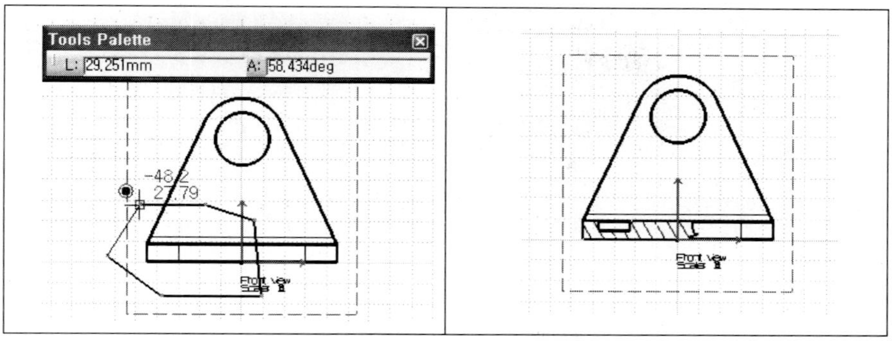

(12) View Creation Wizard( )

- Wizard 창을 이용하여 투상도의 배열을 용이하게 할 수 있는 기능이다. Sheet의 Properties에서 Third angle standard로 설정하고 View Creation Wizard를 클릭하면 새로운 Wizard 창이 나타난다. 창의 좌측에 여섯 개의 Configuration있고 이것을 선택하면 Preview에 투상도의 배치를 보여준다. 투상도 사이의 간격을 입력하고 다음으로 진행한다. 앞에서와 같이 좌측에 있는 Configuration을 선택한다. 모델 영역으로 이동하여 Solid Model의 정면도를 선택하면 배열된 투상도가 나타난다.

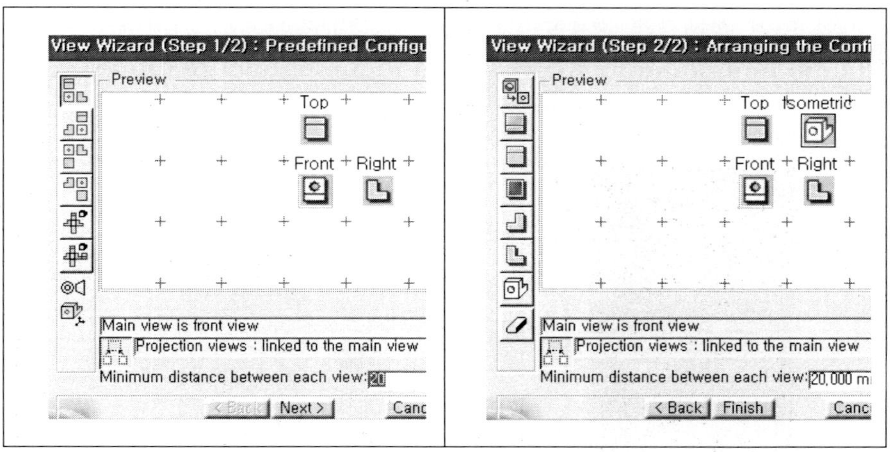

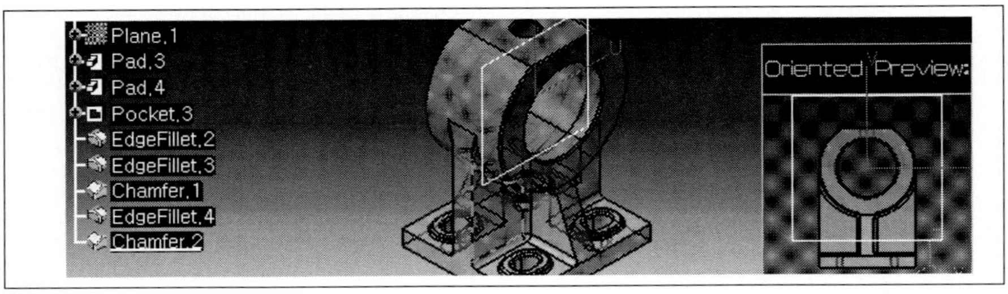

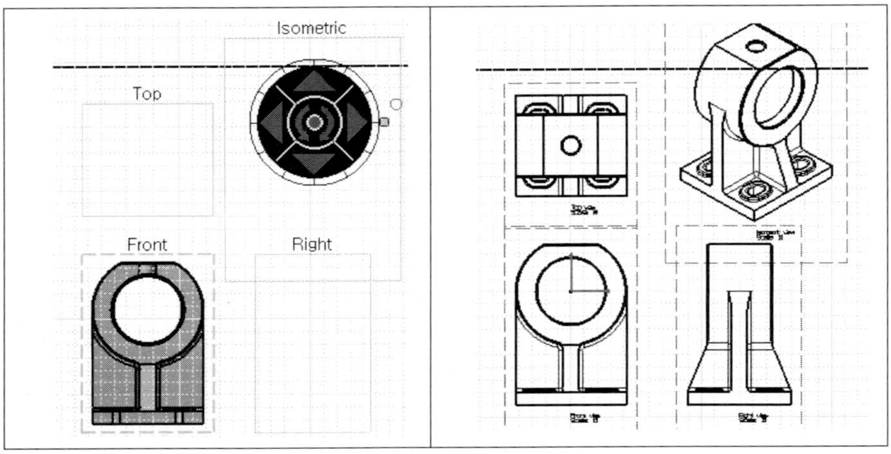

(13) Front, Top and Left( )

- 한 번의 명령 실행으로 정면도, 평면도, 좌측면도 동시에 생성할 수 있다.

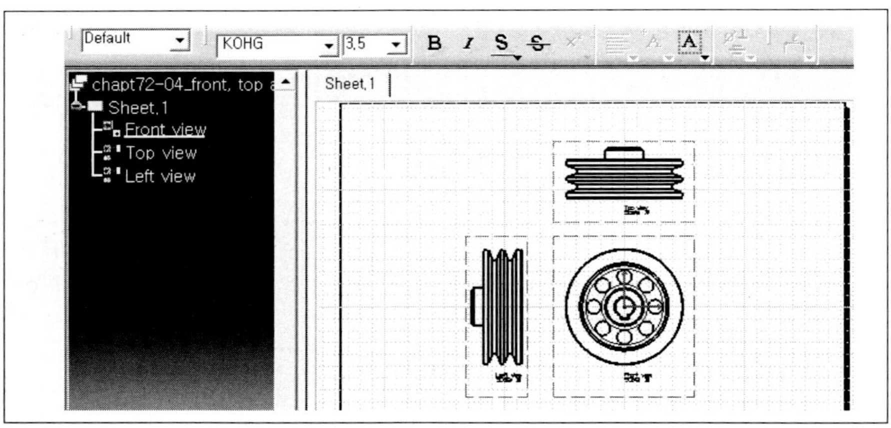

(14) All Views( )

- 한 번의 명령 실행으로 모든 투상도를 동시에 생성할 수 있다.

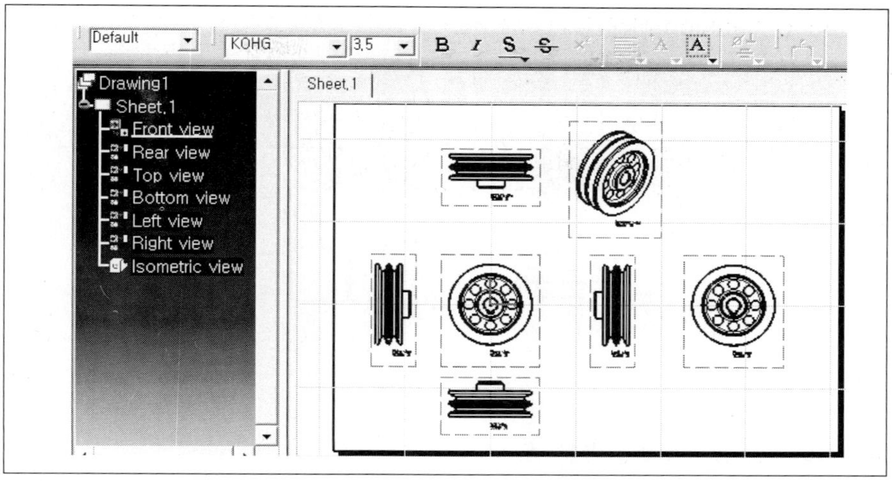

➢ 6.3 Dimensioning

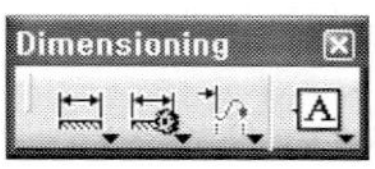

거리, 각도, 반지름 등과 같은 치수를 다양하게 기입하고 편집하는 기능, 치수와 형상에 관한 공차에 관한 기능 등을 한다.

(1) Dimensions( )

- 도면의 요소를 선택하여 길이, 거리, 각도, 지름/반지름 등과 같은 일반적인 모든 치수를 생성할 수 있는 기능이다.

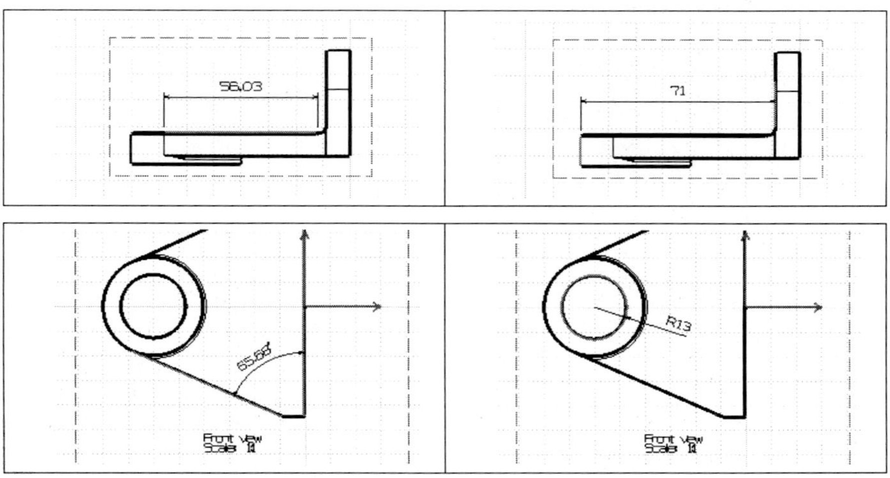

(2) Chained Dimensions( )

• 연속되는 치수를 생성할 수 있는 기능이다.

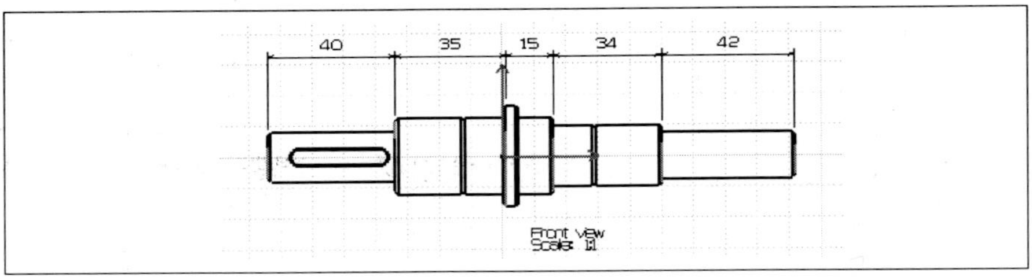

(3) Cumulated( )/Stacked( ) Dimensions

• 도면의 기준 요소로부터 연속하여 치수를 생성할 수 있는 기능이다.

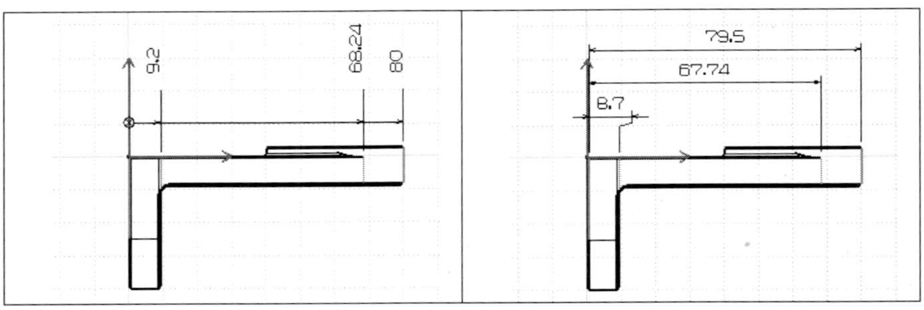

(4) Length/Distance Dimensions( )

• 도면의 요소들을 선택하여 길이, 거리, Hole의 위치 등과 같은 치수를 생성하는 기능을 한다.

① 길이(Length) 치수 생성

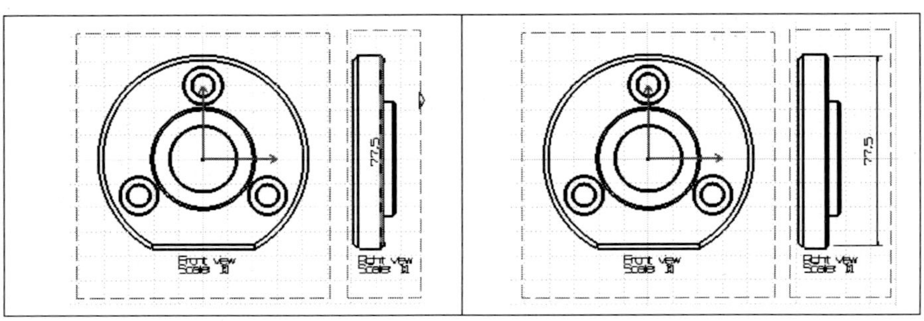

② 거리(Distance) 치수 생성

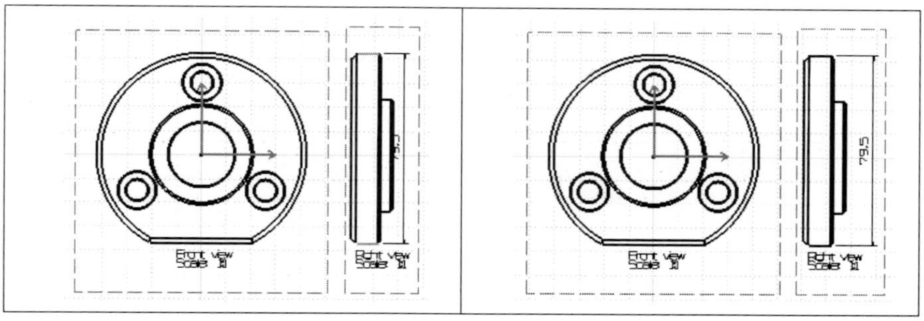

③ Hole의 위치 치수

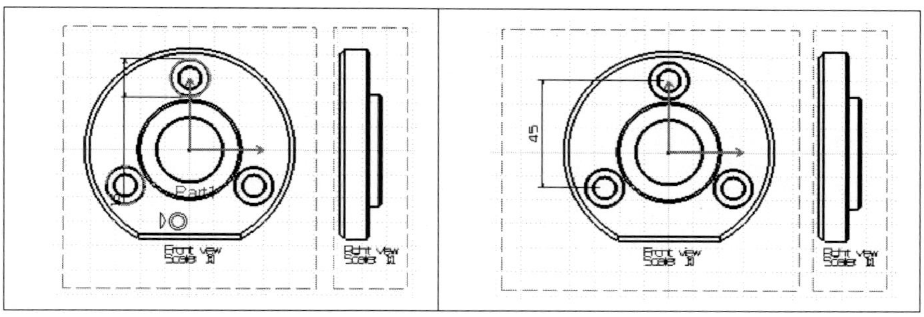

(5) Angle( )/Radius( )/Diameter( ) Dimensions

- 도면의 요소들을 선택하여 길이, 거리, Hole의 위치 등과 같은 치수를 생성하는 기능을 한다.

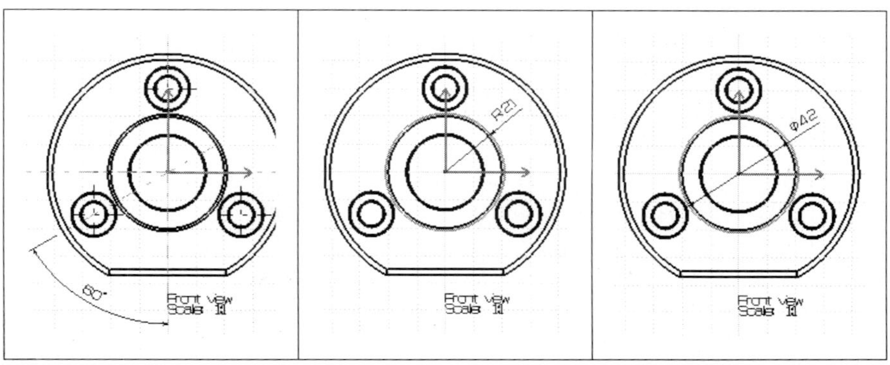

(6) Chamfer Dimensions( )

- 모따기 치수를 생성하는 기능을 한다.

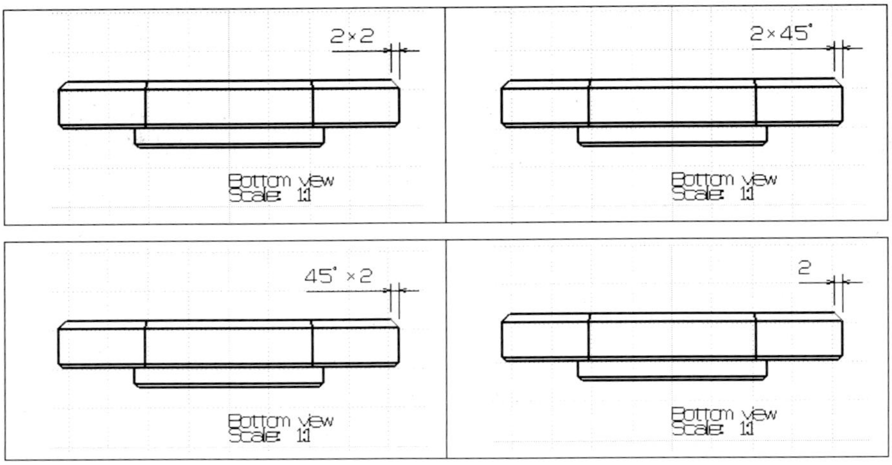

(7) Hole Dimension Table( )

- Hole의 좌표와 치수를 표로 나타내주는 기능으로서 좌표를 구할 Hole을 모두 선택한다. 명령을 실행하면 Axis System and Table Parameters 창이 나타난다. 다음 그림과 같이 이 창에서 Title과 Columns을 설정하고 진행시키면 Hole의 좌표와 치수를 표로서 보여준다.

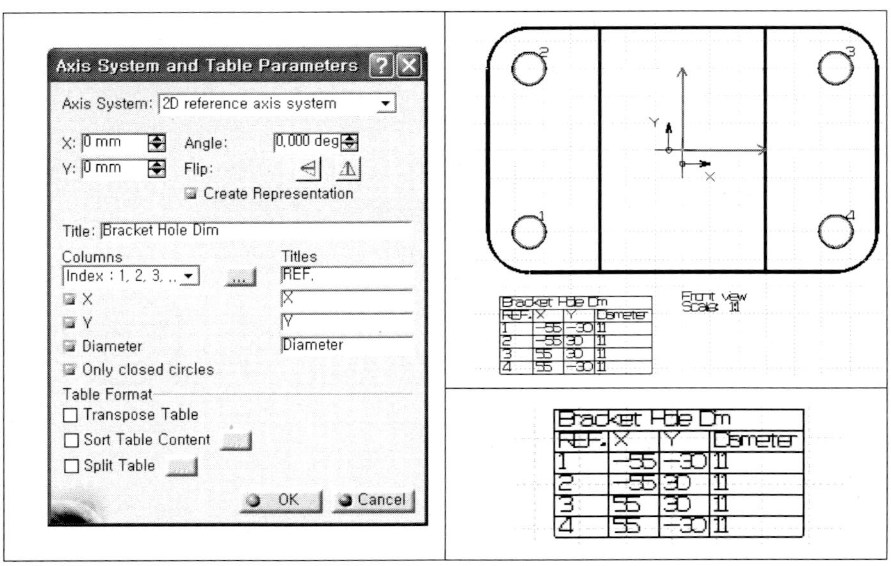

(8) Re-route Dimension( )

- 이미 생성된 치수를 이용하여 다른 요소의 치수를 기입하는 기능이다. 명령을 실행한 후 이미 생성된 치수를 선택한다. 새로 치수를 부여할 다른 요소를 선택하여 완료한다.

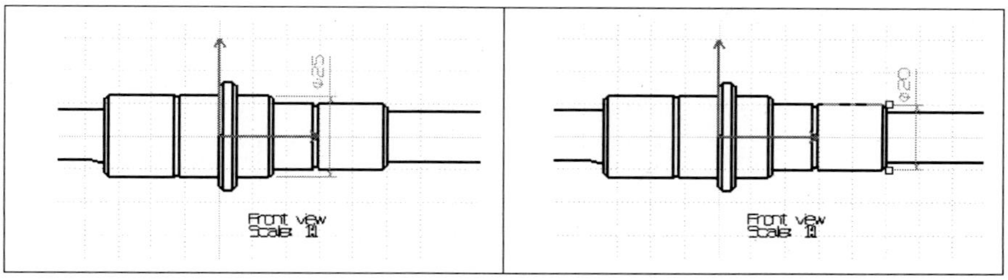

(9) Datum Feature( )

- 도면에서 기준면을 표시하는 기호를 생성하는 기능이다. 명령을 실행하고 기준면을 선택하면 Datum Feature Creation 창이 나타난다. 이 창에서 기준면의 이름을 변경할 수 있다.

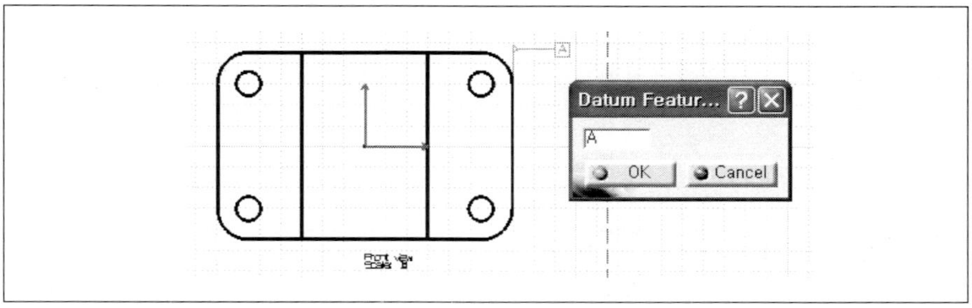

(10) Geometrical Tolerance( )

- 형상공차를 생성하는 기능이며 Geometrical Tolerance 명령을 실행하고 공차기호를 배치할 위치를 지정한다. Filter Tolerance 창이 나타나면 공차의 종류, 공차의 크기, 참조문자 등을 입력한다.

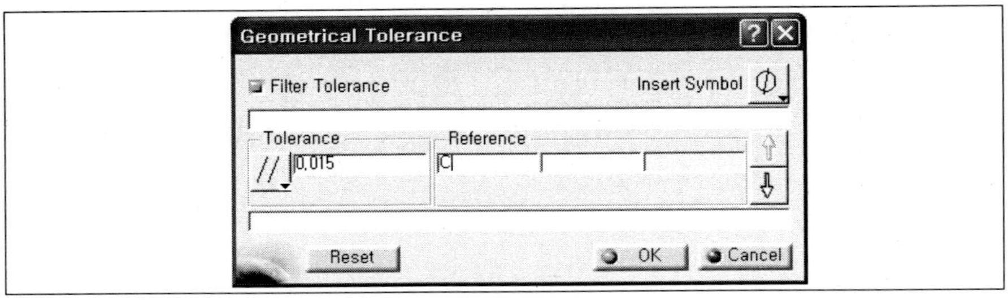

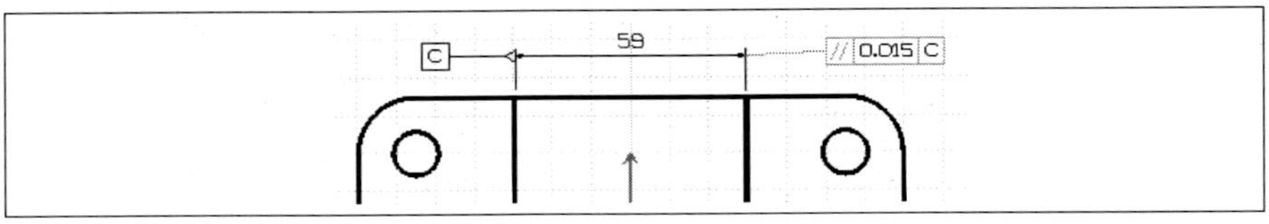

(11) 치수와 관련된 속성 및 수정

- 위치 수정 : 치수를 마우스로 드래그를 하여 변경하는 위치에 놓는다.

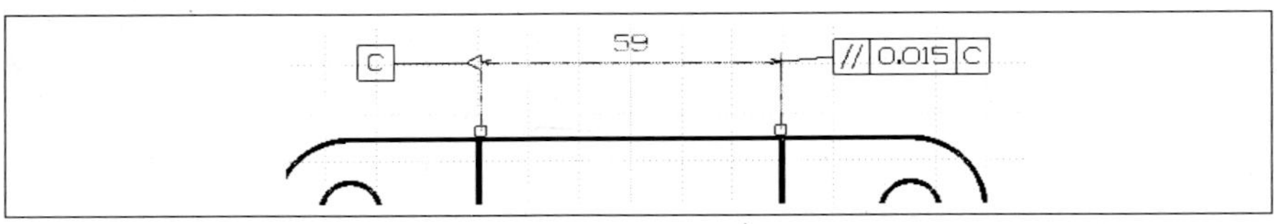

- 치수선, 치수 등의 수정 : 다음 그림과 같이 Properties에서 수정할 수 있다.

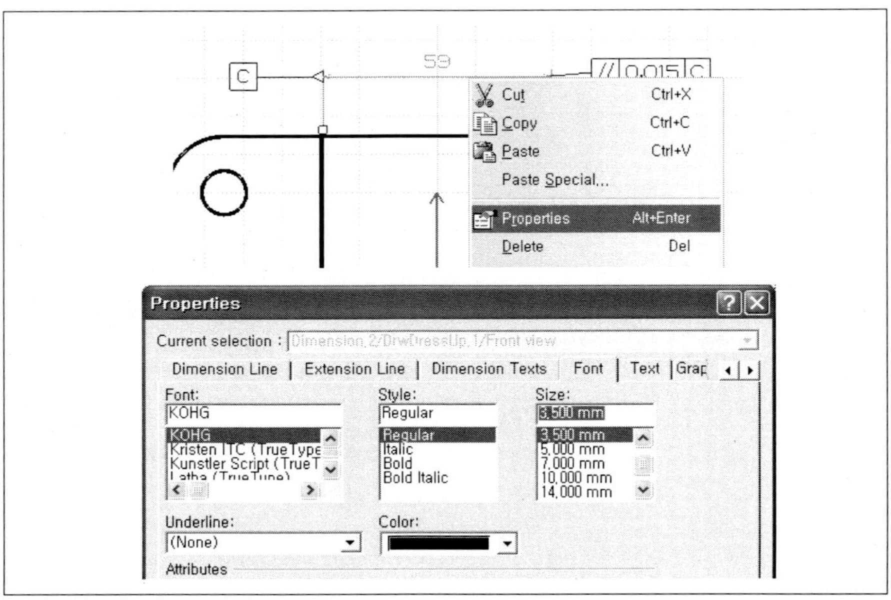

7. Modeling

➢ 7.1 Modeling 따라하기 01

- 바탕화면의 CATIA V5를 실행하여 초기화면으로 들어간다. 초기화면 좌측 상단에 CATIA V5 – [Product1]이라고 표기되어 있다. 여기서는 단품들을 결합하여 조립하는 Assembly Modeling을 할 수 있다.

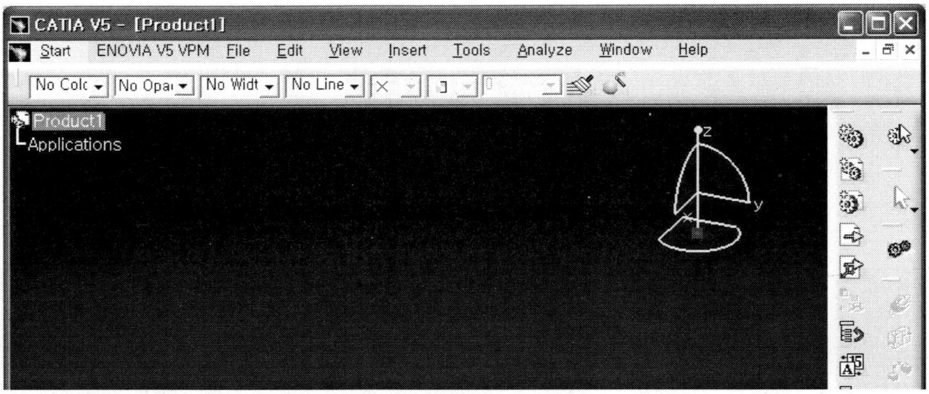

- Solid Modeling을 위해 Start 〉 Mechanical Design 〉 Part Design을 차례로 선택한다. 또는 그림과 같이 Start 〉 Mechanical Design 〉 Sketcher를 선택해도 된다. 화면 좌측 상단에 CATIA V5 – [Part1]이라고 표기되어 있다. 여기서 단품을 Modeling하여 Solid Feature를 생성할 수 있다.

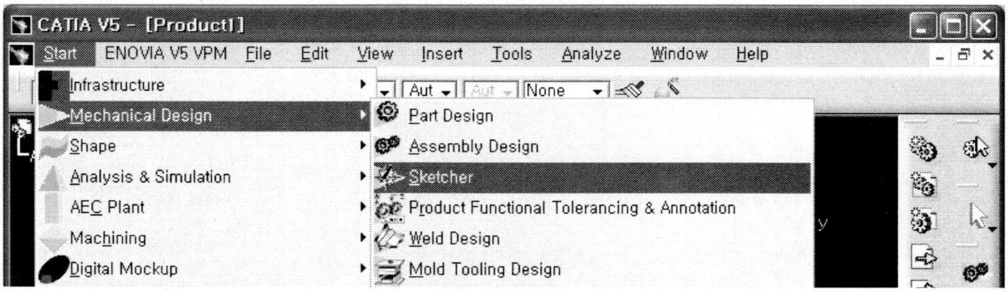

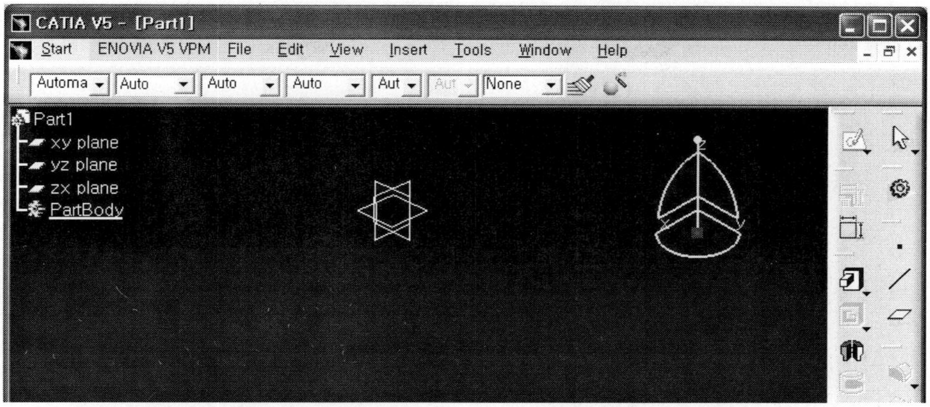

- 또 다른 방법으로 New( ) 명령을 실행하여 나타나는 창에서 Part를 선택하고 [OK] 버튼을 클릭해도 된다.

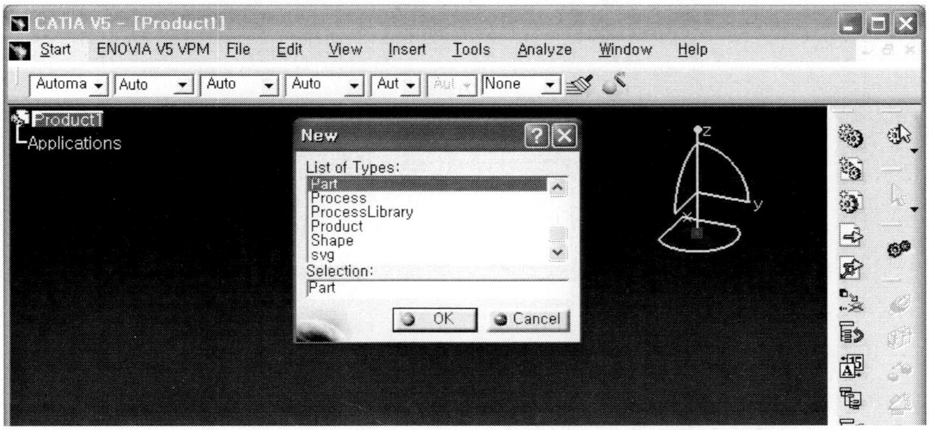

- Part Design에서 단품 Modeling을 하기 위해 2차원 단면 구조인 Profile을 생성하여야 한다. 이의 작성을 위해 Sketcher workbench로 이동한다. 평면 Profile을 생성할 xy plane을 Tree에서 선택하고 Sketch( ) 명령을 실행하여 Sketcher로 이동한다. 다음 그림과 같이 Profile을 작성할 수 있는 초기화면인 Sketch. 1이 Tree에 표시된다. 이때 Sketch 평면을 Tree에서 선택하는 대신 작업영역에 있는 좌표명면( )의 xy plane을 선택해도 된다.

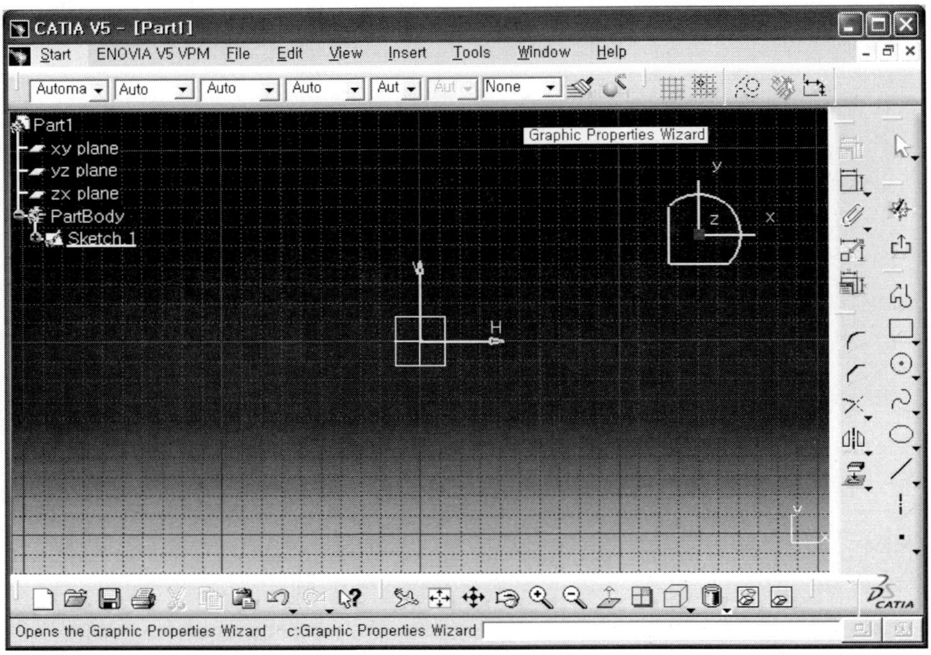

- 먼저 Profile을 작성하기 전에 Sketch Tools의 Construction/Standard Element ( )는 해제되어 실행하지 않은 상태로 하고, Geometrical Constraints( )는 선택되어 실행 중인 상태로 한다. Zoom In( )을 한 번 클릭하여 작업 화면을 확대한다. 이제 Profile( ) 명령을 클릭하여 xy plane에서 Sketch 작업을 시작한다. 시작점을 H-Direction에 일치되는 점을 선택한다. 그림과 같이 녹색 원형으로 구속 상태를 나타내는 기호가 시작점에 표시된다.

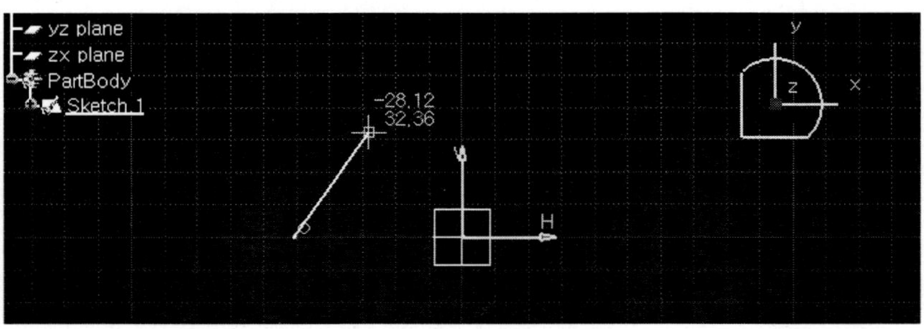

- 계속해서 위쪽 방향으로 경사진 두 번째 점을 선택한다. 이때 작성하고 있는 2차원 형상의 크기는 마우스 포인터에 표시되는 좌표의 값을 기준으로 한다. 세 번째

점은 수평을 유지하면서 진행한다. 그림과 같이 녹색의 수평 구속 기호(H)가 선 위에 표시된다.

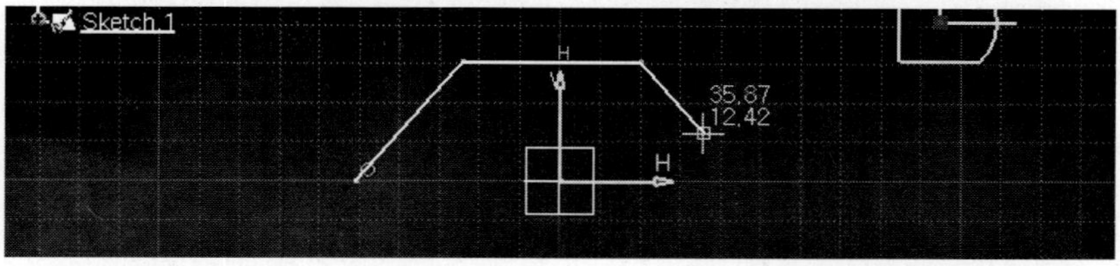

• 다음 그림과 같이 마지막 점은 아래쪽 방향으로 경사지면서 H-Direction에 일치되는 점을 선택한다. 지금 실행 중인 Profile( ) 명령을 마우스로 선택하여 종료한다. 명령을 종료하는 방법으로 [Esc] 키를 사용하던지 마지막 점을 선택할 때 더블 클릭해도 된다.

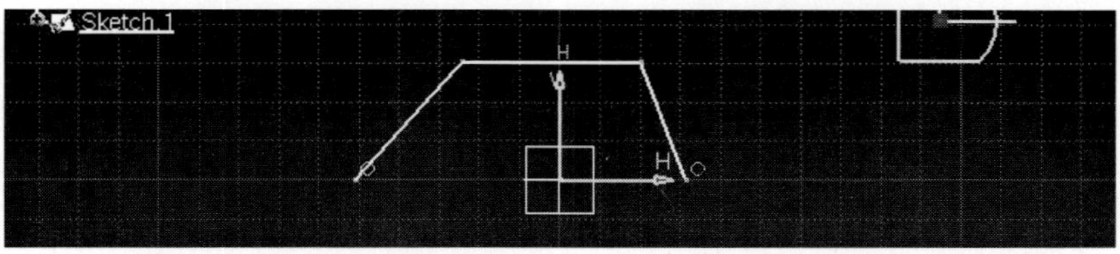

• 지금까지 Sketch 작업을 진행하면서 형상에 관한 구속은 이미 완료하였다. 이제부터 치수를 구속하기 위해 Constraint( )를 더블 클릭한다. 명령을 더블 클릭하면 연속하여 사용할 수 있다. 다음 그림과 같이 H-Direction과 V-Direction을 기준으로 거리와 각도 치수를 구속한다. 형상과 치수를 완벽하게 구속시키면 모든 도형 요소가 흰색에서 녹색으로 변한다.

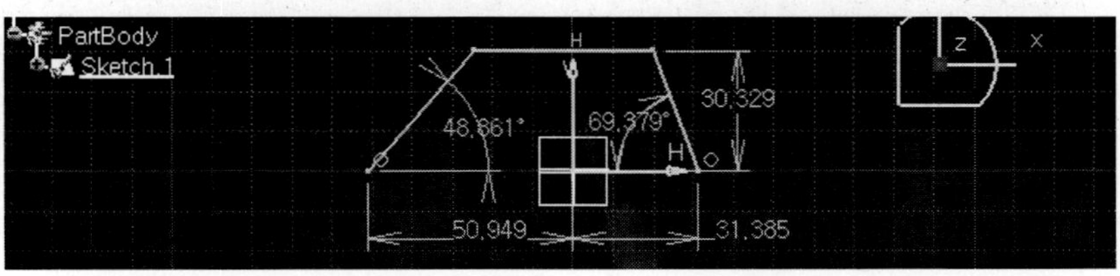

• 다음 그림과 같이 도형의 치수를 더블 클릭하여 수정한다.

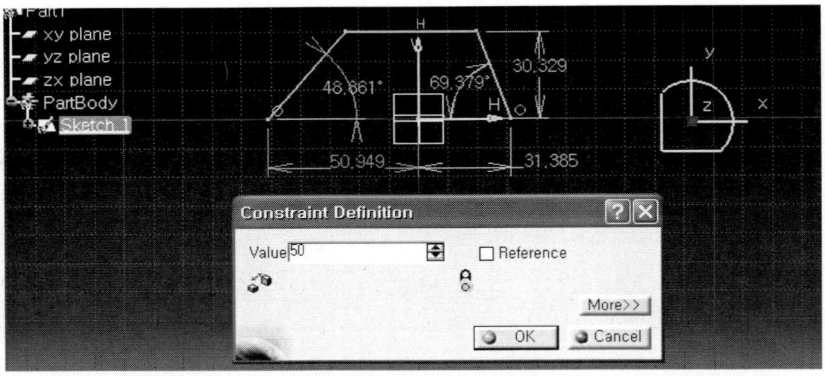

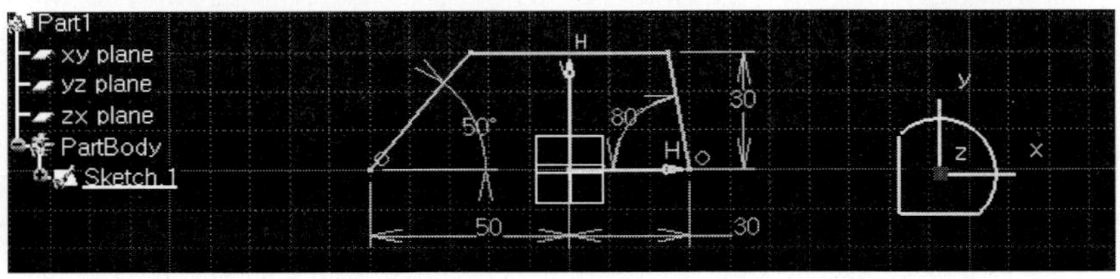

- H-Direction을 기준으로 도형을 대칭 복사한다. 먼저 [Ctrl] 키를 누른 상태에서 대칭시킬 도형 요소를 모두 선택하고 Mirror( ) 명령을 클릭한다. 이때 서로 연결된 도형 요소만을 한꺼번에 선택하는 다른 방법을 알아본다. 먼저 대칭 복사할 도형 요소 중에서 하나를 선택하여 마우스 포인터를 올려놓고 마우스 우측 버튼에 의한 메뉴가 나타도록 한다. 메뉴에서 Line. 3 object 〉 Auto Search를 차례로 선택하면 연결된 모든 도형 요소가 선택된다. 선택할 도형 요소가 많을 경우 편리하게 이용할 수 있다. 끝으로 대칭 기준이 되는 H-Direction을 선택하면 그림과 같이 대칭 복사가 완료된다.

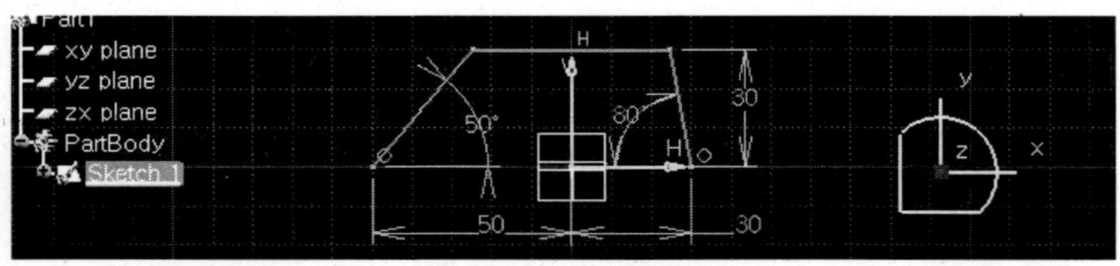

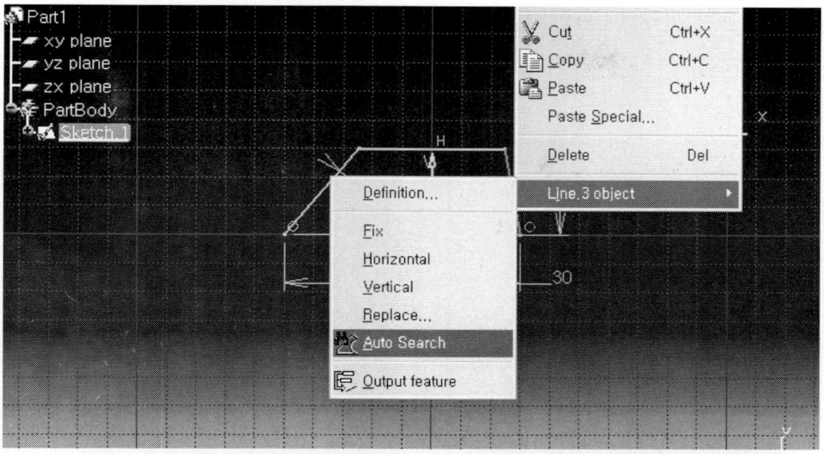

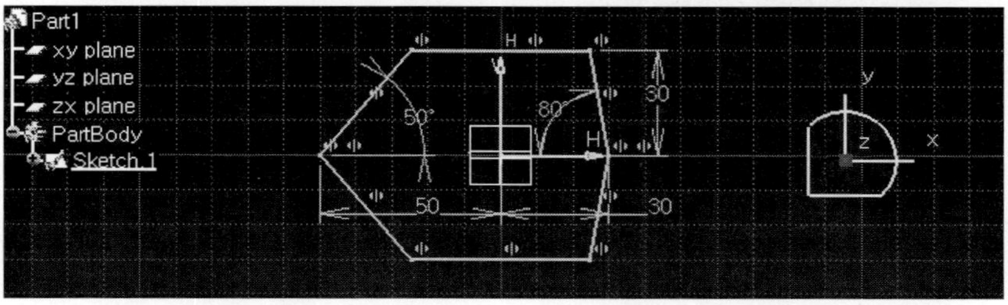

• Sketch. 1이 완성되었으므로 Exit workbench( )를 클릭하여 Modeling 작업 영역으로 전환한다. 작업창에서 도형의 방향과 배치를 적합하게 하기 위해 Fit All In( )과 Isometric View( )를 마우스로 한번 씩 클릭한다.

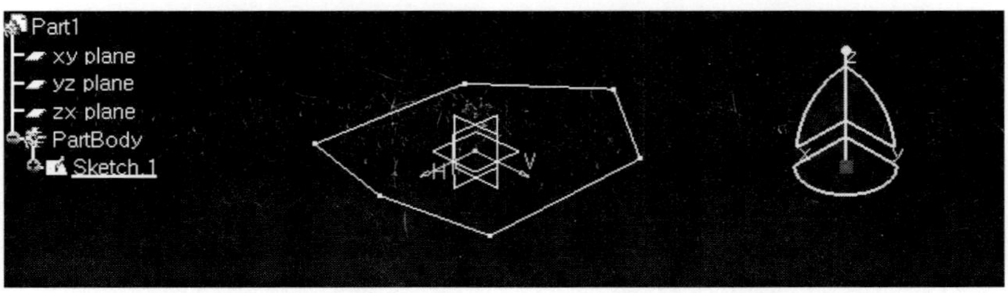

• 지금까지 작성한 Sketch. 1을 높이 방향으로 돌출시켜 Solid Feature를 생성하도록 한다. Tree에서 Sketch. 1을 선택하고 Pad( ) 명령을 클릭하면 그림과 같이 Pad Definition 창이 나타난다. 이 창에서 Type는 Dimension, Length는 15로 설정하고 [OK] 버튼을 클릭한다. 이때 Profile/Surface의 Selection에 Sketch. 1이 설정되어 있는 것을 알 수 있다. 이것은 Sketch. 1을 먼저 선택하고 Pad( )

명령을 실행하였기 때문이다. Feature의 돌출 방향은 작업 영역의 화살표를 직접 클릭하거나 창에 있는 Reverse Direction 버튼을 선택하여 변경할 수 있다.

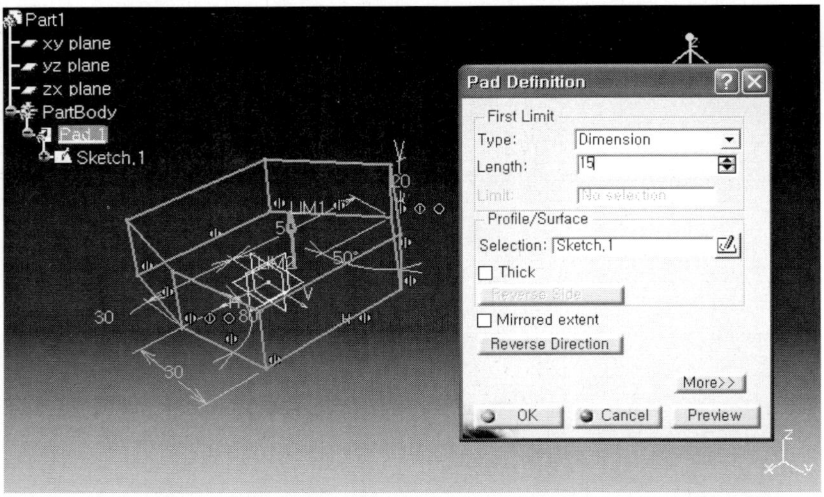

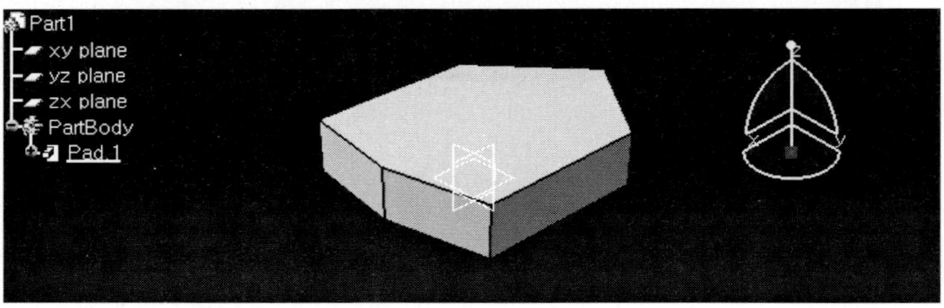

• 앞에서와 다른 Profile을 작성하기 위해 xy plane을 Tree에서 선택하고 Sketch ( ) 명령을 실행하여 Sketcher로 이동한다. 그림과 같이 Profile을 작성할 수 있는 초기화면인 Sketch. 2가 Tree에 표시된다. 이때 Sketch 평면으로 xy plane 대신 이미 생성된 Feature의 위쪽 평면을 선택하고 Sketch( ) 명령을 실행하여 Sketcher로 이동해도 된다. 그러나 여기서는 xy plane을 Sketch 평면으로 한다.

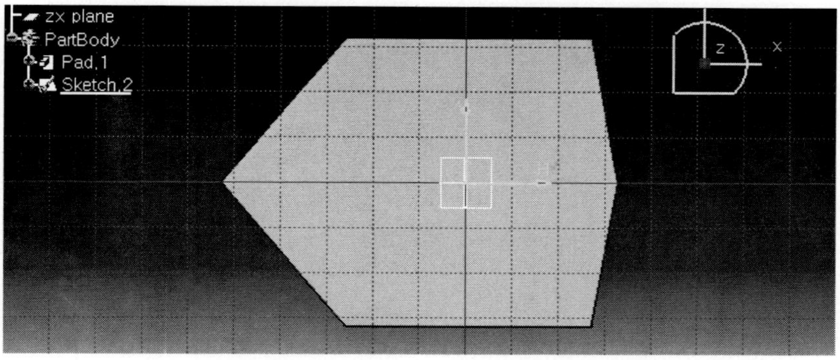

• 앞에서 생성된 Feature에 의해 Sketch 작업에 방해를 받게 되므로 이를 숨기도록 한다. Tree에서 Pad. 1에 마우스 포인터를 올려놓고 마우스 우측 버튼에 의한 메뉴가 나타도록 한다. 메뉴에서 Hide/Show를 선택하면 Solid Feature가 작업창에서 사라지고 Tree에서 Pad. 1의 아이콘이 변화된 것을 알 수 있다. 이 메뉴를 다시 실행하여 Hide/Show를 선택하면 사라진 Solid Feature가 나타난다.

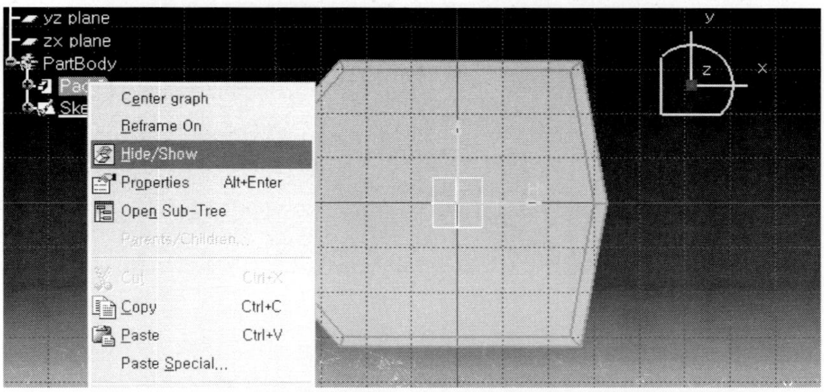

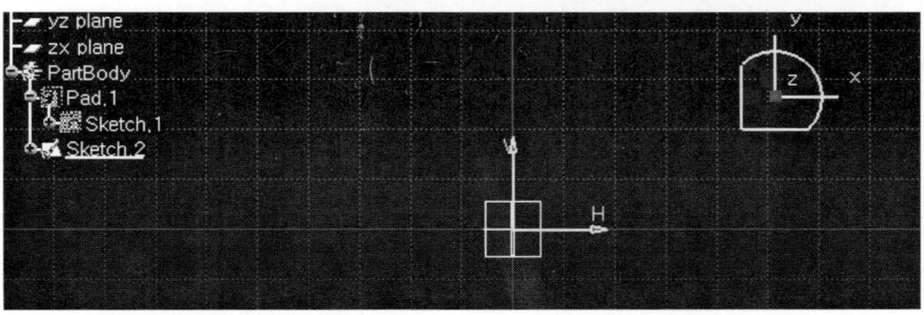

• Sketch. 2에서 직사각형 Profile을 작성하기 위해 Rectangle(□) 명령을 클릭한다. 그림과 같이 First Point와 Second Point를 대각선 방향으로 지정한다.

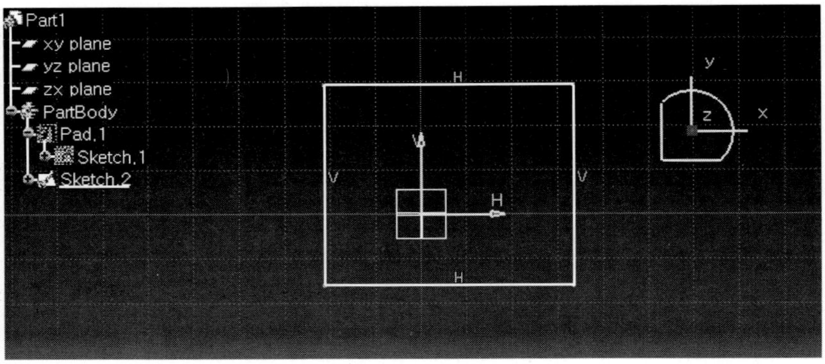

- 직사각형의 형상에 대한 구속조건 중에서 H-Direction과 V-Direction을 기준으로 대칭되도록 구속시킨다. [Ctrl] 키를 누른 상태에서 대칭시킬 두 개의 수직선을 먼저 선택한 후 V-Direction을 나중에 선택한다.

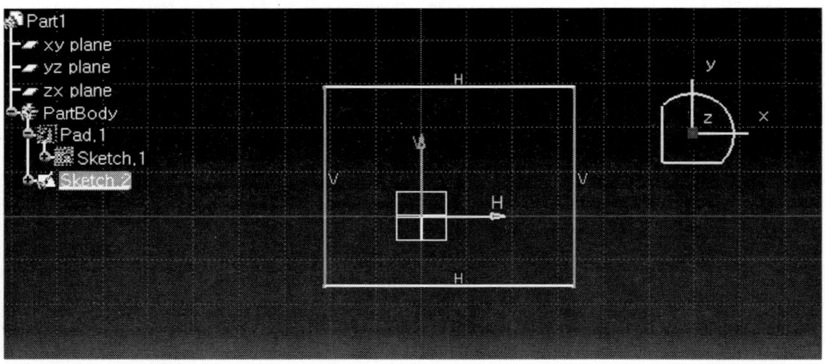

- 형상을 구속할 수 있는 Constraints Defined In Dialog Box( )를 클릭하면 그림과 같이 Constraint Definition 창이 나타난다. 이 창에서 Symmetry를 설정하고 [OK] 버튼을 클릭하면 V-Direction을 기준으로 좌우 대칭이 되어 있는 것을 알 수 있다. 대칭 구속이 완료되면 그림에서 보는 것과 같이 대칭을 나타내는 녹색의 구속조건 기호가 선 옆에 표시되어 있다. 앞에서와 다르게 치수를 이용하여 좌우 대칭되도록 구속시킬 수도 있지만 형상 구속을 우선적으로 실행하는 것이 원칙이다.

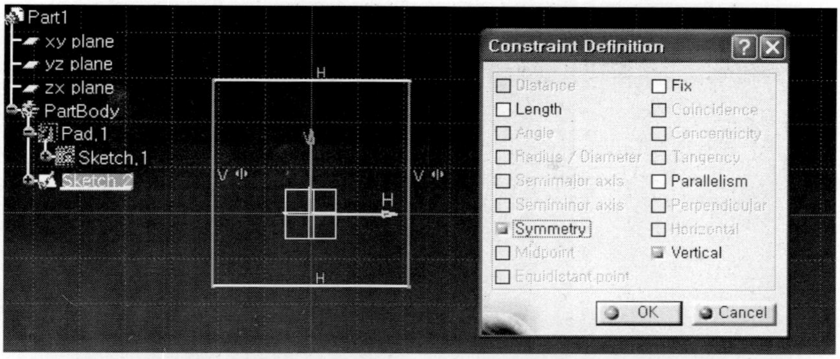

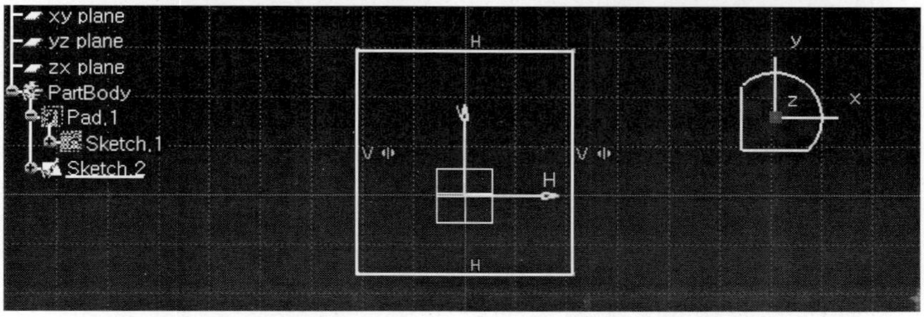

• 마찬가지 방법으로 [Ctrl] 키를 누른 상태에서 대칭시킬 두 개의 수평선을 선택하고 H-Direction을 선택한다.

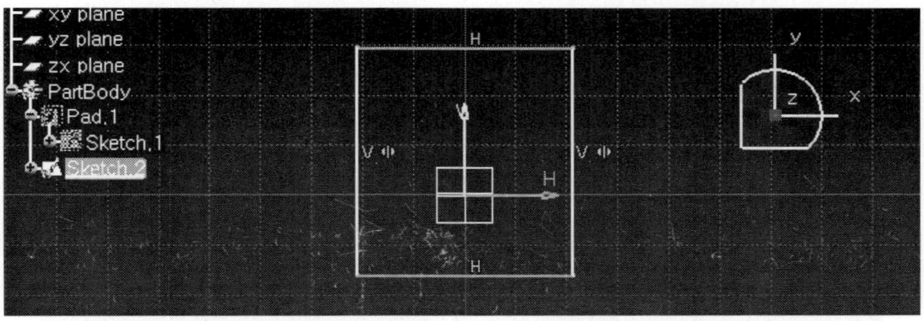

• 형상을 구속할 수 있는 Constraints Defined In Dialog Box( )를 클릭하면 그림과 같이 Constraint Definition 창이 나타난다. 이 창에서 Symmetry를 설정하고 [OK] 버튼을 클릭하면 H-Direction을 기준으로 상하 대칭이 된다. 대칭 구속이 완료되면 녹색의 구속조건 기호가 나타난다.

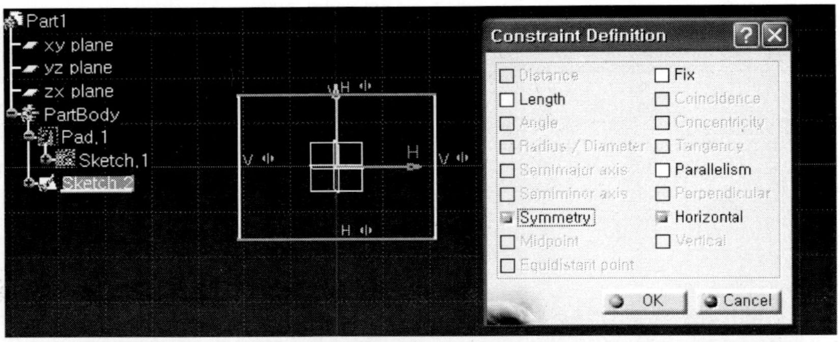

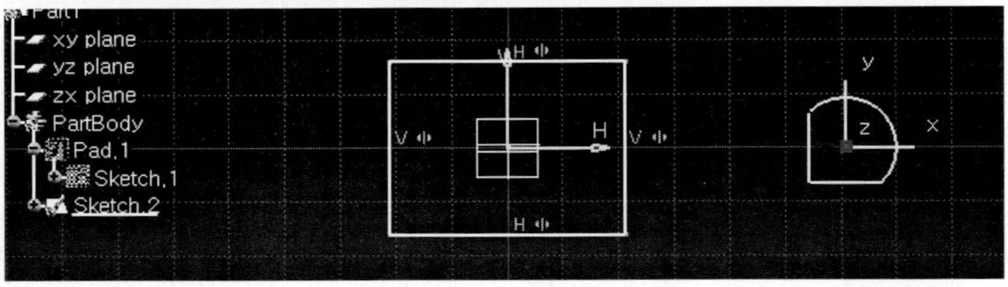

• 형상에 관한 구속은 완료하였으므로 치수를 구속하기 위해 Constraint(아이콘)를 더블 클릭한다. 그림과 같이 H-Direction과 V-Direction을 기준으로 수평 및 수직 거리를 구속한다. 형상과 치수에 대한 구속이 완료되면 모든 도형 요소가 녹색으로 변한다.

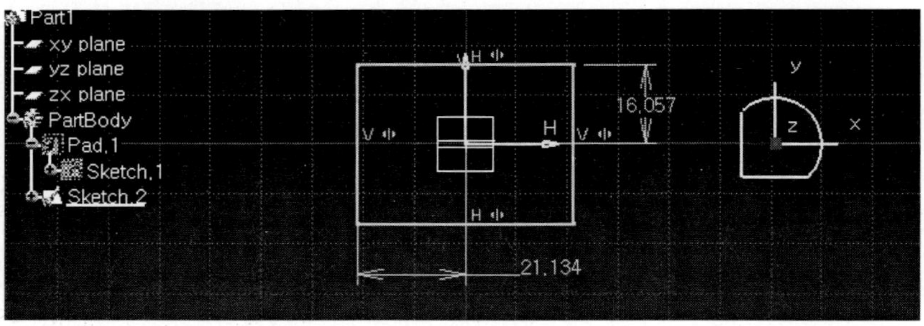

• 다음 그림과 같이 도형의 치수를 더블 클릭하여 수정한다. 효율적인 작업을 위해 숨겨진 Solid Feature를 보이도록 한다. Tree에서 Pad. 1에 마우스 우측 버튼에 의한 메뉴가 나타도록 하여 Hide/Show를 선택한다.

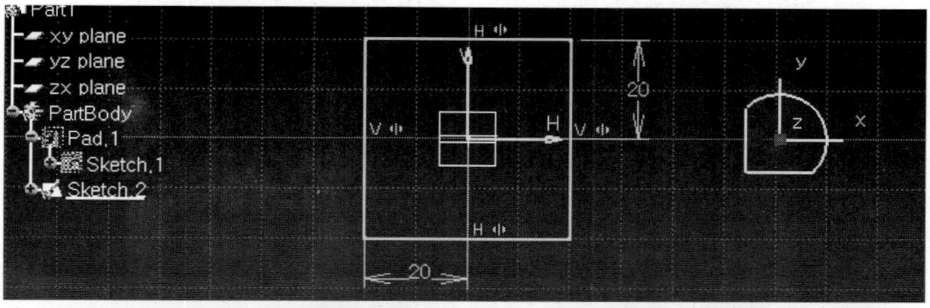

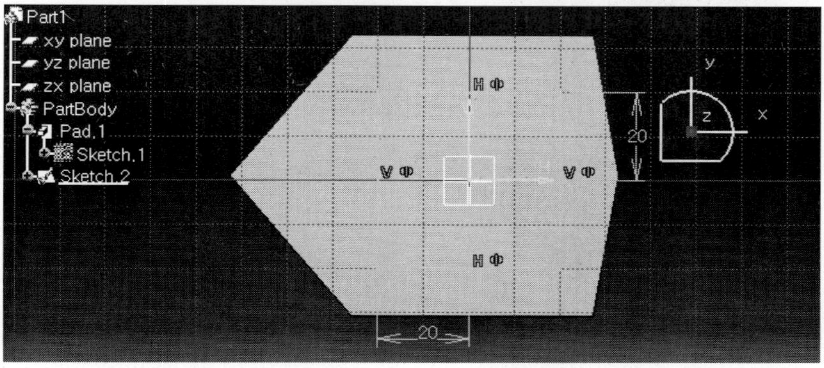

- Sketch. 2가 완성되었으므로 Exit workbench( )를 클릭하여 Modeling 작업 영역으로 이동한다. Fit All In( )과 Isometric View( )를 클릭하여 도형의 방향과 배치를 최적의 상태로 한다.

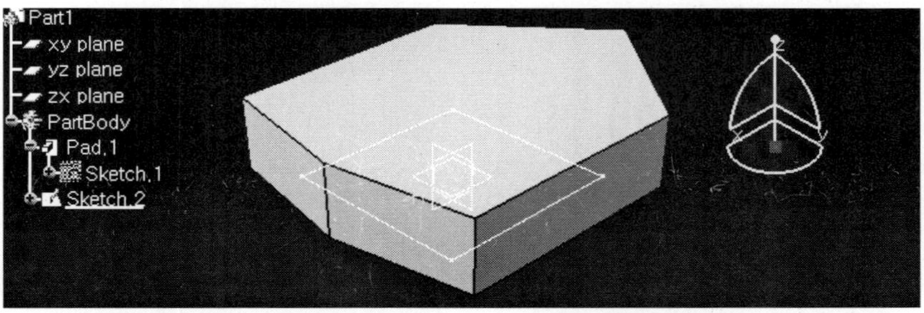

- 지금까지 작성한 Sketch를 높이 방향으로 돌출시켜 Solid Feature를 생성하도록 한다. Tree에서 Sketch. 2를 선택하고 Pad( ) 명령을 실행하면 그림과 같이 Pad Definition 창이 나타난다. 이 창에서 Type는 Dimension, Length는 25로 설정하고 [OK] 버튼을 클릭한다. 이때 Profile/Surface의 Selection에 Sketch. 2가 설정되어 있는 것을 알 수 있다. 이것은 Sketch. 2를 먼저 선택하고 Pad( ) 명령을 실행하였기 때문이다. Feature의 돌출 방향은 작업 영역의 화살표를 직접

클릭하거나 창에 있는 Reverse Direction 버튼을 선택하여 변경할 수 있다.

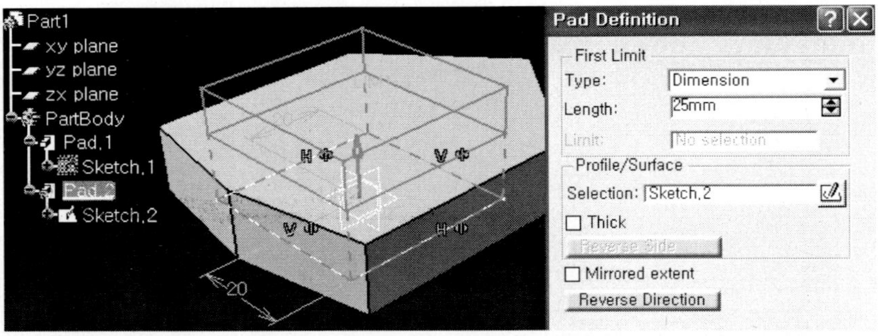

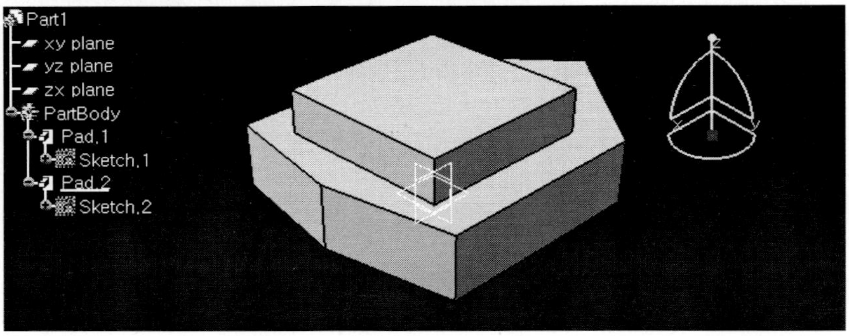

• 또 다른 Profile을 작성하기 위해 xy plane을 Tree에서 선택하고 Sketch( ) 명령을 실행하여 Sketcher로 이동한다. 그림과 같이 Profile을 작성할 수 있는 초기 화면인 Sketch. 3이 Tree에 표시된다. 이때 Sketch 평면으로 xy plane 대신 이미 생성된 Feature의 위쪽 평면을 선택하고 Sketch( ) 명령을 실행하여 Sketcher로 이동해도 된다. 그러나 앞에서와 마찬가지로 xy plane을 Sketch 평면으로 한다.

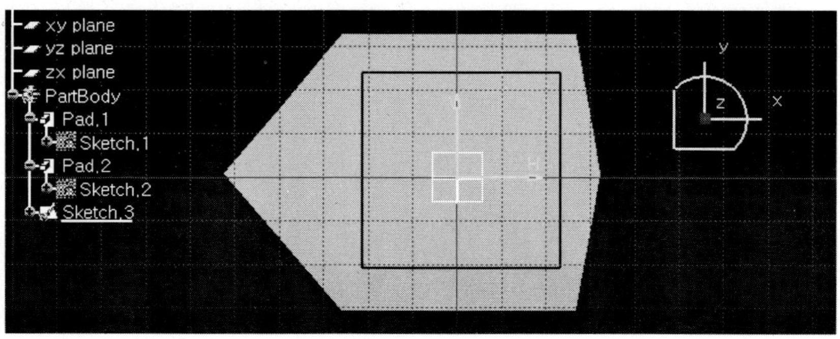

• Sketch. 3에서 직사각형 Profile을 작성하기 위해 Rectangle(□) 명령을 클릭한다. 그림과 같이 First Point와 Second Point를 대각선 방향으로 지정한다.

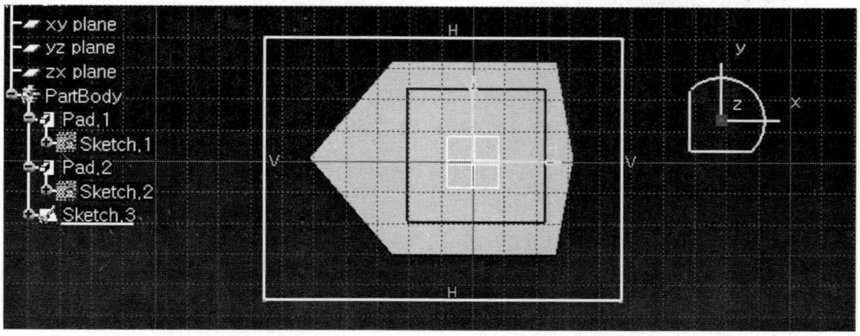

• 직사각형의 형상에 대한 구속조건 중에서 H-Direction을 기준으로 대칭되도록 구속시킨다. [Ctrl] 키를 누른 상태에서 대칭시킬 두 개의 수평선을 먼저 선택한 후 H-Direction을 나중에 선택한다.

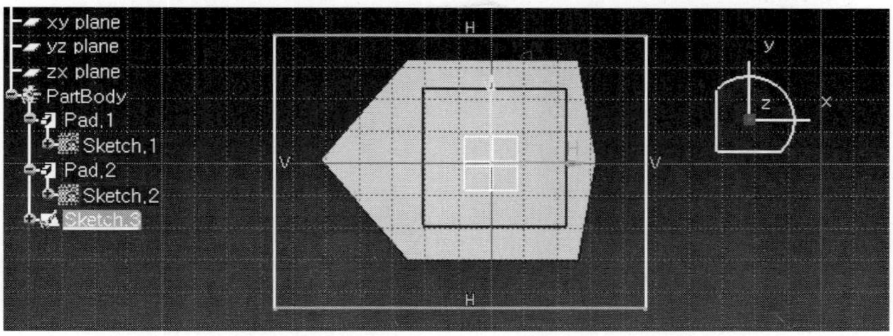

• 형상을 구속할 수 있는 Constraints Defined In Dialog Box( )를 클릭하면 그림과 같이 Constraint Definition 창이 나타난다. 이 창에서 Symmetry를 설정하고 [OK] 버튼을 클릭하면 H-Direction을 기준으로 상하 대칭이 된다. 대칭 구속이 완료되면 녹색의 구속조건 기호가 나타난다.

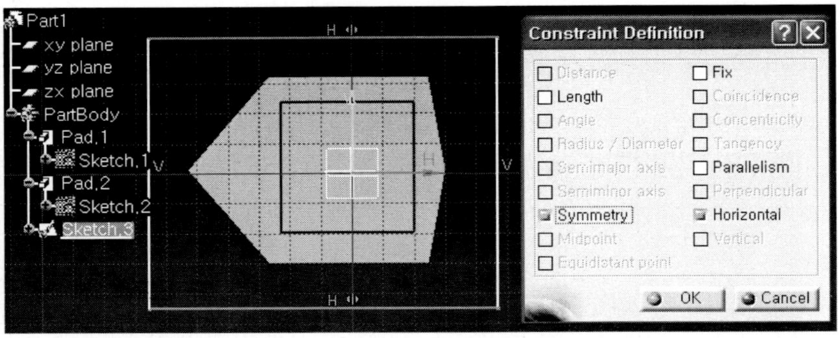

• 형상에 관한 구속은 완료하였으므로 치수를 구속하기 위해 Constraint( )를 더블 클릭한다. 그림과 같이 H-Direction과 V-Direction을 기준으로 수평 및 수직 거리를 구속한다. 형상과 치수에 대한 구속이 완료되면 모든 도형 요소가 녹색으로 변한다.

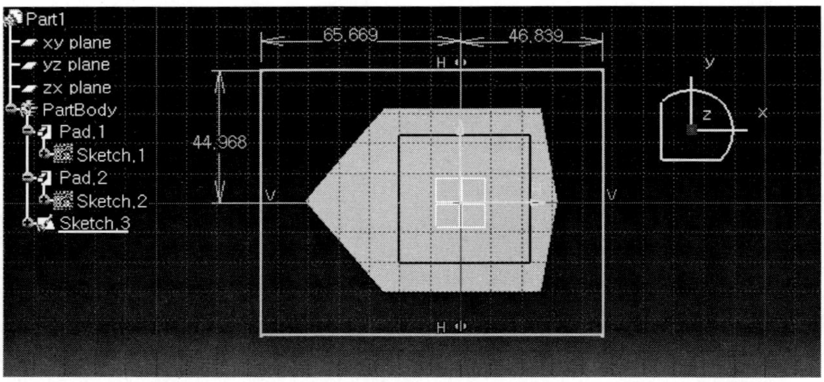

• 다음 그림과 같이 도형의 치수를 더블 클릭하여 수정한다. 치수 수정을 위해 더블 클릭하여 나타나는 Constraint Definition 창의 Value에서 사칙 연산도 가능하므로 편리하게 이용할 수 있다.

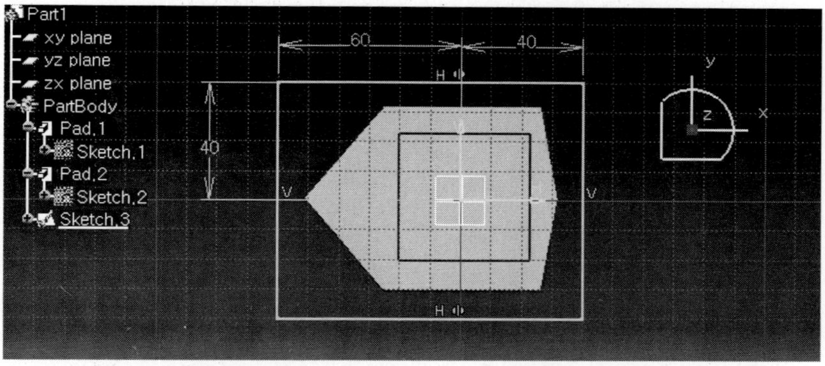

• Sketch. 3이 완성되었으므로 Exit workbench( )를 클릭하여 Modeling 작업 영역으로 이동한다. Fit All In( )과 Isometric View( )를 클릭하여 도형의 방향과 배치를 최적의 상태로 조절한다.

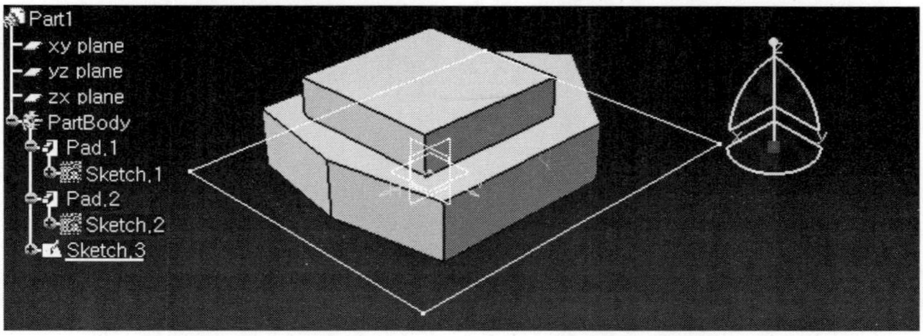

• 지금까지 작성한 Sketch.3을 높이 방향으로 돌출시키기 위해 Tree에서 Sketch. 3을 선택하고 Pad( ) 명령을 실행하면 그림과 같이 Pad Definition 창이 나타난다. 이 창에서 Type는 Dimension, Length는 10, 돌출 방향은 아래쪽으로 설정하고 [OK] 버튼을 클릭한다. 앞에서와 같이 Profile/Surface의 Selection에 Sketch. 3이 설정되어 있는 것을 알 수 있다. 이것은 Sketch. 3을 먼저 선택하고 Pad( ) 명령을 실행하였기 때문이다.

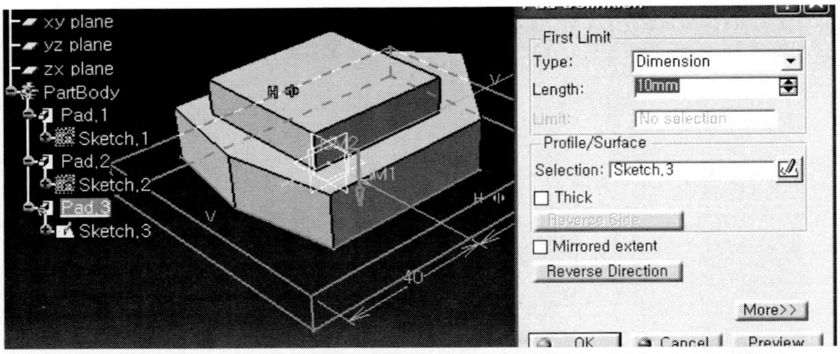

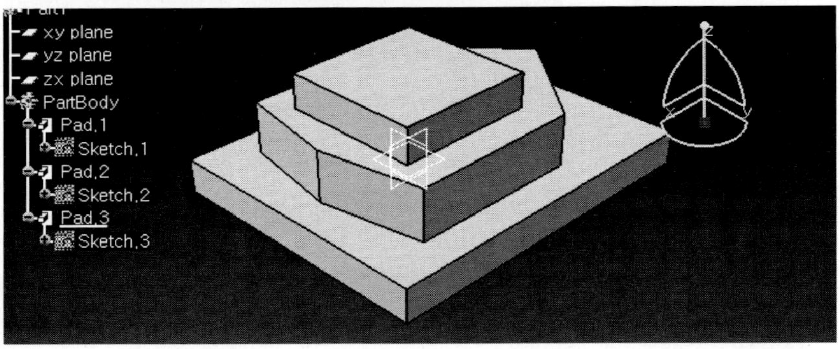

• 생성된 Solid Feature의 모서리를 라운드 처리한다. Edge Fillet( ) 명령을 클릭하여 나타나는 Edge Fillet Definition 창에서 Radius를 5로 설정한다. 그림과 같이 6개의 모서리를 선택하고 [OK] 버튼을 클릭한다. Tree에 Edge Fillet. 1이 표시되어 있다.

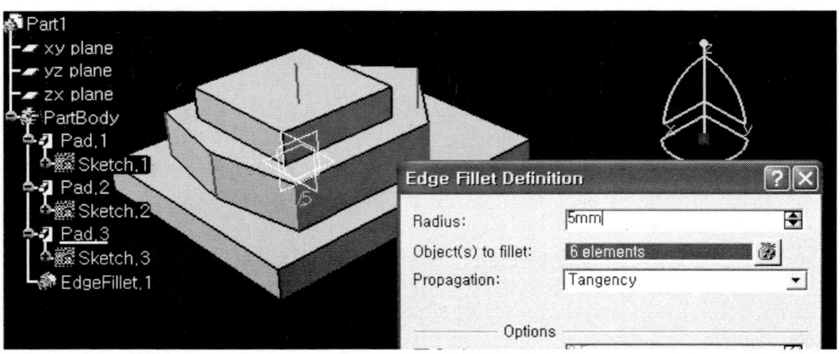

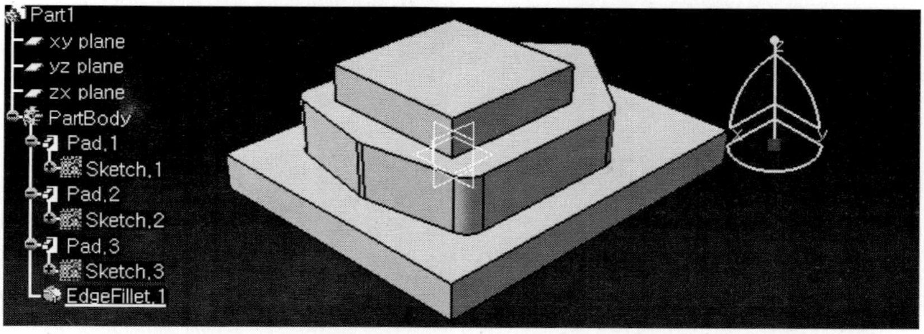

• 다른 모서리를 라운드 처리하기 위해 다시 Edge Fillet( ) 명령을 클릭한다. 그림과 같이 Edge Fillet Definition 창에서 Radius를 6으로 설정하고 4개의 모서리를 선택한 후 [OK] 버튼을 클릭한다. Tree에 Edge Fillet. 2가 표시되어 있다.

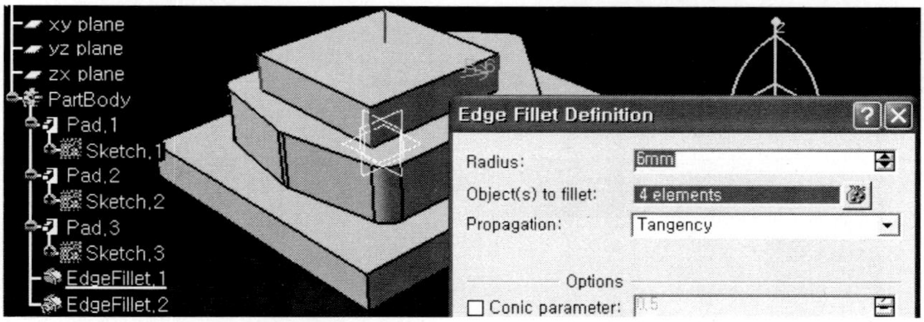

• 마찬가지로 Edge Fillet( ) 명령을 클릭하고 그림과 같이 Radius를 3으로 설정하고 3개의 모서리를 선택한 후 [OK] 버튼을 클릭한다. Tree에 Edge Fillet. 3이 표시되어 있다.

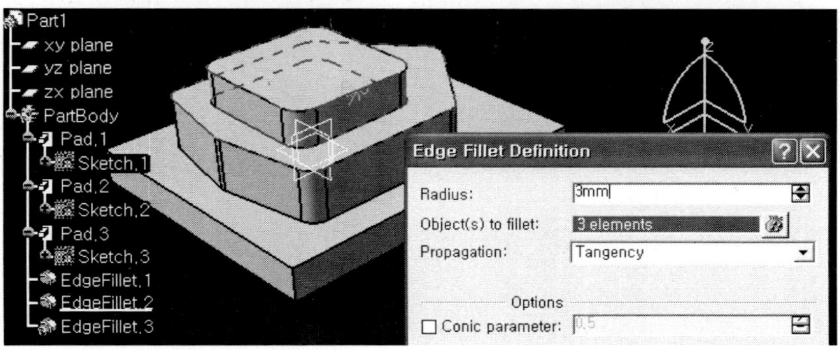

• 다시 Edge Fillet( ) 명령을 클릭한 후 Edge Fillet Definition 창에서 Radius를

5로 설정하고 그림과 같이 1개의 모서리를 선택한 후 [OK] 버튼을 클릭한다. Tree에 Edge Fillet. 4가 표시되어 있다.

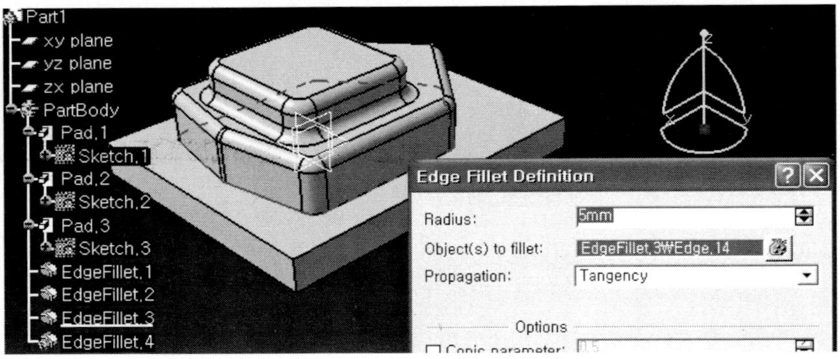

• 그림과 같이 마우스 우측 버튼에 의한 Pop up 메뉴에서 Properties를 선택하여 완성된 Model의 여러 가지 속성을 변경시킬 수 있다.

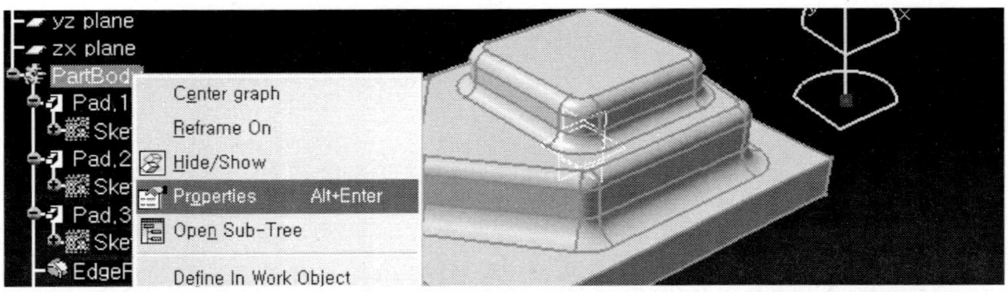

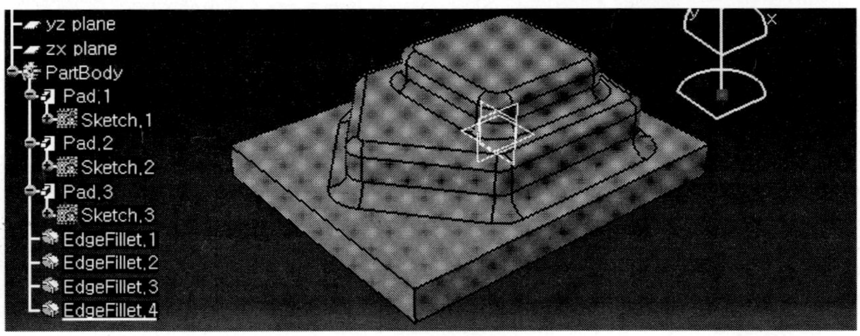

➤ 7.2 Modeling 따라하기 02

• 바탕화면이나 시작 메뉴에서 CATIA V5를 실행하여 초기화면으로 들어간다. 초기 화면 좌측 상단에 CATIA V5 – [Product1]이라고 표시되어 있다. 이는 단품을 결합하여 조립할 수 있는 Assembly Design workbench를 나타낸다.

• Solid Modeling을 위해 Start 〉 Mechanical Design 〉 Part Design을 차례로 선택하여 이동한다. 또는 그림과 같이 Start 〉 Mechanical Design 〉 Sketcher를 선택해도 된다. 화면 좌측 상단에 CATIA V5 – [Part1]이라고 표기되어 있다. 여기서 단품을 Modeling하여 Solid Feature를 생성할 수 있다.

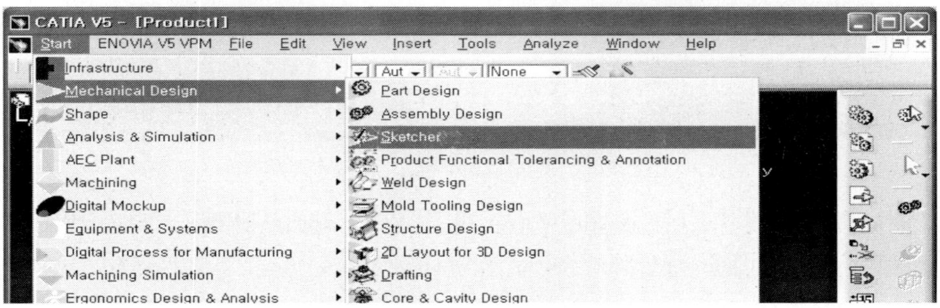

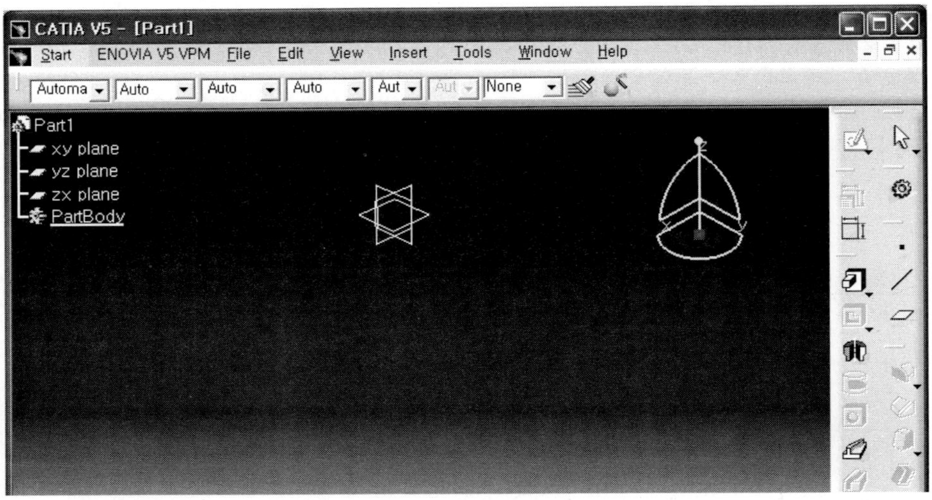

- 또 다른 방법으로 New(□) 명령을 실행하여 나타나는 창에서 Part를 선택하고 [OK] 버튼을 클릭해도 된다.

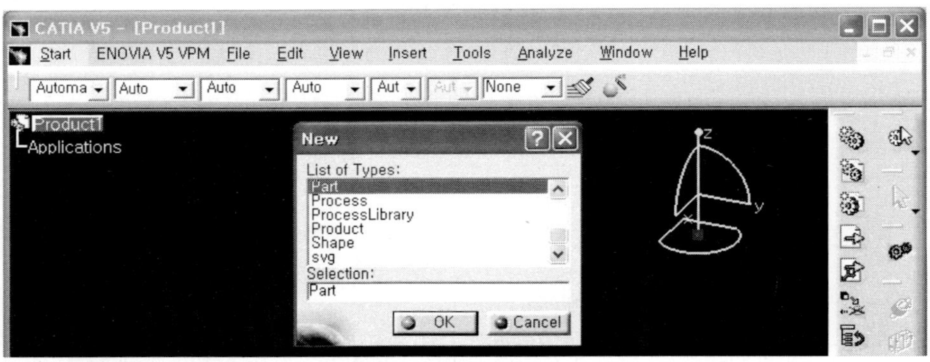

- Part Design에서 단품 Modeling을 하기 위해 2차원 단면 구조인 Profile을 생성하여야 한다. 이를 작성하기 위해 Sketcher workbench로 이동한다. 평면 Profile을 생성할 xy plane을 Tree에서 선택하고 Sketch(아이콘) 명령을 실행하여 Sketcher로 이동한다. 다음 그림과 같이 Profile을 작성할 수 있는 초기화면인 Sketch. 1이 Tree에 표시된다. 이때 Sketch 평면을 Tree에서 선택하는 대신 작업영역에 있는 좌표명면(아이콘)의 xy plane을 선택해도 된다.

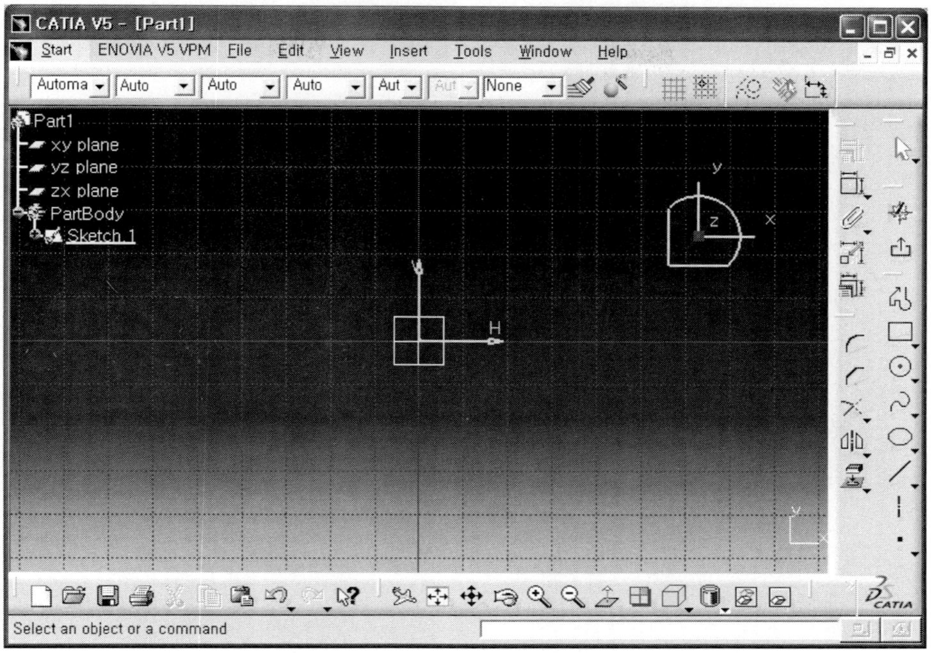

- 먼저 Profile을 작성하기 전에 Sketch Tools의 Construction/Standard Element ()는 해제되어 실행하지 않은 상태로 하고, Geometrical Constraints()는 선택되어 실행 중인 상태로 한다. Zoom In()과 Zoom Out()으로 작업 화면을 적절하게 조정한다. 이제부터 직사각형 Profile을 작성하기 위해 Rectangle() 명령을 클릭한다. 그림과 같이 First Point와 Second Point를 대각선 방향으로 지정한다. 녹색의 수평 구속 기호(H)와 수직 구속 기호(V)가 표시되어 있다.

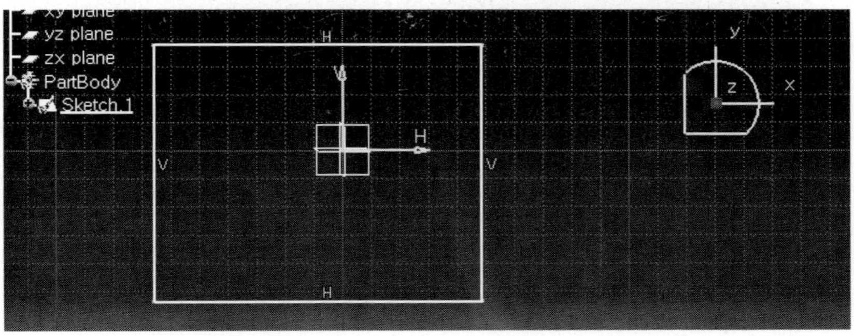

- 직사각형의 형상에 대한 구속조건 중에서 H-Direction과 V-Direction을 기준으로 대칭되도록 구속시킨다. 먼저 좌우 수직선을 대칭 구속시키도록 한다. [Ctrl]

키를 누른 상태에서 대칭시킬 두 개의 수직선을 먼저 선택한 후 V-Direction을 나중에 선택한다.

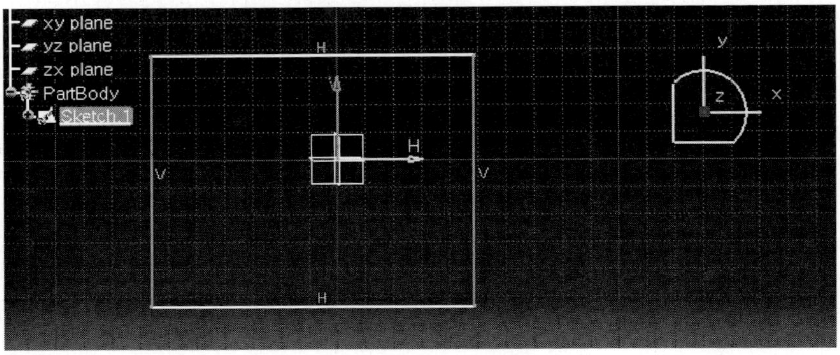

- 형상을 구속할 수 있는 Constraints Defined In Dialog Box( )를 클릭하면 그림과 같이 Constraint Definition 창이 나타난다. 이 창에서 Symmetry를 설정하고 [OK] 버튼을 클릭하면 V-Direction을 기준으로 좌우 대칭이 되어 있는 것을 알 수 있다. 대칭 구속이 완료되면 그림에서 보는 것과 같이 대칭을 나타내는 녹색의 구속조건 기호가 선 옆에 표시되어 있다. 서로 동일한 치수를 이용하여 좌우 대칭되도록 구속시킬 수도 있지만 형상 구속을 우선적으로 실행하는 것이 일반적인 원칙이다.

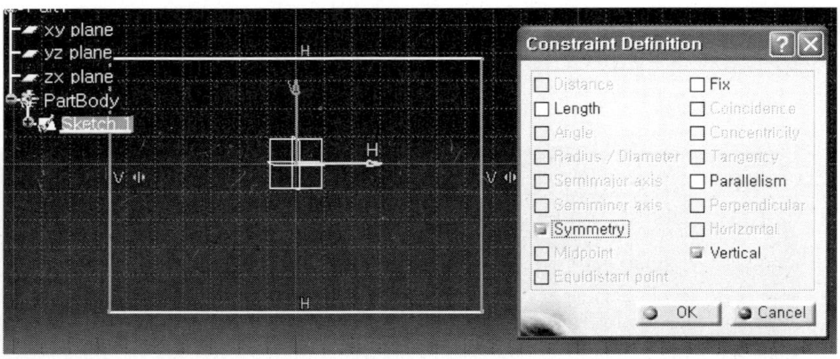

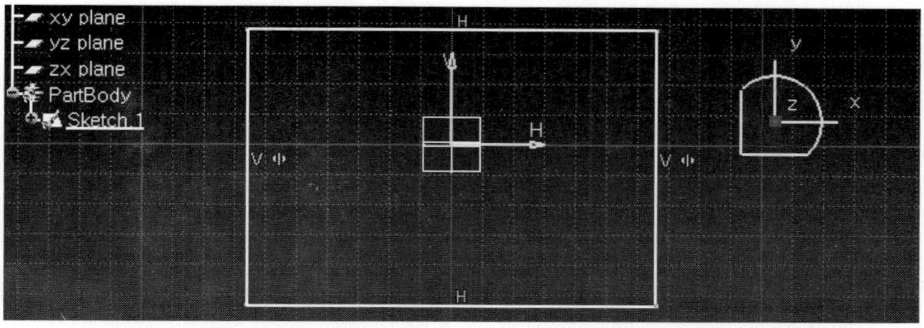

• 마찬가지 방법으로 [Ctrl] 키를 누른 상태에서 대칭시킬 두 개의 수평선을 선택하고 H-Direction을 선택한다.

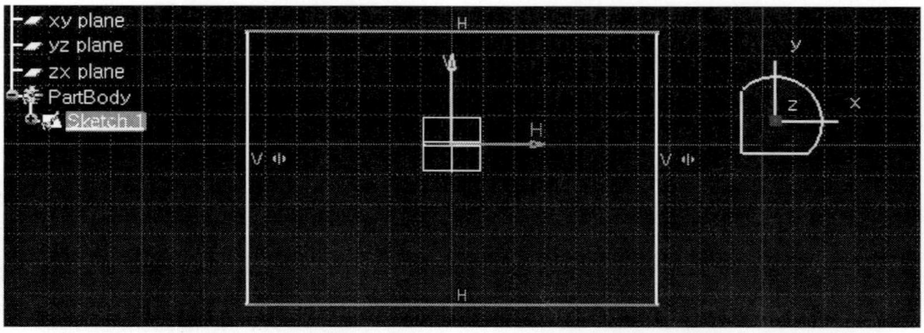

• 형상을 구속할 수 있는 Constraints Defined In Dialog Box()를 클릭하면 그림과 같이 Constraint Definition 창이 나타난다. 이 창에서 Symmetry를 설정하고 [OK] 버튼을 클릭하면 H-Direction을 기준으로 상하 대칭이 된다. 대칭 구속이 완료되면 녹색의 구속조건 기호가 나타난다.

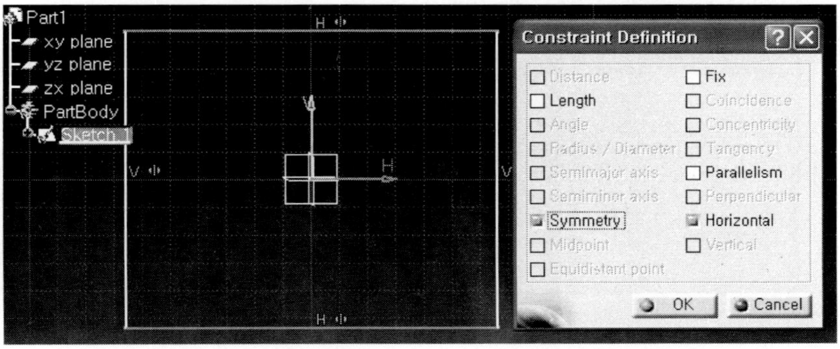

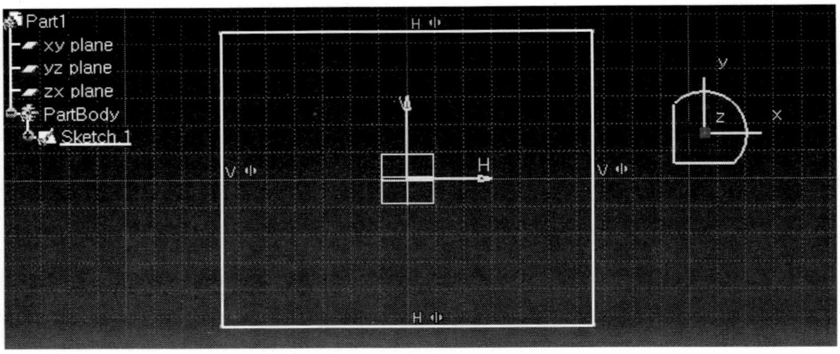

• 형상에 관한 구속은 완료하였으므로 치수를 구속하기 위해 Constraint( )를 더블 클릭한다. 그림과 같이 H-Direction과 V-Direction을 기준으로 수평 및 수직 거리를 구속한다. 형상과 치수에 대한 구속이 완료되면 모든 도형 요소가 녹색으로 변한다.

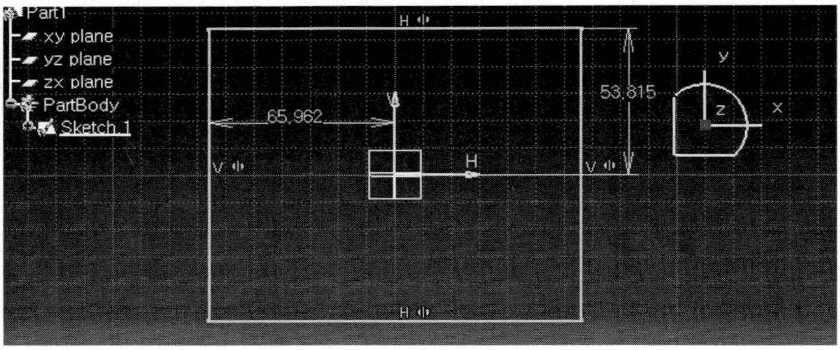

• 다음 그림과 같이 도형의 치수를 더블 클릭하여 수정한다.

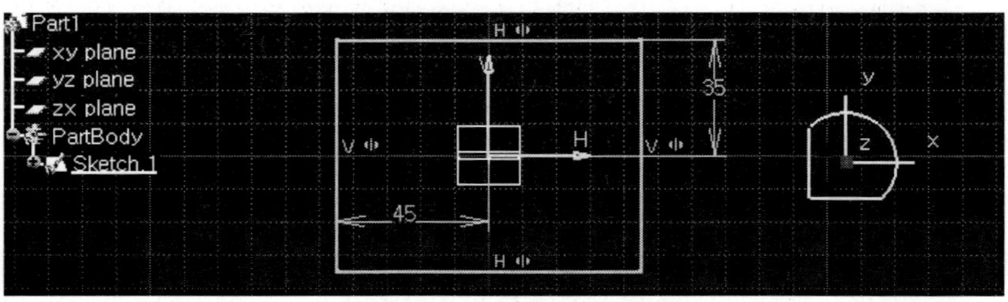

• 직각사각형에서 네 개의 구석진 곳에 라운드 작업을 한다. [Ctrl] 키를 누른 상태에서 네 개의 점을 모두 선택한 후 Corner( )를 클릭한다. 곧 이어서 나타나는

Sketch tools의 Radius에 20을 입력하고 [Enter] 키를 누른다. 직사각형에 네 개의 라운드가 동시에 생성된다. 곧바로 Constraint( )를 더블 클릭하여 생성된 라운드에 치수를 구속시킨다.

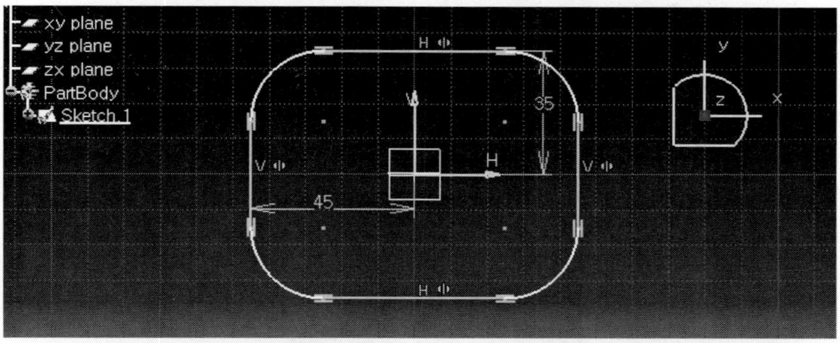

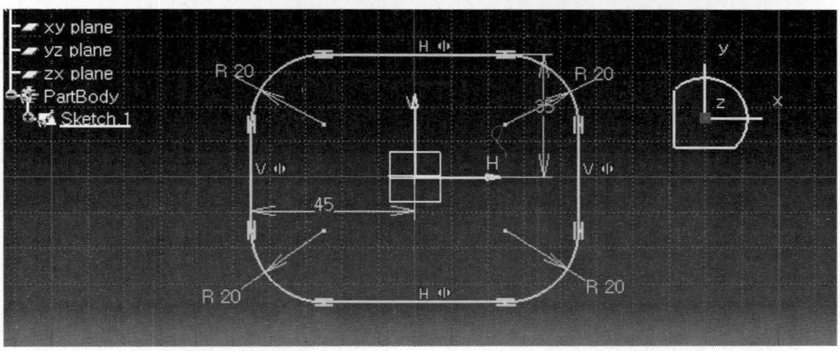

• Sketch. 1이 완성되었으므로 Exit workbench( )를 클릭하여 Sketcher에서 Part Design으로 전환한다. 작업창에서 도형의 방향과 배치를 적합하게 하기 위해 Fit All In( )과 Isometric View( )를 마우스로 한번씩 클릭한다.

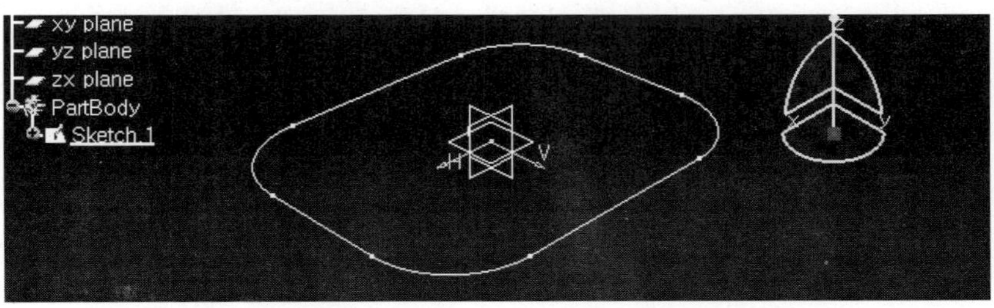

- 지금까지 작성한 Sketch. 1을 높이 방향으로 돌출시켜 Solid Feature를 생성하도록 한다. Tree에서 Sketch. 1을 선택하고 Pad( ) 명령을 클릭하면 그림과 같이 Pad Definition 창이 나타난다. 이 창에서 Type는 Dimension, Length는 25로 설정하고 [OK] 버튼을 클릭한다. 이때 Profile/Surface의 Selection에 Sketch. 1이 설정되어 있는 것을 알 수 있다. 이것은 Sketch. 1을 먼저 선택하고 Pad( ) 명령을 실행하였기 때문이다. Feature의 돌출 방향은 작업 영역의 화살표를 직접 클릭하거나 창에 있는 Reverse Direction 버튼을 선택하여 변경할 수 있다.

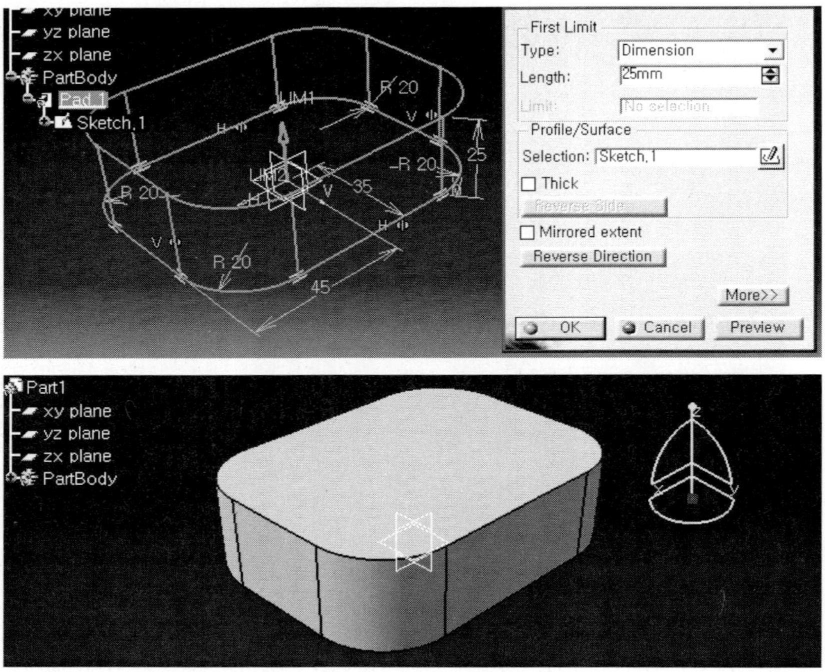

- 또 다른 Profile을 작성하기 위해 zx plane을 Tree에서 선택하고 Sketch( ) 명령을 실행하여 Sketcher로 이동한다. 그림과 같이 Profile을 작성할 수 있는 초기 화면인 Sketch. 2가 Tree에 표시된다. 이때 Sketch 평면으로 zx plane 대신 이미 생성된 Feature의 측면을 선택하고 Sketch( ) 명령을 실행하여 이동해도 된다. 그러나 여기서는 zx plane을 Sketch 평면으로 한다.

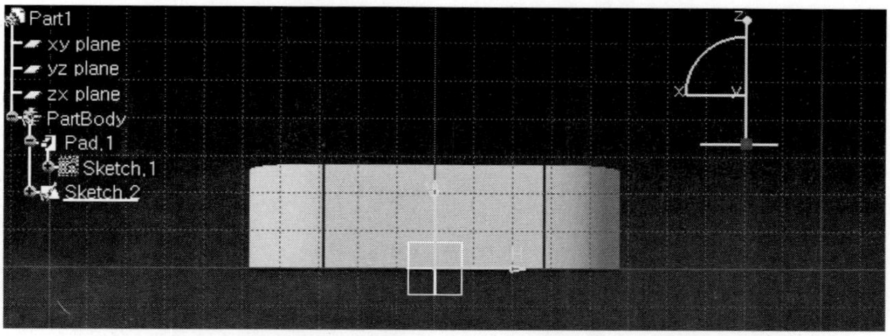

• 앞에서 생성된 Feature에 의해 Sketch 작업에 방해를 받게 되므로 이를 숨기도록 한다. Tree에서 Pad. 1에 마우스 포인터를 올려놓고 마우스 우측 버튼에 의한 메뉴가 나타도록 한다. 메뉴에서 Hide/Show를 선택하면 Solid Feature가 작업창에서 사라지고 Tree에서 Pad. 1의 아이콘이 변화된 것을 알 수 있다. 이 메뉴를 다시 실행하여 Hide/Show를 선택하면 사라진 Solid Feature가 나타난다.

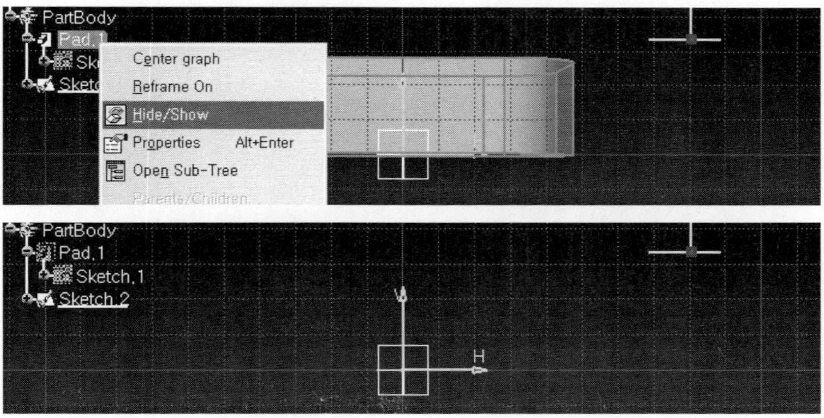

• Profile( ) 명령을 클릭하여 zx plane에서 Sketch 작업을 시작한다. 그림과 같은 위치에서 시작점을 지정하고 계속해서 아래쪽 방향으로 경사진 두 번째 점을 선택한다. 이때 두 번째 점을 지정하는 과정에서 원점이나 다른 도형 요소에 자동으로 구속되는 현상을 미리 보여준다.
• 이렇게 미리 표시하여주는 지점을 선택하면 의도하지 않거나 불필요한 형상 구속이 생성되므로 이를 피하여 옆으로 조금 이동한 지점을 선택한다. 그러나 형상이 복잡하거나 도형 요소가 많은 도면에서는 이러한 현상을 피하는 것이 매우 곤란하다. 이러한 경우 [Shift] 키를 누른 상태에서 두 번째 점을 지정하면 쉽게 피할

수 있다. 세 번째 점은 수평을 유지하면서 진행한다. 그림과 같이 녹색의 수평 구속 기호(H)가 선 위에 표시된다.

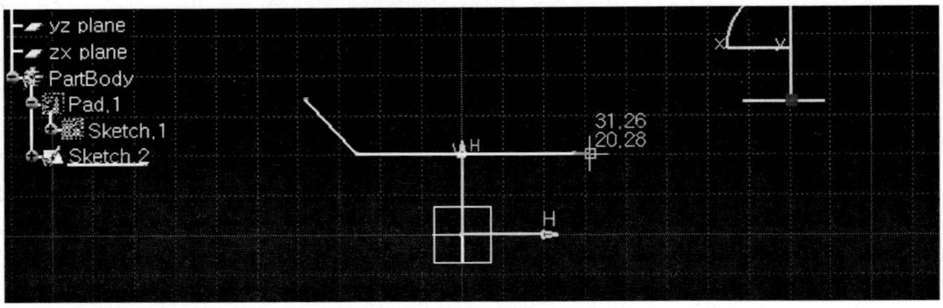

- 마지막 점은 그림과 같이 위쪽 방향으로 경사진 선이 그려지도록 점을 선택한다. 지금 실행 중인 Profile() 명령을 마우스로 선택하여 종료한다. 명령을 종료하는 방법으로 [Esc] 키를 사용하던지 마지막 점을 선택할 때 더블 클릭해도 된다.

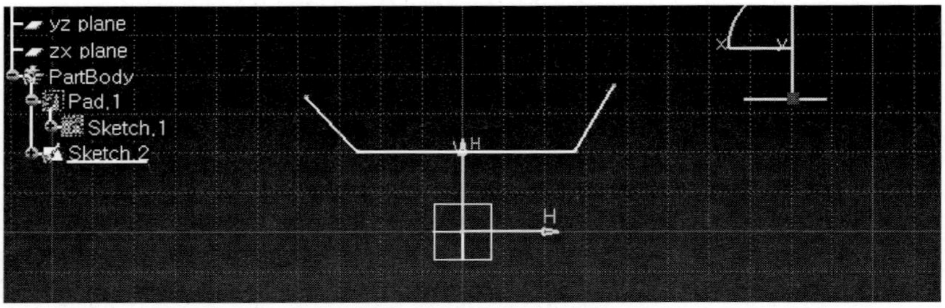

- 경사진 선분의 형상에 대한 구속조건 중에서 V-Direction을 기준으로 양쪽의 각도가 대칭되도록 구속시킨다. [Ctrl] 키를 누른 상태에서 대칭시킬 두 개의 선분을 먼저 선택한 후 V-Direction을 나중에 선택한다.

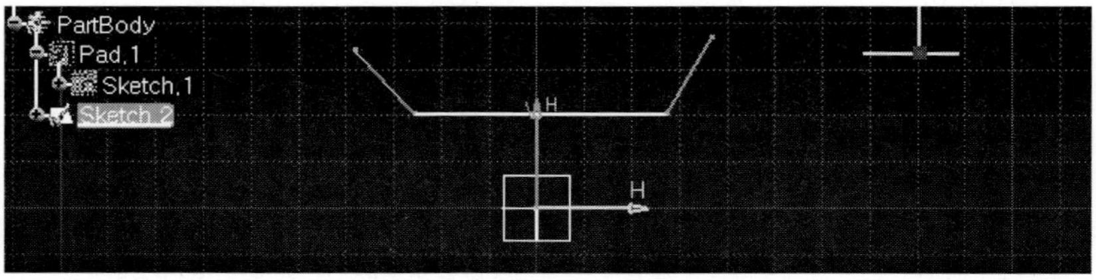

- 형상을 구속할 수 있는 Constraints Defined In Dialog Box()를 클릭하면 그림과 같이 Constraint Definition 창이 나타난다. 이 창에서 Symmetry를 설정하

고 [OK] 버튼을 클릭하면 V-Direction을 기준으로 좌우 선분의 각도가 서로 대칭인 것을 알 수 있다. 대칭 구속이 완료되면 그림에서 보는 것과 같이 대칭을 나타내는 녹색의 구속조건 기호가 선 옆에 표시되어 있다. 서로 동일한 치수를 이용하여 양쪽의 각도가 대칭되도록 구속시킬 수도 있지만 형상 구속을 우선적으로 실행하는 것이 일반적인 원칙이다.

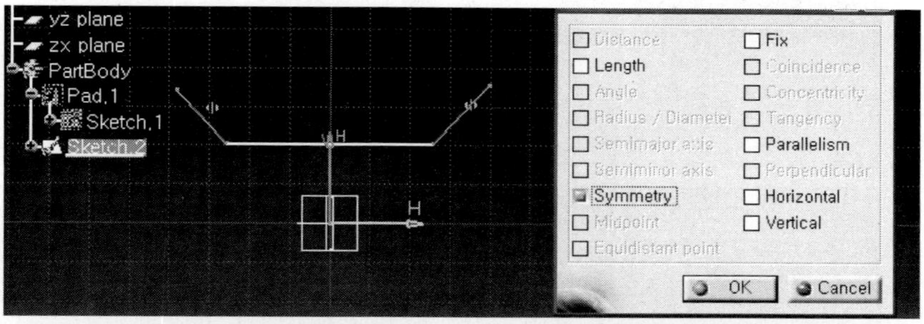

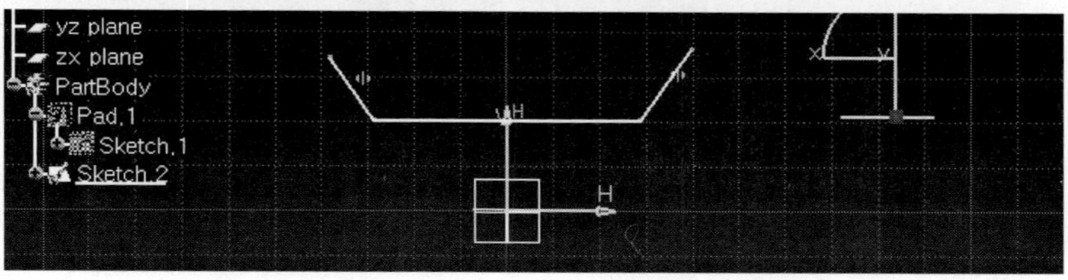

• 형상에 관한 구속은 완료하였으므로 치수를 구속하기 위해 Constraint( )를 더블 클릭한다. 명령을 더블 클릭하면 연속하여 사용할 수 있다. 그림과 같이 H-Direction과 V-Direction을 기준으로 수평 및 수직 거리를 구속한다. 형상과 치수에 대한 구속이 완료되면 모든 도형 요소가 녹색으로 변한다.

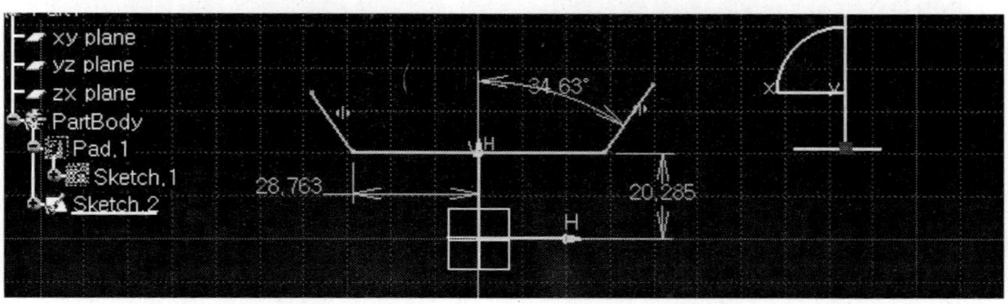

• 다음 그림과 같이 도형의 모든 치수를 각각 더블 클릭하여 수정한다.

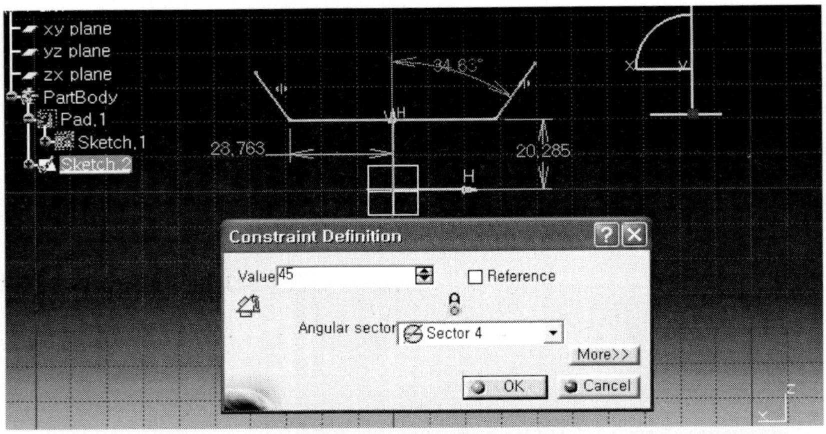

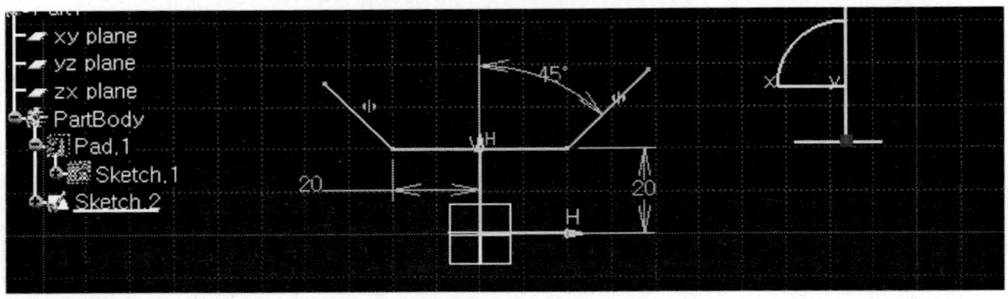

- Sketch 작업을 위해 숨겨두었던 Solid Feature를 보이도록 한다. Tree에서 Pad.1에 마우스 우측 버튼에 의한 메뉴가 나타도록 하여 Hide/Show를 선택한다.

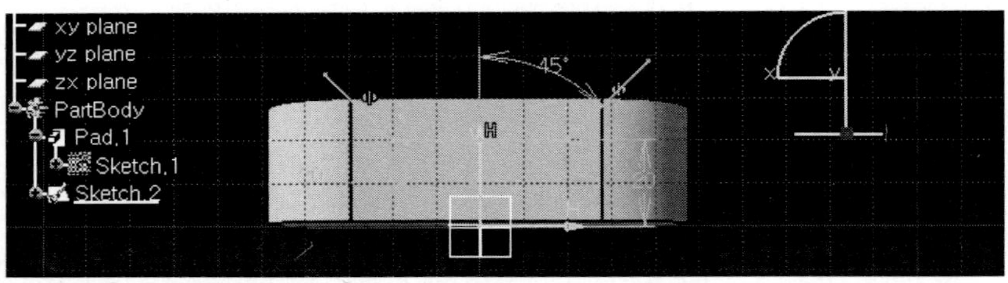

- Sketch. 2가 완성되었으므로 Exit workbench( )를 클릭하여 Modeling 작업 영역으로 이동한다. Fit All In( )과 Isometric View( )를 클릭하여 도형의 방향과 배치를 최적의 상태로 한다.

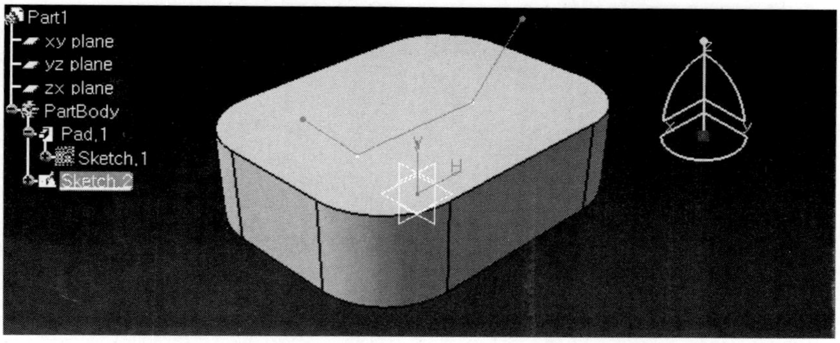

- 지금까지 작성한 Sketch를 이용하여 y-Axis 방향으로 Solid Feature를 제거하도록 한다. Tree에서 Sketch. 2를 선택하고 Pocket( ) 명령을 실행하면 그림과 같이 Pocket Definition 창이 나타난다. 이때 Sketch 평면이 zx plane이고 y축 양쪽 방향으로 Pocket 처리를 하여야 한다. 따라서 Pocket Definition 창의 [More] 버튼을 클릭하여 Second Limit 창이 펼쳐지도록 한다.
- First Limit과 Second Limit의 Type을 Up to next로 설정하고 [OK] 버튼을 클릭한다. 이때 Profile/Surface의 Selection에 Sketch. 2가 설정되어 있는 것을 알 수 있다. 이것은 Sketch. 2를 먼저 선택하고 Pocket( ) 명령을 실행하였기 때문이다. Pocket의 방향은 Reverse Direction 버튼으로 조정하면 화살표 방향이 변경된다. 앞에서 작성한 Sketch는 열려진 도형이므로 Reverse Side 버튼으로 제거할 부분을 결정하여야 한다. 만약 Sketch가 닫혀 있는 도형이라면 안쪽 부분이 제거되는 것으로 설정된다.

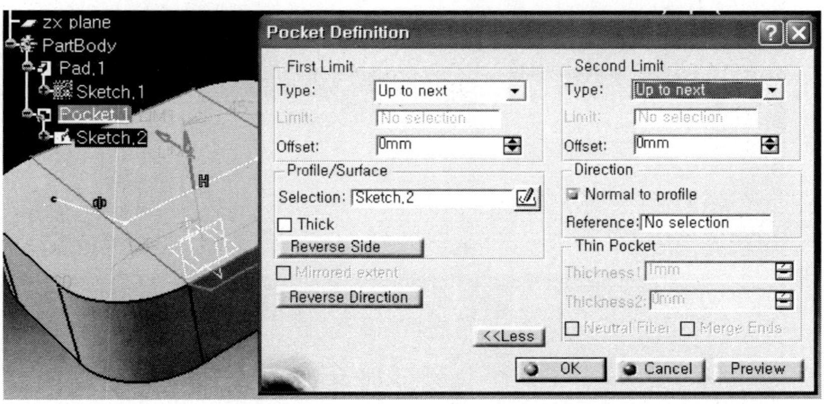

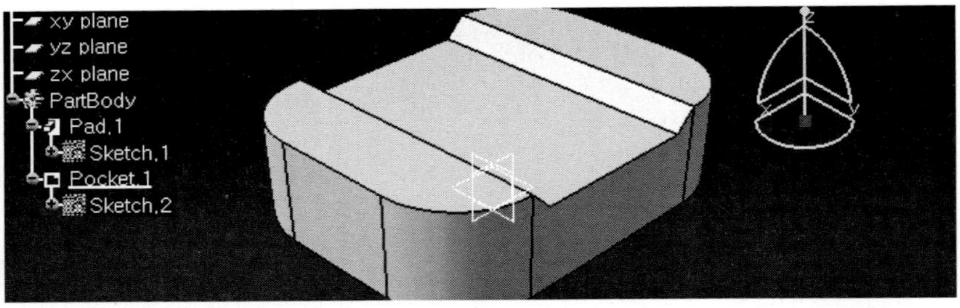

• yz plane을 Tree에서 선택하고 Sketch( ) 명령을 실행하여 Sketcher로 이동한다. 그림과 같이 Profile을 작성할 수 있는 초기화면인 Sketch. 3이 Tree에 표시된다. 이때 Sketch 평면으로 yz plane 대신 이미 생성된 Feature의 측면을 선택하고 Sketch( ) 명령을 실행하여 이동해도 된다.

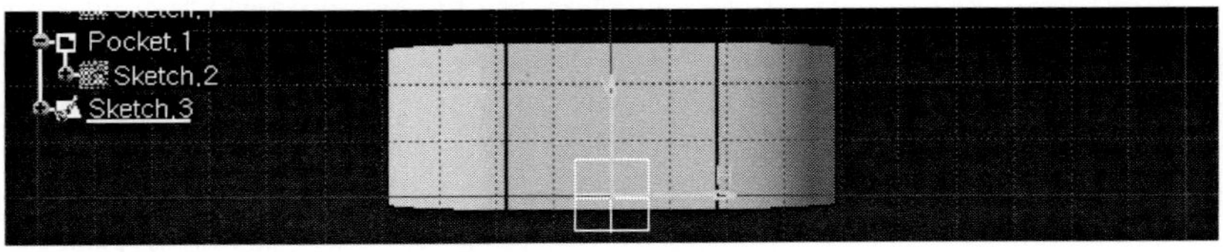

• 앞에서 생성된 Feature에 의해 Sketch 작업에 방해를 받게 되므로 이를 숨기도록 한다. Tree에서 Pad. 1에 마우스 포인터를 올려놓고 마우스 우측 버튼에 의한 메뉴가 나타나도록 한다. 메뉴에서 Hide/Show를 선택하면 Solid Feature가 작업창에서 사라지고 Tree에서 Pad. 1의 아이콘이 변화된 것을 알 수 있다. 이 메뉴를 다시 실행하여 Hide/Show를 선택하면 사라진 Solid Feature가 나타난다.

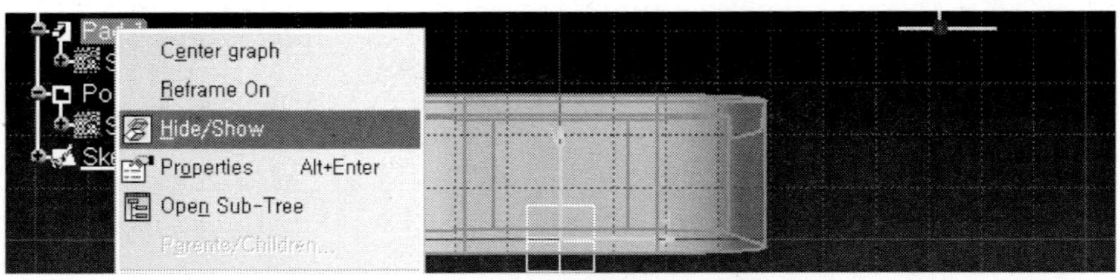

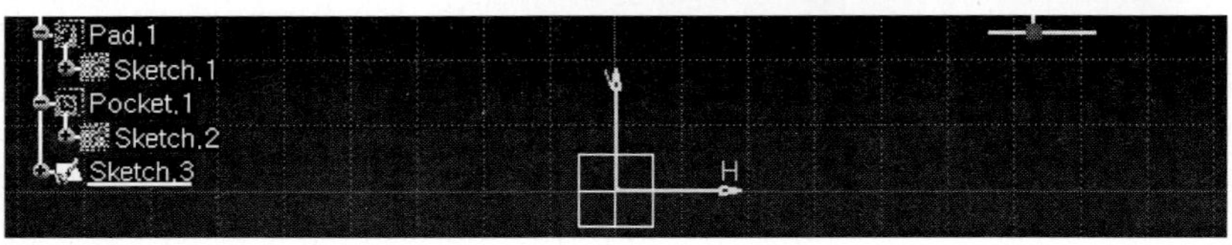

• Profile() 명령을 클릭하여 Sketch 작업을 시작한다. 그림과 같은 위치에서 시작점을 지정하고 계속해서 아래쪽 방향으로 경사진 두 번째 점을 선택한다. 이때 두 번째 점을 지정하는 과정에서 원점이나 다른 도형 요소에 자동으로 구속되는 현상을 미리 보여준다. 이렇게 미리 표시되는 지점을 선택하면 의도하지 않거나 불필요한 형상 구속이 생성되므로 이를 피하여 옆으로 조금 이동한 지점을 선택한다. 그러나 형상이 복잡하거나 도형 요소가 많은 도면에서는 이러한 현상을 피하는 것이 매우 곤란하다. 이러한 경우 [Shift] 키를 누른 상태에서 두 번째 점을 지정하면 쉽게 피할 수 있다. 세 번째 점은 수평을 유지하면서 진행한다. 그림과 같이 녹색의 수평 구속 기호(H)가 선 위에 표시된다.

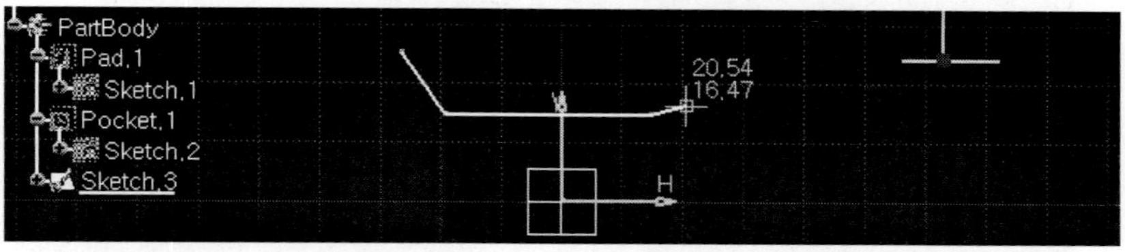

• 마지막 점은 그림과 같이 위쪽 방향으로 기울어지도록 점을 선택한다. 지금 실행 중인 Profile() 명령을 마우스로 선택하여 종료한다. 명령을 종료하는 방법으로 [Esc] 키를 사용하던지 마지막 점을 선택할 때 더블 클릭해도 된다.

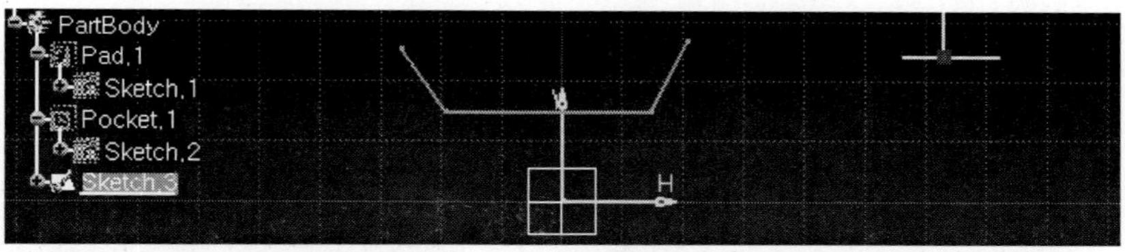

• 경사진 선분의 형상에 대한 구속조건 중에서 V-Direction을 기준으로 양쪽의 각도가 대칭되도록 구속시킨다. [Ctrl] 키를 누른 상태에서 대칭시킬 두 개의 선분을 먼저 선택한 후 V-Direction을 나중에 선택한다.

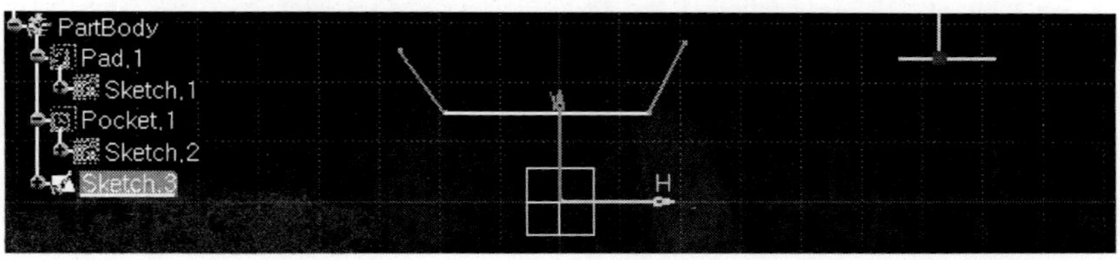

- 형상을 구속할 수 있는 Constraints Defined In Dialog Box( )를 클릭하면 그림과 같이 Constraint Definition 창이 나타난다. 이 창에서 Symmetry를 설정하고 [OK] 버튼을 클릭하면 V-Direction을 기준으로 좌우 선분의 각도가 서로 대칭인 것을 알 수 있다. 대칭 구속이 완료되면 그림에서 보는 것과 같이 대칭을 나타내는 녹색의 구속조건 기호가 선 옆에 표시되어 있다. 서로 동일한 치수를 이용하여 양쪽의 각도가 대칭되도록 구속시킬 수도 있지만 형상 구속을 우선적으로 실행하는 것이 일반적인 원칙이다.

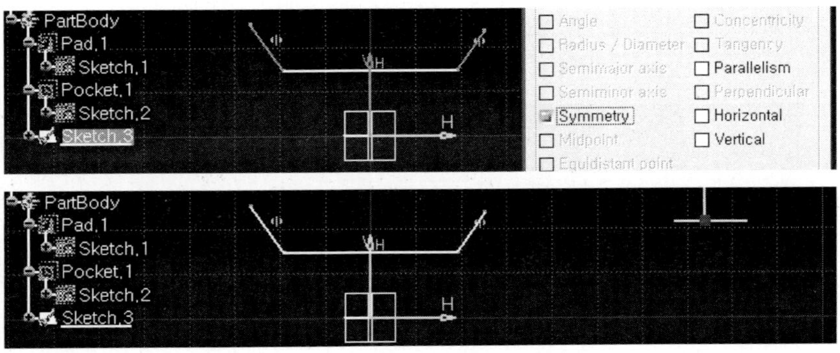

- 형상에 관한 구속은 완료하였으므로 치수를 구속하기 위해 Constraint( )를 더블 클릭한다. 명령을 더블 클릭한 것은 여러 번 계속하여 사용할 수 있기 때문이다. 그림과 같이 H-Direction과 V-Direction을 기준으로 거리, 각도 등을 구속한다. 형상과 치수에 대한 구속이 완료되면 모든 도형 요소가 녹색으로 변한다.

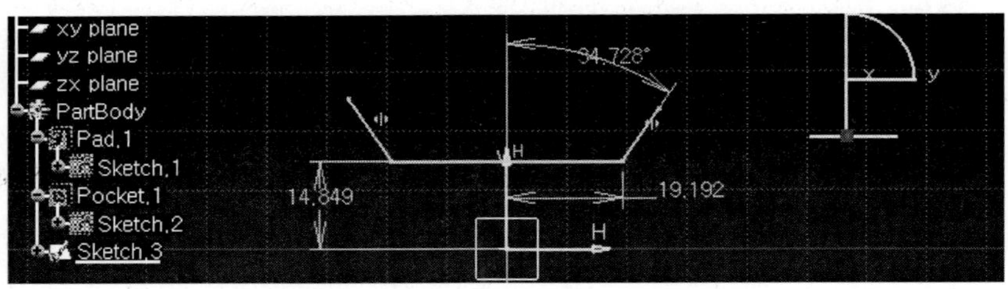

- 다음 그림과 같이 도형의 모든 치수를 각각 더블 클릭하여 수정한다.

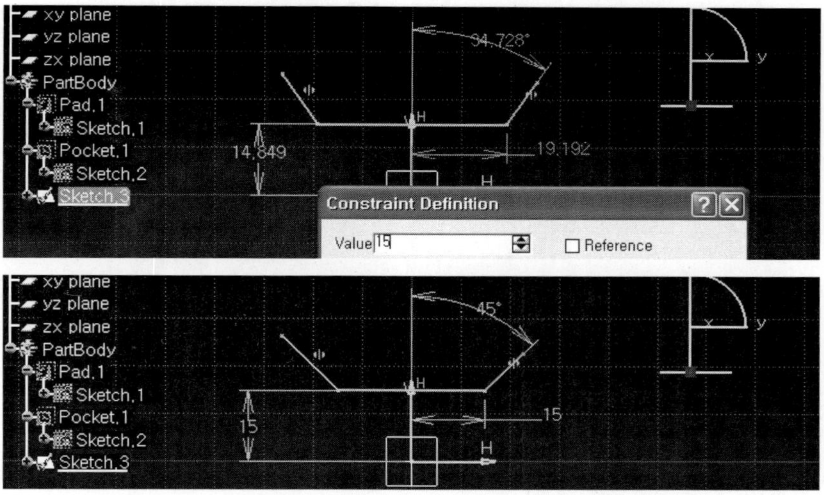

• Sketch 작업을 위해 숨겨두었던 Solid Feature를 보이도록 한다. Tree에서 Pad. 1에 마우스 우측 버튼에 의한 메뉴가 나타도록 하여 Hide/Show를 선택한다.

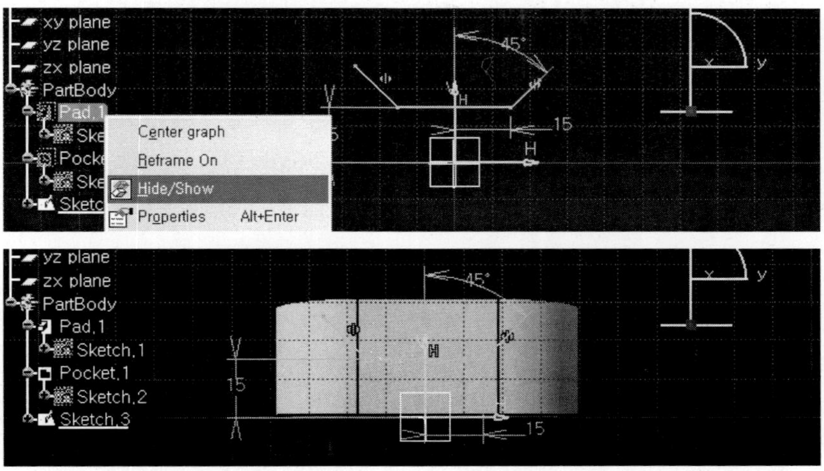

• Sketch. 3이 완성되었으므로 Exit workbench( )를 클릭하여 Modeling 작업 영역으로 이동한다. Fit All In( )과 Isometric View( )를 클릭하여 도형의 방향과 배치를 최적의 상태로 한다.

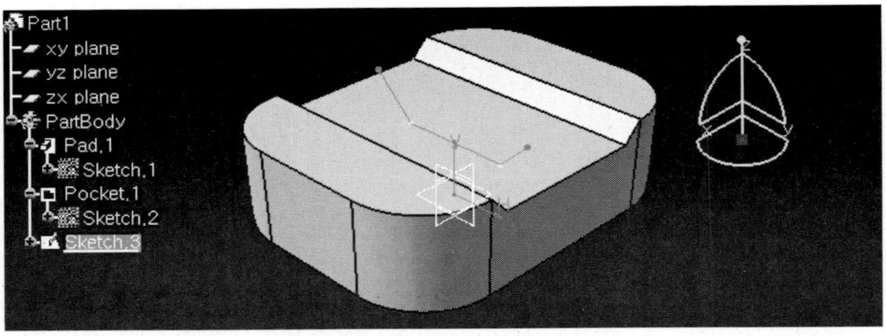

- 지금까지 작성한 Sketch를 이용하여 x축 방향으로 Solid Feature를 제거하도록 한다. Tree에서 Sketch. 3을 선택하고 Pocket(◻) 명령을 실행하면 그림과 같이 Pocket Definition 창이 나타난다. 이때 Sketch 평면이 yz plane이고 x축 양쪽 방향으로 Pocket 처리를 하여야 한다. 따라서 Pocket Definition 창의 [More] 버튼을 클릭하여 Second Limit 창이 펼쳐지도록 한다.
- First Limit과 Second Limit의 Type을 Up to next로 설정하고 [OK] 버튼을 클릭한다. 이때 Profile/Surface의 Selection에 Sketch. 3이 설정되어 있는 것을 알 수 있다. 이것은 Sketch. 3을 먼저 선택하고 Pocket(◻) 명령을 실행하였기 때문이다. Pocket의 방향은 Reverse Direction 버튼으로 조정하면 화살표 방향이 변경된다. 앞에서 작성한 Sketch는 열려진 도형이므로 Reverse Side 버튼으로 제거할 부분을 결정하여야 한다. 만약 Sketch가 닫혀 있는 도형이라면 자동으로 도형의 안쪽 부분이 제거된다.

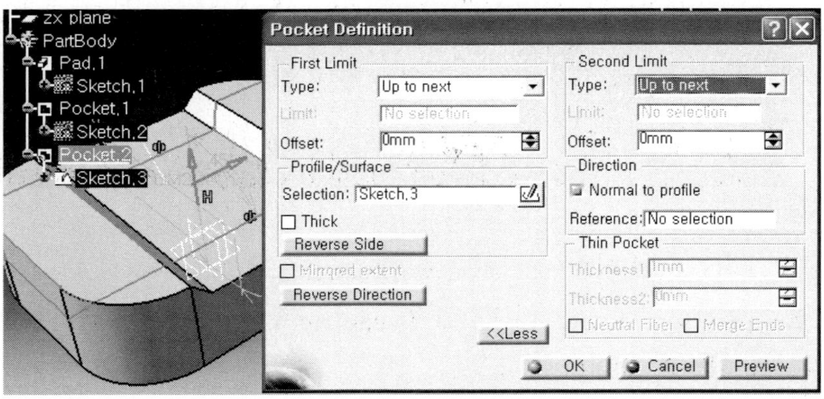

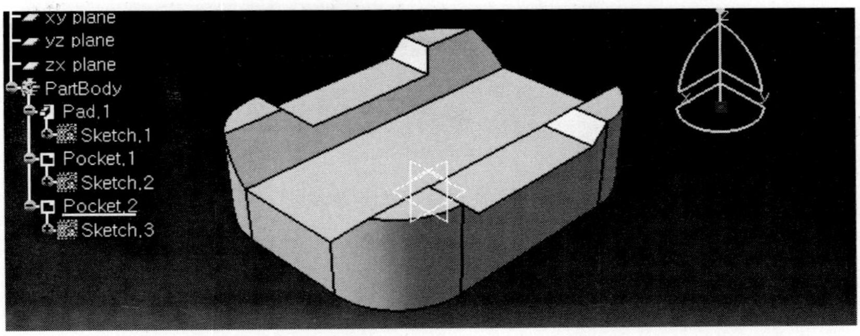

- 또 다른 Profile을 작성하기 위해 xy plane을 Tree에서 선택하고 Sketch( ) 명령을 실행하여 Sketcher로 이동한다. 그림과 같이 Profile을 작성할 수 있는 초기 화면인 Sketch. 4가 Tree에 표시된다. 이때 Sketch 평면으로 xy plane 대신 이미 생성된 Feature의 위쪽 평면을 선택하고 Sketch( ) 명령을 실행하여 Sketcher로 이동해도 된다. 그러나 앞에서와 마찬가지로 xy plane을 Sketch 평면으로 한다.

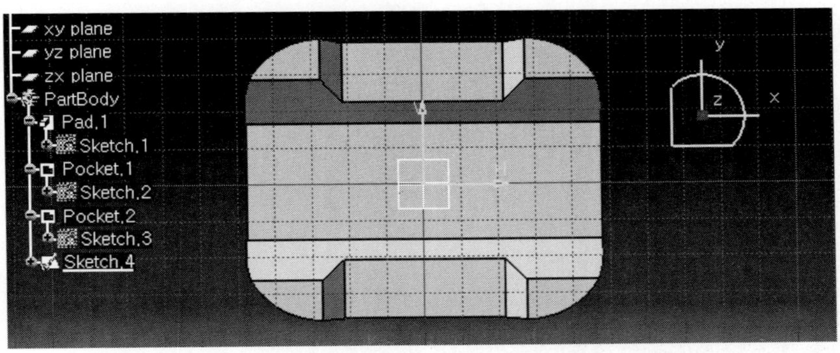

- Sketch. 4에서 직사각형 Profile을 작성하기 위해 Rectangle( ) 명령을 클릭한다. 그림과 같이 First Point와 Second Point를 대각선 방향으로 지정한다.

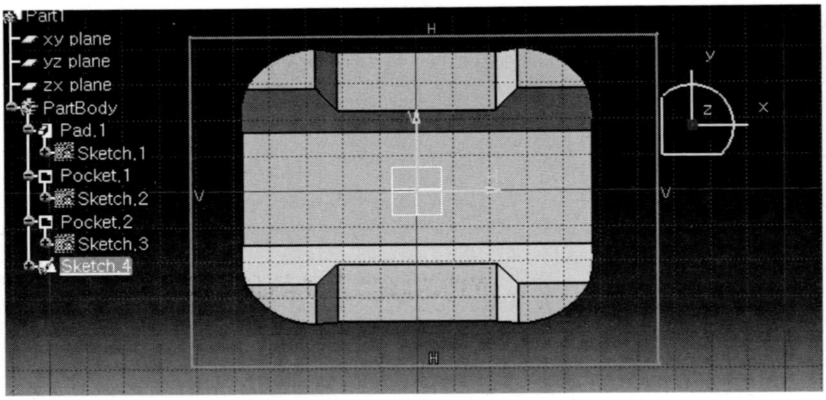

- 직사각형의 형상에 대한 구속조건 중에서 H-Direction을 기준으로 대칭되도록 구속시킨다. [Ctrl] 키를 누른 상태에서 대칭시킬 두 개의 수평선을 먼저 선택한 후 H-Direction을 나중에 선택한다. 형상을 구속할 수 있는 Constraints Defined In Dialog Box( )를 클릭하면 그림과 같이 Constraint Definition 창이 나타난다. 이 창에서 Symmetry를 설정하고 [OK] 버튼을 클릭하면 H-Direction을 기준으로 상하 대칭이 된다.

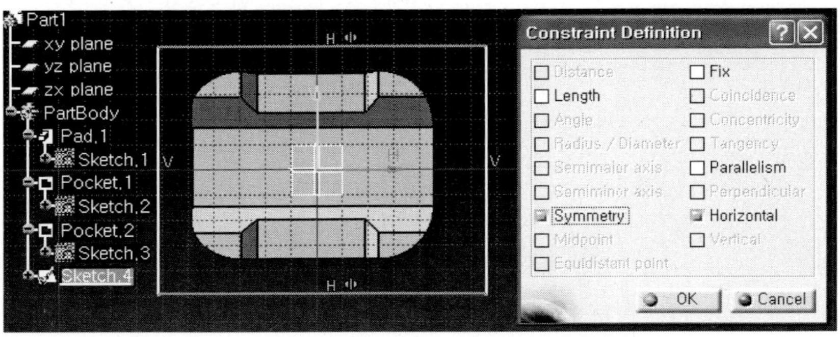

- 마찬가지 방법으로 V-Direction을 기준으로 좌우 대칭되도록 구속시킨다. [Ctrl] 키를 누른 상태에서 대칭시킬 두 개의 수직선을 먼저 선택한 후 V-Direction을 나중에 선택한다. Constraints Defined In Dialog Box( )를 클릭하면 그림과 같이 Constraint Definition 창이 나타난다. 이 창에서 Symmetry를 설정하고 [OK] 버튼을 클릭하면 V-Direction을 기준으로 좌우 대칭이 된다.

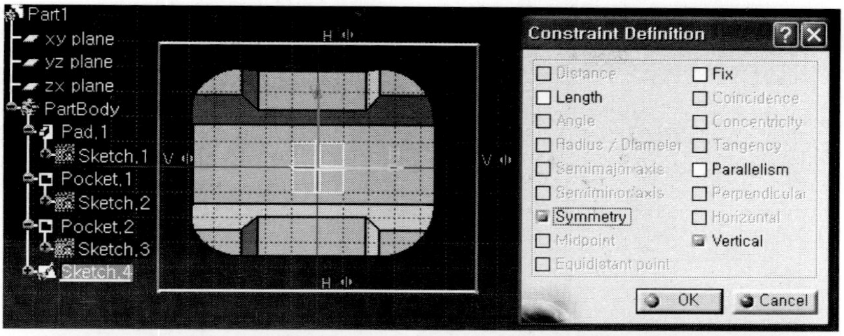

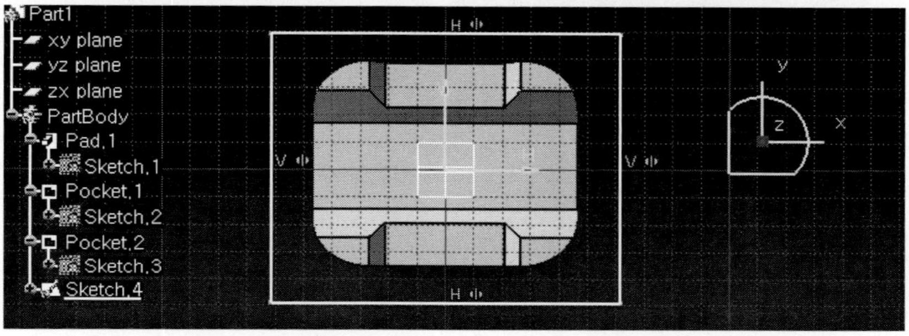

• 형상에 관한 구속은 완료하였으므로 치수를 구속하기 위해 Constraint()를 더블 클릭한다. 그림과 같이 H-Direction과 V-Direction을 기준으로 수평 및 수직 거리를 구속한다. 형상과 치수에 대한 구속이 완료되면 모든 도형 요소가 녹색으로 변한다.

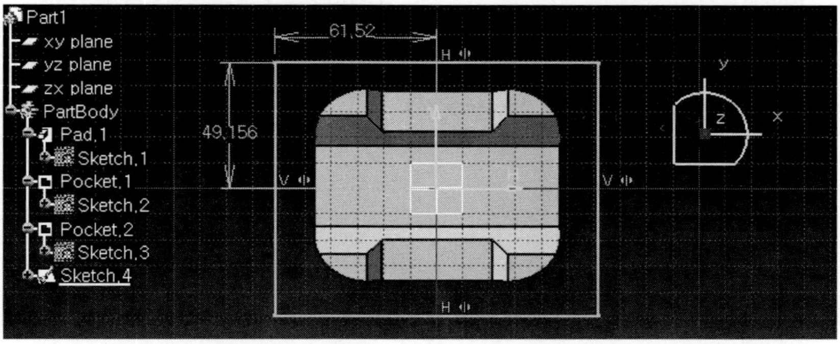

• 다음 그림과 같이 도형의 치수를 더블 클릭하여 수정한다. 치수 수정을 위해 더블 클릭하여 나타나는 Constraint Definition 창의 Value에서 사칙 연산도 가능하므로 편리하게 이용할 수 있다.

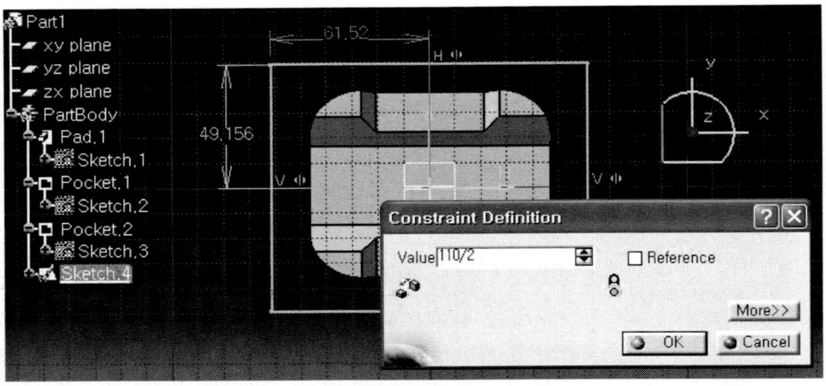

• 다음 그림에서 Sketch. 4가 완성된 것을 보여주고 있다. Exit workbench( )를 클릭하여 Modeling 작업 영역으로 이동한다. Fit All In( )과 Isometric View ( )를 클릭하여 도형의 방향과 배치를 최적의 상태로 조절한다.

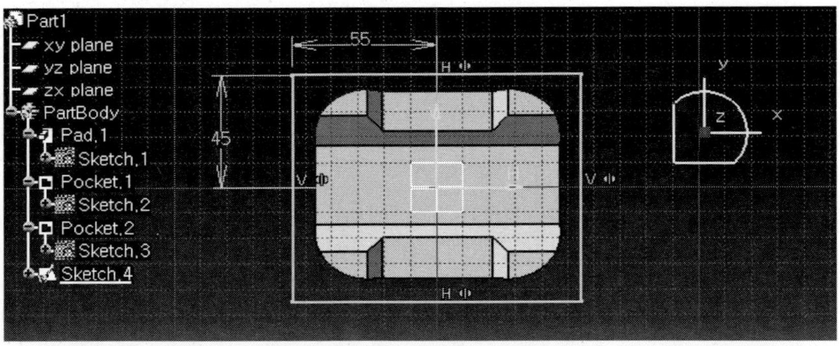

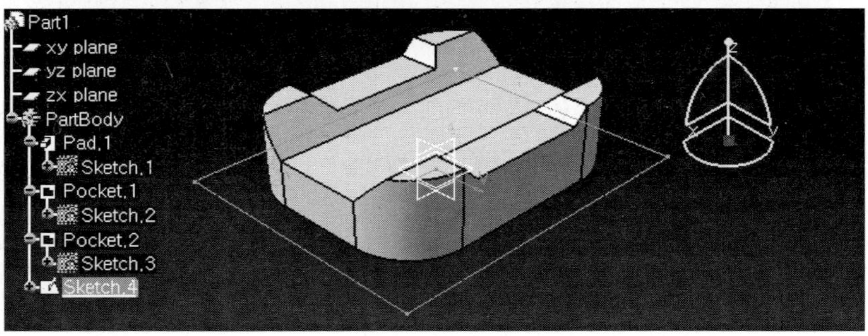

• 지금까지 작성한 Sketch.4를 높이 방향으로 돌출시키기 위해 Tree에서 Sketch. 4를 선택하고 Pad( ) 명령을 실행하면 그림과 같이 Pad Definition 창이 나타난다. 이 창에서 Type는 Dimension, Length는 10, 돌출 방향은 아래쪽으로 설정

하고 [OK] 버튼을 클릭한다.

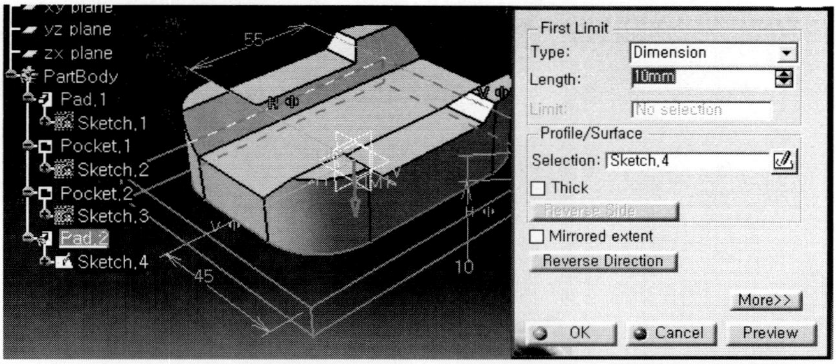

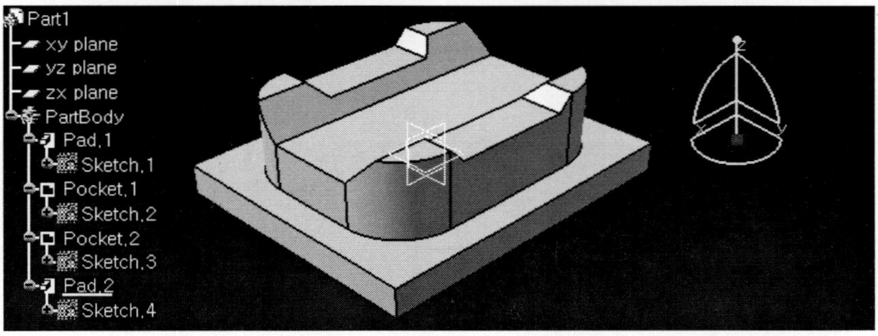

- Solid Feature의 4개 측면이 2도 기울어져 있다. Draft Angle( ) 명령을 클릭하여 나타나는 Draft Definition 창에서 Angle을 2로 입력하고, Face(s) to draft, 중립면(Neutral Element), Pulling Direction의 방향 등을 설정하고 [OK] 버튼을 클릭한다. Tree에 Draft. 1이 표시되어 있다.

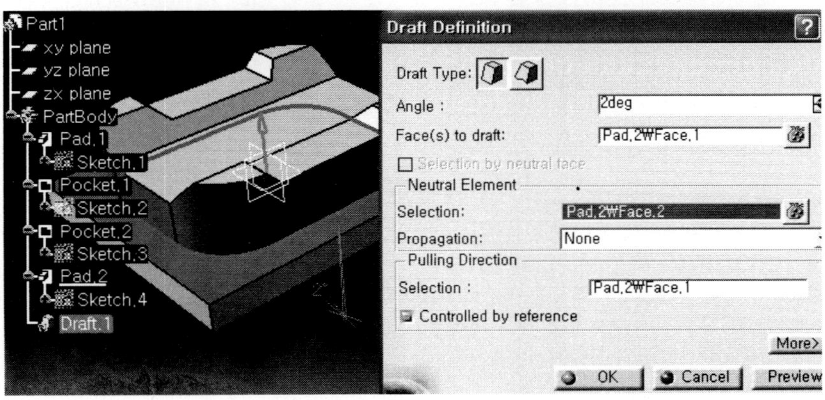

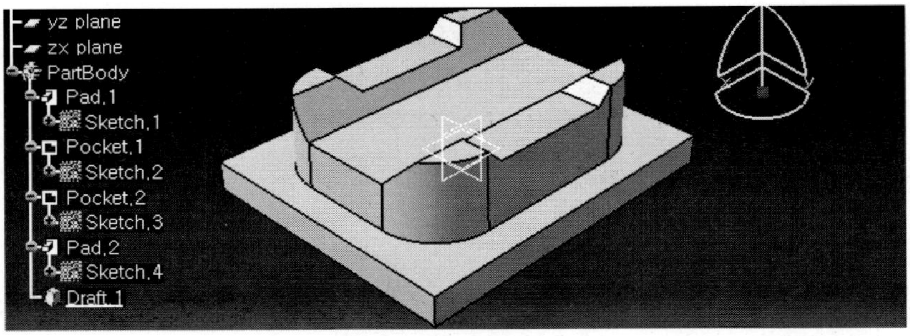

- 생성된 Solid Feature의 모서리를 라운드 처리한다. Edge Fillet( ) 명령을 클릭하여 나타나는 Edge Fillet Definition 창에서 Radius를 10으로 입력한다. 그림과 같이 2개의 모서리를 선택하고 [OK] 버튼을 클릭한다. Tree에 Edge Fillet. 1이 표시되어 있다.

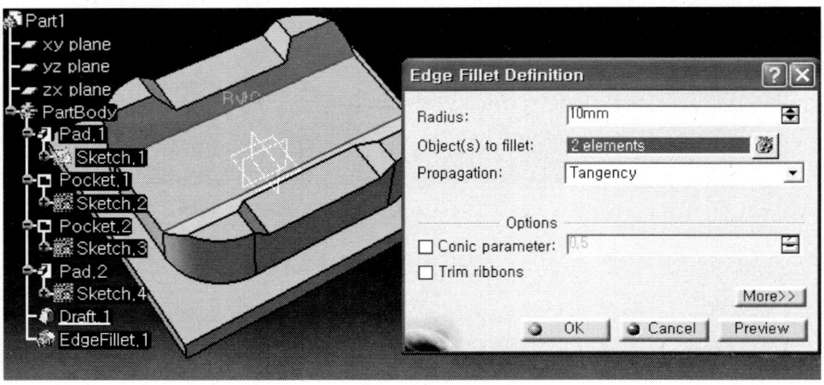

- 다시 Edge Fillet( ) 명령을 클릭한다. 그림과 같이 Edge Fillet Definition 창에서 Radius를 5로 설정하고 8개의 모서리를 선택한 후 [OK] 버튼을 클릭한다. Tree에 Edge Fillet. 2가 표시되어 있다.

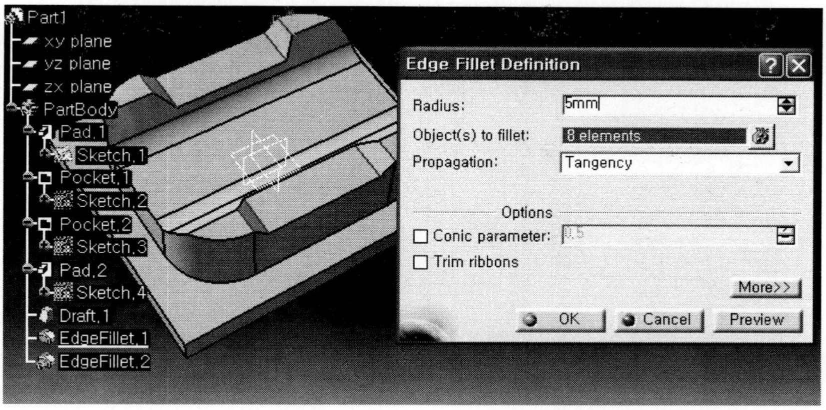

•마찬가지로 Edge Fillet( ) 명령을 클릭하고 그림과 같이 Radius를 3으로 설정하고 2개의 모서리를 선택한 후 [OK] 버튼을 클릭한다. Tree에 Edge Fillet. 3이 표시되어 있다.

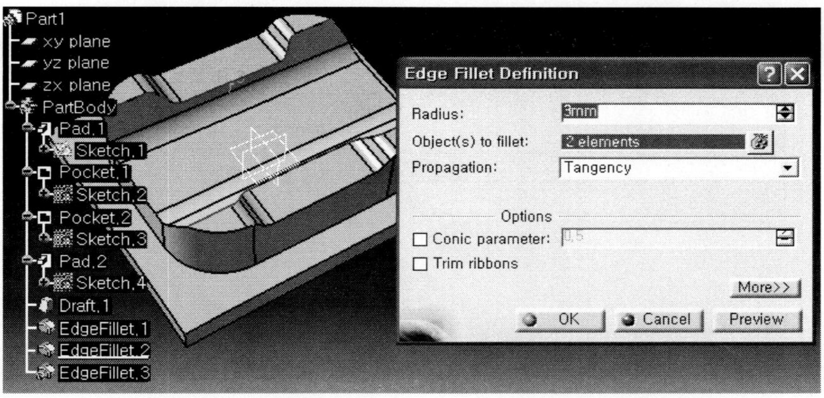

- 다시 Edge Fillet( ) 명령을 클릭한 후 Edge Fillet Definition 창에서 Radius를 2로 설정하고 그림과 같이 1개의 모서리를 선택한 후 [OK] 버튼을 클릭한다. Tree에 Edge Fillet. 4가 표시되어 있다.

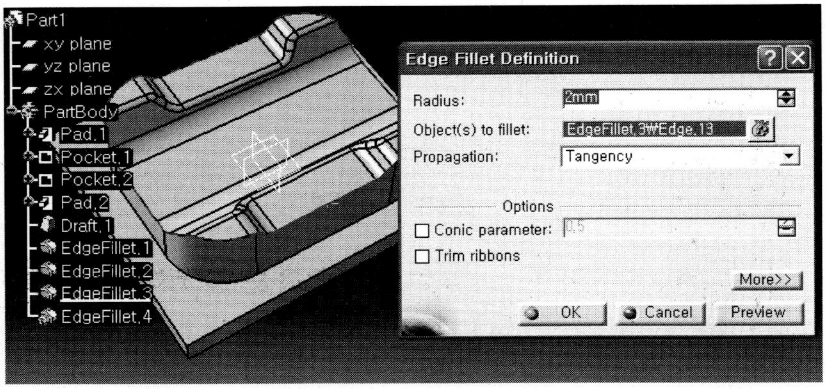

• 마지막으로 Edge Fillet( ) 명령을 클릭한 후 Edge Fillet Definition 창에서 Radius를 1로 설정하고 그림과 같이 1개의 모서리를 선택한 후 [OK] 버튼을 클릭한다. Tree에 Edge Fillet. 5가 표시되어 있으며, Solid Feature의 모서리에 라운드를 완료한 형상을 그림에서 보여주고 있다.

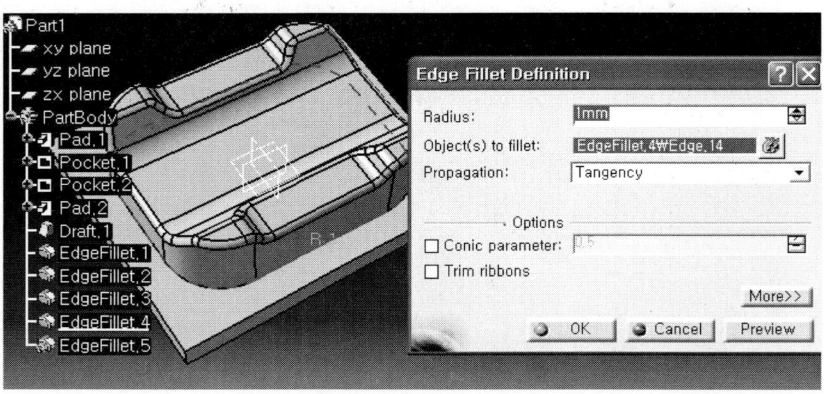

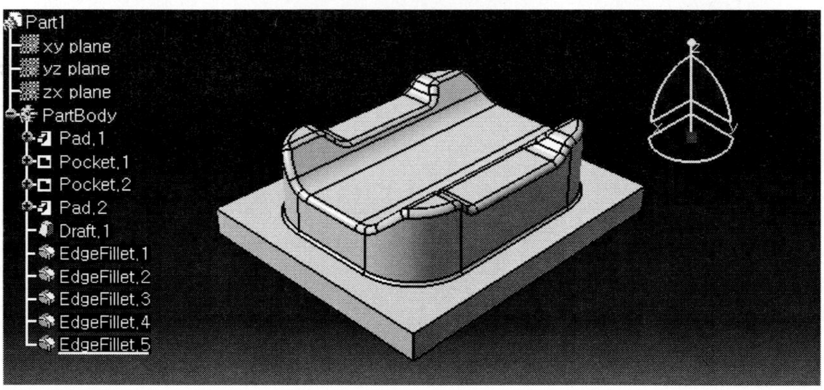

• 다음 그림과 같이 마우스 우측 버튼에 의한 Pop up 메뉴에서 Properties를 선택하여 완성된 Model의 여러 가지 속성을 변경시킬 수 있다.

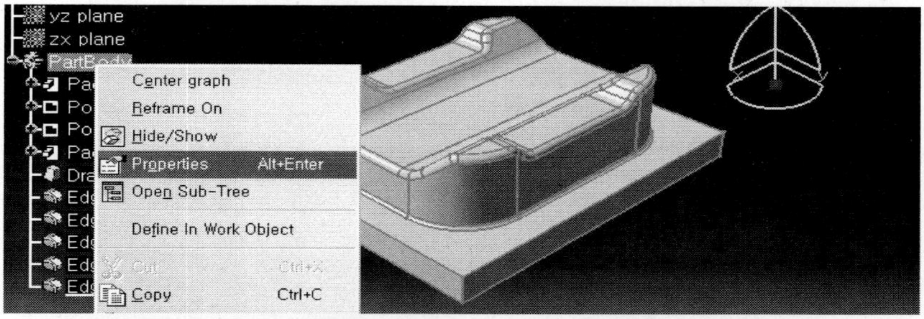

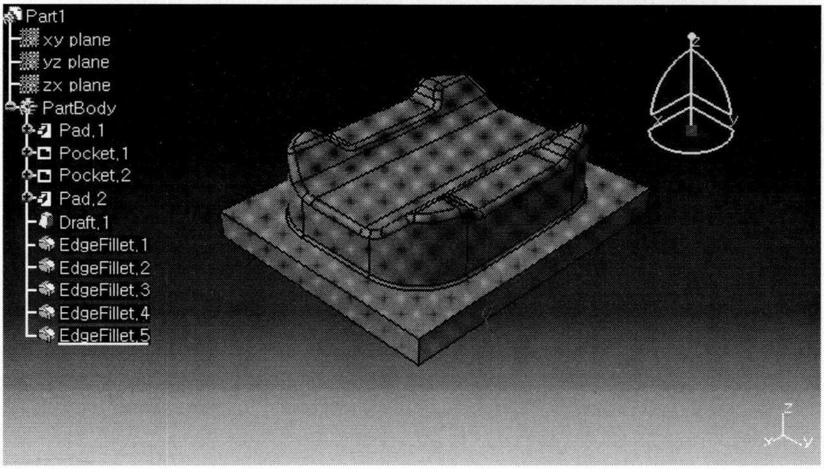

➢ 7.3 Modeling 따라하기 03

- 바탕화면이나 시작 메뉴에서 CATIA V5를 실행하여 초기화면으로 들어간다. 초기화면 좌측 상단에 CATIA V5 – [Product1]이라고 표시되어 있다. 이는 단품을 결합하여 조립할 수 있는 Assembly Design workbench를 나타낸다.

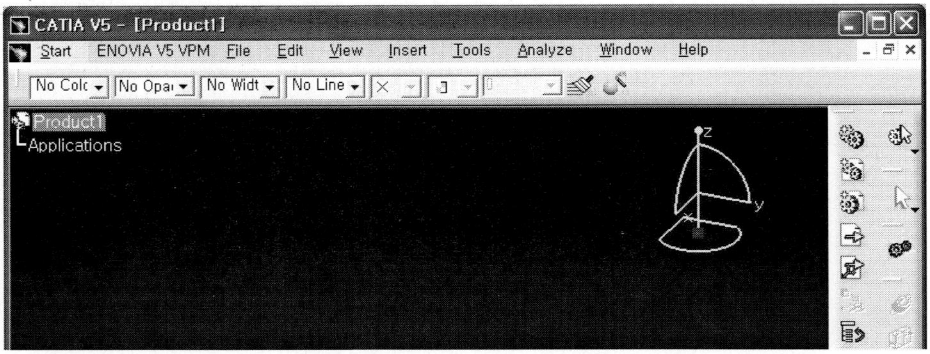

- Solid Modeling을 위해 Start 〉 Mechanical Design 〉 Part Design을 차례로 선택한다. 또는 그림과 같이 Start 〉 Mechanical Design 〉 Sketcher를 선택해도 된다. Sketcher로 시작하여 초기화면으로 들어갔을 때에는 이미 Sketch( ) 명령이 실행 중인 상태이므로 Sketch Plane을 지정하면 곧바로 Sketcher workbench로 이동한다. 화면 좌측 상단에 CATIA V5 – [Part1]이라고 표기되어 있다. 여기서 단품을 Modeling하여 Solid Feature를 생성할 수 있다.

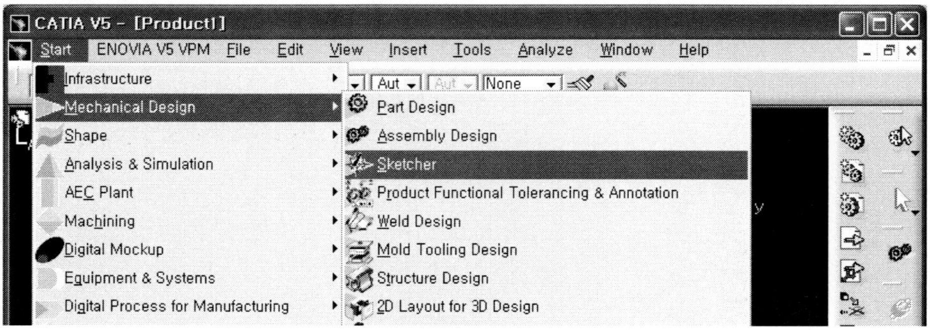

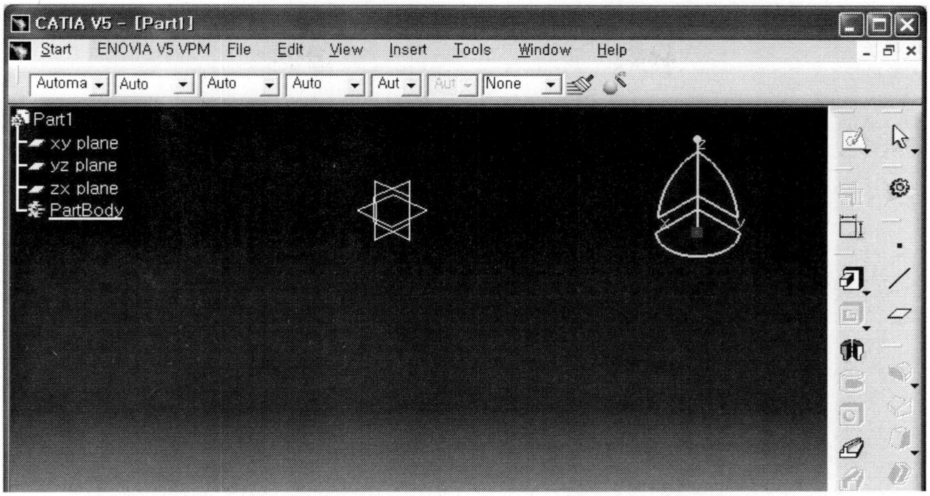

• 또 다른 방법으로 New( ) 명령을 실행하여 나타나는 창에서 Part를 선택하고 [OK] 버튼을 클릭해도 된다.

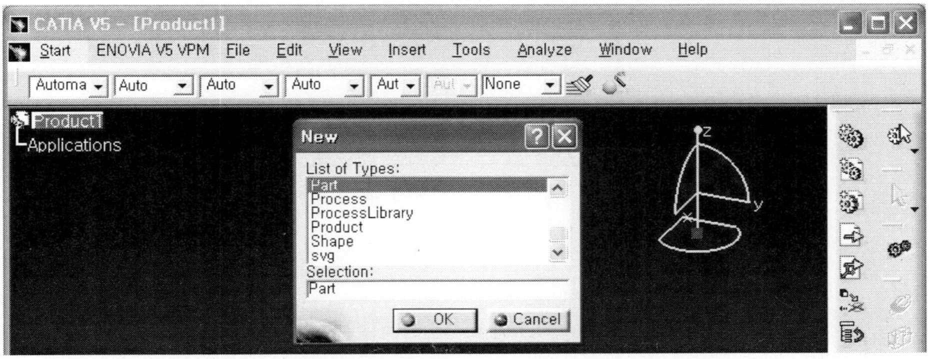

• Part Design에서 단품 Modeling을 하기 위해 2차원 단면 구조인 Profile을 생성하여야 한다. 이를 작성하기 위해 Sketcher workbench로 이동한다. 평면 Profile을 생성할 yz plane을 Tree에서 선택하고 Sketch( ) 명령을 실행하여 Sketcher로 이동한다. 다음 그림과 같이 Profile을 작성할 수 있는 초기화면인 Sketch. 1이 Tree에 표시된다. 이때 Sketch 평면을 Tree에서 선택하는 대신 작업영역에 있는 좌표명면( )을 선택해도 된다.

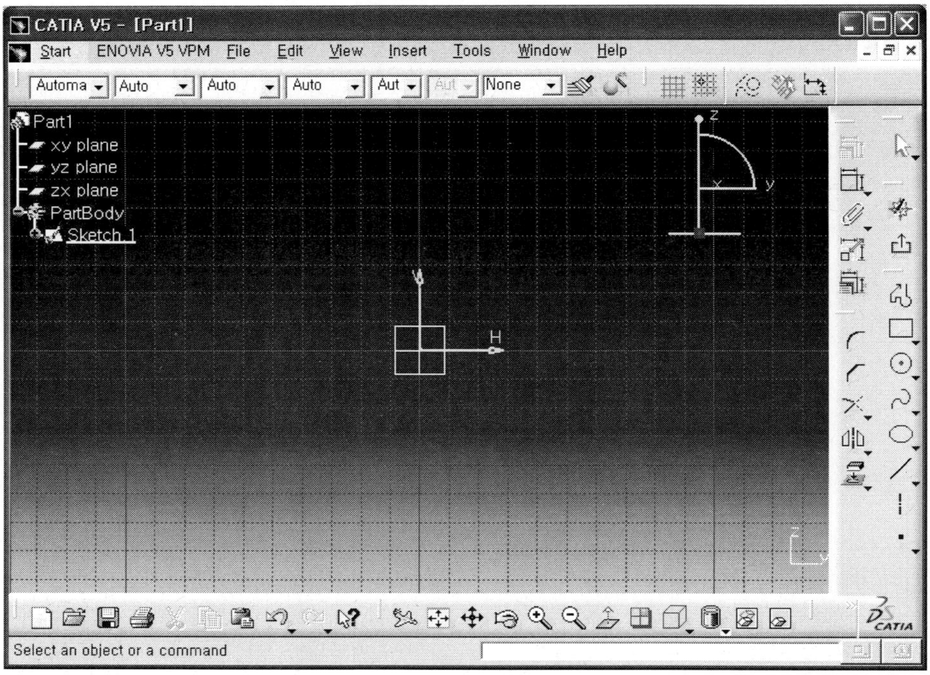

- Sketch를 시작하기 전에 Sketch Tools의 Construction/Standard Element( )는 해제되어 실행하지 않은 상태로 하고, Geometrical Constraints( )는 선택되어 실행 중인 상태로 한다. Zoom In( )과 Zoom Out( )으로 작업 화면을 적절하게 조정한다.
- Sketch Profile을 작성하기 위해 Profile( ) 명령을 클릭한다. 그림과 같이 시작점으로 원점을 지정하고 수평 방향으로 H-Direction과 일치되도록 두 번째 점을 지정한다. 이어서 위쪽 방향으로 수직을 유지하면서 세 번째 점을 지정하고 위쪽으로 기울어지게 네 번째 점을 선택한다. 수평을 유지하면서 V-Direction과 일치되는 다섯 번째 점을 선택한다. 이때 다음 그림과 같이 다섯 번째 점을 지정하는 과정에서 원점, V-Direction 혹은 다른 도형 요소에 자동으로 일치, 수평, 수직, 동심, 대칭되는 등과 같이 Profile의 형상이 구속되는 현상을 미리 보여준다. 이를 이용하여 원하는 지점을 쉽게 지정할 수 있다.

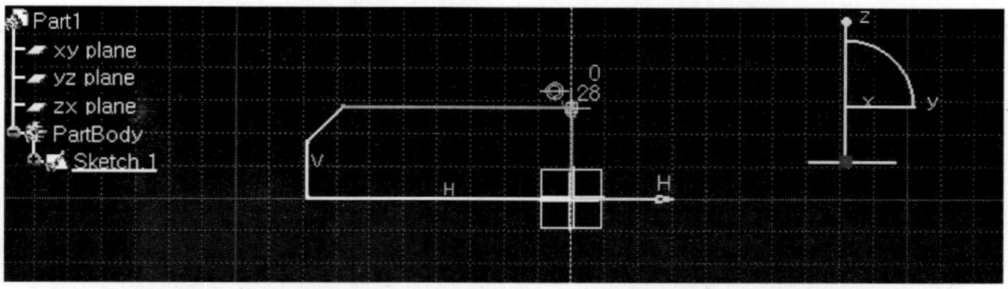

• 계속해서 마지막 점은 그림과 같이 시작점을 지정한다. 마지막 점으로 시작점을 선택하면 실행 중인 Profile( ) 명령이 자동으로 종료된다. H-Direction과 일치된 수평선과 V-Direction과 일치된 수직선은 이미 그 위치가 구속되어 선의 색상이 녹색으로 변경되었다.

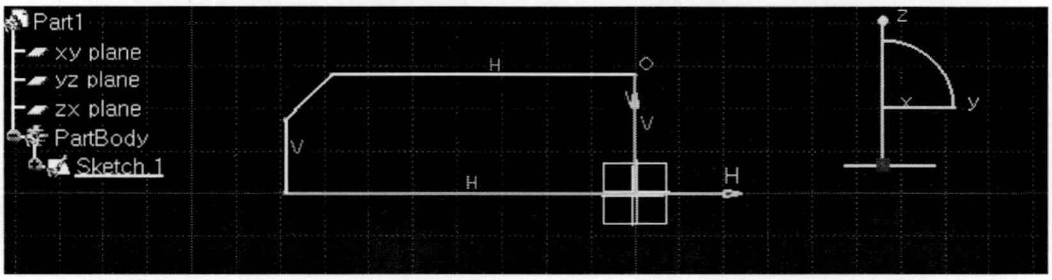

• 지금 작성하고 있는 Sketch Profile은 Part Design에서 Shaft 명령으로 회전 솔리드를 생성할 예정이다. Axis( ) 명령으로 V-Direction과 일치되도록 회전 중심선을 생성한다.

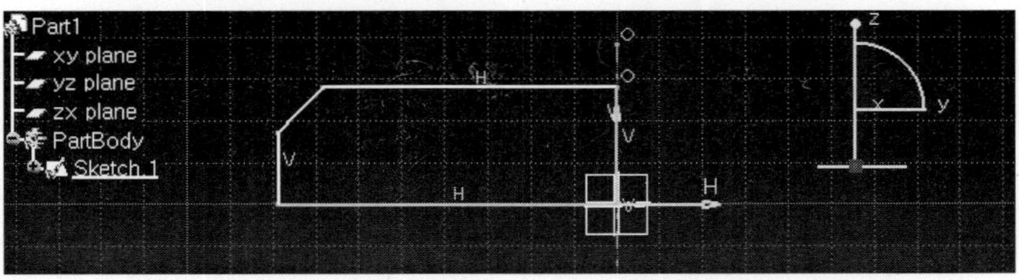

• 지금까지 Sketch 작업을 진행하면서 형상에 관한 구속은 이미 완료하였다. 이제부터 치수 구속을 위해 Constraint( )를 더블 클릭한다. 명령을 더블 클릭하면 연속하여 사용할 수 있다. 다음 그림과 같이 H-Direction과 V-Direction을 기준으로 거리 치수를 구속한다. 형상과 치수를 완벽하게 구속시키면 모든 도형 요소가 흰색에서 녹색으로 변한다.

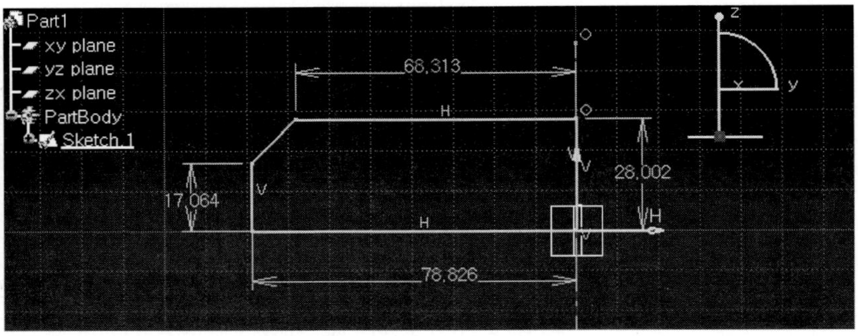

• 다음 그림과 같이 도형의 모든 치수를 각각 더블 클릭하여 수정한다.

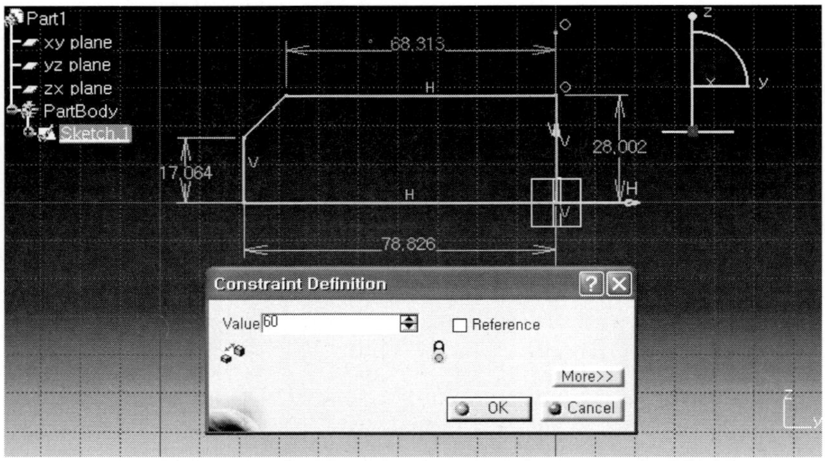

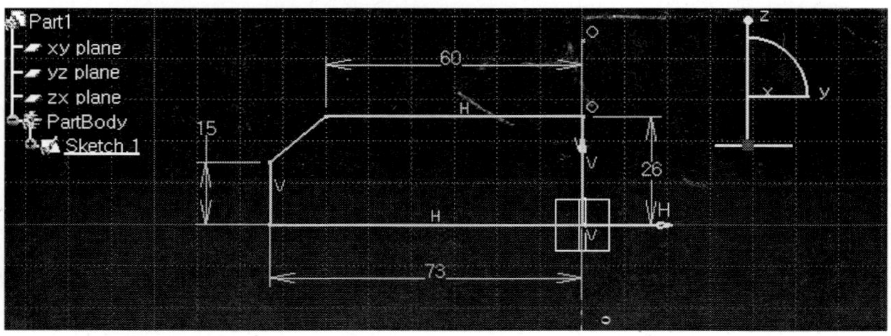

• Sketch. 1이 완성되었으므로 Exit workbench( )를 클릭하여 3차원 Modeling 작업 영역으로 이동한다. Fit All In( )과 Isometric View( )를 클릭하여 도형의 방향과 배치를 최적의 상태로 유지하여 효율적인 작업이 이루어지게 한다.

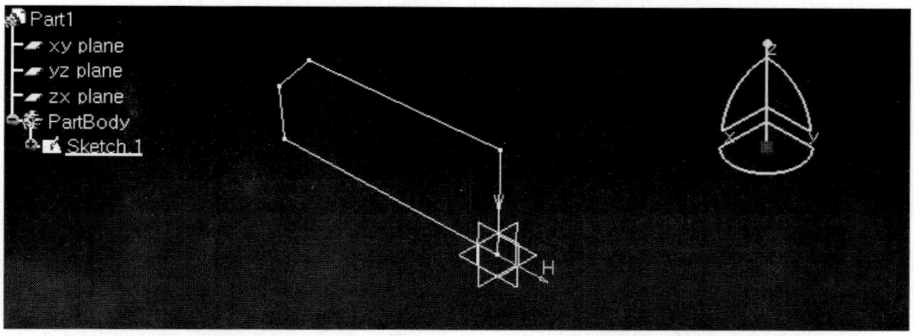

• 지금까지 작성한 단면 Profile을 회전시켜 Solid Feature를 생성한다. 우선 Tree에서 단면 Profile인 Sketch. 1을 선택하고 Shaft( ) 명령을 실행하면 그림과 같이 Shaft Definition 창이 나타난다. 기본적으로 First angle과 Second angle의 각도를 합하여 360도 이하가 되도록 설정하여 실행시키면 회전체가 완성된다. 단면 형상을 Sketcher에서 작업할 때 Axis( ) 기능으로 회전 중심축을 생성하였기 때문에 Shaft Definition 창의 Axis에 Sketch Axis가 이미 설정되어 있다. 만약 Axis를 생성하지 않았으면 Axis의 Selection에 회전 중심축이 될 대상 축을 지정하여야 한다.

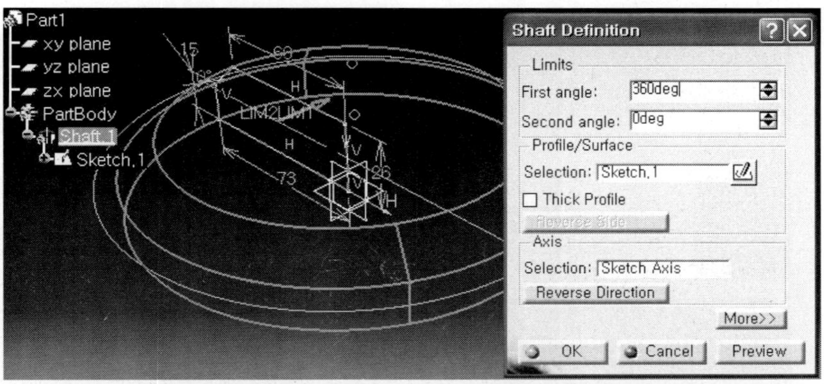

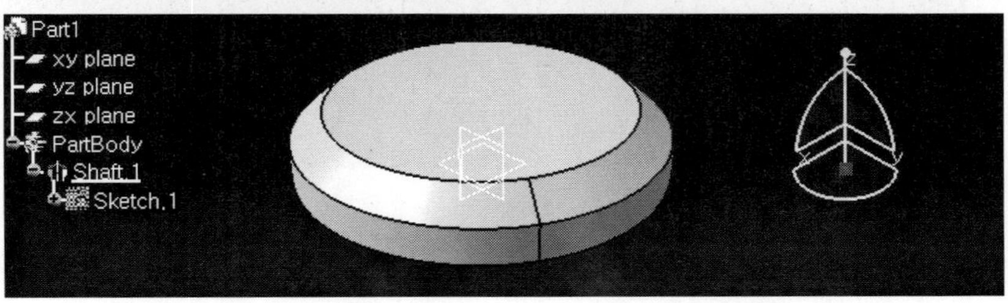

• xy plane을 Tree에서 선택하고 Sketch( ) 명령을 실행하여 Sketcher로 이동한

다. 그림과 같이 Profile을 작성할 수 있는 초기화면인 Sketch. 2가 Tree에 표시된다. 이때 Sketch 평면으로 xy plane 대신 이미 생성된 Feature의 윗면을 선택하고 Sketch( ) 명령을 실행해도 된다.

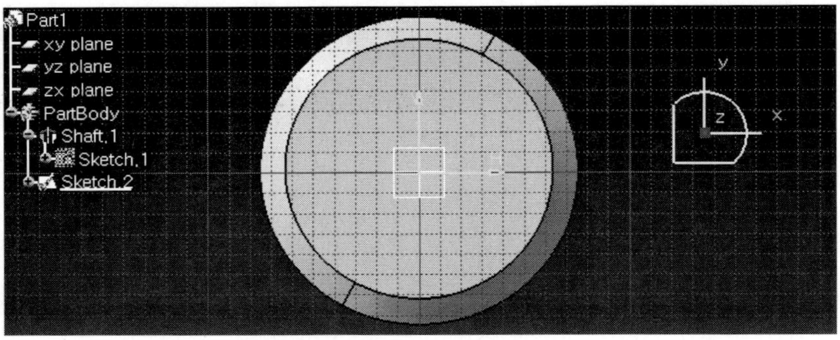

- 회전 Feature의 간섭으로 Sketch 작업에 방해를 받게 되므로 이를 숨기도록 한다. Tree에서 Shaft. 1에 마우스 포인터를 올려놓고 마우스 우측 버튼에 의한 메뉴가 나타도록 한다. 메뉴에서 Hide/Show를 선택하면 Solid Feature가 작업창에서 사라지고 Tree에서 Shaft. 1의 아이콘이 어둡게 변화된 것을 알 수 있다.

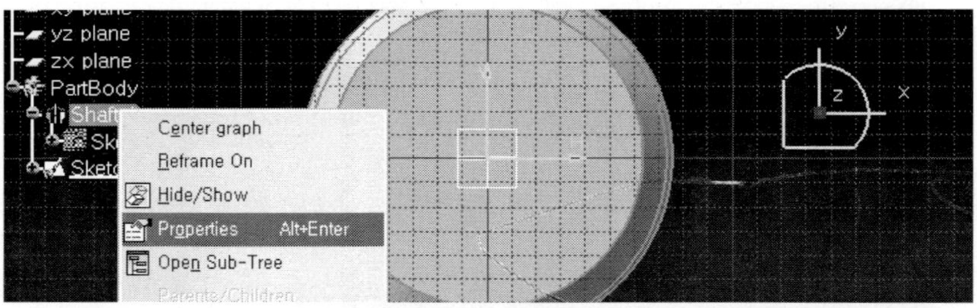

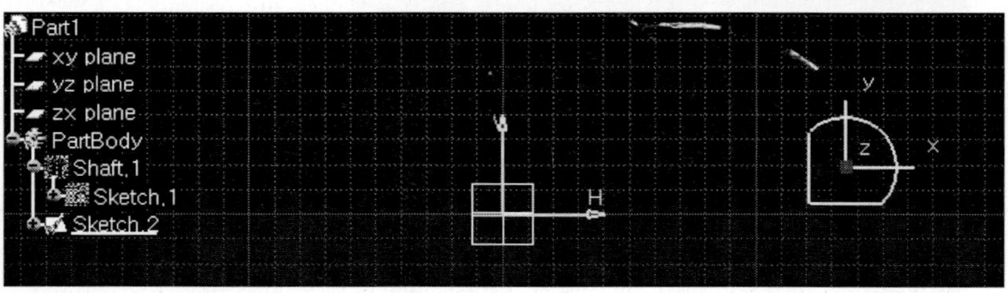

- Profile( ) 명령을 클릭하여 Sketch 작업을 시작한다. Profile 명령은 기본적으로 직선부터 그릴 수 있도록 설정되어 있다. Sketch tools에서 Line( )으로 설정된 것을 Three Point Arc( )로 변경시켜 첫 번째 곡선을 작성한다. 그림과 같

이 시작점으로 수직 방향의 V-Direction과 일치되도록 지정한다. 두 번째와 마지막 곡선은 Sketch tools에서 Tangent Arc( )를 클릭하여 작성한다. 특히 마지막 점은 H-Direction과 일치되도록 지정한다.

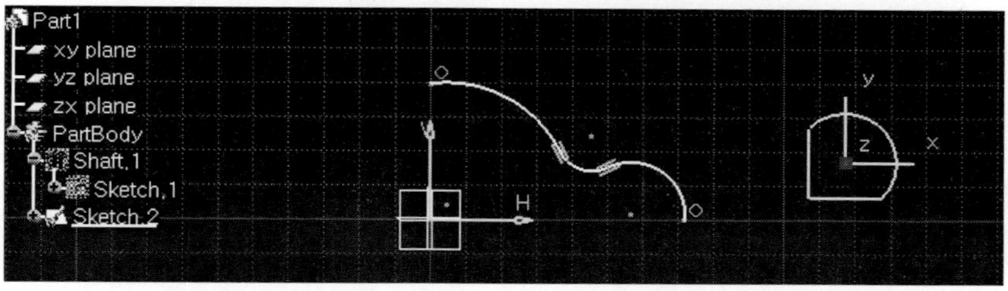

- 도형을 작성하는 과정에서 원점, H/V-Direction 혹은 다른 도형 요소에 일치되거나 대칭되는 등과 같이 Profile의 형상이 자동으로 구속되는 현상을 미리 보여준다. 이를 이용하여 원하는 지점을 쉽게 지정할 수도 있지만, 의도하지 않거나 불필요한 구속이 발생되는 경우도 있다. 이를 피하기 위해 마우스 포인터를 조금 옆으로 이동시킨 지점을 선택하지만, 형상이 복잡하거나 도형 요소가 많은 경우 이러한 현상을 피한다는 것이 어려울 때가 많다. 이러한 경우 [Shift] 키를 누른 상태에서 원하는 점을 지정하면 된다.
- 대략적인 Profile이 완성되었으므로 다음 단계로 형상 구속을 실행한다. 첫 번째 곡선의 중심은 원점과 일치시키고, 마지막 곡선의 중심은 H-Direction에 일치시킨다. 먼저 첫 번째 곡선의 중심과 원점이 선택된 상태에서 형상을 구속시킬 수 있는 명령인 Constraints Defined In Dialog Box( )를 클릭한다. Constraint Definition 창에서 Coincidence를 설정하고 [OK] 버튼을 클릭한다. 마찬가지 방법으로 마지막 곡선의 중심과 H-Direction이 선택된 상태에서 형상을 구속시킬 수 있는 명령인 Constraints Defined In Dialog Box( )를 클릭한다. Constraint Definition 창에서 Coincidence를 설정하고 [OK] 버튼을 클릭한다.

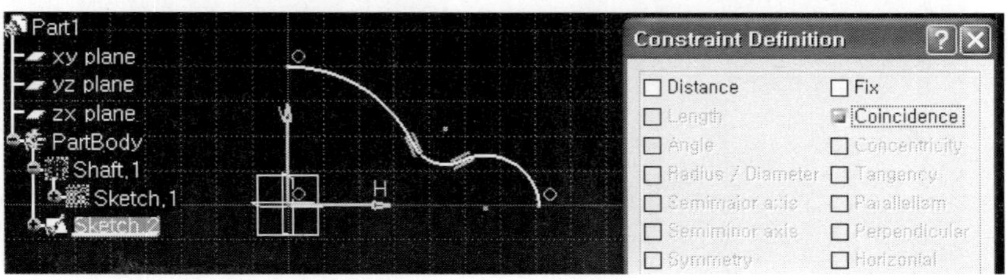

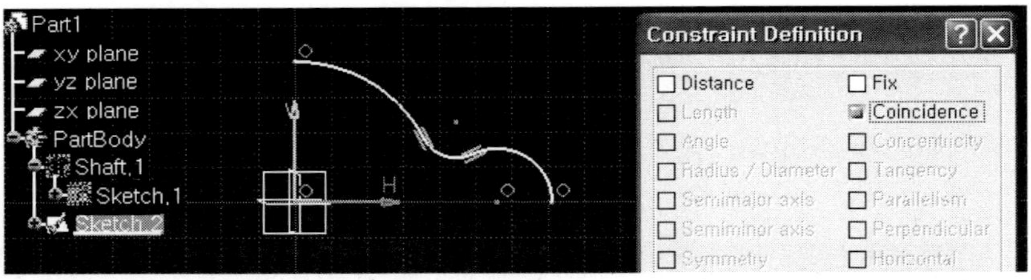

- 형상에 관한 구속이 완료되었으므로 치수를 구속한다. Constraint( )를 더블 클릭하여 그림과 같이 치수를 구속한다. 형상과 치수에 대한 구속이 완료되면 모든 도형 요소가 녹색으로 변한다.

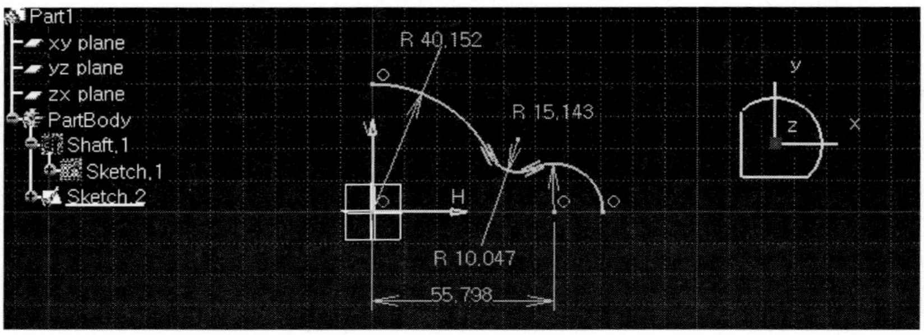

- 다음 그림과 같이 도형의 모든 치수를 각각 더블 클릭하여 수정한다.

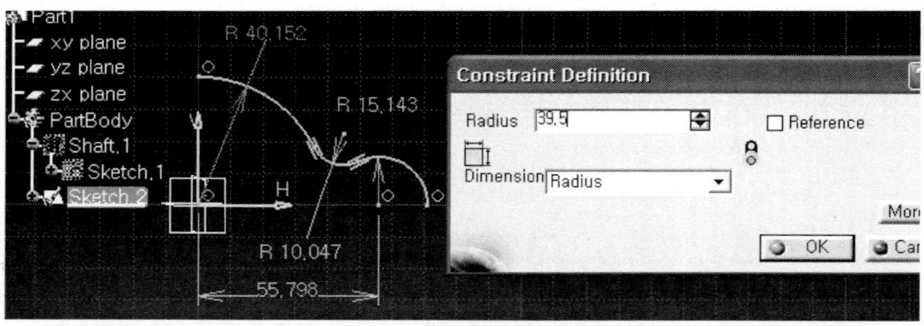

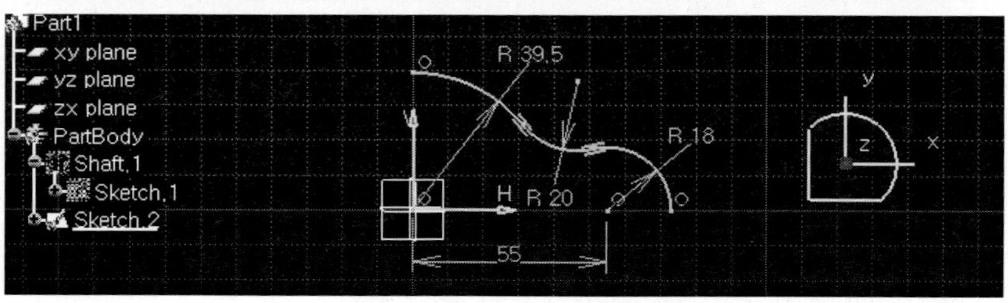

- V-Direction을 기준으로 도형을 대칭 복사한다. 먼저 [Ctrl] 키를 누른 상태에서 대칭시킬 도형 요소를 모두 선택하고 Mirror( ) 명령을 클릭한다. 대칭 기준이 되는 H-Direction을 선택하면 그림과 같이 대칭 복사가 완료된다.

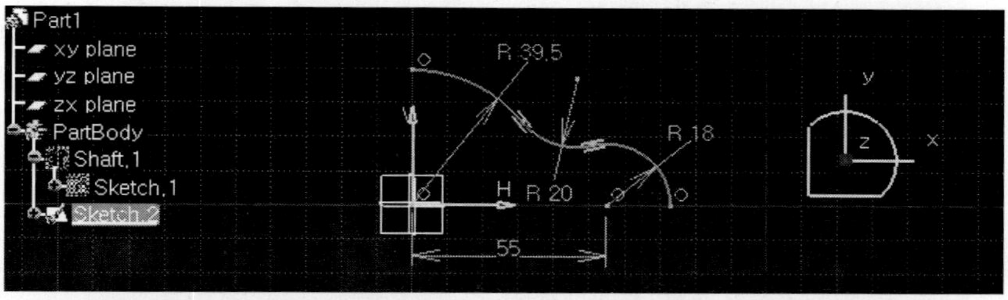

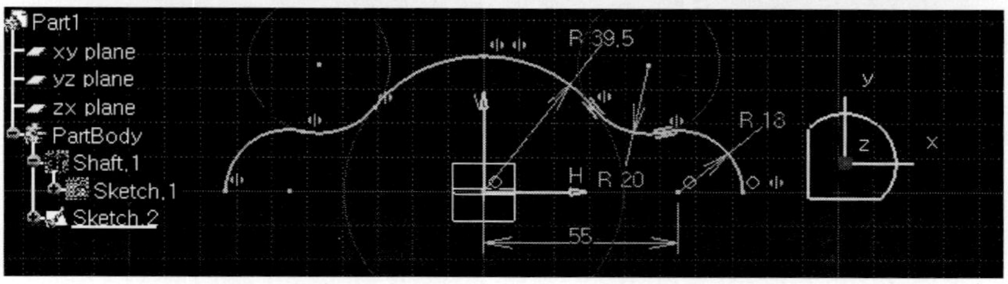

- 앞에서와 같은 방법으로 H-Direction을 기준으로 도형을 대칭 복사한다. 대칭시킬 도형 요소를 모두 선택하고 Mirror( ) 명령을 클릭한다. 이때 서로 연결된 도형 요소만을 한꺼번에 선택하는 다른 방법을 알아본다. 먼저 대칭 복사할 도형 요소 중에서 하나를 선택하여 마우스 포인터를 올려놓고 마우스 우측 버튼에 의한 메뉴가 나타도록 한다. 메뉴에서 Circle. 3 object 〉 Auto Search를 차례로 선택하면 연결된 모든 도형 요소가 선택된다. 끝으로 대칭 기준이 되는 H-Direction을 선택하면 그림과 같이 대칭 복사가 완료된다.

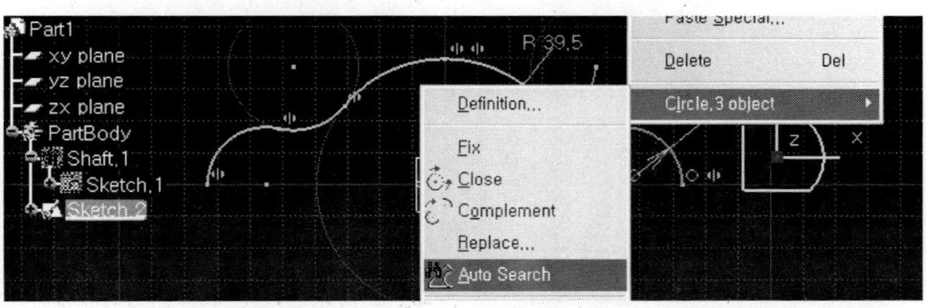

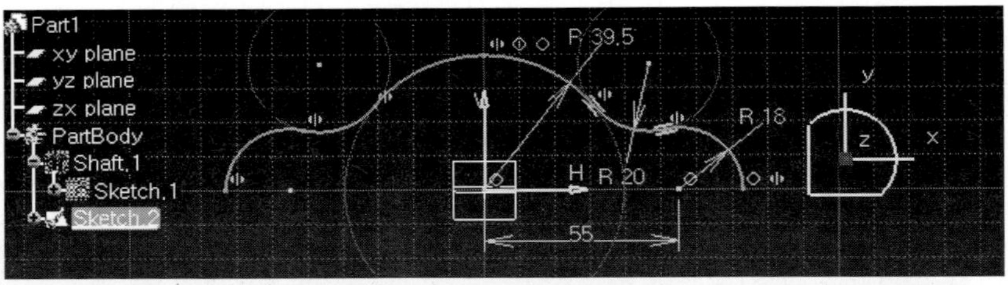

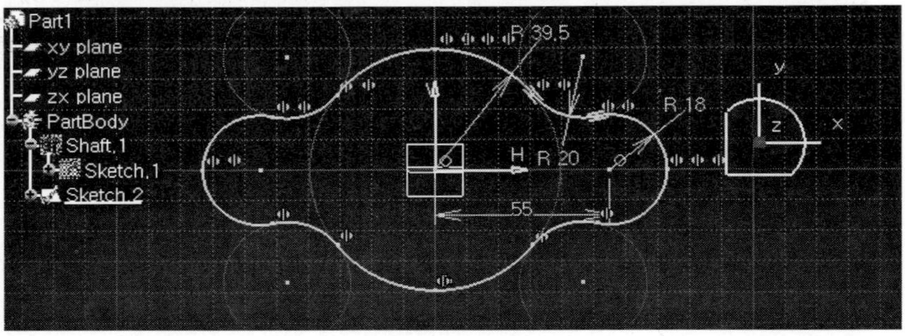

• Sketch 작업을 위해 숨겨두었던 Feature를 보이도록 한다. Tree에서 Shaft. 1에 마우스 우측 버튼에 의한 메뉴가 나타도록 하여 Hide/Show를 선택한다.

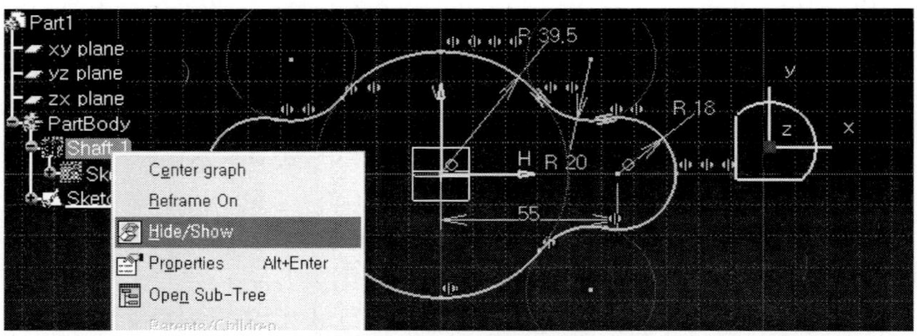

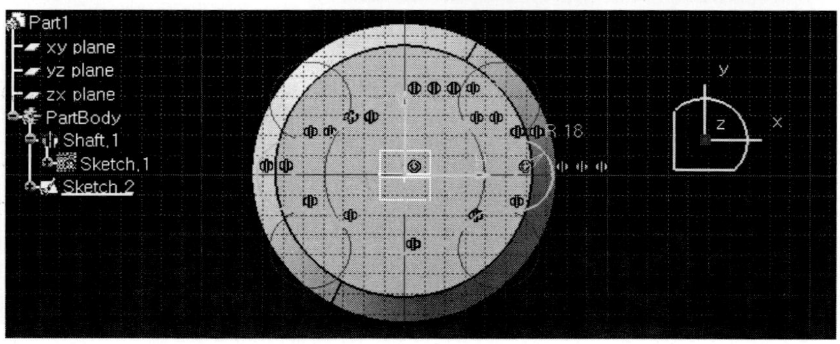

• Sketch. 2가 완성되었으므로 Exit workbench( )를 클릭하여 Modeling 작업 영

역으로 이동한다. Fit All In( )과 Isometric View( )를 클릭하여 도형의 방향과 배치를 최적의 상태로 한다.

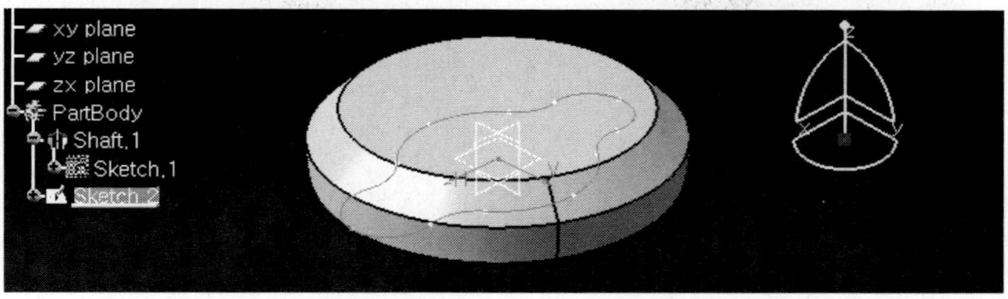

- 지금까지 작성한 Sketch. 2를 높이 방향으로 돌출시켜 Solid Feature를 생성하도록 한다. Tree에서 Sketch. 2를 선택하고 Pad( ) 명령을 클릭하면 그림과 같이 Pad Definition 창이 나타난다. 이 창에서 Type는 Dimension, Length는 35로 설정하고 [OK] 버튼을 클릭한다. 이때 Profile/Surface의 Selection에 Sketch. 2가 설정되어 있는 것을 알 수 있다. 이것은 Sketch. 2를 먼저 선택하고 Pad( ) 명령을 실행하였기 때문이다. Feature의 돌출 방향은 작업 영역의 화살표를 직접 클릭하거나 창에 있는 Reverse Direction 버튼을 선택하여 변경할 수 있다.

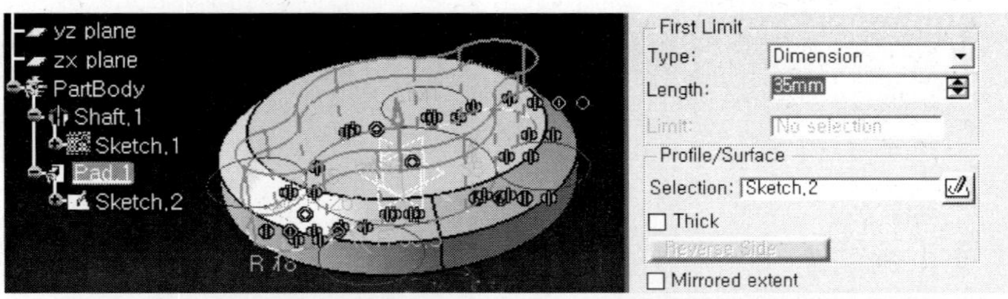

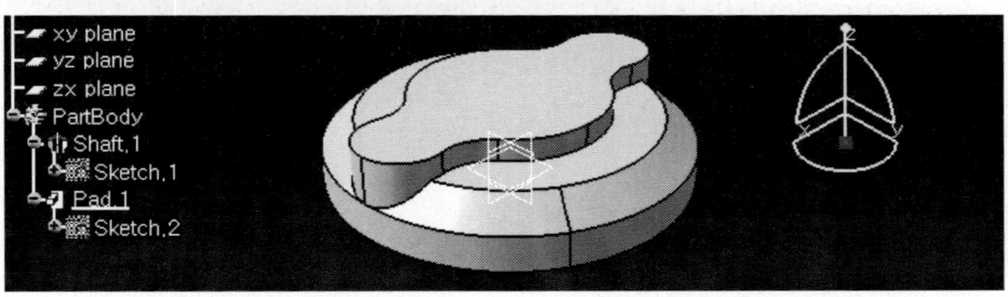

- 직사각형 Profile을 작성하기 위해 xy plane을 Tree에서 선택하고 Sketch( ) 명령을 실행한다. 그림과 같이 Profile을 작성할 수 있는 초기화면인 Sketch. 3이 Tree에 표시된다.

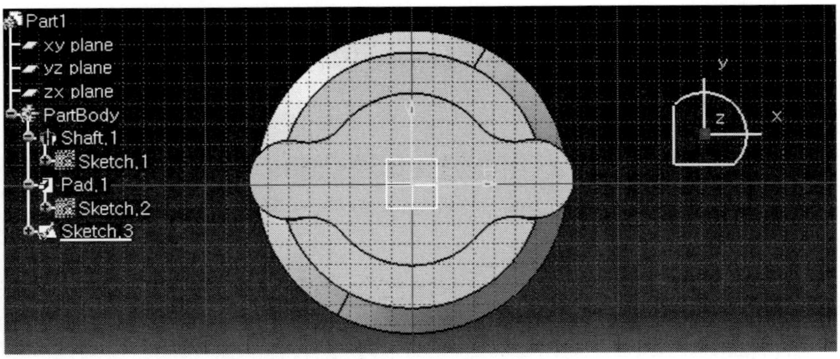

- Sketch. 3에서 직사각형 Profile을 작성하기 위해 Rectangle(□) 명령을 클릭한다. 그림과 같이 First Point와 Second Point를 대각선 방향으로 지정한다.

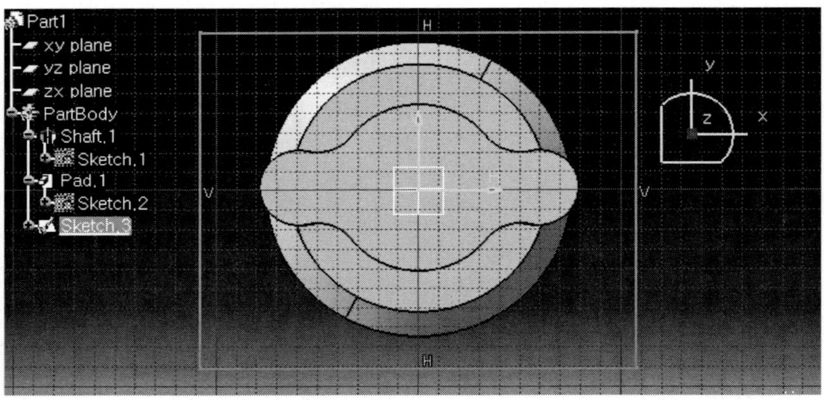

- 직사각형의 형상에 대한 구속조건 중에서 H-Direction을 기준으로 상하 대칭되도록 구속시킨다. [Ctrl] 키를 누른 상태에서 대칭시킬 두 개의 수평선을 먼저 선택한 후 H-Direction을 나중에 선택한다. 형상을 구속할 수 있는 Constraints Defined In Dialog Box( )를 클릭하면 그림과 같이 Constraint Definition 창이 나타난다. 이 창에서 Symmetry를 설정하고 [OK] 버튼을 클릭하면 H-Direction을 기준으로 상하 대칭이 된다.

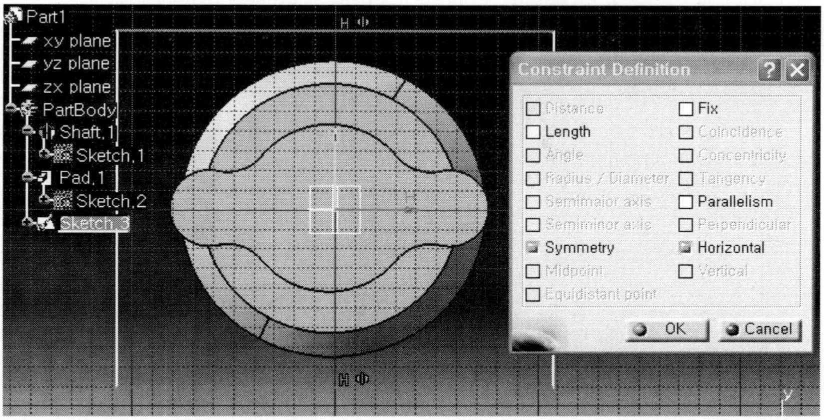

• 마찬가지 방법으로 V-Direction을 기준으로 좌우 대칭되도록 구속시킨다. [Ctrl] 키를 누른 상태에서 대칭시킬 두 개의 수직선을 먼저 선택한 후 V-Direction을 나중에 선택한다. Constraints Defined In Dialog Box( )를 클릭하면 그림과 같이 Constraint Definition 창이 나타난다. 이 창에서 Symmetry를 설정하고 [OK] 버튼을 클릭하면 V-Direction을 기준으로 좌우 대칭이 된다.

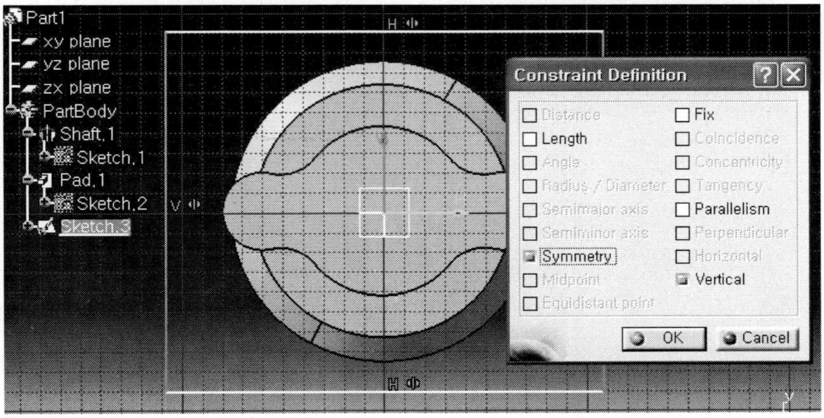

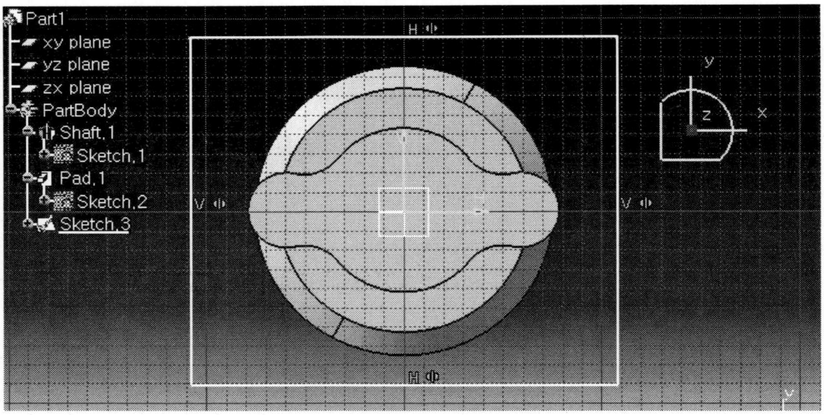

- 형상에 관한 구속은 완료하였으므로 치수를 구속하기 위해 Constraint( )를 더블 클릭한다. 그림과 같이 H-Direction과 V-Direction을 기준으로 수평 및 수직 거리를 구속한다. 형상과 치수에 대한 구속이 완료되면 모든 도형 요소가 녹색으로 변한다.

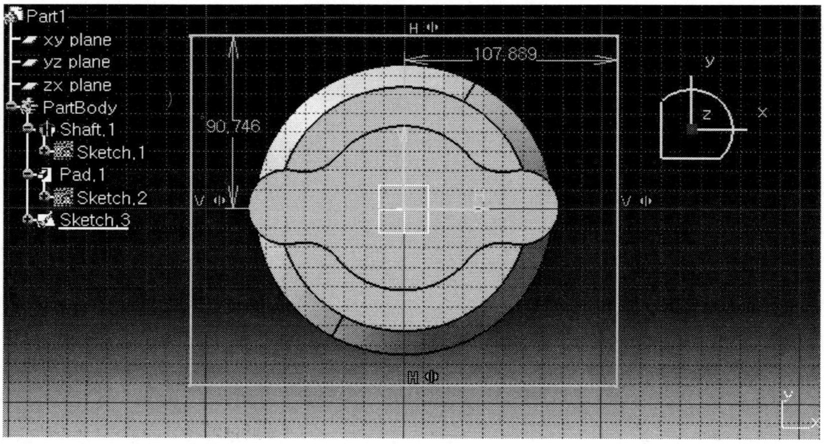

- 다음 그림과 같이 도형의 치수를 더블 클릭하여 수정한다. 치수 수정을 위해 더블 클릭하여 나타나는 Constraint Definition 창의 Value에서 사칙 연산(+, −, ÷, ×)을 포함한 다양한 연산이 가능하므로 편리하게 이용할 수 있다.

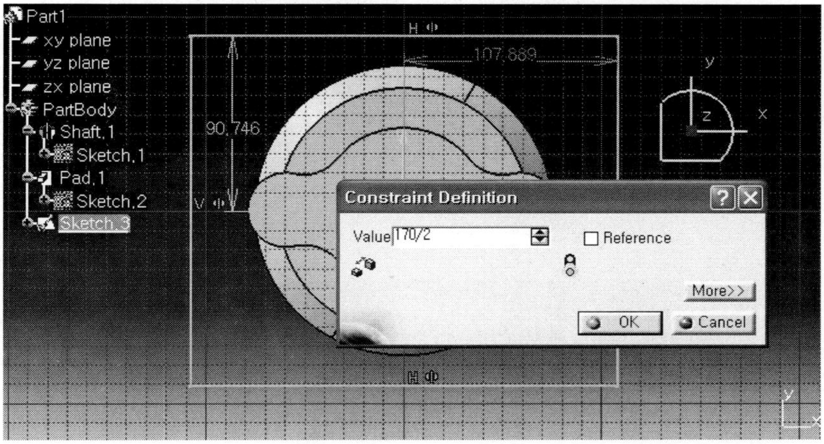

• 다음 그림에서 Sketch. 3이 완성된 것을 보여주고 있다. Exit workbench( )를 클릭하여 Modeling 작업 영역으로 이동한다. Fit All In( )과 Isometric View ( )를 클릭하여 도형의 방향과 배치를 최적의 상태로 조절한다.

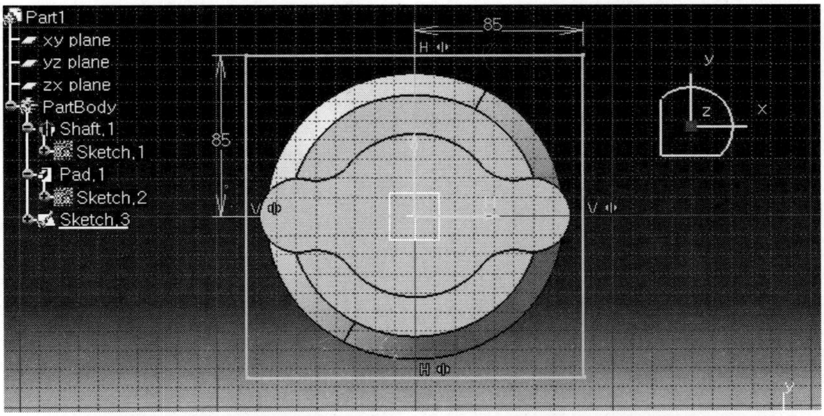

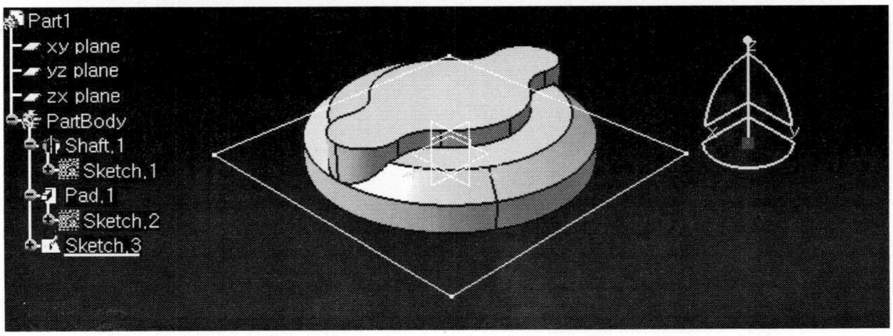

- 지금까지 작성한 Sketch.3을 높이 방향으로 돌출시키기 위해 Tree에서 Sketch.3을 선택하고 Pad(아이콘) 명령을 실행하면 그림과 같이 Pad Definition 창이 나타난다. 이 창에서 Type는 Dimension, Length는 10, 돌출 방향은 아래쪽으로 설정하고 [OK] 버튼을 클릭한다. 여기서 Length를 -10으로 입력하고 돌출 방향을 위쪽으로 설정해도 같은 결과를 얻을 수 있다.

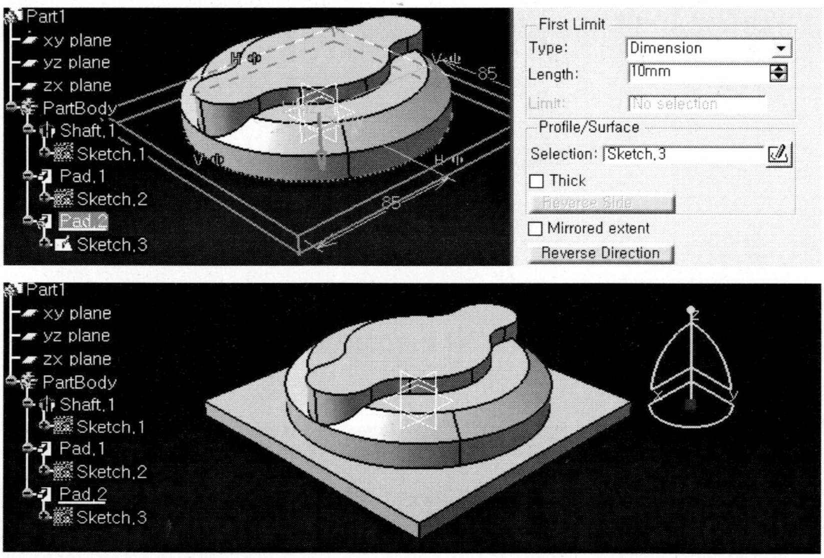

- 생성된 Solid Feature의 모서리를 라운드 처리한다. Edge Fillet(아이콘) 명령을 클릭하여 나타나는 Edge Fillet Definition 창에서 Radius를 5로 입력한다. 그림과 같이 모서리를 선택하고 [OK] 버튼을 클릭한다. Tree에 Edge Fillet. 1이 표시되어 있다.

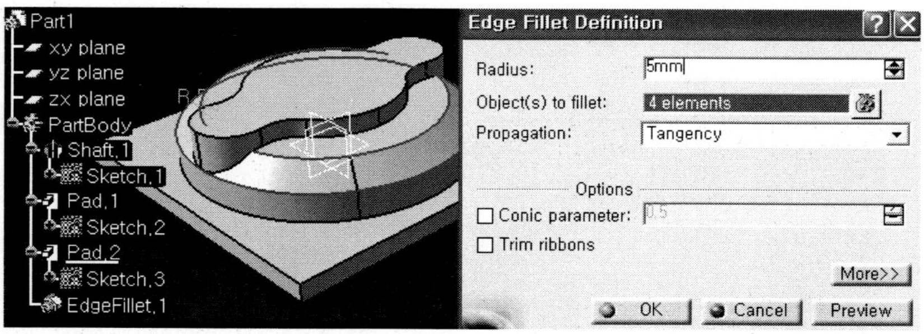

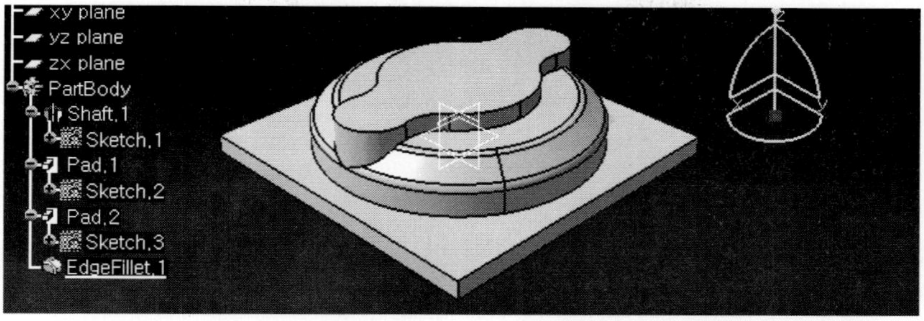

• 다시 Edge Fillet( ) 명령을 클릭한다. 그림과 같이 Edge Fillet Definition 창에서 Radius를 3으로 설정하고 모서리를 선택한 후 [OK] 버튼을 클릭한다. Tree에 Edge Fillet. 2가 표시되어 있다.

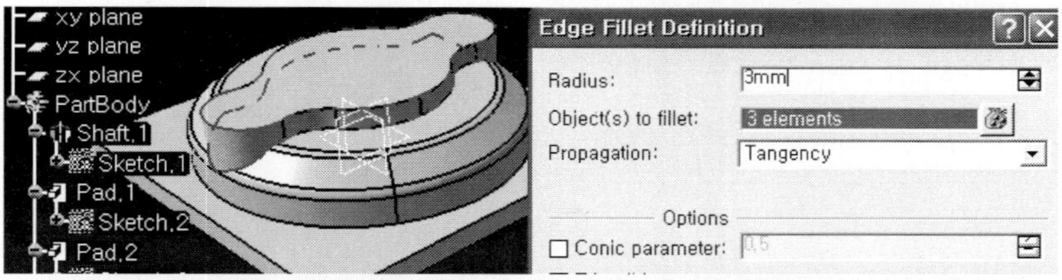

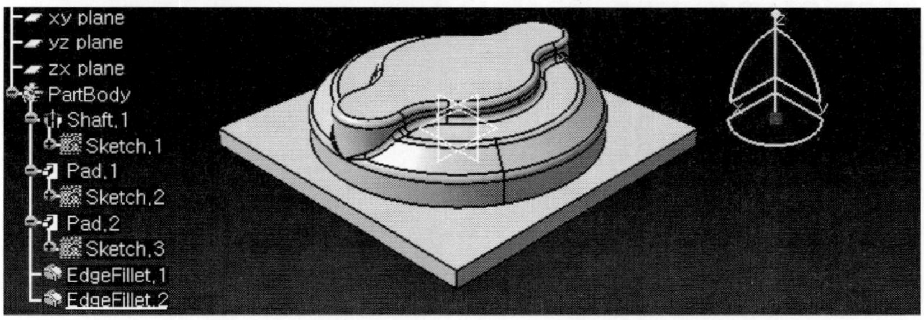

• 다음 그림과 같이 마우스 우측 버튼에 의한 Pop up 메뉴에서 Properties를 선택하여 완성된 Model의 여러 가지 속성을 변경시킬 수 있다.

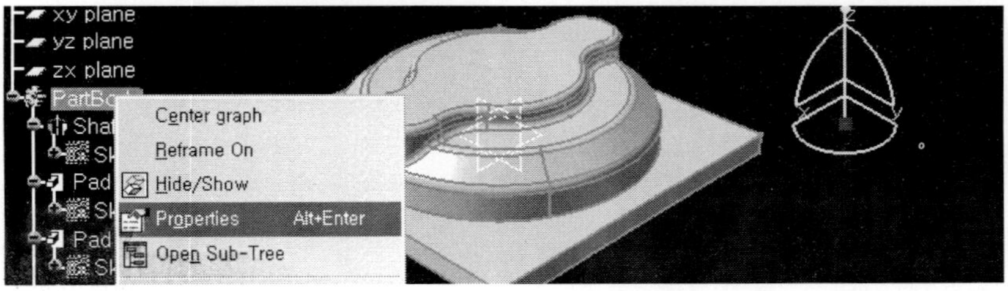

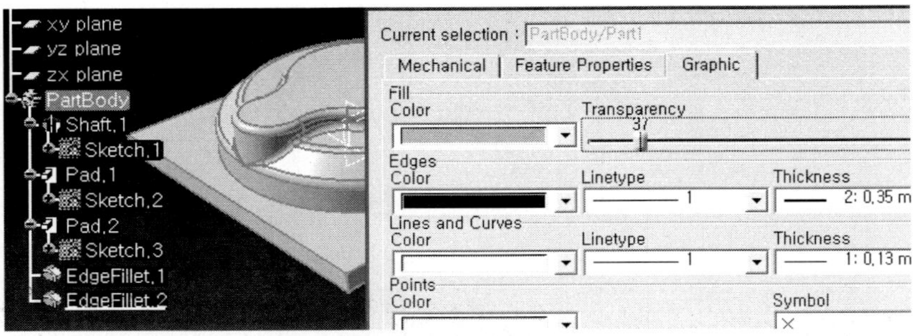

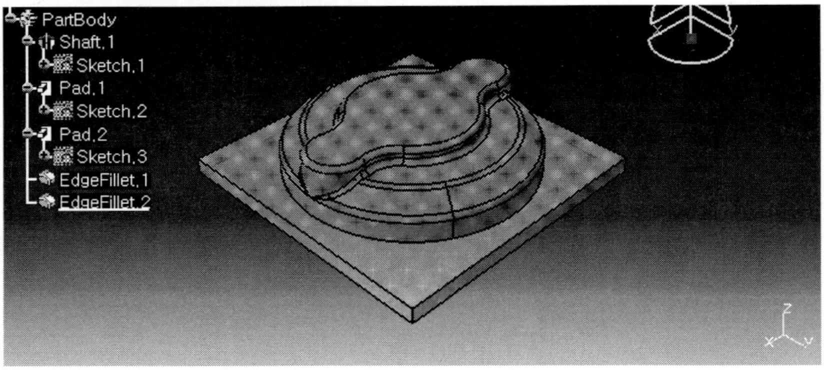

➢ 7.4 Modeling 따라하기 04

- 바탕화면에서 CATIA V5를 실행하여 초기화면으로 들어간다. 초기화면 좌측 상단에 CATIA V5 – [Product1]이라고 표시되어 있다. 여기서 단품을 결합하여 조립할 수 있는 Assembly Design workbench이다.

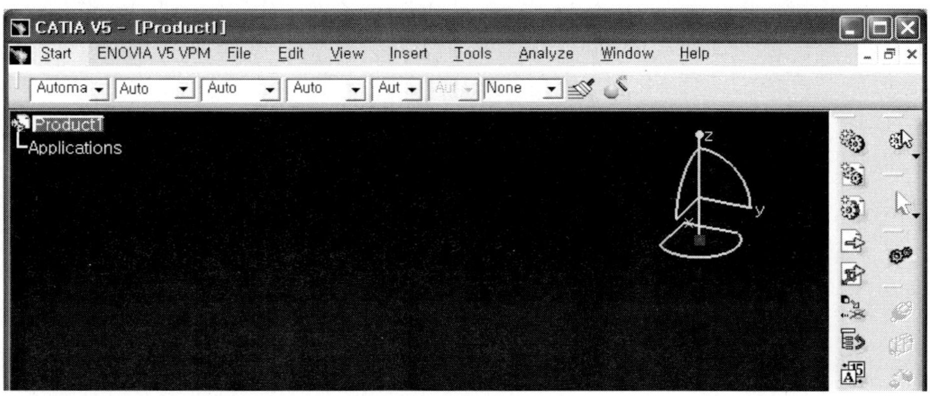

- Solid Feature를 생성 위해 그림과 같이 Start 〉 Mechanical Design 〉 Part

Design을 차례로 선택한다. 또는 Start 〉 Mechanical Design 〉 Sketcher를 선택해도 된다. Sketcher로 시작하여 초기화면으로 들어갔을 때에는 이미 Sketch( ) 명령이 실행 중인 상태이므로 Plane을 지정하면 곧바로 Sketcher workbench로 이동한다. 화면 좌측 상단에 CATIA V5 – [Part1]이라고 표기되어 있다. 여기서 단품을 Modeling하여 Solid Feature를 생성할 수 있다.

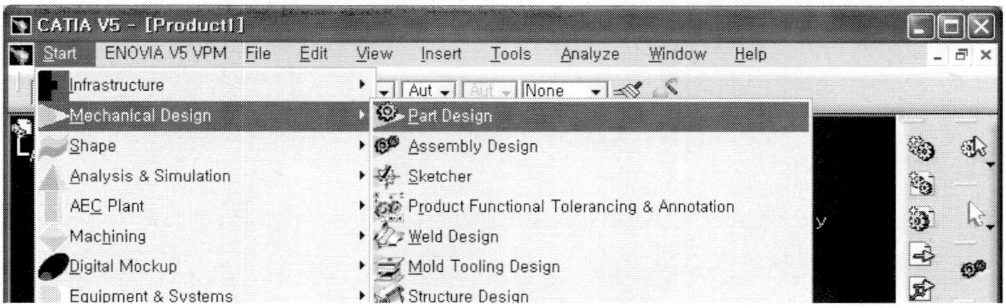

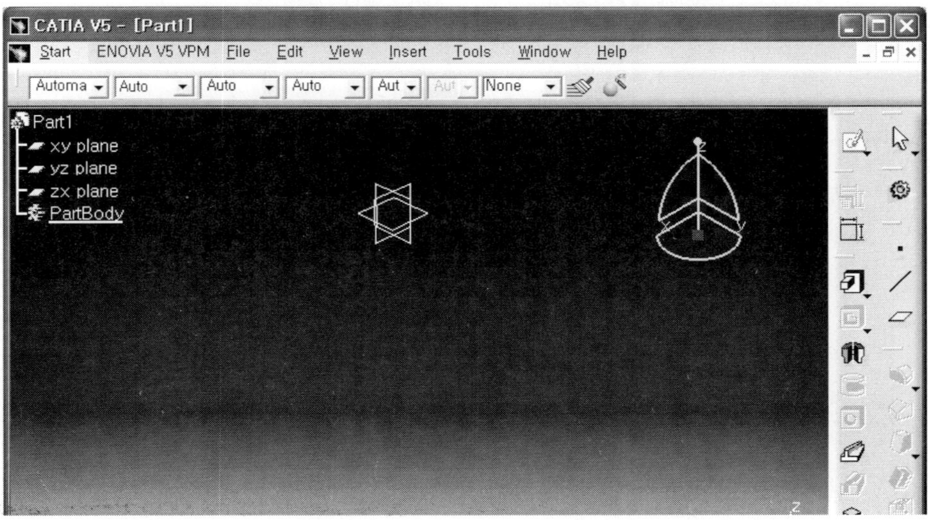

- 또 다른 방법으로 New( ) 명령을 실행하여 나타나는 창에서 Part를 선택하고 [OK] 버튼을 클릭해도 된다.

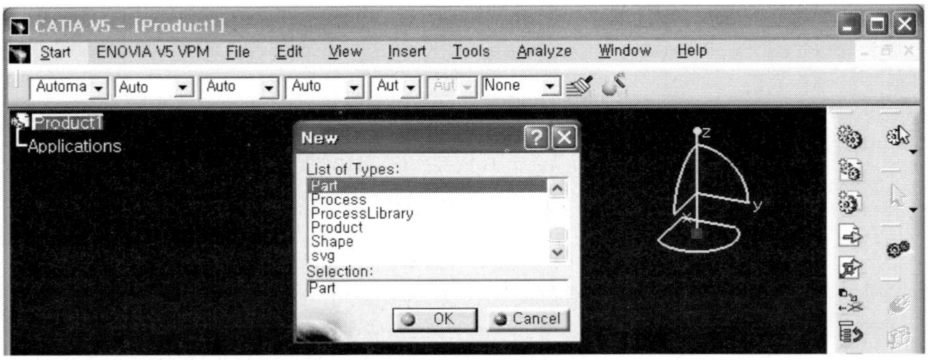

• Part Design에서 단품을 Modeling하기 위해 2차원 단면 Profile을 생성해야 한다. 이를 위해 Sketcher workbench로 이동한다. Profile을 생성할 xy plane을 트리에서 선택하고 Sketch( ) 명령을 실행한다. 다음 그림과 같이 Profile을 작성할 수 있는 초기화면인 Sketch. 1이 트리에 표시된다. 이때 Sketch 평면을 트리에서 선택하는 대신 작업영역에 있는 좌표평면( )을 선택해도 된다.

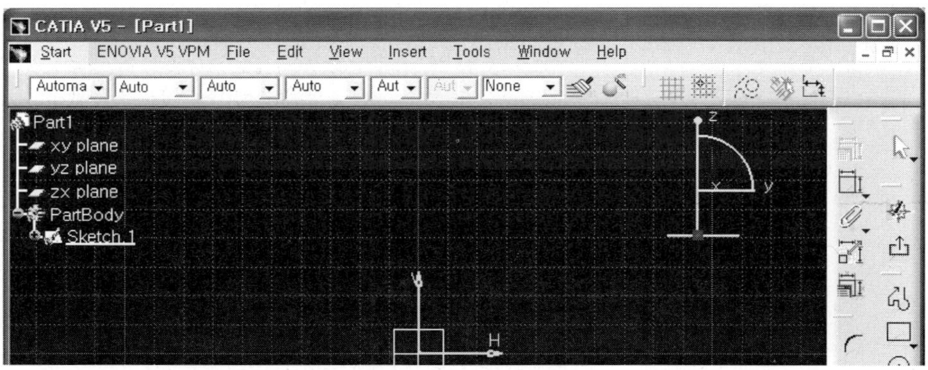

• Sketch를 시작하기 전에 Sketch Tools의 Construction/Standard Element( )는 해제되어 실행하지 않은 상태로 하고, Geometrical Constraints( )는 선택되어 실행 중인 상태로 한다. Zoom In( )과 Zoom Out( )으로 작업 화면을 적절하게 조정한다. Profile( ) 명령을 클릭하여 Sketch 작업을 시작한다. Profile 명령은 기본적으로 직선부터 그릴 수 있도록 설정되어 있다. 따라서 Sketch tools에서 Line( )으로 설정되어 있는 것을 Three Point Arc( )를 클릭하여 변경시킨다. 세 점을 지정하여 첫 번째 곡선을 작성한다. 이때 그림과 같이 수직기준축(V-Direction)과 일치하도록 시작점을 지정한다. 두 번째와 마지막 곡선은

Sketch tools에서 Tangent Arc( )를 클릭하여 작성한다. 특히 마지막 점은 수평기준축(H-Direction)과 반드시 일치하도록 지정해야 한다.

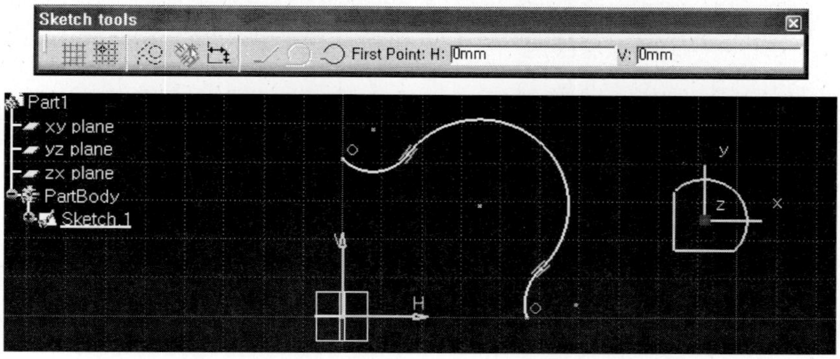

- 도형을 작성하는 과정에서 원점이나 다른 도형 요소에 일치되거나 대칭되는 등과 같이 Profile의 형상이 자동으로 구속되는 현상을 미리 보여준다. 이를 이용하여 원하는 지점을 쉽게 지정할 수 있지만, 의도하지 않았거나 불필요한 구속을 생성할 수도 있다. 이를 피하기 위해 마우스 포인터를 조금 옆으로 이동시킨 지점을 선택하지만, 형상이 복잡하거나 도형 요소가 많은 경우 이러한 현상을 피한다는 것이 어려울 때가 많다. 이러한 경우 [Shift] 키를 누른 상태에서 원하는 점을 지정하면 된다.
- 대략적인 Profile이 완성되었으므로 다음 단계로 형상 구속을 실행한다. 첫 번째 작성한 곡선의 중심은 수직기준축(V-Direction)과 일치시키고, 마지막 곡선의 중심은 수평기준축(H-Direction)과 일치시킨다. 먼저 첫 번째 작성한 곡선의 중심과 수직기준축(V-Direction)을 동시에 선택한 상태에서 형상을 구속시키는 명령인 Constraints Defined In Dialog Box( )를 클릭한다. Constraint Definition 창에서 Coincidence를 설정하고 [OK] 버튼을 클릭한다.

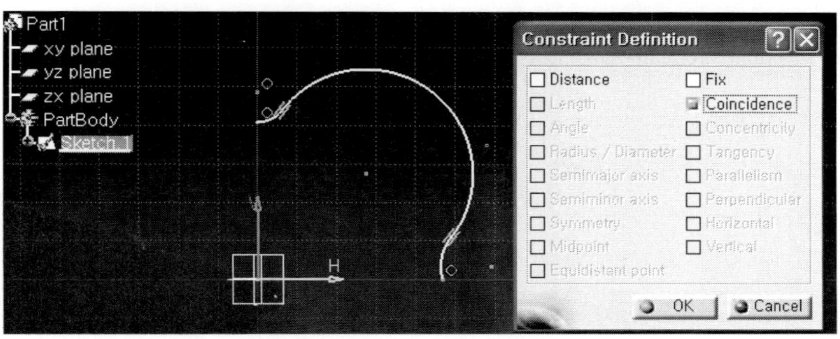

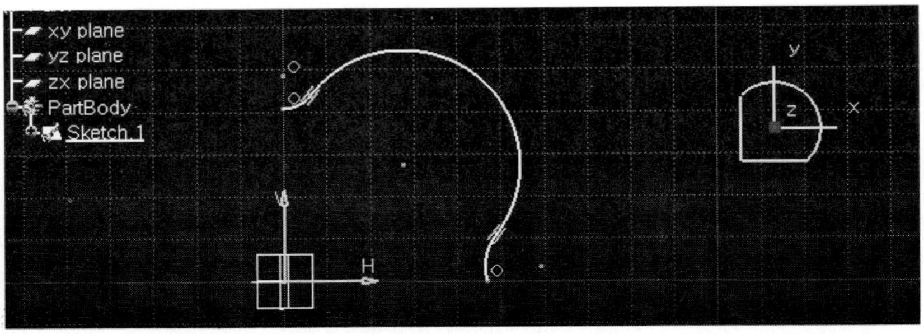

• 마찬가지 방법으로 마지막에 작성한 곡선의 중심과 수직기준축(V-Direction)을 동시에 선택한 상태에서 형상을 구속시키는 명령인 Constraints Defined In Dialog Box(▣)를 클릭한다. Constraint Definition 창에서 Coincidence를 설정하고 [OK] 버튼을 클릭한다.

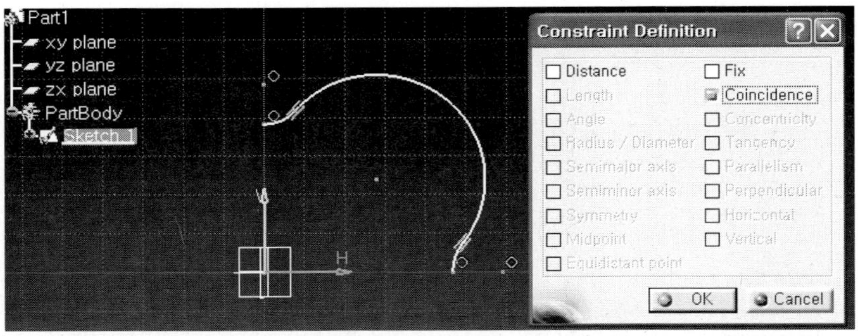

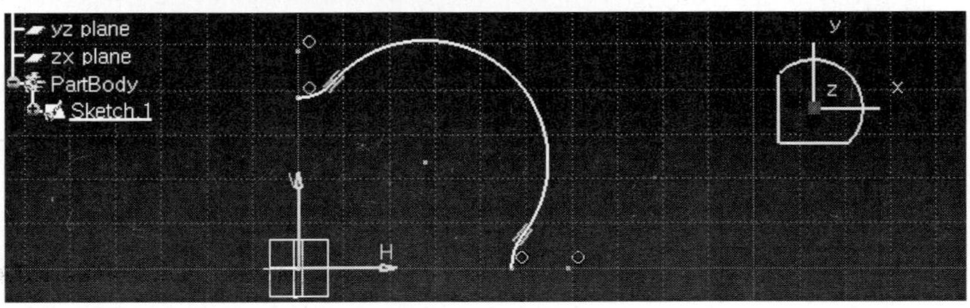

• 형상에 관한 구속이 완료되었으므로 치수를 구속한다. Constraint(▣)를 더블 클릭하여 그림과 같이 치수를 구속한다. 형상과 치수에 대한 구속이 완료되면 모든 도형 요소가 녹색으로 변한다.

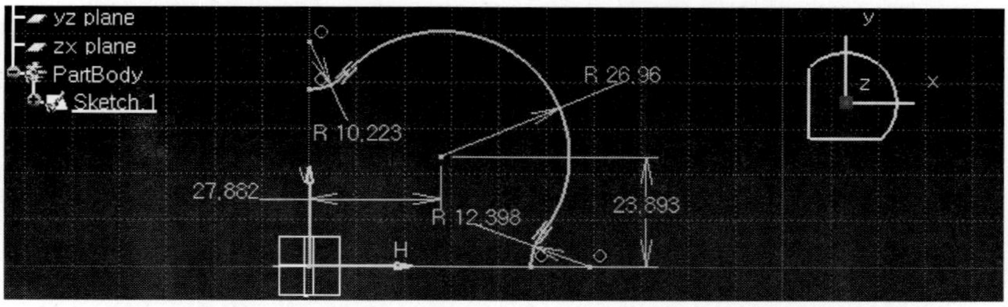

• 다음 그림과 같이 단면 프로파일의 치수를 각각 더블 클릭하여 수정한다.

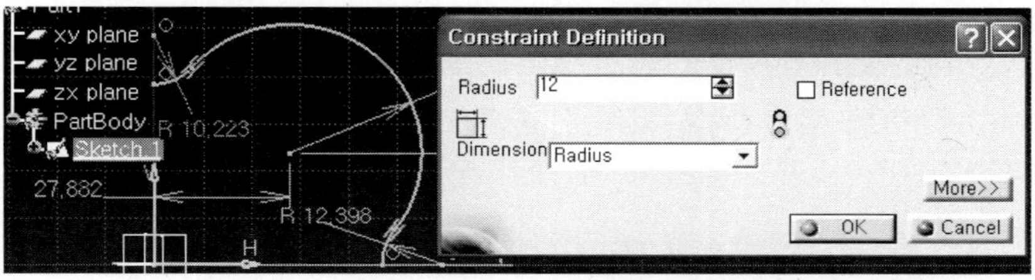

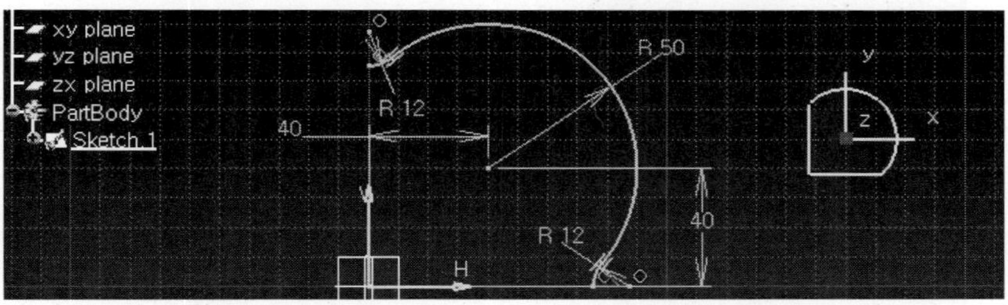

• 수직기준축(V-Direction)을 기준으로 도형을 대칭 복사한다. 먼저 [Ctrl] 키를 누른 상태에서 대칭시킬 도형 요소를 모두 선택하고 Mirror( ) 명령을 클릭한다. 대칭 기준이 되는 수직기준축을 선택하면 그림과 같이 대칭 복사가 완료된다.

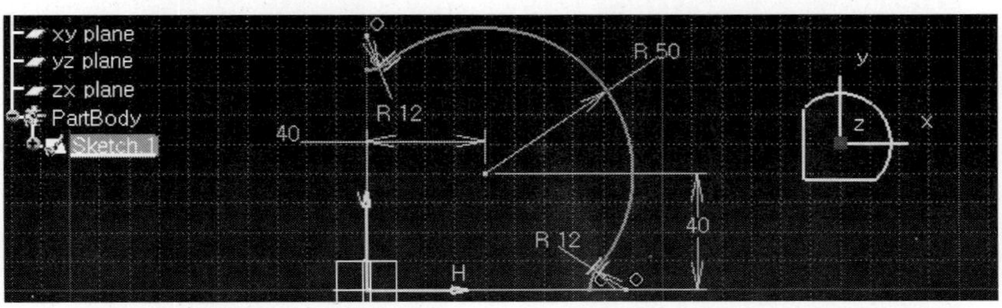

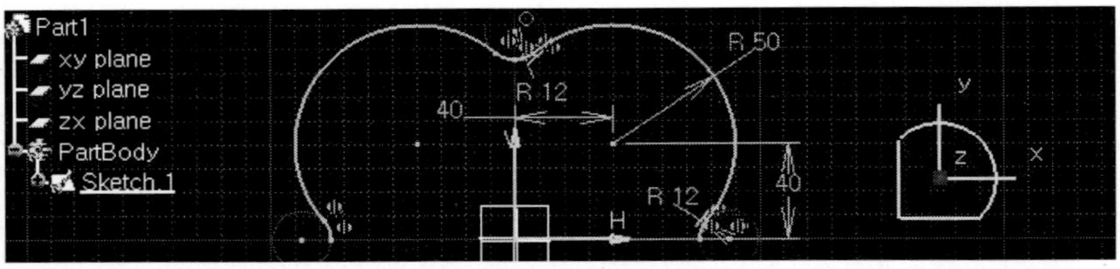

• 앞에서와 같은 방법으로 수평기준축(H-Direction)을 기준으로 도형을 대칭 복사한다. 대칭시킬 도형 요소를 모두 선택하고 Mirror( ) 명령을 클릭한다. 이때 서로 연결된 도형 요소만을 한꺼번에 선택하는 다른 방법을 알아본다. 먼저 대칭 복사할 도형 요소 중에서 하나를 선택하여 마우스 포인터를 올려놓고 마우스 우측 버튼에 의한 메뉴가 나타도록 한다. 메뉴에서 Circle. 2 object 〉 Auto Search를 차례로 선택하면 연결된 모든 도형 요소가 선택된다. 끝으로 대칭 기준이 되는 수평기준축을 선택하면 그림과 같이 대칭 복사가 완료된다.

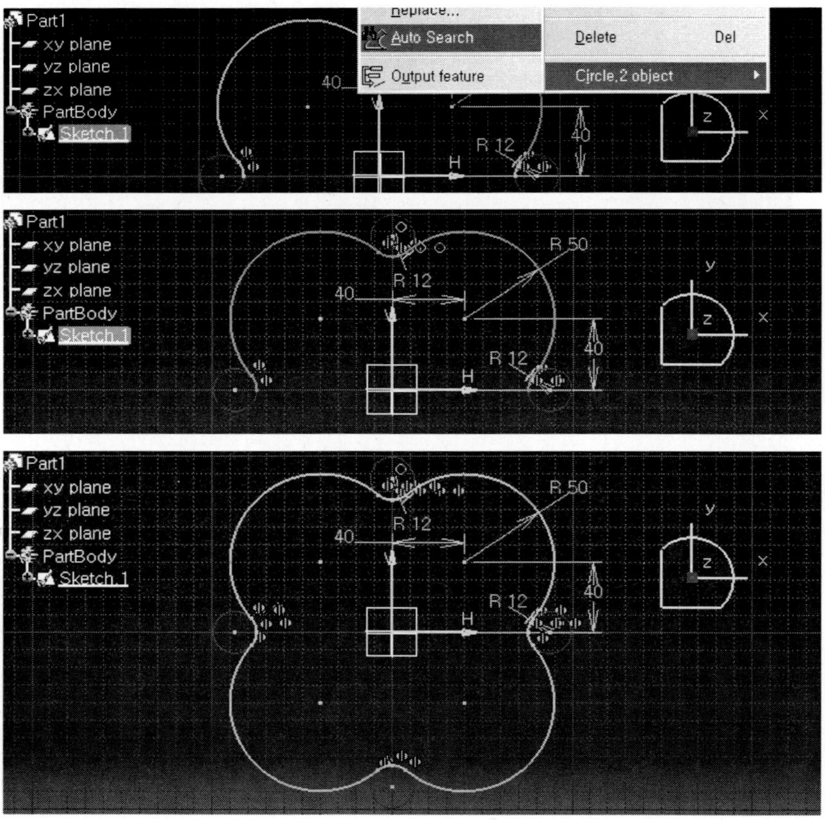

• Sketch. 1이 완성되었으므로 Exit workbench( )를 클릭하여 Modeling 작업 영역으로 이동한다. Fit All In( )과 Isometric View( )를 클릭하여 도형의 방향과 배치를 최적의 상태로 한다.

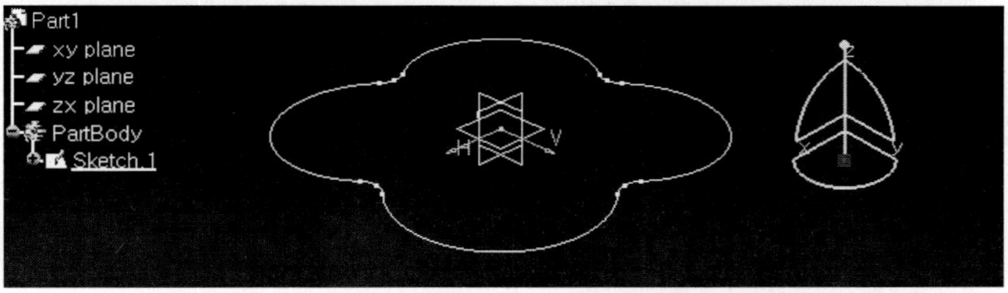

• Circle 4개를 생성하기 위해 xy plane을 선택하고 Sketch( ) 명령을 실행한다. 그림과 같이 Profile을 작성할 수 있는 초기화면인 Sketch. 2가 트리에 표시된다.

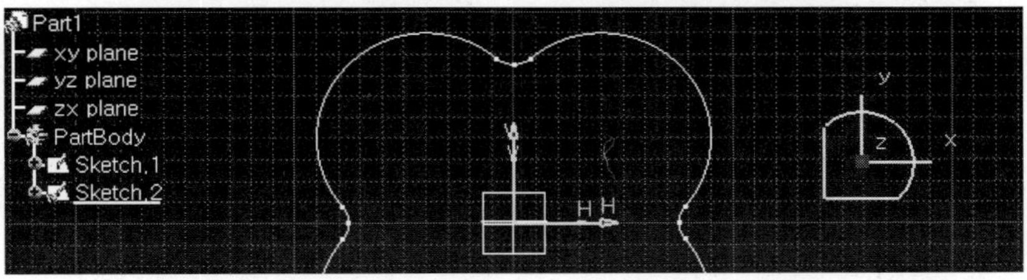

• Sketch. 2에서 원을 작성하기 위해 Circle( ) 명령을 클릭한다. 그림과 같이 중심을 지정하고 반지름을 설정하여 한 개의 원을 생성한다.

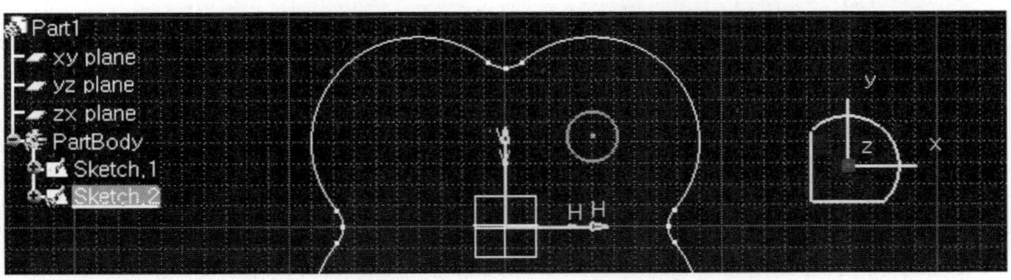

• 형상에 관한 구속이 불필요하므로 곧바로 치수를 구속한다. Constraint( )를 더블 클릭하여 그림과 같이 치수를 구속한다. 치수에 대한 구속이 완료되면 모든 도형 요소가 녹색으로 변한다.

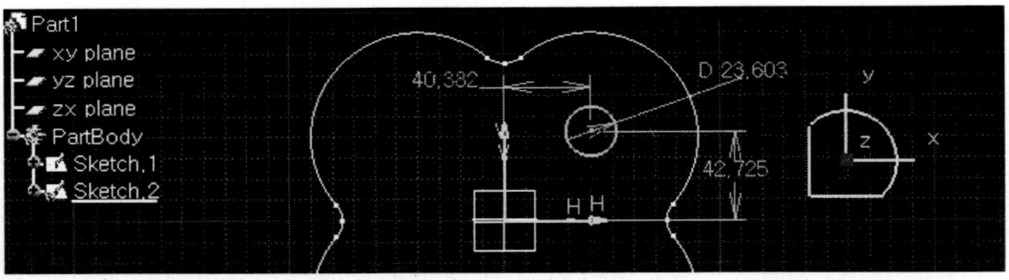

• 다음 그림과 같이 도형의 모든 치수를 각각 더블 클릭하여 수정한다.

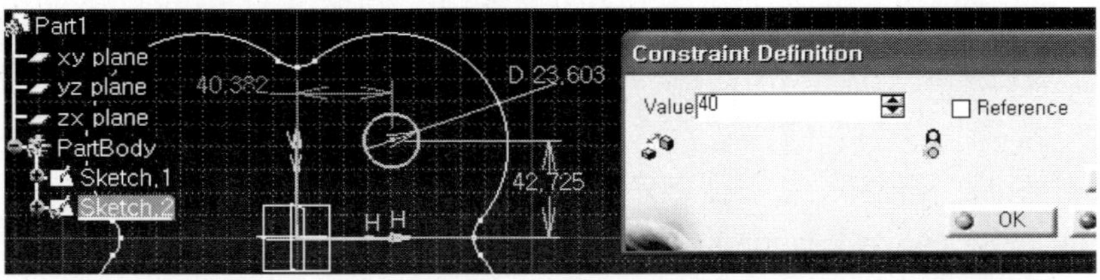

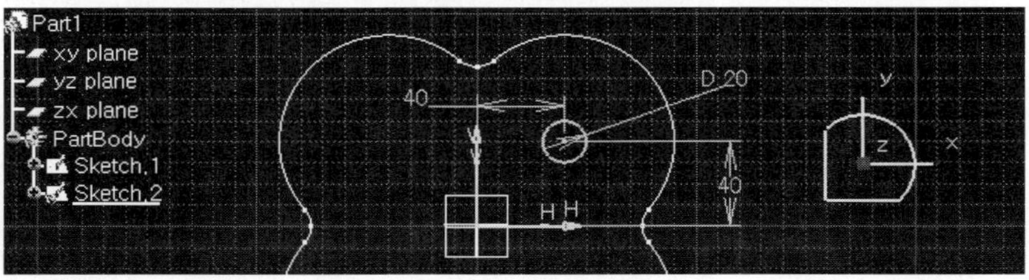

• 수직기준축(V-Direction)을 중심으로 도형을 대칭 복사한다. 먼저 [Ctrl] 키를 누른 상태에서 대칭시킬 Circle을 선택하고 Mirror( ) 명령을 클릭한다. 수직기준축을 선택하면 그림과 같이 대칭 복사가 완료된다.

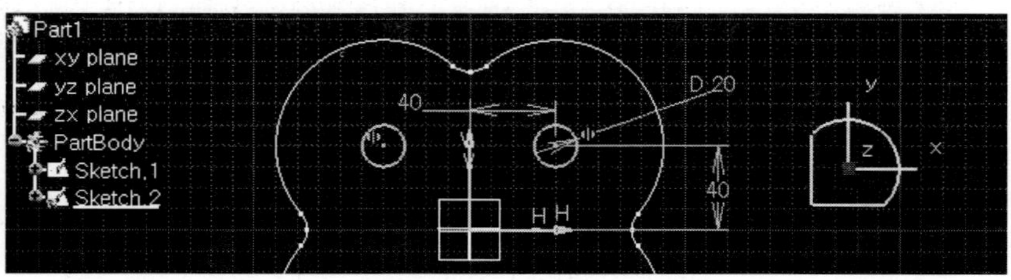

• 이번에는 수평기준축(H-Direction)을 중심으로 두 개의 원을 대칭 복사한다. 먼저 [Ctrl] 키를 누른 상태에서 대칭시킬 두 개 원을 동시에 선택하고 Mirror( ) 명령을 클릭한다. 수평기준축을 선택하면 그림과 같이 대칭 복사가 완료된다.

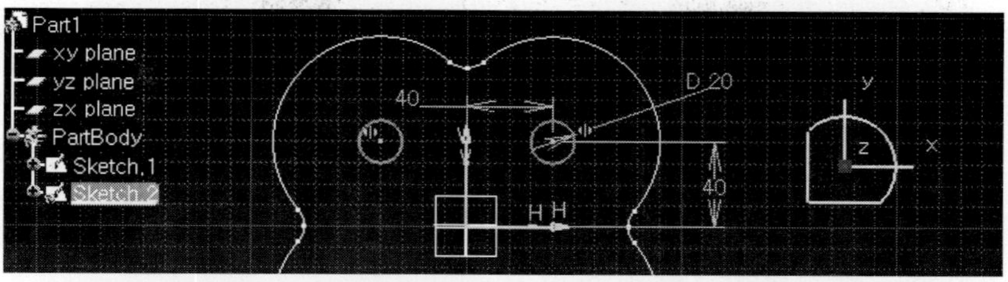

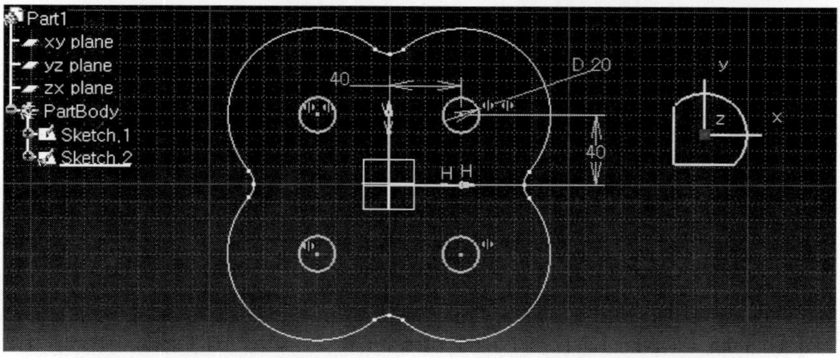

• Sketch. 2가 완성되었으므로 Exit workbench( )를 클릭하여 Modeling 작업 영역으로 이동한다. Fit All In( )과 Isometric View( )를 클릭하여 도형의 방향과 배치를 최적의 상태로 한다.

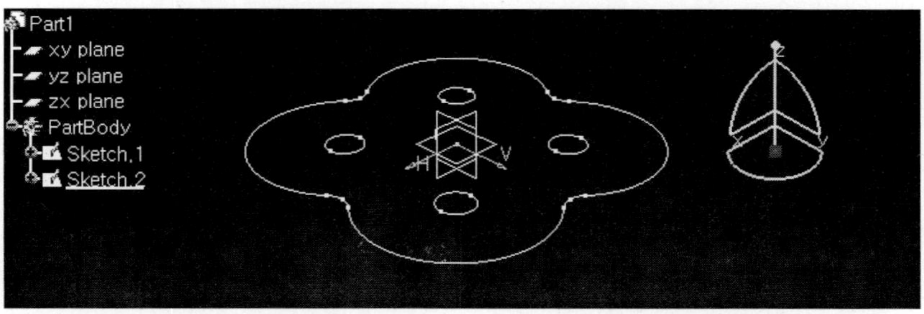

• 좌표축의 원점에 Circle을 생성하기 위해 xy plane을 선택하고 Sketch( ) 명령을 실행한다. 그림과 같이 Profile을 작성할 수 있는 초기화면인 Sketch. 3이 트리에 표시된다.

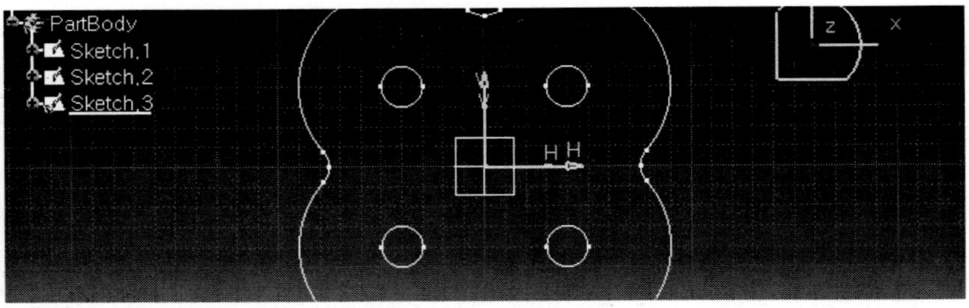

• Sketch. 3에서 원을 작성하기 위해 Circle( ) 명령을 클릭한다. 그림과 같이 좌표축의 원점에 원의 중심을 지정하고 반지름을 설정하여 원을 생성한다.

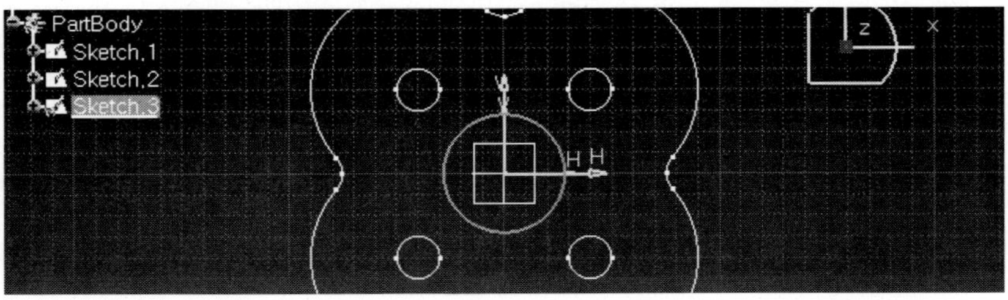

• 형상 구속이 필요 없으므로 치수를 구속하도록 한다. Constraint( )를 클릭하여 그림과 같이 치수를 구속하고 수정한다. 치수에 대한 구속이 완료되면 도형 요소가 녹색으로 변한다.

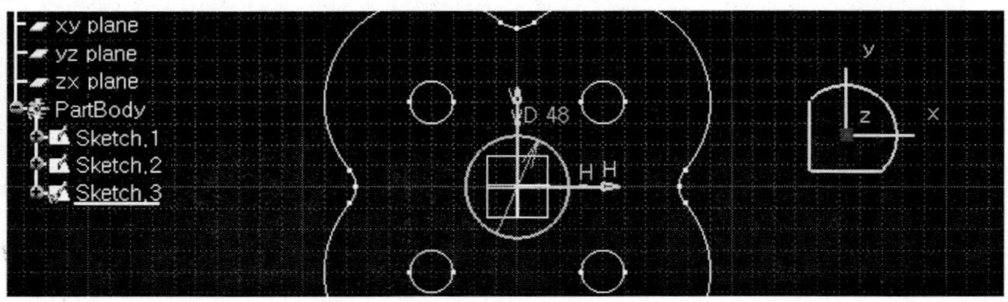

• Sketch. 3이 완성되었으므로 Exit workbench( )를 클릭하여 Modeling 작업 영역으로 이동한다. Fit All In( )과 Isometric View( )를 클릭하여 도형의 크기와 방향을 새롭게 배치한다.
• 직사각형을 작성하기 위해 xy plane을 트리에서 선택하고 Sketch( ) 명령을 실행한다. 그림과 같이 Profile을 작성할 수 있는 초기화면인 Sketch. 4가 트리에

표시된다.

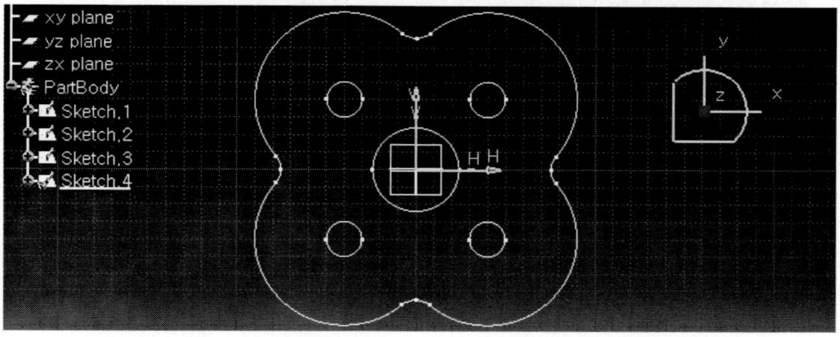

- Sketch. 4에서 직사각형을 작성하기 위해 Rectangle(□) 명령을 클릭한다. 그림과 같이 First Point와 Second Point를 대각선 방향으로 지정한다.

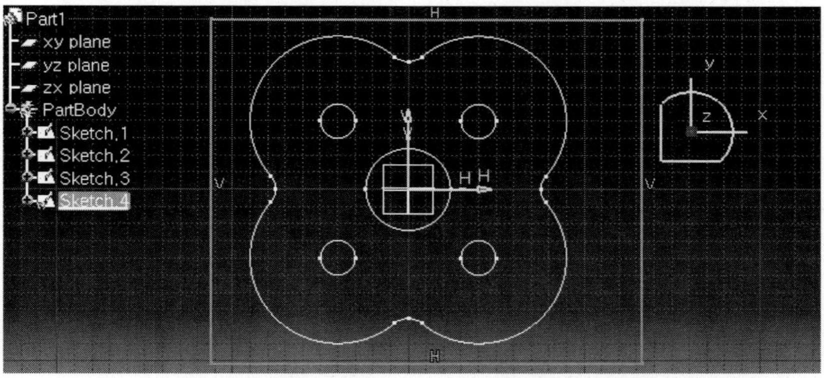

- 직사각형의 형상 구속조건 중에서 수평기준축(H-Direction)을 중심으로 상하 대칭되도록 구속시킨다. [Ctrl] 키를 누른 상태에서 대칭시킬 두 개의 수평선을 먼저 선택한 후 수평기준축을 나중에 선택한다. Constraints Defined In Dialog Box( )를 클릭하면 그림과 같이 Constraint Definition 창이 나타난다. 이 창에서 Symmetry를 설정하고 [OK] 버튼을 클릭하면 수평기준축을 중심으로 상하 대칭이 된다.

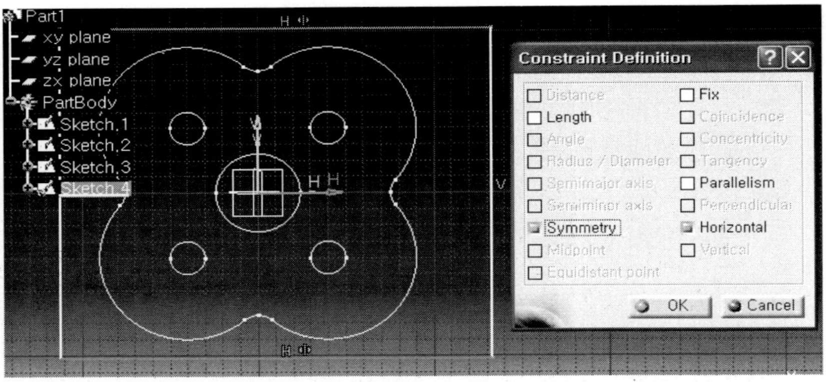

- 마찬가지 방법으로 수직기준축(V-Direction)을 중심으로 좌우 대칭되도록 구속시킨다. [Ctrl] 키를 누른 상태에서 대칭시킬 두 개의 수직선을 먼저 선택한 후 수직기준축을 나중에 선택한다. Constraints Defined In Dialog Box()를 클릭하면 그림과 같이 Constraint Definition 창이 나타난다. 이 창에서 Symmetry를 설정하고 [OK] 버튼을 클릭하면 수직기준축을 중심으로 좌우 대칭이 된다.

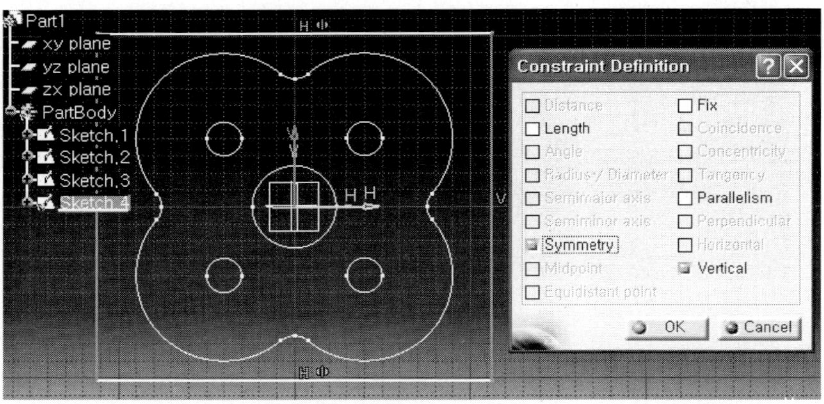

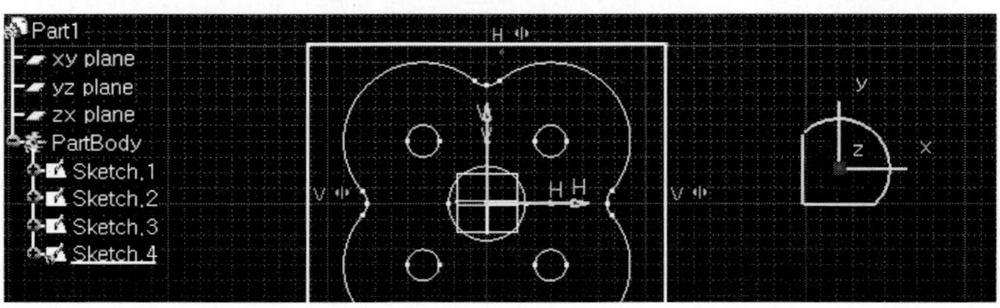

- 형상에 관한 구속은 완료하였으므로 치수를 구속하기 위해 Constraint()를 더

블 클릭한다. 그림과 같이 H-Direction과 V-Direction을 기준으로 수평 및 수직 거리를 구속한다. 형상과 치수에 대한 구속이 완료되면 모든 도형 요소가 녹색으로 변한다.

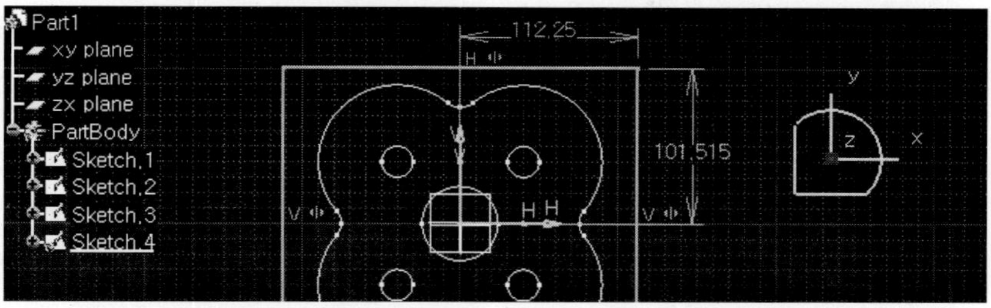

- 다음 그림과 같이 도형의 치수를 더블 클릭하여 수정한다. 치수 수정을 위해 더블 클릭하여 나타나는 Constraint Definition 창의 Value에서 사칙 연산이 가능하므로 편리하게 이용할 수 있다.

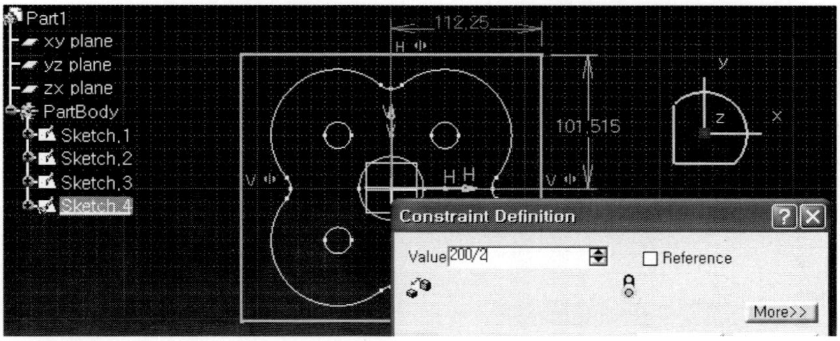

- Sketch. 4가 완성된 것을 다음 그림에서 보여주고 있다. Exit workbench( )를 클릭하여 Modeling 작업 영역으로 이동한다. Fit All In( )과 Isometric View ( )를 클릭하여 도형의 방향과 배치를 최적의 상태로 조절한다.

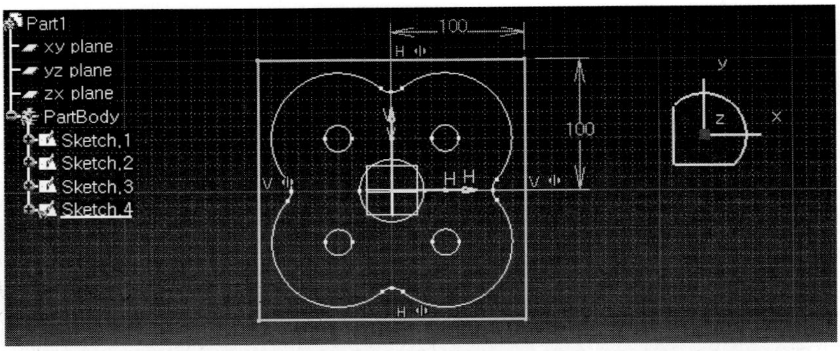

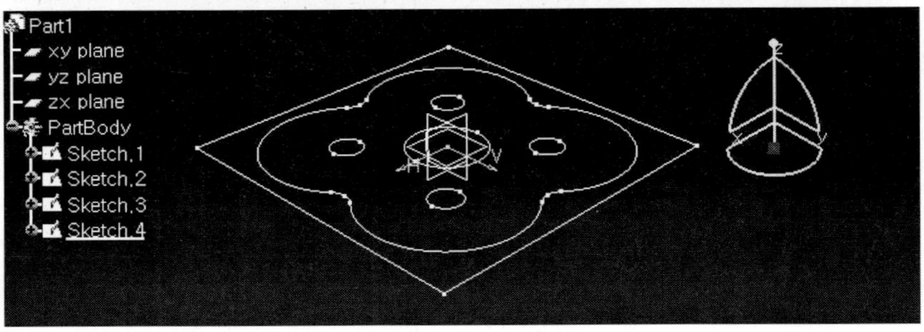

- 지금까지 Part Design workbench에서 Solid Feature를 생성하였다. 이제부터 곡면 생성을 위해 Wireframe and Surface Design workbench로 이동한다. Start 〉 Mechanical Design 〉 Wireframe and Surface Design을 차례로 선택한다.

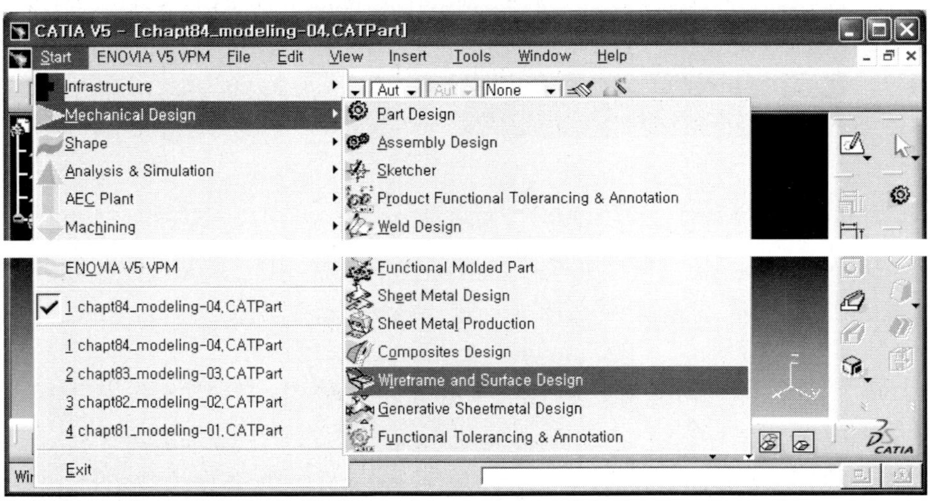

- 곡면을 생성할 수 있는 Wireframe and Surface Design workbench를 다음 그림

에서 보여주고 있다. 툴바의 모든 아이콘이 Surface를 생성하기 위한 명령으로 구성되어 있다.

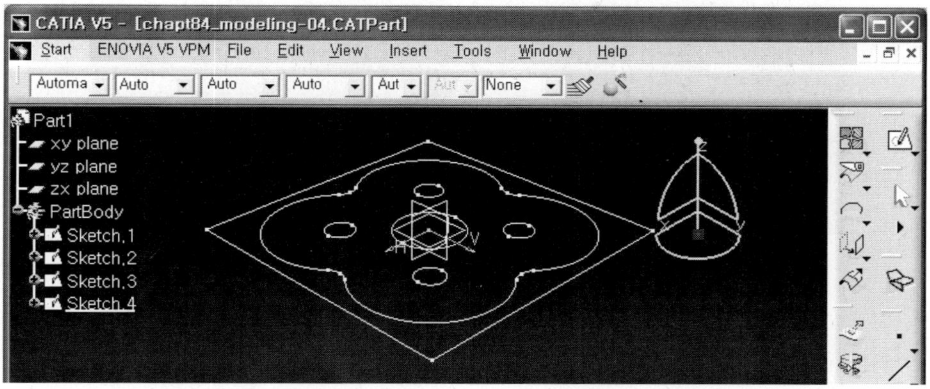

- 곡선을 작성하기 위해 yz plane을 트리에서 선택하고 Sketch( ) 명령을 실행하면 그림과 같이 초기화면인 Sketch. 5가 트리에 표시된다.

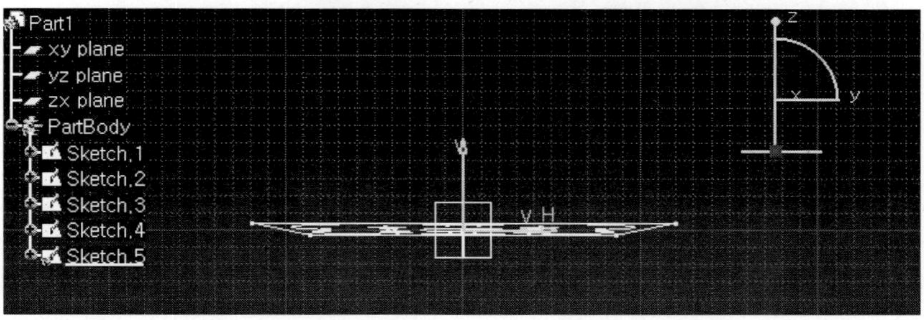

- Sketch. 5에서 호(Arc)를 작성하기 위해 Three Point Arc( ) 명령을 클릭한다. 그림과 같이 시작점을 수직기준축(V-Direction)에 일치시키고 나머지 2개의 점을 지정하여 호를 생성한다.

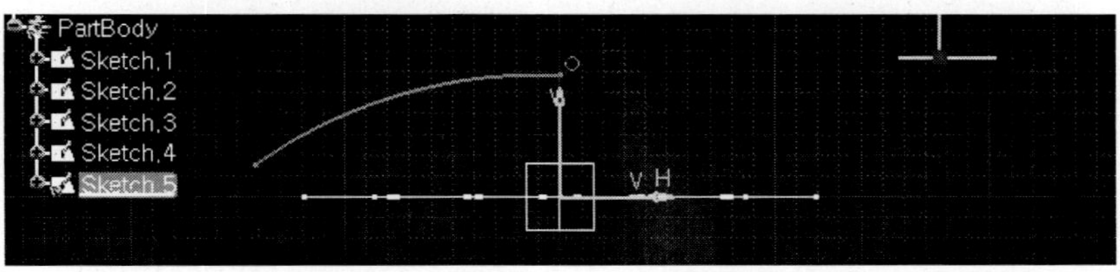

- Arc의 중심을 수직기준축(V-Direction)에 일치시키기 위해 [Ctrl] 키를 누른 상태에서 Arc의 중심과 수직기준축을 선택한다.

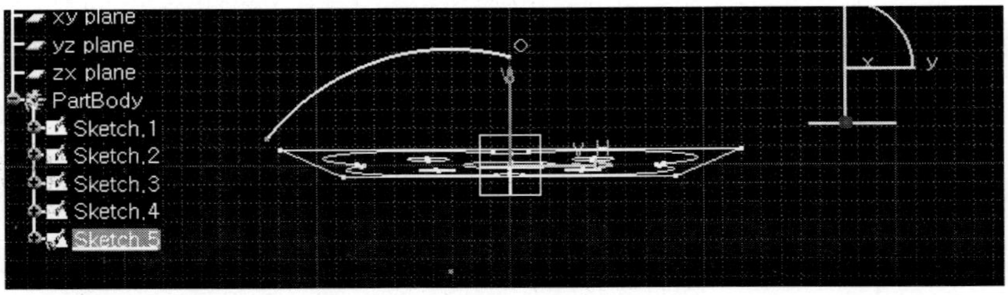

- Constraints Defined In Dialog Box( )를 클릭하면 그림과 같이 Constraint Definition 창이 나타난다. 이 창에서 Coincidence를 설정하고 [OK] 버튼을 클릭하면 Arc의 중심이 수직기준축에 일치 된다.

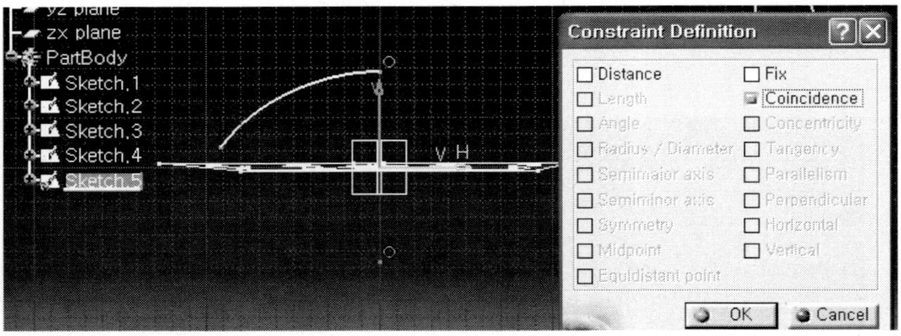

- 형상에 관한 구속이 완료 되었으므로 곧바로 치수를 구속한다. Constraint( )를 더블 클릭하여 그림과 같이 치수를 구속한다. 치수에 대한 구속이 완료되면 모든 도형 요소가 녹색으로 변한다.

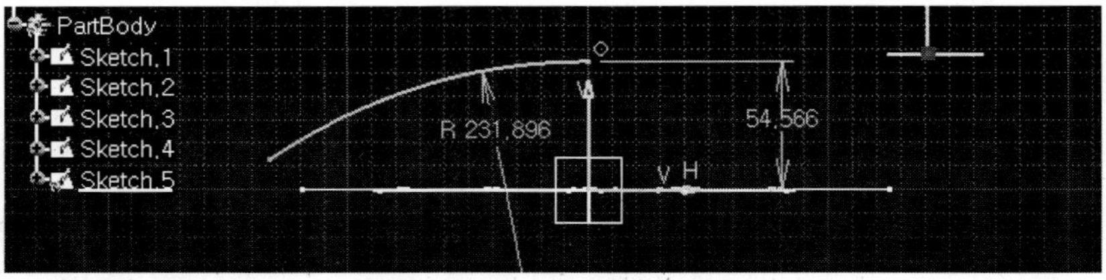

- 다음 그림과 같이 도형의 모든 치수를 각각 더블 클릭하여 수정한다.

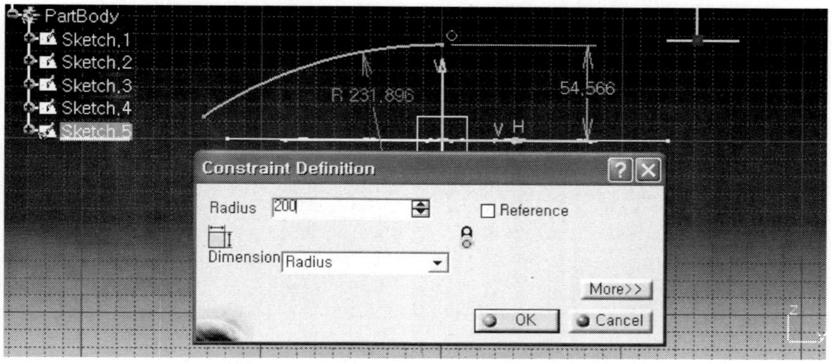

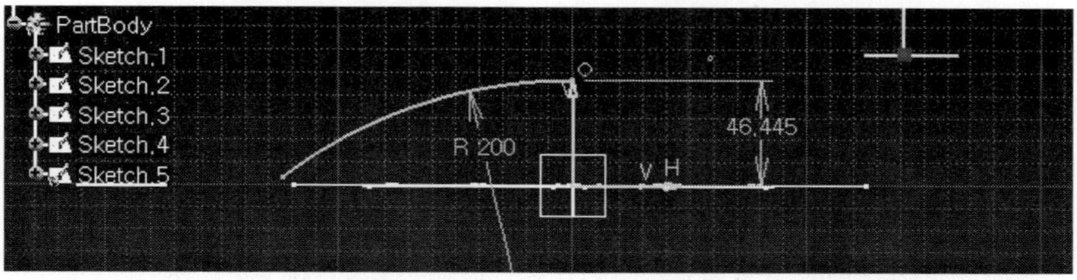

• 지금 작성하고 있는 곡선은 Wireframe and Surface Design에서 Revolve( ) 명령으로 회전 곡면을 생성할 예정이다. Axis( ) 명령으로 V-Direction과 일치하는 회전 중심선을 생성한다.

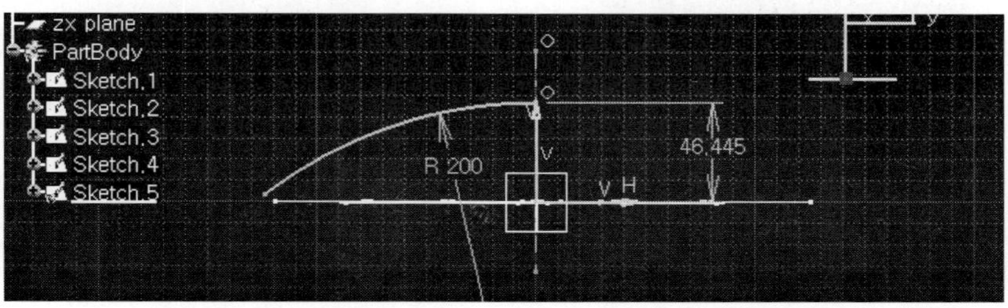

· Sketch. 5가 완료되었으므로 Exit workbench( )를 클릭하여 3차원 Modeling 영역으로 이동한다. Fit All In( )과 Isometric View( )를 클릭하여 도형의 방향과 배치를 최적의 상태로 조절한다.

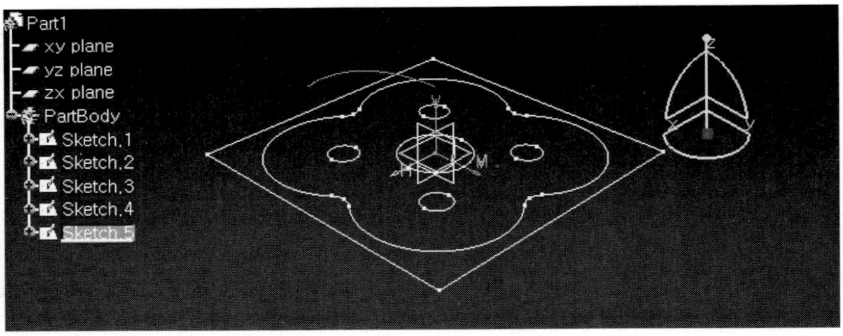

• 지금까지 작성한 곡선을 회전시켜 곡면을 생성한다. 트리에서 Sketch. 5를 선택하고 Revolve( ) 명령을 클릭하면 그림과 같이 Revolution Surface Definition 창이 나타난다. Angle 1에 360을 입력하여 실행시키면 회전 곡면이 완성된다.

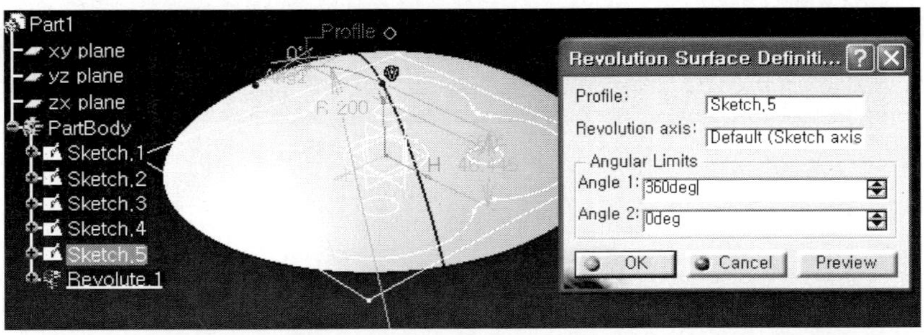

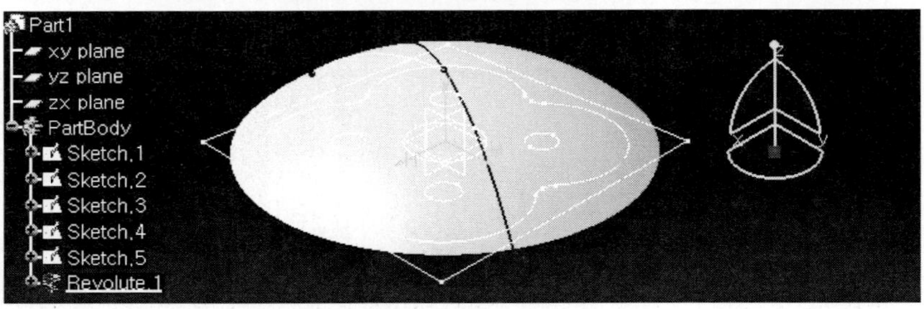

• Wireframe and Surface Design workbench에서 회전 곡면 생성을 완료하였다. 메뉴에서 Start 〉 Mechanical Design 〉 Part Design을 차례로 선택하여 다시 Part Design workbench로 되돌아간다. 트리에서 Sketch.1을 선택하고 Pad( ) 명령을 클릭한다. 그림과 같이 Pad Definition 창에서 Type은 Up to surface, Limit는 Revolute. 1로 설정하고 [OK] 버튼을 클릭한다.

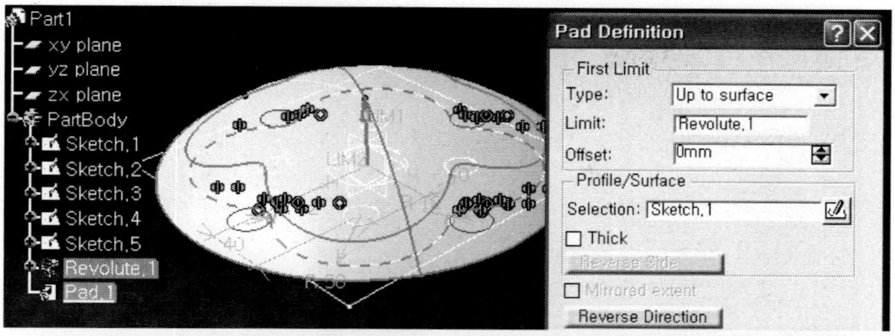

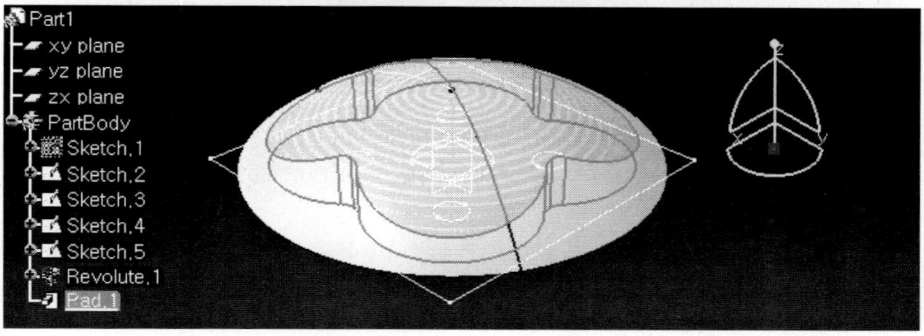

• 이제부터는 Wireframe and Surface Design workbench에서 생성한 회전 곡면이 더 이상 필요하지 않으므로 다음 그림과 같이 마우스 우측 버튼에 의한 메뉴를 이용하여 숨기도록 한다.

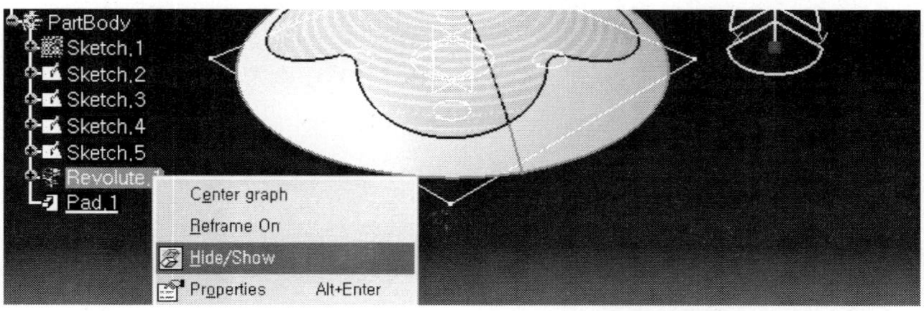

• 지금까지 작성한 Sketch. 2를 높이 방향으로 돌출시켜 Solid Feature를 생성하도록 한다. 트리에서 Sketch. 2를 선택하고 Pad( ) 명령을 클릭하면 그림과 같이 Pad Definition 창이 나타난다. 이 창에서 Type은 Dimension, Length는 50으로 설정하고 [OK] 버튼을 클릭한다. Feature의 돌출 방향은 작업 영역의 화살표를 직접 클릭하거나 창에 있는 Reverse Direction 버튼을 선택하여 변경할 수 있다.

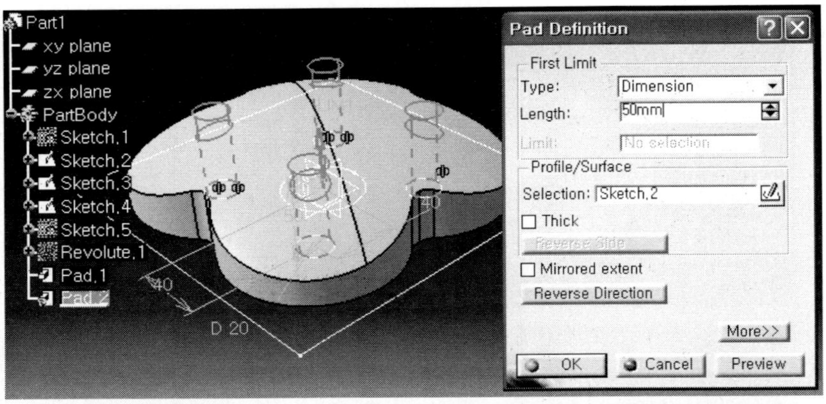

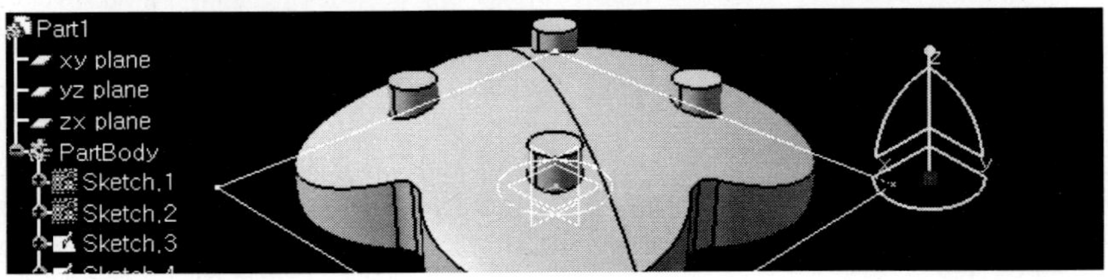

• Sketch. 3을 Pocket 명령으로 처리하여 Solid Feature의 일부분을 제거한다. 트리에서 Sketch. 3을 선택하고 Pocket( ) 명령을 클릭하면 그림과 같이 Pocket Definition 창이 나타난다. 이 창에서 [More] 버튼을 클릭하여 확대시킨다. First Limit에서 Type은 Up to surface, Limit은 Revolute. 1로 설정한다. Second Limit에서 Type은 Dimension, Limit은 −21로 설정하고 [OK] 버튼을 클릭한다. Pad 명령과 마찬가지로 Solid Feature를 제거하는 방향은 작업 영역의 화살표를 직접 클릭하거나 Pocket Definition 창에 있는 Reverse Direction 버튼을 클릭하여 변경할 수 있다.

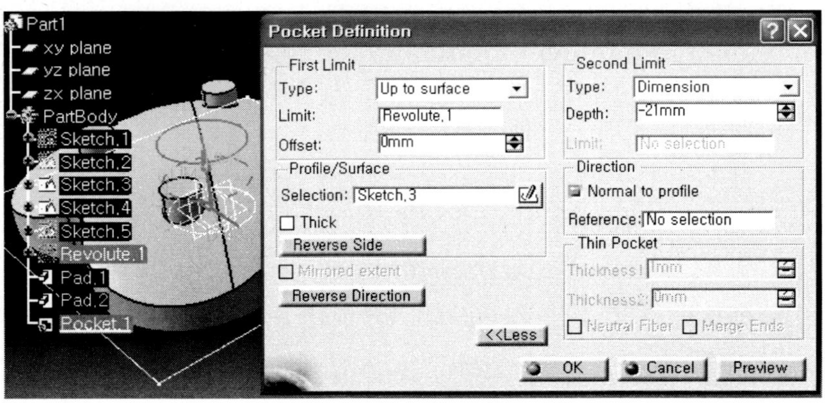

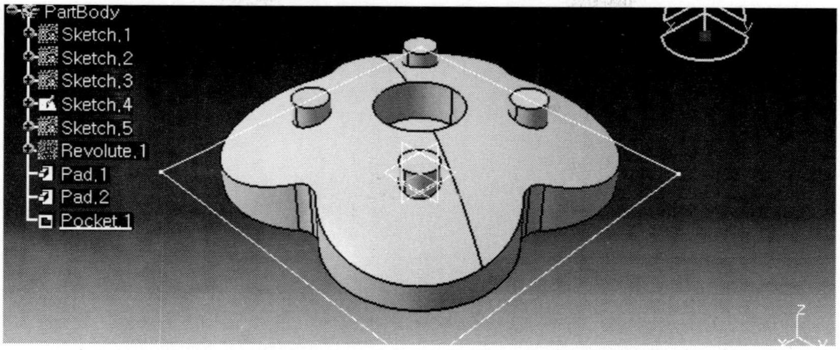

- Sketch. 4를 높이 방향으로 돌출시키기 위해 Tree에서 Sketch. 4를 선택하고 Pad( ) 명령을 실행하면 그림과 같이 Pad Definition 창이 나타난다. 이 창에서 Type는 Dimension, Length는 10, 돌출 방향은 아래쪽으로 설정하고 [OK] 버튼을 클릭한다. 여기서 Length를 -10으로 입력하고 돌출 방향을 위쪽으로 설정해도 같은 결과를 얻을 수 있다.

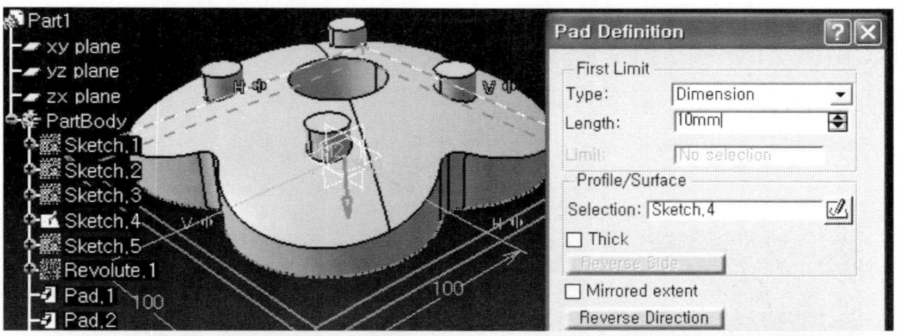

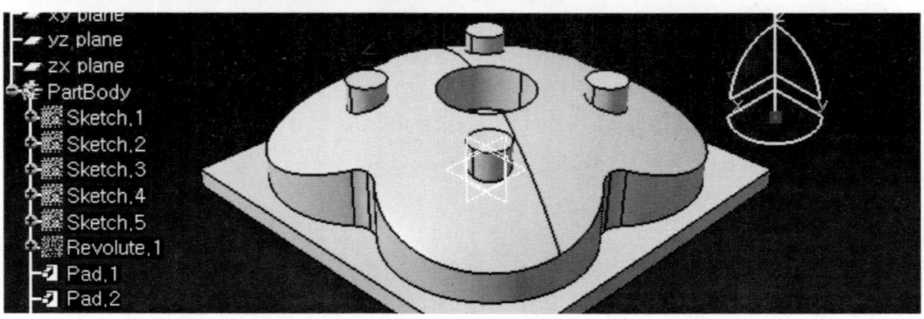

- 측면의 구배 생성하기 위해 Draft Angle( )을 클릭한다. Draft Definition 창에서 Angle에는 구배 각도 15를 입력하고, Face(s) to draft에는 구배를 적용할 측면을 지정한다. Neutral Element에는 중립면을 지정하고 추출 방향을 설정한 후 [OK] 버튼을 클릭한다.

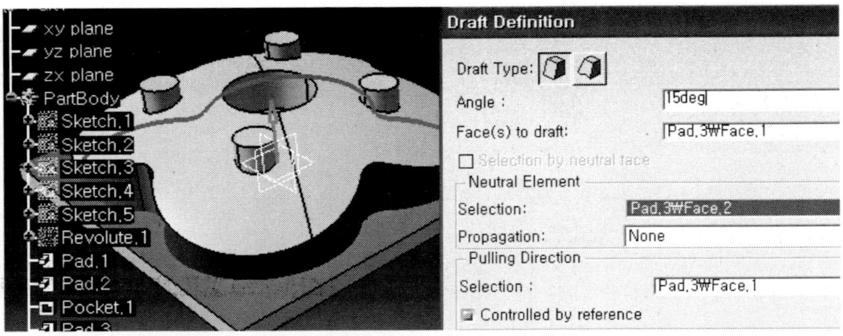

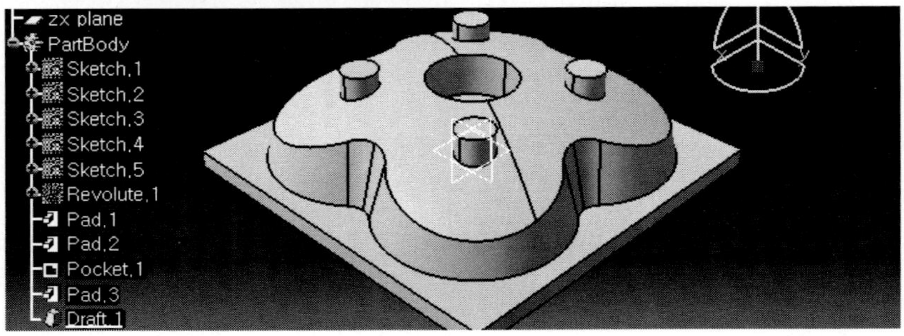

• 생성된 Solid Feature의 모서리에 라운드를 적용한다. Edge Fillet( ) 명령을 클릭한다. Edge Fillet Definition 창의 Radius에 6을 입력한다. 그림과 같이 모서리를 선택하고 [OK] 버튼을 클릭한다. 트리에 Edge Fillet. 1이 표시되어 있다.

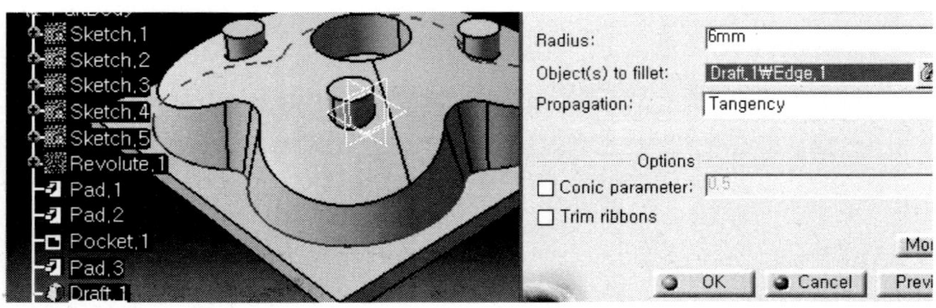

• 다시 Edge Fillet( ) 명령을 클릭한다. Edge Fillet Definition 창의 Radius에 5를 입력한다. 그림과 같이 모서리를 선택하고 [OK] 버튼을 클릭한다. 트리에 Edge Fillet. 2가 표시되어 있다.

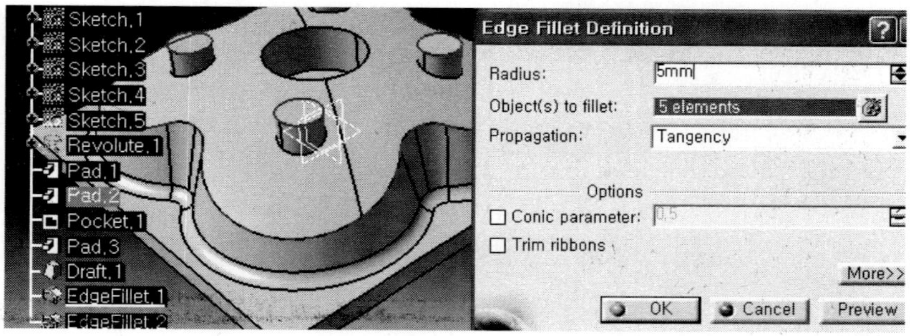

• Edge Fillet( ) 명령을 클릭한다. Edge Fillet Definition 창의 Radius에 3을 입력한다. 그림과 같이 모서리를 선택하고 [OK] 버튼을 클릭한다. 트리에 Edge Fillet. 3이 표시되어 있다.

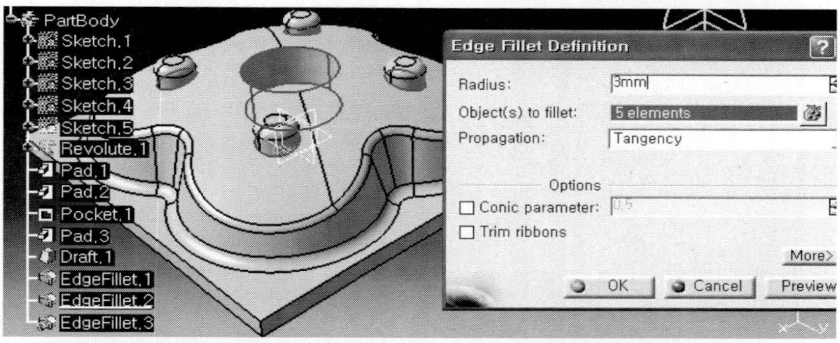

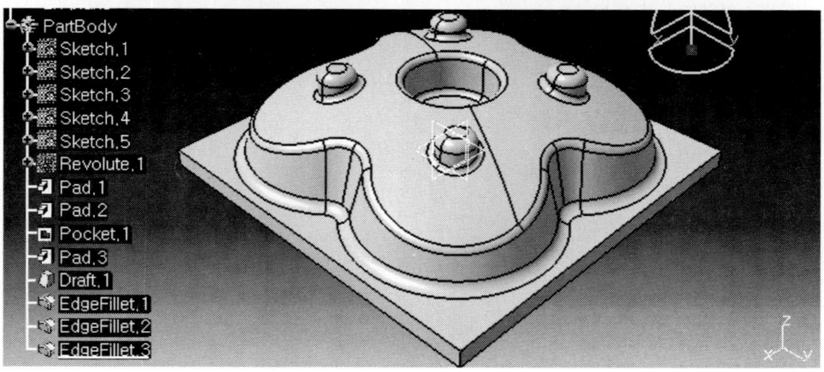

• 다음 그림과 같이 마우스 우측 버튼에 의한 Pop up 메뉴에서 Properties를 선택하여 완성된 Model의 여러 가지 속성을 변경시킬 수 있다.

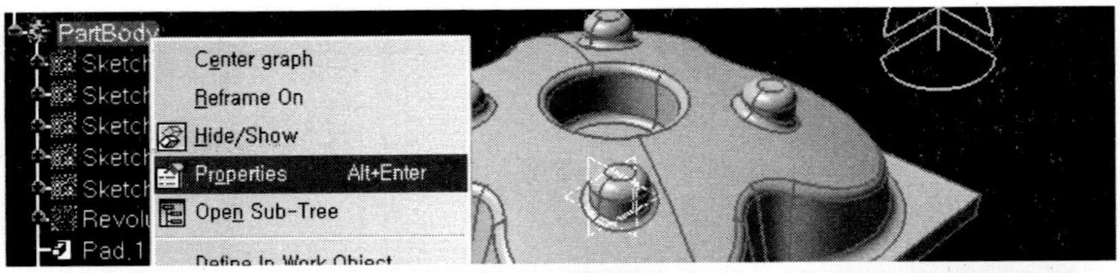
PartBody
Center graph
Reframe On
Hide/Show
Properties Alt+Enter
Open Sub-Tree
Pad.1

yz plane
zx plane
PartBody
Sketch.1
Sketch.2
Sketch.3
Sketch.4
Sketch.5
Revolute.1
Pad.1
Pad.2
Pocket.1
Pad.3
Draft.1
Properties
Current selection : PartBody/Part1
Mechanical
Feature Properties
Graphic
Fill
Color
Transparency
Edges
Color
Linetype
Thickness
Lines and Curves
Color
Linetype
Thickness
Points
Color
Symbol
Global Properties

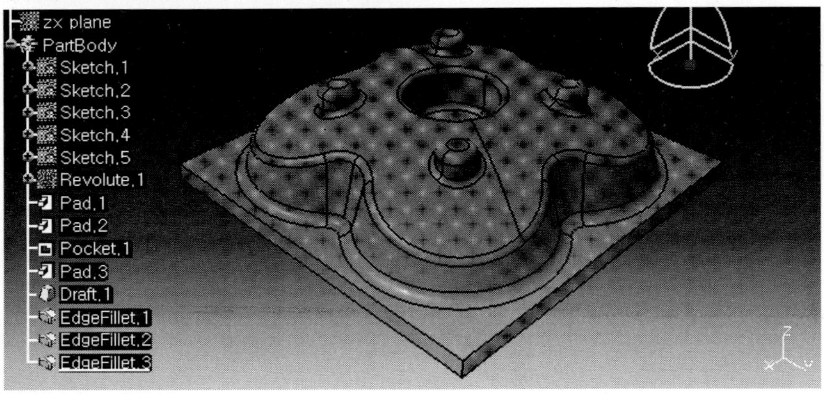
zx plane
PartBody
Sketch.1
Sketch.2
Sketch.3
Sketch.4
Sketch.5
Revolute.1
Pad.1
Pad.2
Pocket.1
Pad.3
Draft.1
EdgeFillet.1
EdgeFillet.2
EdgeFillet.3

➢ 7.5 Modeling 따라하기 05

- 바탕화면에서 CATIA V5를 실행하여 초기화면으로 들어간다. 초기화면 좌측 상단에 CATIA V5 – [Product1]이라고 표시되어 있으며, 단품을 결합하여 조립할 수 있는 Assembly Design workbench이다.

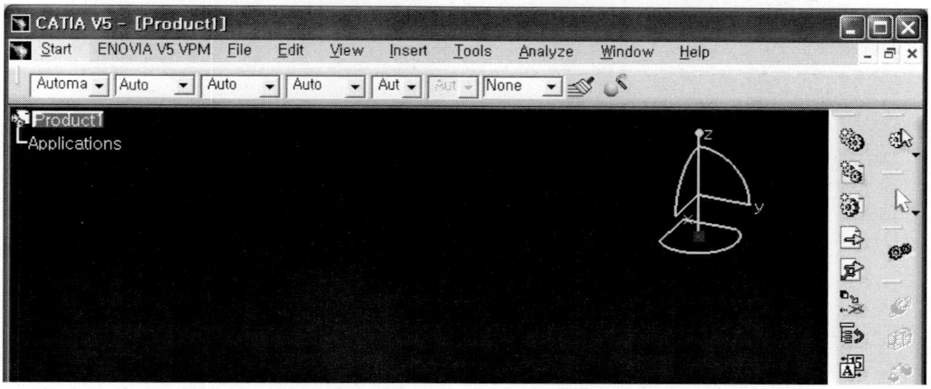

- Solid Feature를 생성하기 위해 그림과 같이 Start 〉 Mechanical Design 〉 Part Design을 차례로 선택한다. 혹은 Start 〉 Mechanical Design 〉 Sketcher를 선택해도 된다. Sketcher로 시작하여 초기화면으로 들어갔을 때에는 이미 Sketch ( ) 명령이 실행 중인 상태이므로 Plane을 지정하면 곧바로 Sketcher workbench로 이동한다. 화면 좌측 상단에 CATIA V5 – [Part1]이라고 표기되어 있으며, 여기서 단품을 Modeling하여 Solid Feature를 생성할 수 있다.

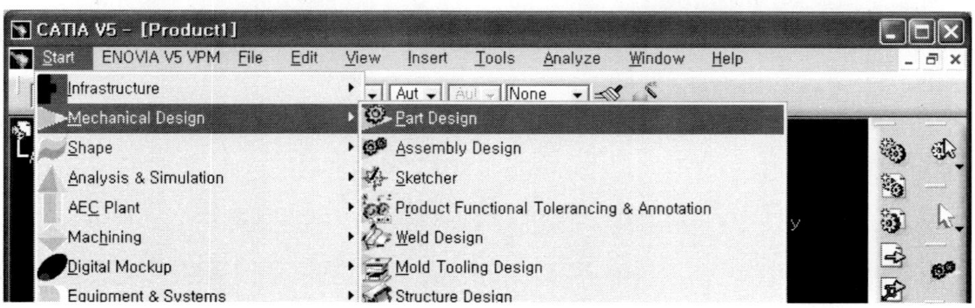

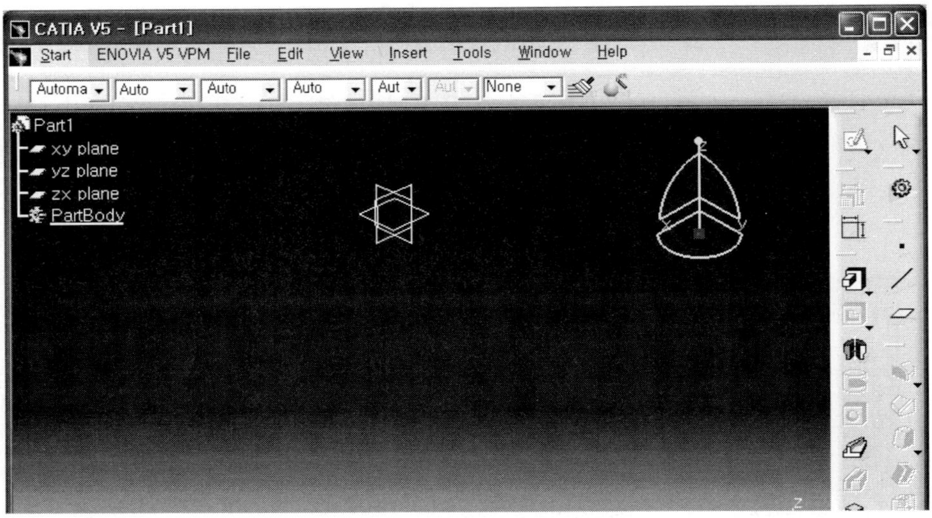

• Part Design으로 들어가는 또 다른 방법으로 다음 그림과 같이 New(□) 명령을 실행하여 나타나는 창에서 Part를 선택하고 [OK] 버튼을 클릭해도 된다.

• Part Design에서 Modeling을 하기 위해 기본적으로 단면 Profile을 작성해야 한다. 이를 위해 Sketcher workbench로 이동하여 Profile을 생성할 xy plane을 트리에서 선택하고 Sketch(✍) 명령을 실행한다. 다음 그림과 같이 Sketch Profile을 작성할 수 있는 초기화면인 Sketch. 1이 트리에 표시된다. 이때 Sketch 평면을 트리에서 선택하는 대신 작업영역에 있는 좌표평면(▣)을 선택해도 된다.

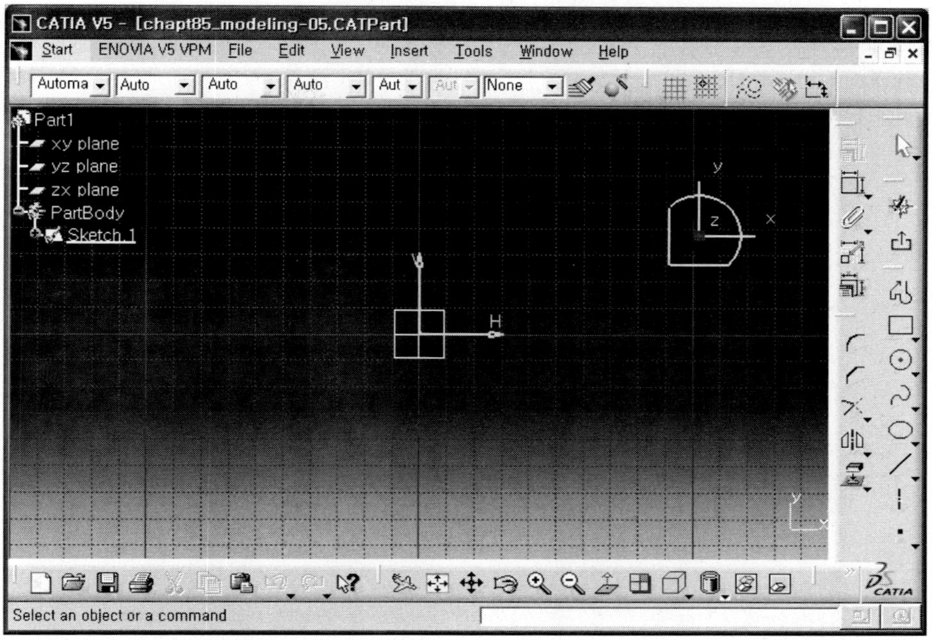

• Sketch Profile 작업을 시작하기 전에 Zoom In()과 Zoom Out()으로 작업화면 크기를 적절하게 조정한다. 다음 그림에서 보는 것과 같이 Sketch tools의 Construction/Standard Element()는 반드시 해제하여 실행되지 않는 상태로 하고, Geometrical Constraints()는 실행되고 있는 상태로 한다. Profile() 명령을 클릭하여 Sketch Profile 작성을 시작하도록 한다. Profile 명령은 기본적으로 직선부터 그릴 수 있도록 설정되어 있다. 따라서 작업 화면의 Sketch tools에서 Line()으로 설정되어 있는 것을 확인할 수 있다.

• Profile() 명령을 클릭하였으면 다음 그림과 비슷한 좌표를 가지는 위치에서 수평 좌표축(H-Direction)과 일치하도록 시작점을 지정한다. 다음 위치는 위쪽 방향으로 수직한 점을 지정하고, 곧바로 좌측으로 수평 이동하여 그림과 같은 위치에서 다시 한 점을 마우스 포인트로 지정한다. 계속해서 아래쪽 방향으로 수직한 점을 지정한다.
• 지금부터 두 개의 호(Arc)가 연속하여 접선으로 연결되므로 곡선을 작성할 수 있

도록 준비한다. Sketch tools에서 Tangent Arc(◯)를 클릭하여 직선에서 곡선으로 변경한 후 마지막으로 작성한 수직선과 연속하여 접하는 곡선을 작성한다. 다시 한 번 Sketch tools에서 Tangent Arc(◯)를 클릭한 후 첫 번째 작성한 곡선과 접하는 두 번째 곡선을 연속해서 작성한다. 특히 두 번째 곡선의 마지막 점은 수평 좌표축(H-Direction)과 반드시 일치하도록 지정하여야 한다.

- Sketch Profile 작성을 완료하였으므로 실행 중인 Profile( ) 명령을 마우스로 선택하여 종료한다. 명령을 종료하는 방법으로 [Esc] 키를 사용하던지 마지막 점을 선택할 때 더블 클릭해도 된다. 지금까지 진행한 상태를 다음 그림에서 보여주고 있다.

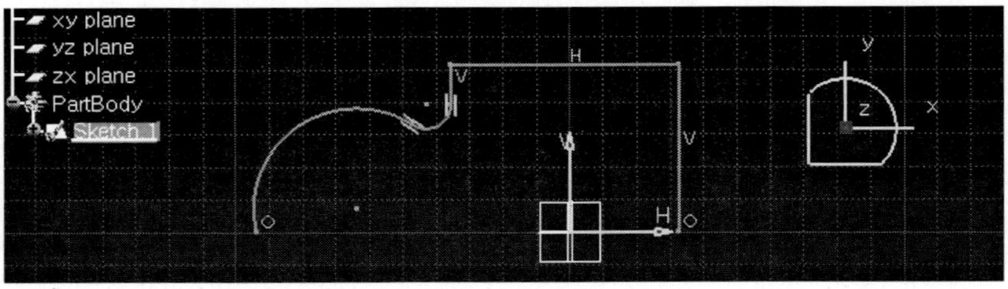

- 도형을 작성하는 과정에서 원점이나 다른 도형 요소에 일치되거나 대칭되는 등과 같이 Profile의 형상이 자동으로 구속되는 현상을 미리 보여준다. 이를 이용하여 Sketch Profile 작성을 효율적으로 할 수 있는 긍정적인 측면의 기능이지만, 경험이 많지 않은 사용자들은 의도하지 않거나 불필요한 구속을 생성할 수 있으므로 유의하여야 한다. 따라서 이에 관한 구속의 적합성 여부를 판단하고 불필요한 구속을 피하기 위해 마우스 포인터를 조금 옆으로 이동시킨 지점을 지정하면 되지만, 형상이 복잡하거나 도형 요소가 많은 경우 이러한 현상을 피한다는 것이 어려울 때가 많다. 이러한 경우 [Shift] 키를 누른 상태에서 원하는 점을 지정하면 된다.
- 다음 단계로 형상 구속을 실행한다. 마지막으로 작성한 호(Arc)의 중심을 수평 좌표축(H-Direction)과 일치시켜야 한다. 호의 중심과 수평 좌표축을 동시에 선택한 상태에서 Constraints Defined In Dialog Box( )를 클릭한다. Constraint Definition 창에서 Coincidence를 설정하고 [OK] 버튼을 클릭한다.

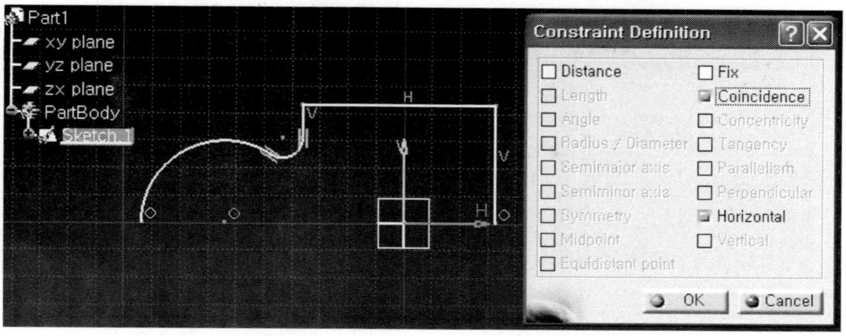

• 형상에 관한 구속이 완료되었으므로 치수를 구속한다. Constraint(아이콘)를 더블 클릭하여 그림과 같이 치수를 구속한다. 형상과 치수에 대한 구속이 완료되면 모든 도형 요소가 녹색으로 변한다.

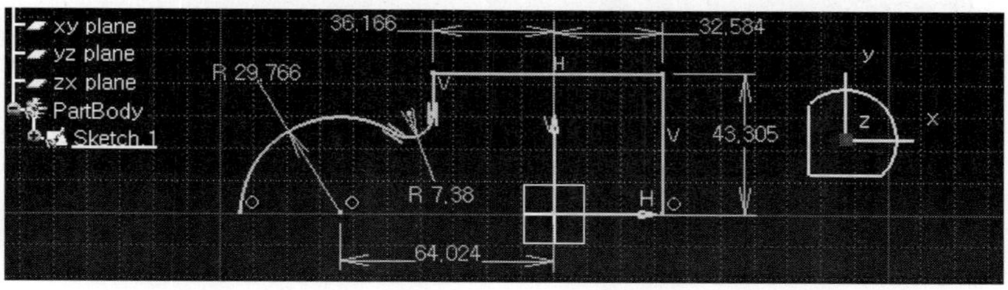

• 다음 그림과 같이 도형의 치수를 더블 클릭하여 수정한다. 치수 수정을 위해 더블 클릭하여 나타나는 Constraint Definition 창의 Value에서 사칙 연산이 가능하므로 편리하게 이용할 수 있다.

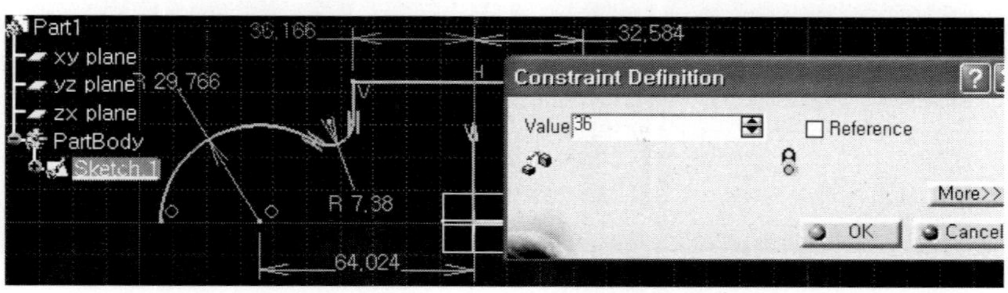

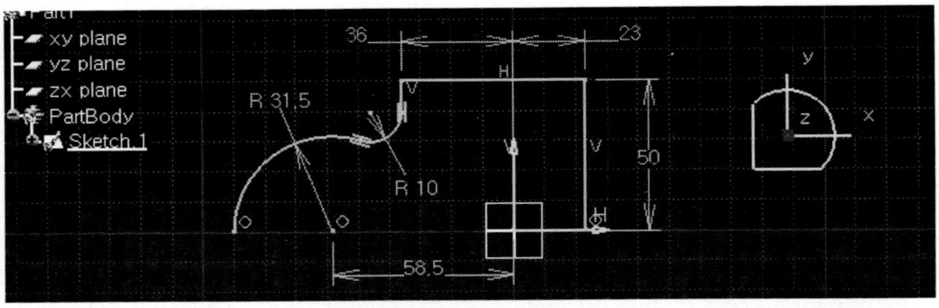

- Corner 명령으로 라운드를 생성한다. 다음 그림과 같이 라운드 처리할 부분의 교차점을 선택하고 Corner( ) 명령을 클릭한다. 이어서 나타나는 Sketch tools의 Radius에 10을 입력한다.

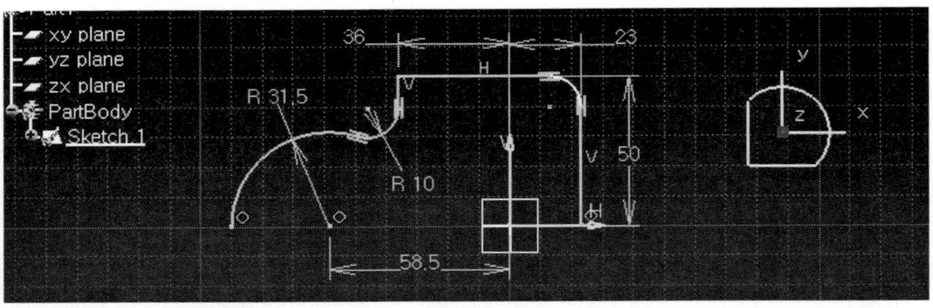

- 마찬가지 방법으로 라운드 처리할 부분의 교차점을 선택하고 Corner( ) 명령을 클릭한다. 이어서 나타나는 Sketch tools의 Radius에 4를 입력한다.

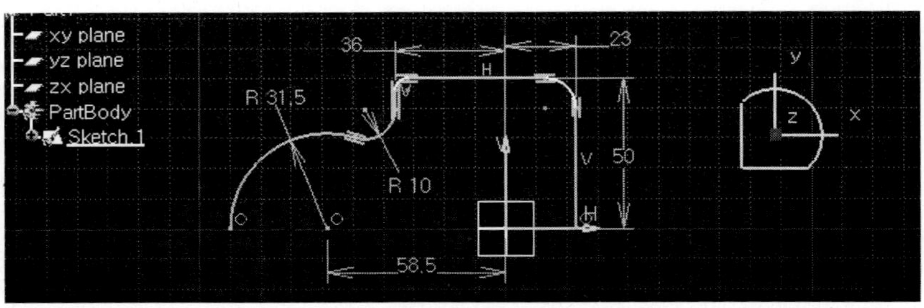

- Constraint( )를 더블 클릭하여 그림과 같이 라운드 R10과 R4에 대한 치수를 구속한다. 치수 구속이 완료되면 두 개의 라운드 요소가 녹색으로 변한다.

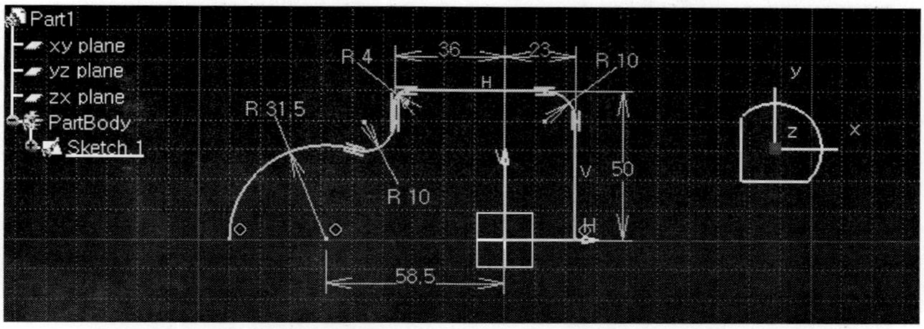

- 수평 좌표축(H-Direction)을 기준으로 Profile을 대칭 복사한다. 대칭시킬 도형 요소를 모두 선택하고 Mirror( ) 명령을 이용한다. 이때 서로 연결된 도형 요소만을 한꺼번에 선택하는 다른 방법을 알아본다. 먼저 대칭 복사할 도형 요소 중에서 하나를 선택하여 마우스 포인터를 올려놓고 마우스 우측 버튼에 의한 메뉴가 나타도록 한다. 메뉴에서 Line. 2 object 〉 Auto Search를 차례로 선택하면 연결된 모든 도형 요소가 선택된다. 끝으로 대칭 기준이 되는 수평기준축을 선택하면 그림과 같이 대칭 복사가 완료된다.

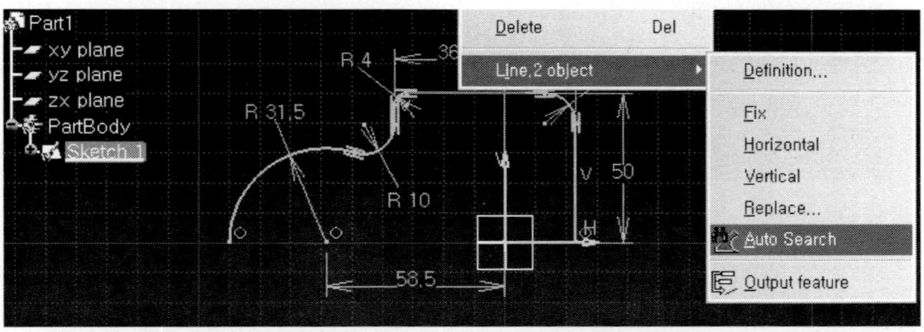

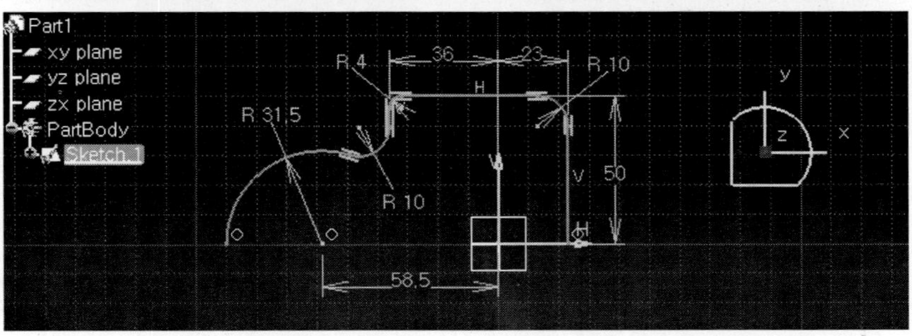

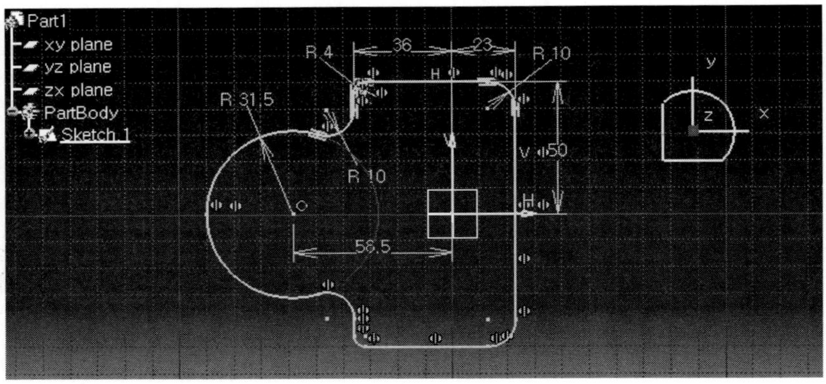

- Sketch. 1이 완성되었으므로 Exit workbench( )를 클릭하여 Modeling 영역으로 이동한다. Fit All In( )과 Isometric View( )를 클릭하여 도형의 방향과 배치를 최적의 상태로 한다.

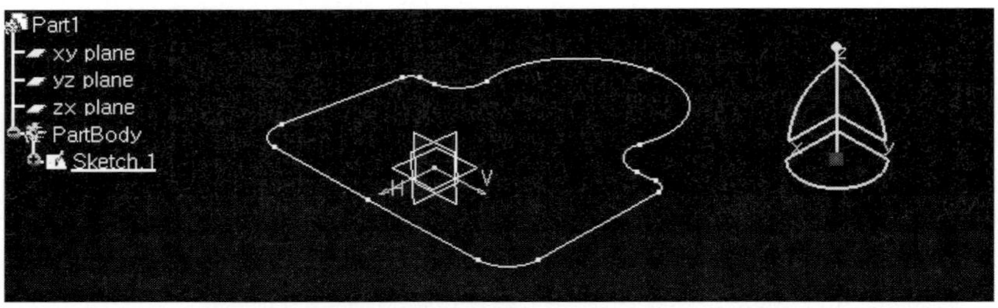

- 다른 Sketch Profile을 생성하기 위해 xy plane을 선택하고 Sketch( ) 명령을 실행한다. 그림과 같이 Profile을 작성할 수 있는 초기화면인 Sketch. 2가 트리에 표시된다.

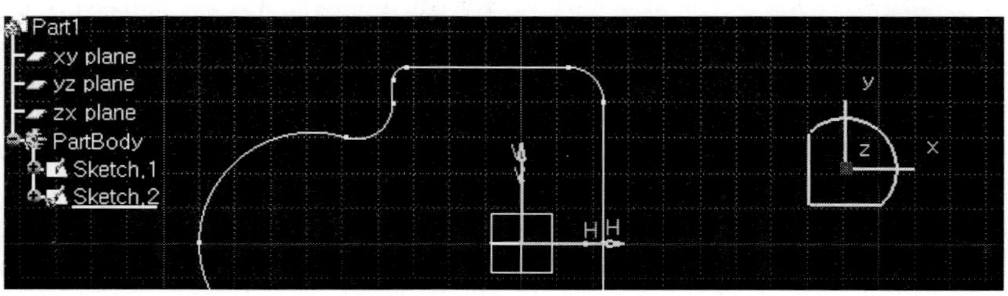

- Profile( ) 명령을 클릭하여 Sketch 작업을 시작한다. Profile 명령은 기본적으로 직선부터 그릴 수 있도록 설정되어 있다. 따라서 Sketch tools에서 Line( )

으로 설정되어 있는 것을 Three Point Arc( )를 클릭하여 변경시킨다. 세 점을 지정하여 첫 번째 곡선을 작성한다. 이때 그림과 같이 수직 좌표축(V-Direction)과 일치하도록 시작점을 지정한다. 두 번째와 마지막 곡선은 Sketch tools에서 Tangent Arc( )를 클릭하여 작성한다. 특히 마지막 점은 수직 좌표축과 반드시 일치하도록 지정해야 한다.

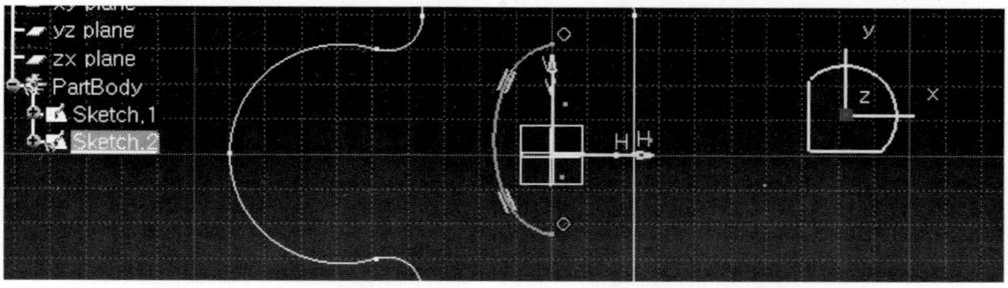

- 첫 번째 작성한 호(Arc)의 중심을 수직 좌표축(V-Direction)과 일치시켜야 한다. 호의 중심과 수직 좌표축을 동시에 선택한 상태에서 Constraints Defined In Dialog Box( )를 클릭한다. Constraint Definition 창에서 Coincidence를 설정하고 [OK] 버튼을 클릭한다.

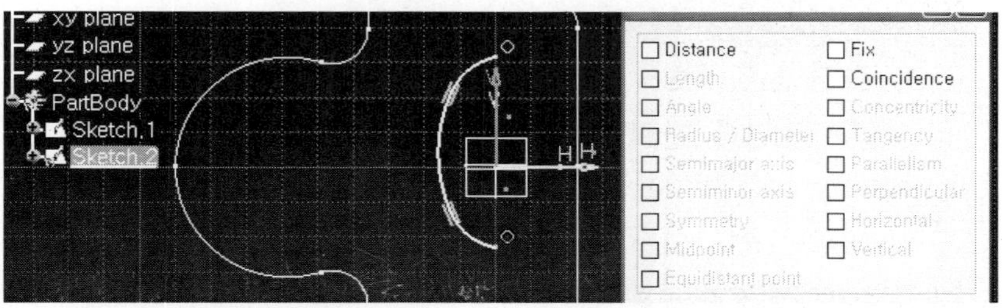

- 마지막 세 번째 작성한 호(Arc)의 중심을 앞에서와 동일한 방법으로 수직 좌표축(V-Direction)과 일치시켜야 한다. 호의 중심과 수직 좌표축을 동시에 선택한 상태에서 Constraints Defined In Dialog Box( )를 클릭한다. 이어서 나타난 창에서 Coincidence를 설정하고 [OK] 버튼을 클릭한다.

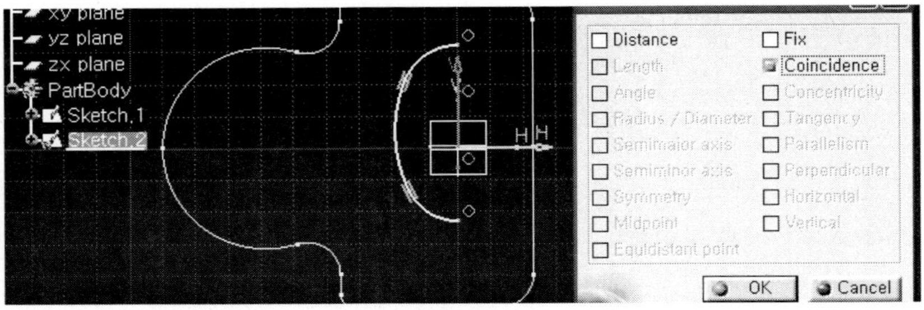

• 두 번째 작성한 호(Arc)의 중심은 수평 좌표축(H-Direction)과 일치시켜야 한다. 앞에서와 마찬가지 방법으로 호의 중심과 수평 좌표축을 동시에 선택한 상태에서 Constraints Defined In Dialog Box(아이콘)를 클릭한다. 이어서 나타난 창에서 Coincidence를 설정하고 [OK] 버튼을 클릭한다.

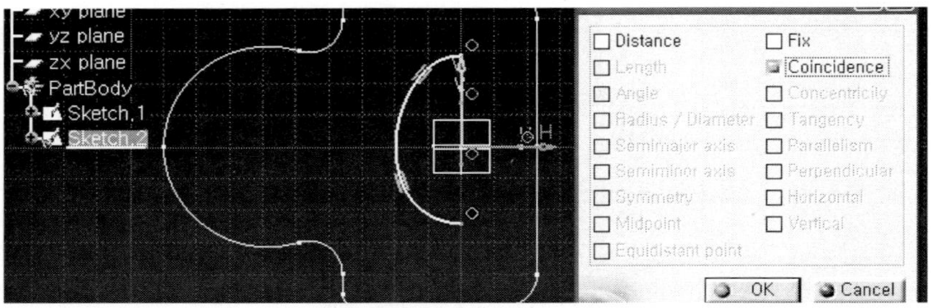

• Constraint(아이콘)를 더블 클릭하여 그림과 같이 치수를 구속한다. 치수에 대한 구속이 완료되면 모든 도형 요소가 녹색으로 변한다.

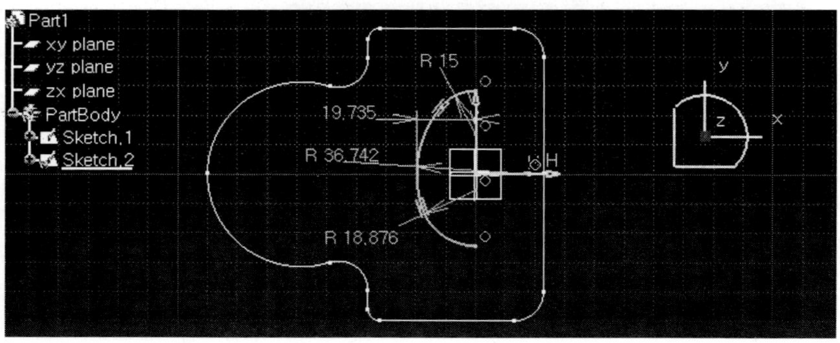

• 다음 그림과 같이 도형의 모든 치수를 각각 더블 클릭하여 수정한다.

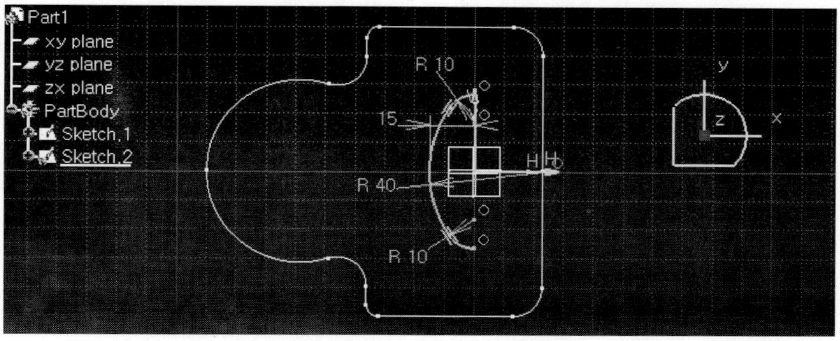

• 수직 좌표축(V-Direction)을 기준으로 Profile을 대칭 복사한다. 대칭시킬 도형 요소를 모두 선택하고 Mirror( ) 명령을 이용한다. 대칭 복사할 도형 요소 중에서 하나를 선택하여 마우스 포인터를 올려놓고 마우스 우측 버튼에 의한 메뉴가 나타도록 한다. 메뉴에서 Circle. 2 object 〉 Auto Search를 차례로 선택하면 연결된 모든 도형 요소가 선택된다. 끝으로 대칭 기준이 되는 수평기준축을 선택하면 그림과 같이 대칭 복사가 완료된다.

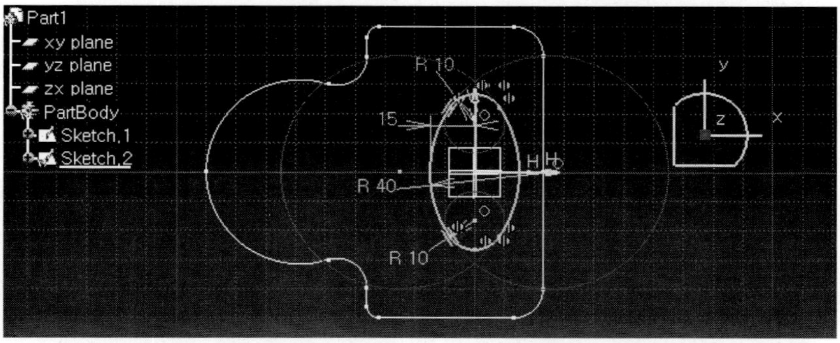

• Sketch. 2가 완성되었으므로 Exit workbench( )를 클릭하여 Modeling 영역으로 이동한다. Fit All In( )과 Isometric View( )를 클릭하여 도형의 방향과 배치를 최적의 상태로 한다.

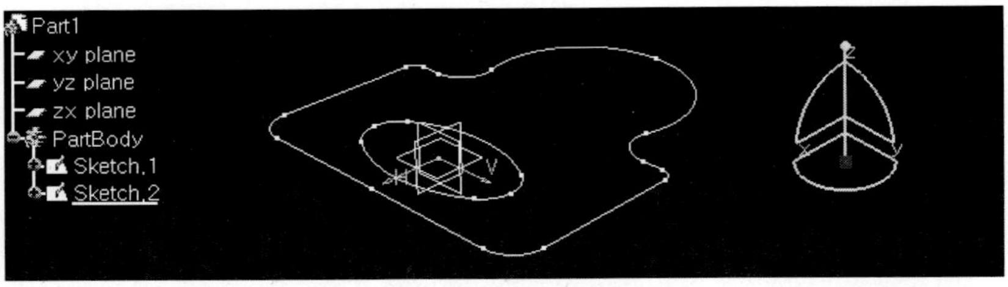

• 직사각형을 작성하기 위해 트리에서 xy plane을 선택하고 Sketch( ) 명령을 실행한다. 그림과 같이 Profile을 작성할 수 있는 초기화면인 Sketch. 3이 트리에 표시된다.

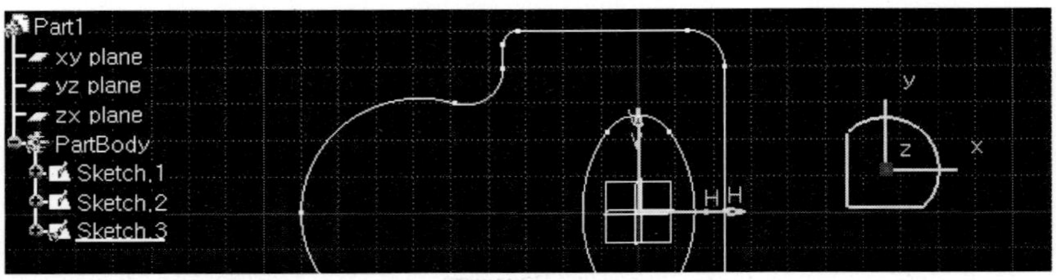

• Sketch. 3에서 직사각형을 작성하기 위해 Rectangle( ) 명령을 클릭한다. 그림과 같이 First Point와 Second Point를 대각선 방향으로 지정한다.

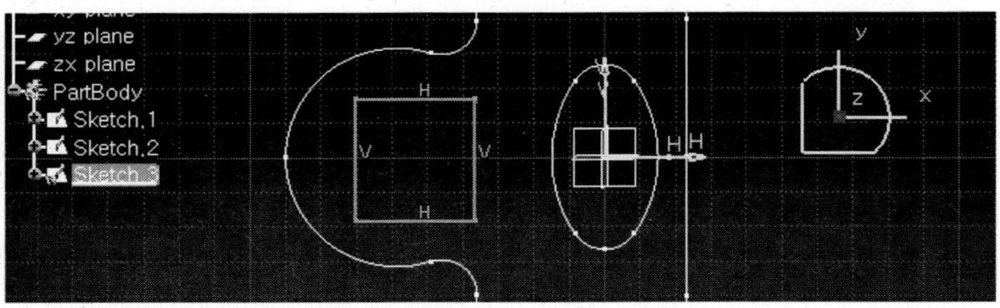

• 직사각형에 대하여 수평기준축(H-Direction)을 중심으로 상하 대칭되도록 구속시킨다. [Ctrl] 키를 누른 상태에서 대칭시킬 두 개의 수평선을 먼저 선택한 후 수평기준축을 나중에 선택한다. Constraints Defined In Dialog Box( )를 클릭하면 그림과 같이 Constraint Definition 창이 나타난다. 이 창에서 Symmetry를 설정하고 [OK] 버튼을 클릭하면 수평기준축을 중심으로 상하 대칭이 된다.

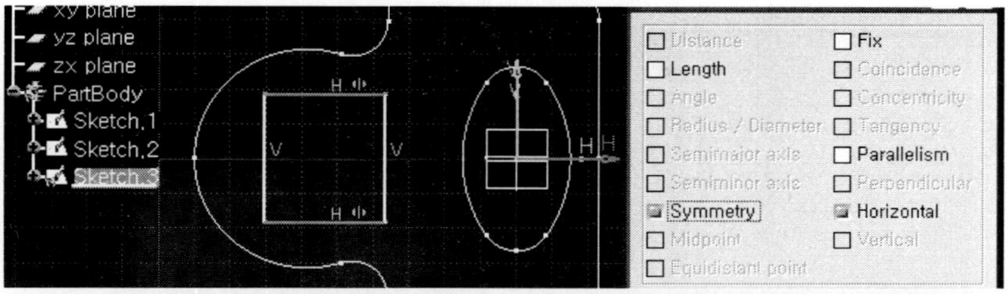

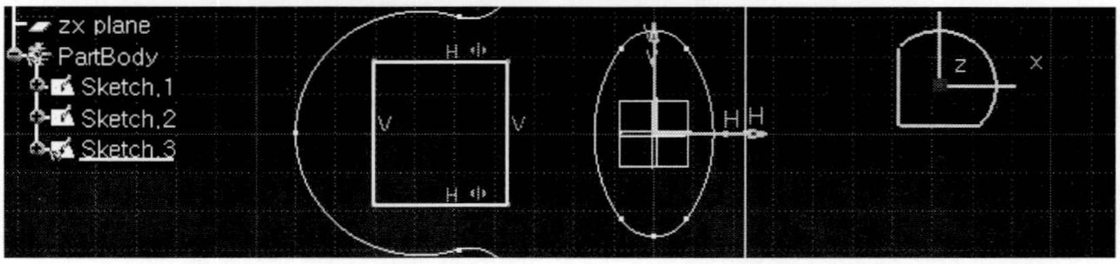

• Constraint()를 더블 클릭하여 치수를 구속시킨다. 다음 그림과 같이 치수 구속이 완료되면 도형 요소가 녹색으로 변한다.

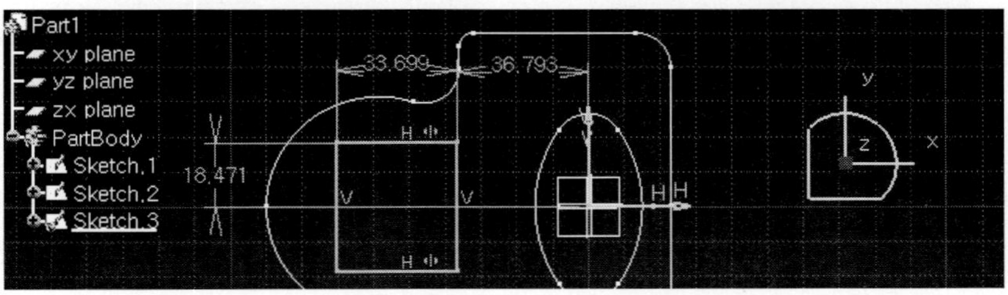

• 다음 그림과 같이 구속이 완료된 Profile의 치수를 수정한다. 각각의 치수를 더블 클릭하여 나타나는 Constraint Definition 창의 Value에 치수를 입력한다.

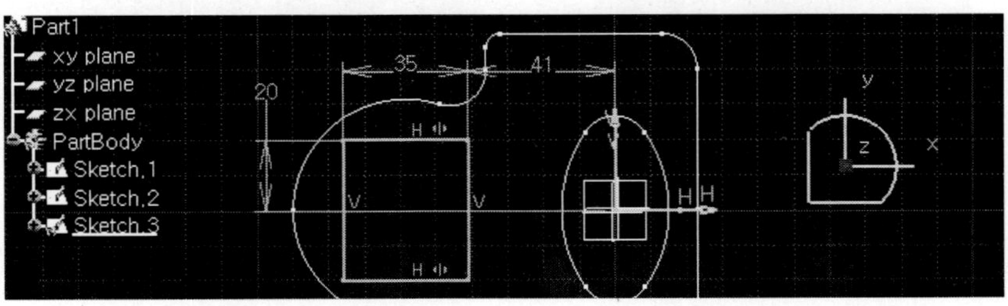

• 다음 그림과 같이 직사각형에서 Corner 명령으로 라운드를 생성한다. [Ctrl] 키를 누른 상태에서 직사각형의 교차점 4개를 동시에 선택한 후 Corner() 명령을 클릭한다. 이어서 나타나는 Sketch tools의 Radius에 8을 입력한다.

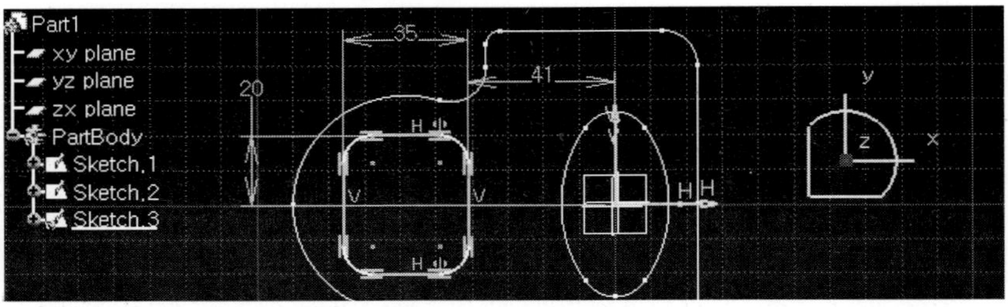

• Constraint( )를 더블 클릭하여 그림과 같이 라운드 R8에 대한 치수를 구속한다. 치수 구속이 완료되면 4개의 라운드 요소가 녹색으로 변한다.

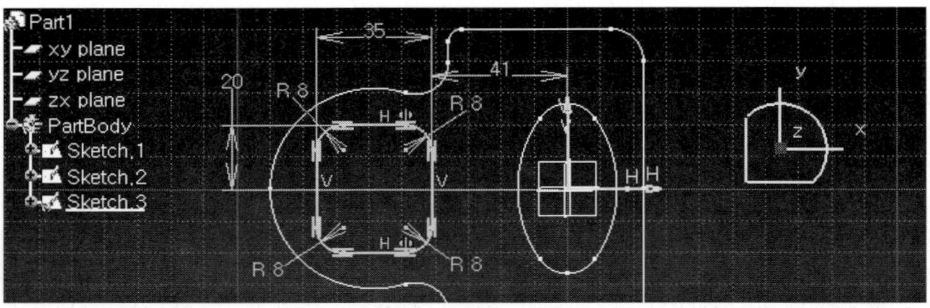

• Sketch. 3이 완성되었으므로 Exit workbench( )를 클릭하여 Modeling 영역으로 이동한다. Fit All In( )과 Isometric View( )를 클릭하여 도형의 방향과 배치를 최적의 상태로 한다.

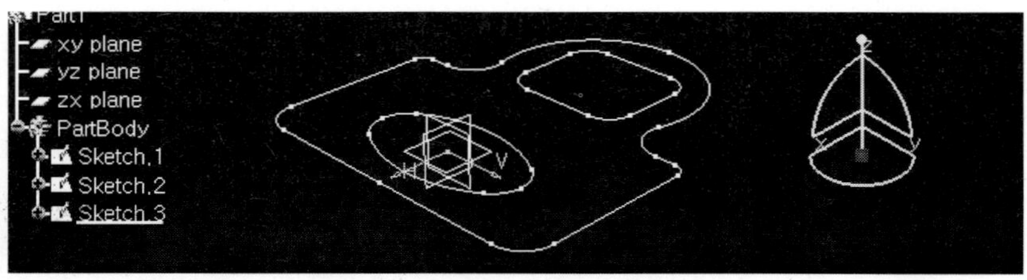

• 직사각형을 작성하기 위해 xy plane을 트리에서 선택하고 Sketch( ) 명령을 실행한다. 그림과 같이 Profile을 작성할 수 있는 초기화면인 Sketch. 4가 트리에 표시된다.

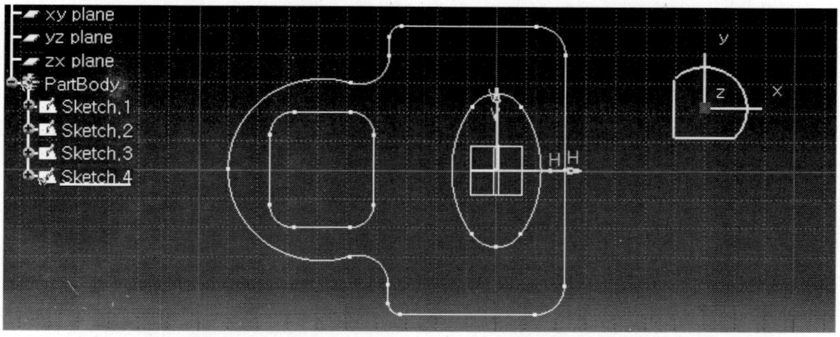

• Sketch. 4에서 직사각형을 작성하기 위해 Rectangle(□) 명령을 클릭한다. 그림과 같이 First Point와 Second Point를 대각선 방향으로 지정한다.

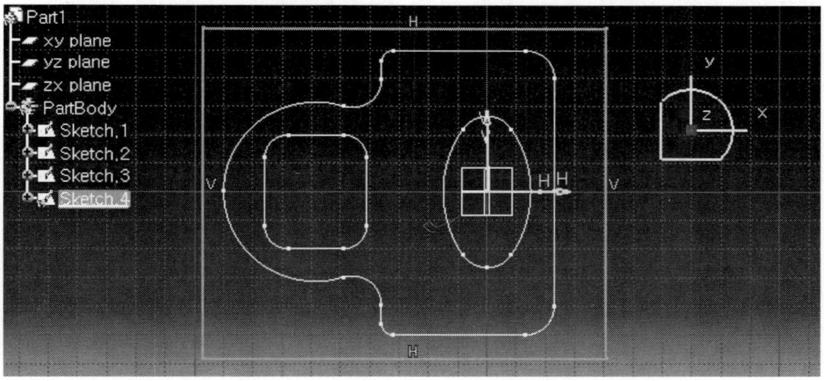

• 직사각형의 형상 구속조건 중에서 수평 좌표축(H-Direction)을 중심으로 상하 대칭되도록 구속시킨다. [Ctrl] 키를 누른 상태에서 대칭시킬 두 개의 수평선을 먼저 선택한 후 수평 좌표축을 나중에 선택한다. Constraints Defined In Dialog Box(아이콘)를 클릭하면 그림과 같이 Constraint Definition 창이 나타난다. 이 창에서 Symmetry를 설정하고 [OK] 버튼을 클릭하면 수평기준축을 중심으로 상하 대칭이 된다.

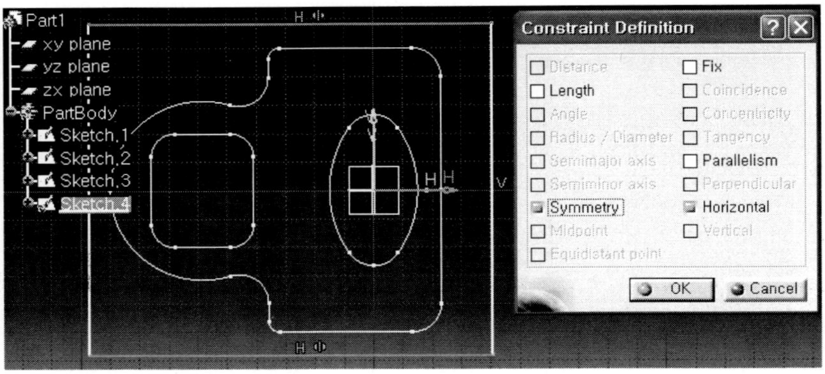

- 형상에 관한 구속은 완료하였으므로 치수를 구속하기 위해 Constraint( )를 더블 클릭한다. 그림과 같이 H-Direction과 V-Direction을 기준으로 수평 및 수직 거리를 구속한다. 형상과 치수에 대한 구속이 완료되면 모든 도형 요소가 녹색으로 변한다.

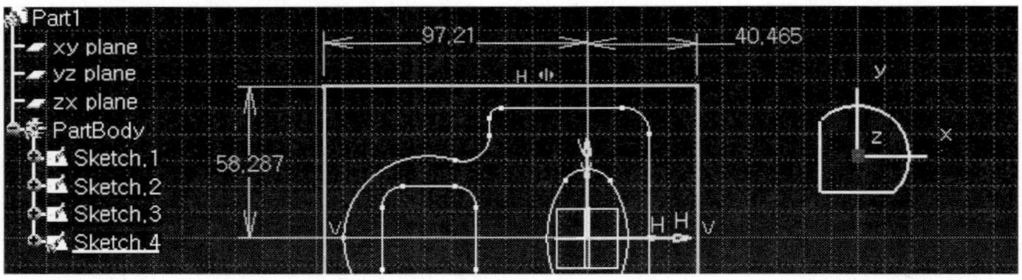

- 다음 그림과 같이 구속이 완료된 Profile의 치수를 수정한다. 각각의 치수를 더블 클릭하여 나타나는 Constraint Definition 창의 Value에 치수를 입력한다.

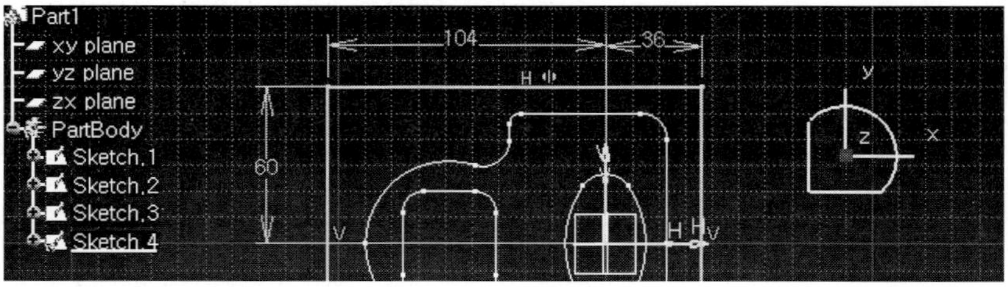

- Sketch. 4가 완성된 것을 다음 그림에서 보여주고 있다. Exit workbench( )를 클릭하여 Modeling 작업 영역으로 이동한다. Fit All In( )과 Isometric View

( )를 클릭하여 도형의 방향과 배치를 최적의 상태로 조절한다.

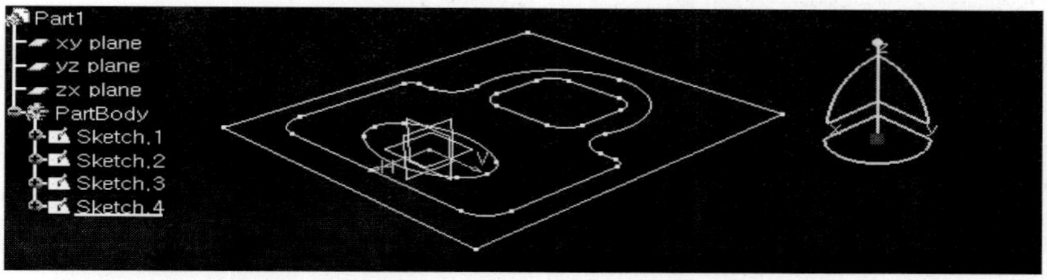

• 지금까지 Part Design workbench에서 Solid Feature를 생성하였다. 이제부터 곡면 생성을 위해 Wireframe and Surface Design workbench로 이동한다. Start 〉 Mechanical Design 〉 Wireframe and Surface Design을 차례로 선택한다.

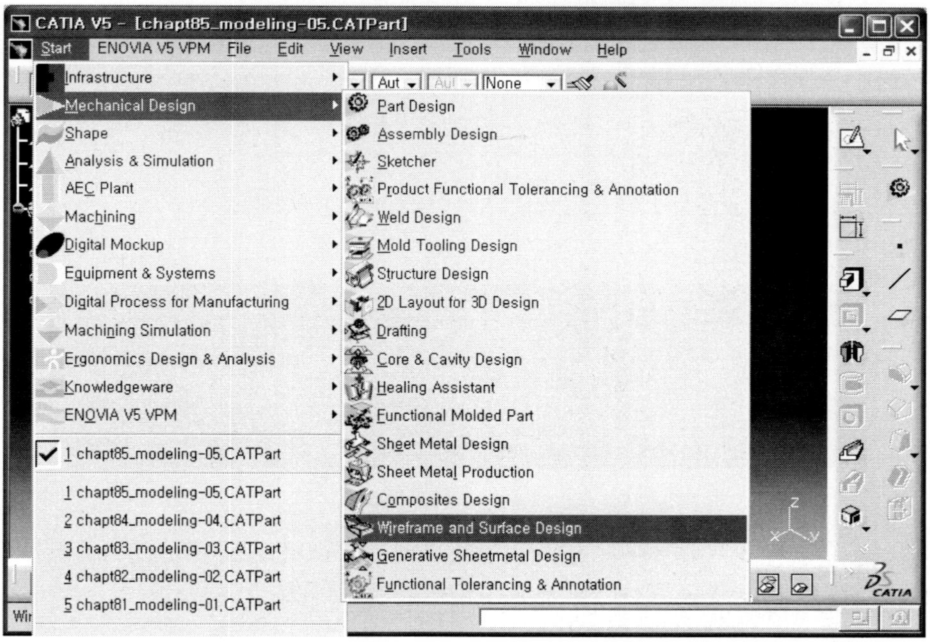

• 곡면을 생성할 수 있는 Wireframe and Surface Design workbench를 다음 그림에서 보여주고 있다. 툴바의 모든 아이콘이 Surface를 생성하기 위한 명령으로 구성되어 있다.

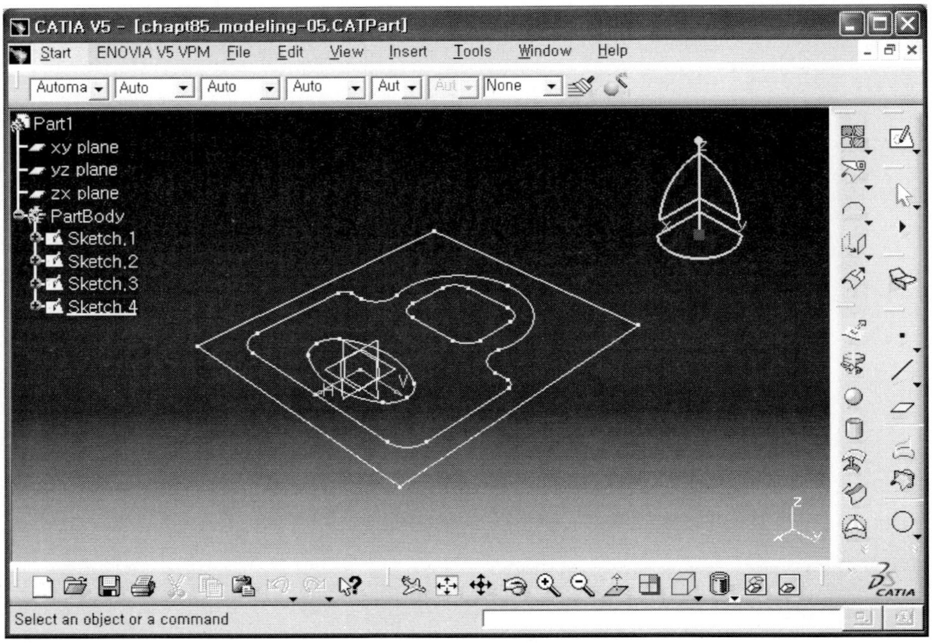

- 곡선을 생성하기 위해 트리에서 yz plane을 선택하고 Sketch( ) 명령을 실행하면 그림과 같이 초기화면인 Sketch. 5가 트리에 표시된다.

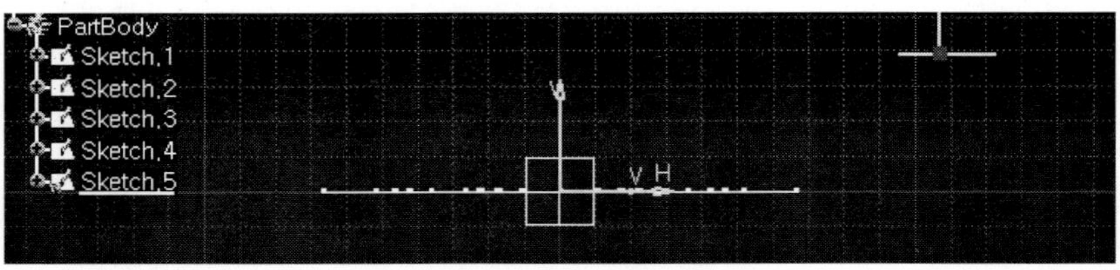

- Sketch. 5에서 호(Arc)를 작성하기 위해 Three Point Arc( ) 명령을 클릭한다. 그림과 같은 위치에서 세 점을 지정하여 호를 생성한다.

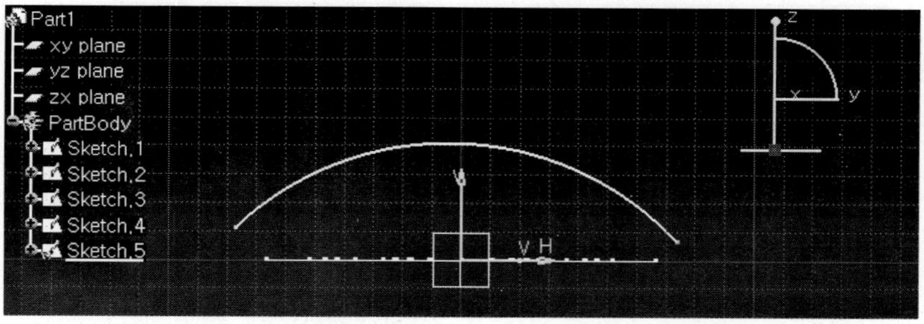

• Arc의 중심을 수직 좌표축(V-Direction)에 일치시키기 위해 [Ctrl] 키를 누른 상태에서 Arc의 중심과 수직 좌표축을 동시에 선택한다. Constraints Defined In Dialog Box()를 클릭하면 그림과 같이 Constraint Definition 창이 나타난다. 이 창에서 Coincidence를 설정하고 [OK] 버튼을 클릭하면 Arc의 중심이 수직기준축에 일치 된다.

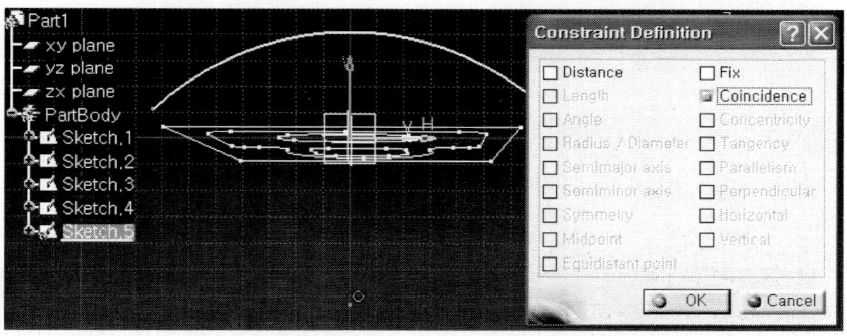

• 형상에 관한 구속이 완료 되었으므로 곧바로 치수를 구속한다. Constraint()를 더블 클릭하여 그림과 같이 치수를 구속한다. 치수에 대한 구속이 완료되면 모든 도형 요소가 녹색으로 변한다.

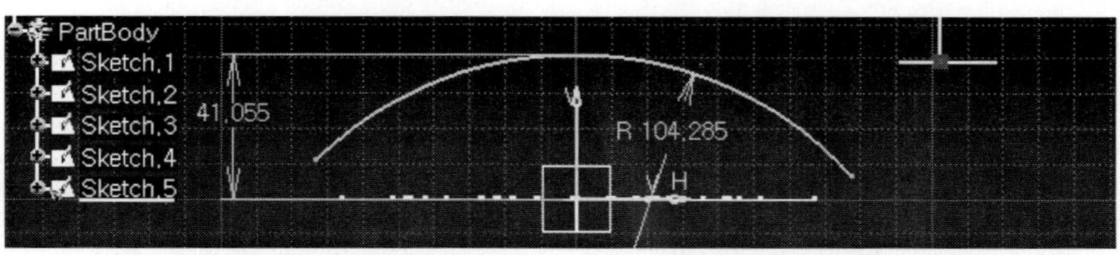

• 다음 그림과 같이 구속이 완료된 Profile의 치수를 수정한다. 각각의 치수를 더블 클릭하여 나타나는 Constraint Definition 창의 Value에 치수를 입력한다.

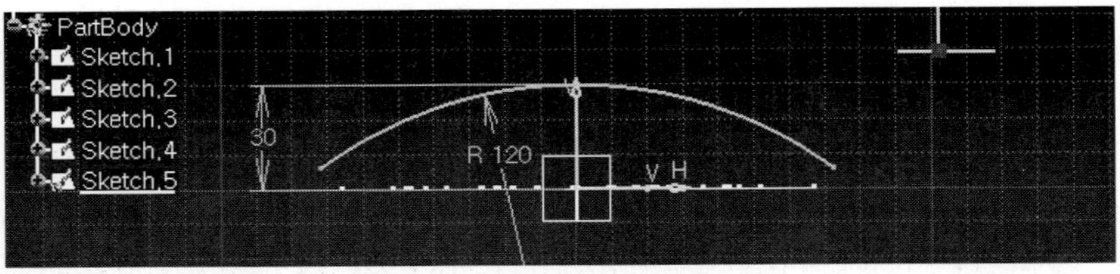

- Sketch. 5가 완료되었으므로 Exit workbench( )를 클릭하여 3차원 Modeling 영역으로 이동한다. Fit All In( )과 Isometric View( )를 클릭하여 도형의 방향과 배치를 최적의 상태로 조절한다.

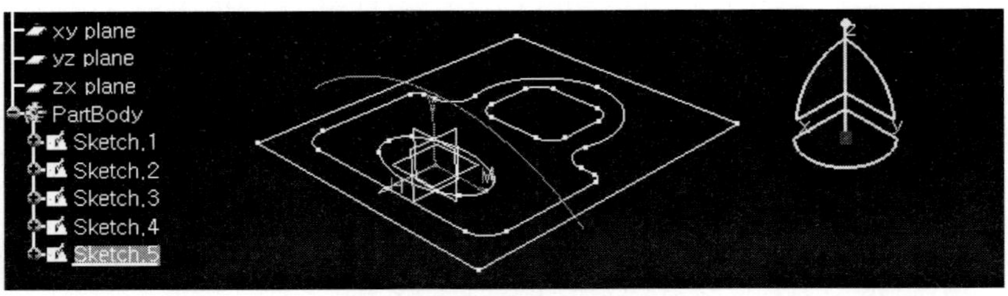

- 두 번째 곡선을 생성하기 위해 트리에서 zx plane을 선택하고 Sketch( ) 명령을 실행하면 그림과 같이 초기화면인 Sketch. 6이 트리에 표시된다.

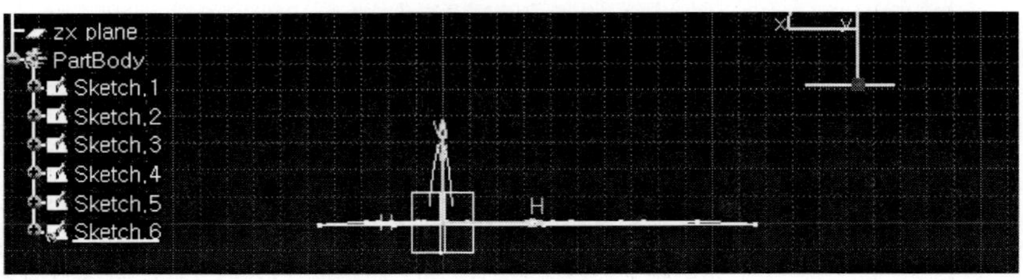

- Sketch. 6에서 호(Arc)를 작성하기 위해 Three Point Arc( ) 명령을 클릭한다. 그림과 같은 위치에서 세 점을 지정하여 호를 생성한다.

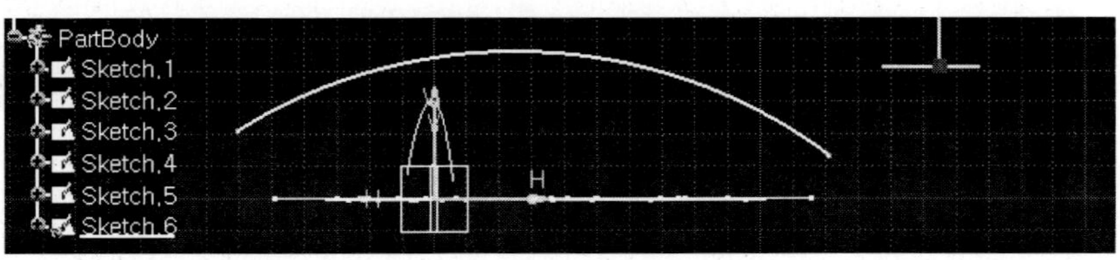

- Constraint( )를 더블 클릭하여 그림과 같이 치수를 구속한다. 치수에 대한 구속이 완료되면 모든 도형 요소가 녹색으로 변한다.

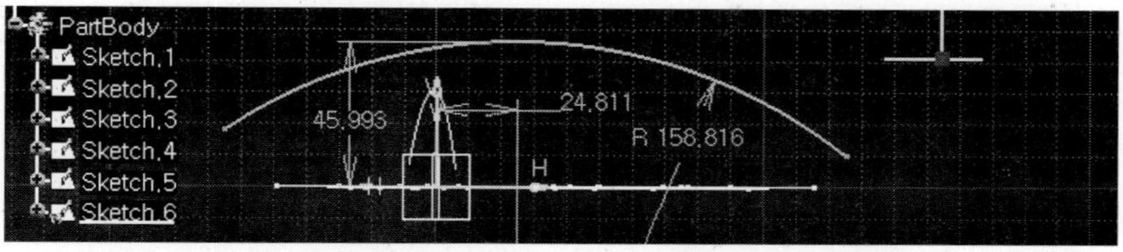

- 다음 그림과 같이 구속이 완료된 Profile의 치수를 수정한다. 각각의 치수를 더블 클릭하여 나타나는 Constraint Definition 창의 Value에 치수를 입력한다.

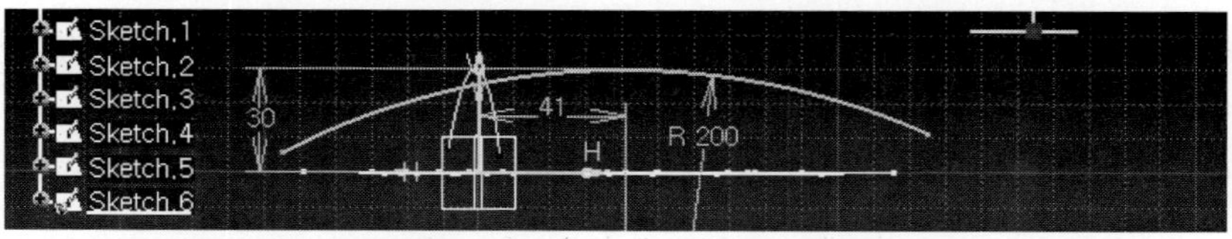

- Sketch. 6이 완료되었으므로 Exit workbench( )를 클릭하여 3차원 Modeling 영역으로 이동한다.

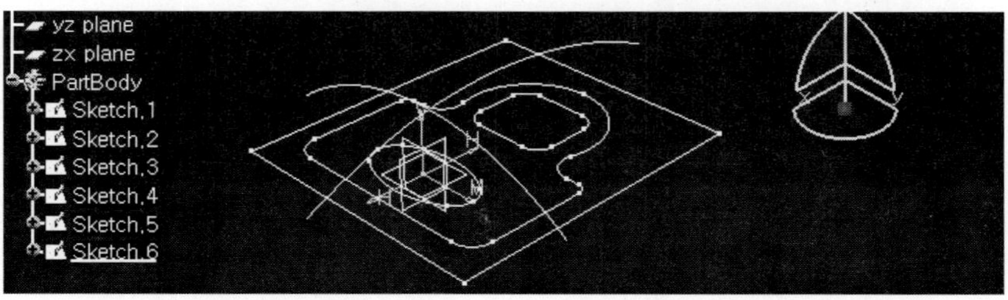

- 세 번째 곡선을 생성하기 위해 트리에서 yz plane을 선택하고 Sketch( ) 명령을 실행하면 그림과 같이 초기화면(Sketch. 8)으로 이동한다.

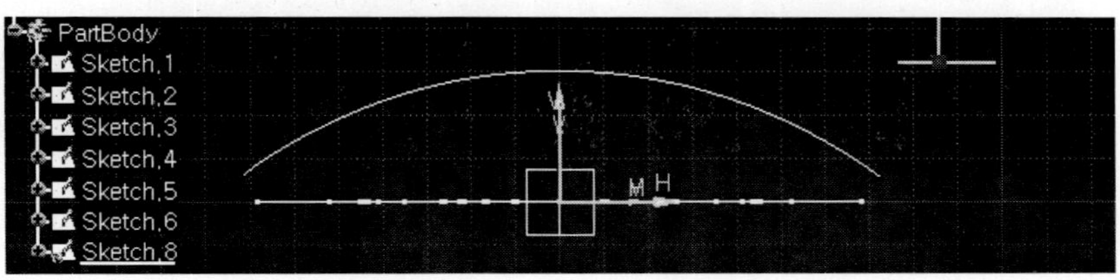

- 호(Arc)를 작성하기 위해 Three Point Arc( ) 명령을 클릭한다. 그림과 같은 위치에서 세 점을 지정하여 호를 생성한다.

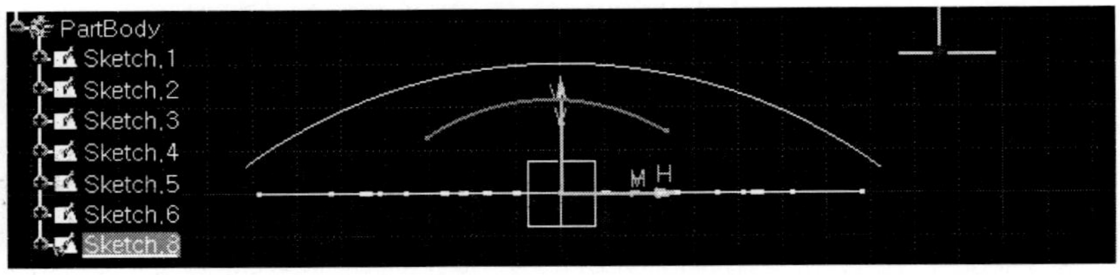

- Arc의 중심을 수직 좌표축(V-Direction)에 일치시키기 위해 [Ctrl] 키를 누른 상태에서 Arc의 중심과 수직 좌표축을 동시에 선택한다. Constraints Defined In Dialog Box( )를 클릭하면 그림과 같이 Constraint Definition 창이 나타난다. 이 창에서 Coincidence를 설정하고 [OK] 버튼을 클릭하면 Arc의 중심이 수직기준축에 일치 된다.

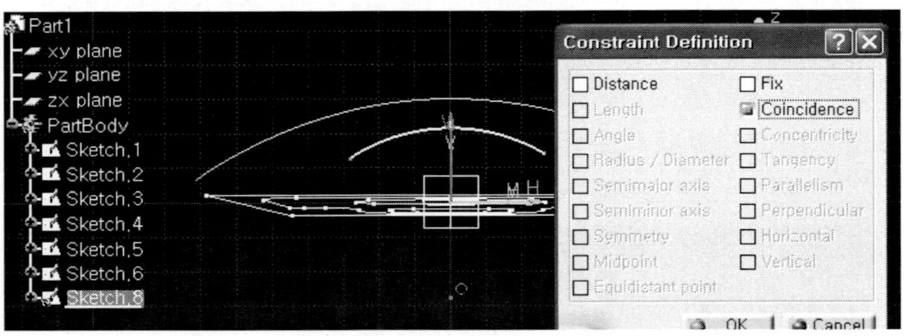

- 형상에 관한 구속이 완료되었으므로 치수를 구속한다. Constraint( )를 더블 클릭하여 치수를 구속한다. 생성된 치수를 더블 클릭하면 Constraint Definition 창이 나타난다. 이 창의 Value에 다음 그림과 같은 치수를 입력하여 수정한다.

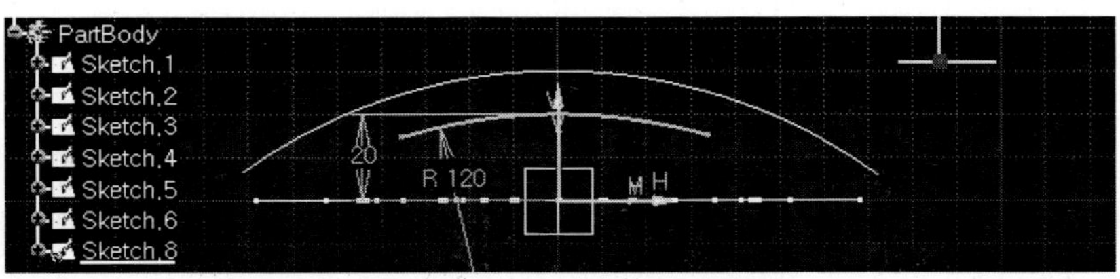

• Sketch Profile이 완료되었으므로 Exit workbench( )를 클릭하여 Modeling 영역으로 이동한다. Fit All In( )과 Isometric View( )를 클릭하여 도형의 방향과 배치를 최적의 상태로 조절한다.

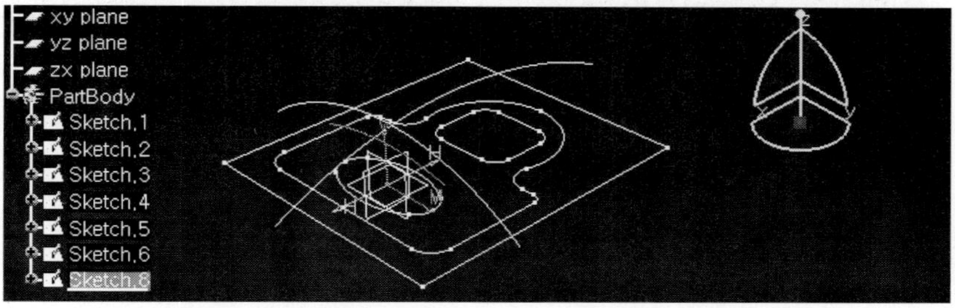

• 네 번째 곡선을 생성하기 위해 트리에서 zx plane을 선택하고 Sketch( ) 명령을 실행하면 그림과 같이 초기화면(Sketch. 9)으로 이동한다.

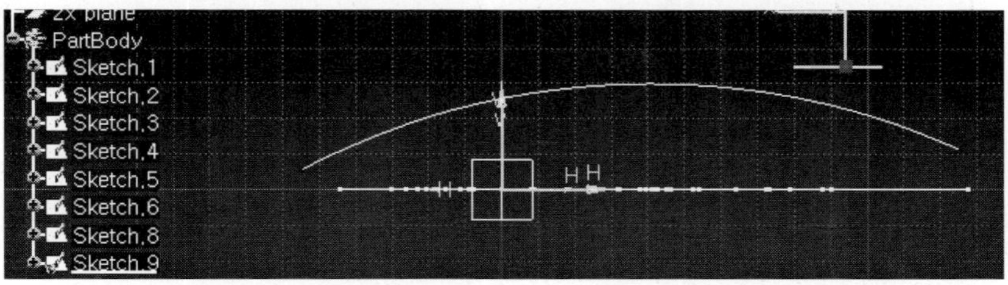

• 호(Arc)를 작성하기 위해 Three Point Arc( ) 명령을 클릭한다. 그림과 같은 위치에서 세 점을 지정하여 호를 생성한다.

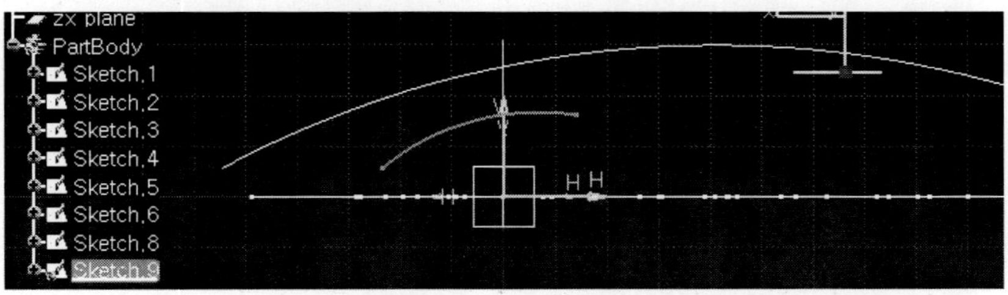

• Constraint( )를 더블 클릭하여 치수를 구속한다. 생성된 치수를 더블 클릭하면 Constraint Definition 창이 나타난다. 이 창의 Value에 다음 그림과 같은 치수를 입력하여 수정한다.

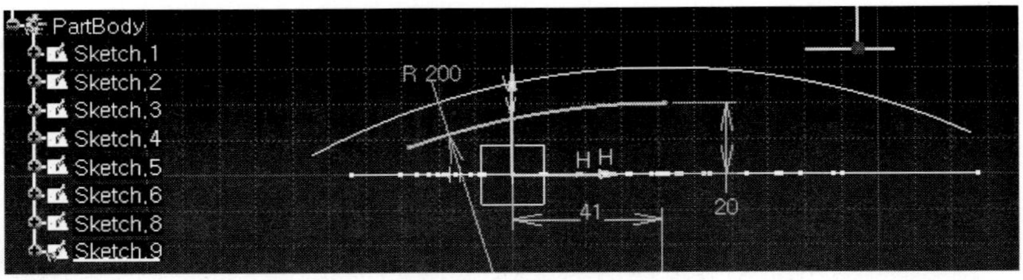

• Sketch Profile이 완료되었으므로 Exit workbench( )를 클릭하여 Modeling 영역으로 이동한다. Fit All In( )과 Isometric View( )를 클릭하여 도형의 방향과 배치를 최적의 상태로 조절한다.

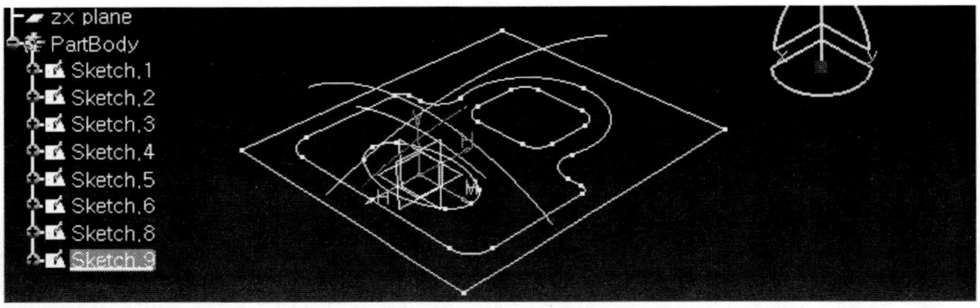

• 다섯 번째 곡선을 생성하기 위해 yz plane으로부터 평행한 새로운 평면을 생성한다. Plane( )을 클릭하면 Plane Definition 창이 나타난다. 이 창에서 Type은 Offset from plane을 지정하고, Reference는 yz plane을 설정한다. Offset으로 41을 입력하고, 평면의 생성 방향을 확인하여 변경이 필요하면 Reverse Direction 버튼으로 전환한다. 설정된 상태를 다음의 그림에서 보여주고 있다.

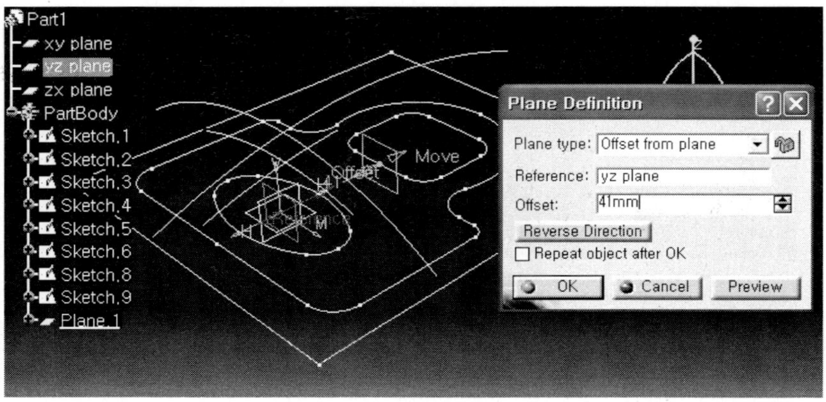

- yz plane과 평행한 새로운 평면(Plane. 1)을 트리에서 선택하고 Sketch( ) 명령을 실행하면 그림과 같이 초기화면(Sketch. 10)으로 이동한다.

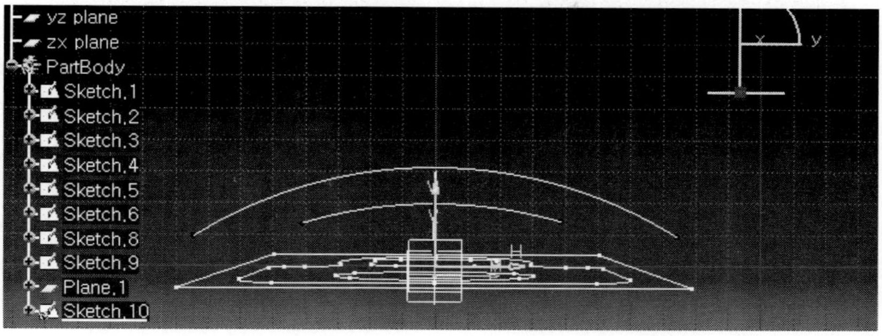

- 호(Arc)를 작성하기 위해 Three Point Arc( ) 명령을 클릭한다. 그림과 같은 위치에서 세 점을 지정하여 호를 생성한다.

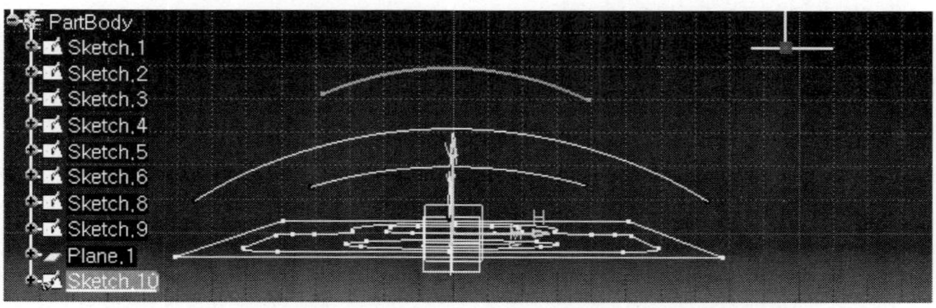

- Arc의 중심을 수직 좌표축(V-Direction)에 일치시키기 위해 [Ctrl] 키를 누른 상태에서 Arc의 중심과 수직 좌표축을 동시에 선택한다. Constraints Defined In Dialog Box( )를 클릭하면 그림과 같이 Constraint Definition 창이 나타난다. 이 창에서 Coincidence를 설정하고 [OK] 버튼을 클릭하면 Arc의 중심이 수직기준축에 일치된다.

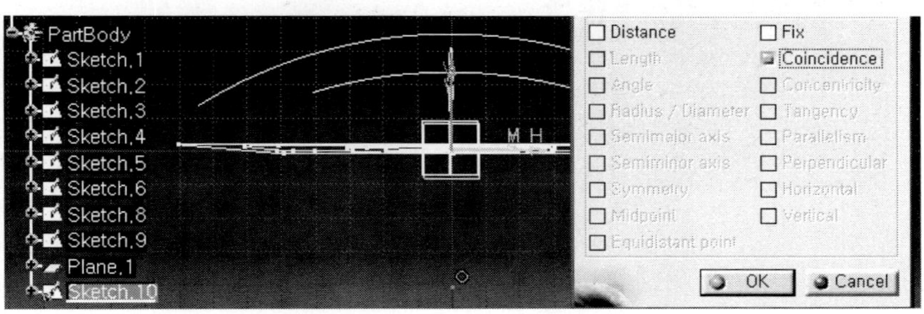

- 형상에 관한 구속이 완료되었으므로 치수를 구속한다. Constraint( )를 더블 클릭하여 치수를 구속한다. 생성된 치수를 더블 클릭하면 Constraint Definition 창이 나타난다. 이 창의 Value에 다음 그림과 같은 치수를 입력하여 수정한다.

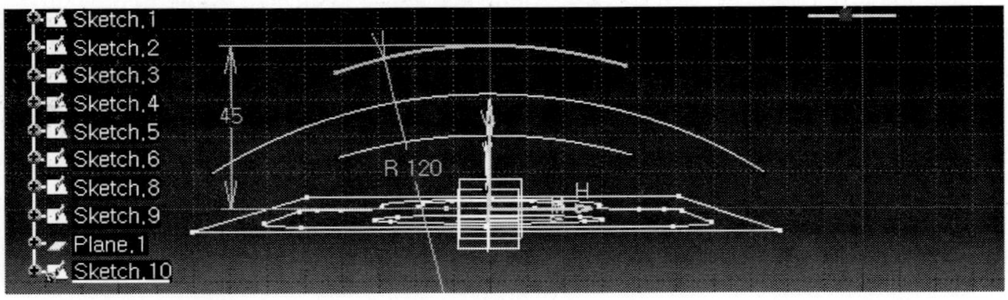

- Sketch Profile이 완료되었으므로 Exit workbench( )를 클릭하여 Modeling 영역으로 이동한다. Fit All In( )과 Isometric View( )를 클릭하여 도형의 방향과 배치를 조절한다.

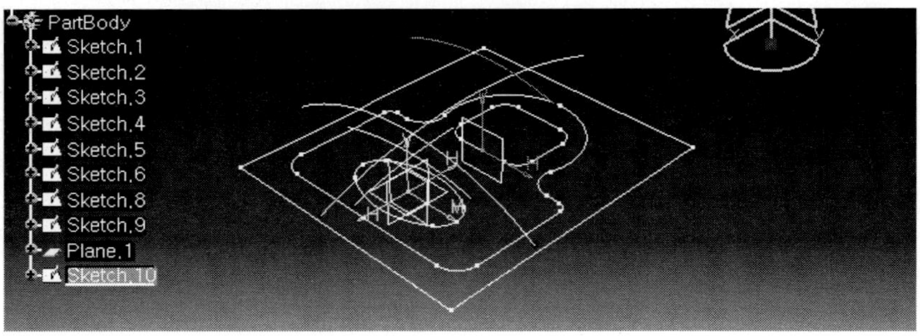

- 마지막 여섯 번째 곡선을 생성하기 위해 zx plane을 선택하고 Sketch( )를 클릭하여 그림과 같이 초기화면(Sketch. 11)으로 이동한다.

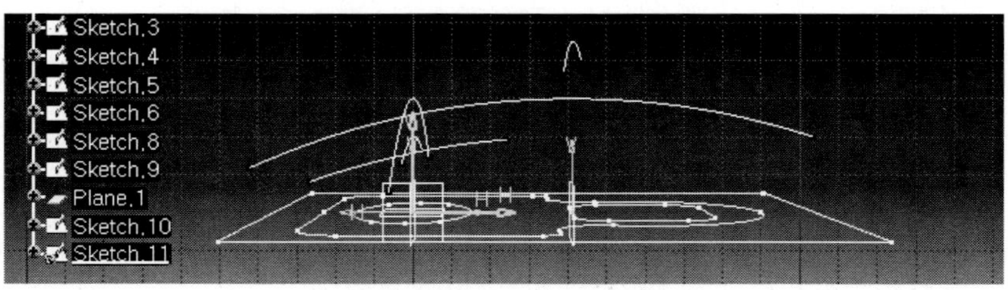

- 호(Arc)를 작성하기 위해 Three Point Arc( )를 클릭한다. 그림과 같은 위치에

서 세 점을 지정하여 호를 생성한다.

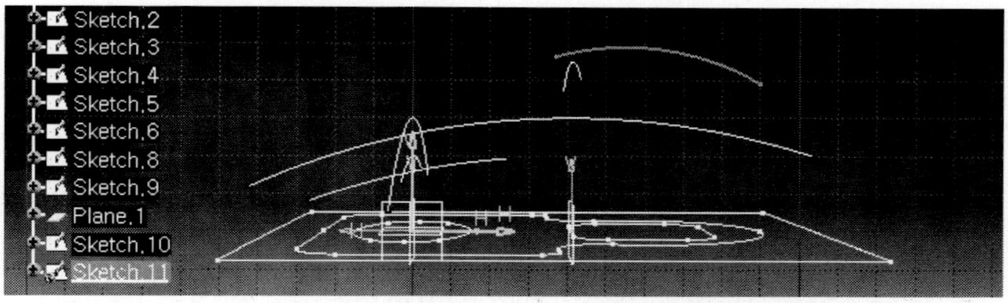

• Constraint( )를 더블 클릭하여 치수를 구속한다. 생성된 치수를 더블 클릭하면 Constraint Definition 창이 나타난다. 이 창의 Value에 다음 그림과 같은 치수를 입력하여 수정한다.

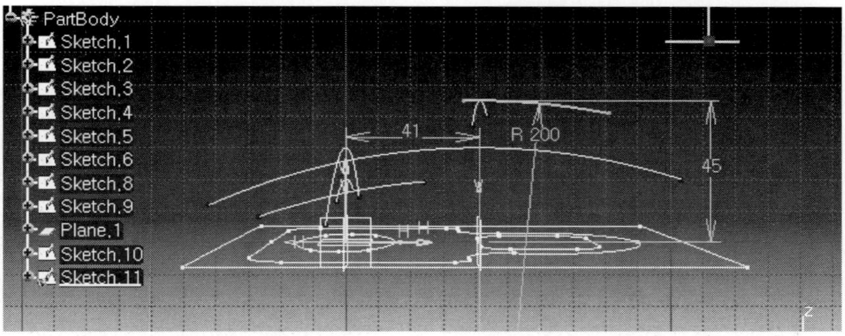

•Sketch Profile이 완료되었으므로 Exit workbench( )를 클릭하여 Modeling 영역으로 이동한다. Fit All In( )과 Isometric View( )를 클릭하여 도형의 방향과 배치를 최적의 상태로 조절한다.

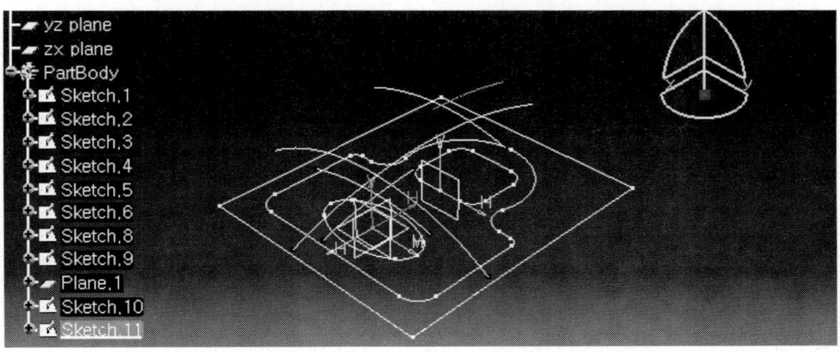

• 지금까지 작성한 6개의 곡선을 이용하여 3개의 곡면을 생성한다. 첫 번째 곡면을 생성하기 위해 Sweep()을 클릭하면 Swept Surface Definition 창이 나타난다. 이 창에서 Profile에는 Sketch. 5, Guide Curve에는 Sketch. 6을 지정하고 [OK] 버튼을 클릭하면 Sweep 곡면이 완성된다.

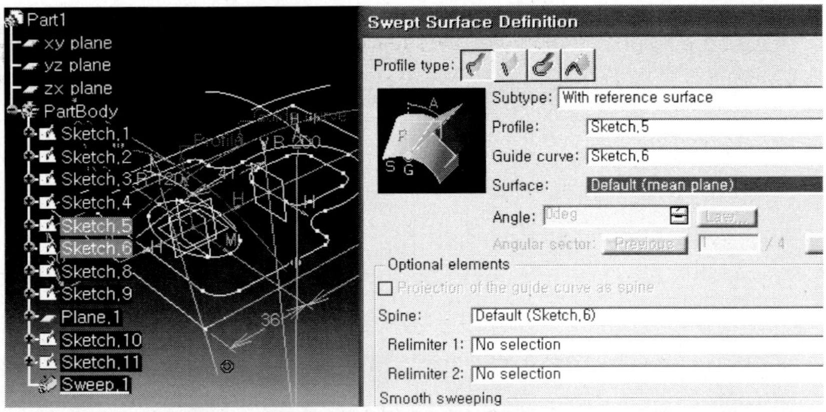

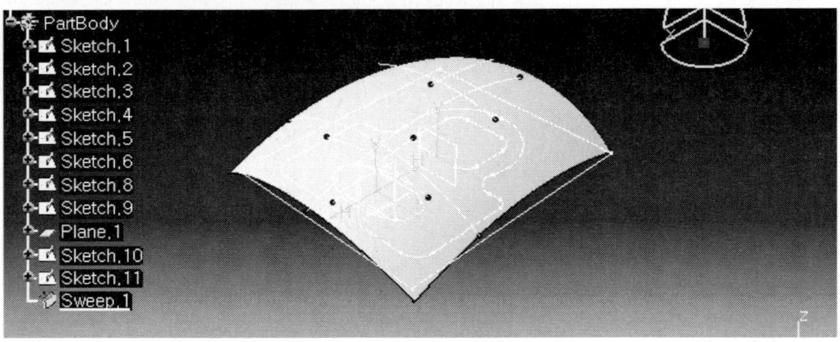

• 첫 번째 곡면 때문에 앞으로 생성할 곡면이 잘 보이지 않으므로 속성을 변경시키도록 한다. 트리에서 Sweep. 1에 마우스 우측 버튼에 의한 Pop up 메뉴를 생성시켜 Properties를 선택하면 새로운 창이 나타난다. 이 창에서 Graphic 탭을 선택하여 그림과 같이 Fill Color와 Transparency를 설정한다. Sweep. 1의 속성을 변경시킨 결과를 다음 그림에서 보여주고 있다.

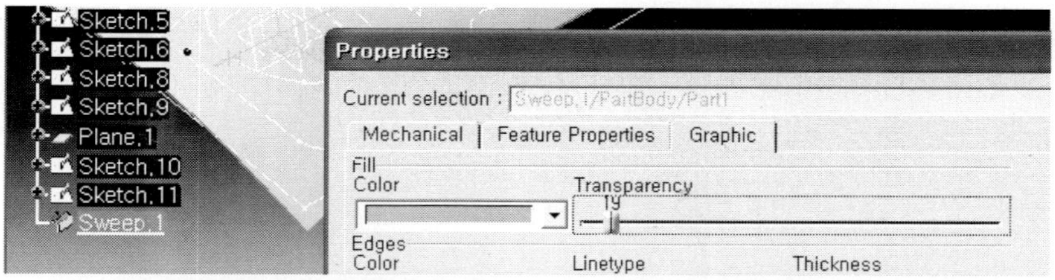

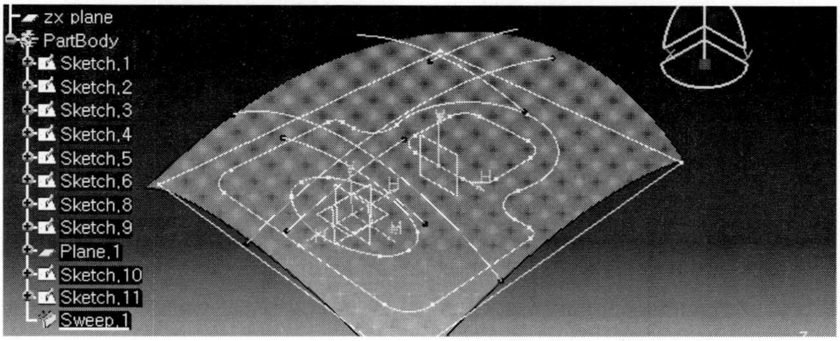

• 두 번째 곡면을 생성하기 위해 다시 Sweep( )을 클릭한다. 앞에서와 마찬가지로 Swept Surface Definition 창이 나타고, 이 창에서 Profile에는 Sketch. 8, Guide Curve에는 Sketch. 9를 지정하고 [OK] 버튼을 클릭하면 Sweep 곡면이 완성된다.

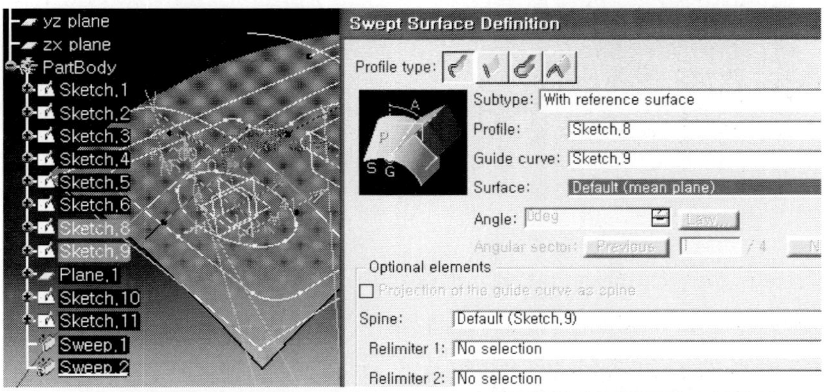

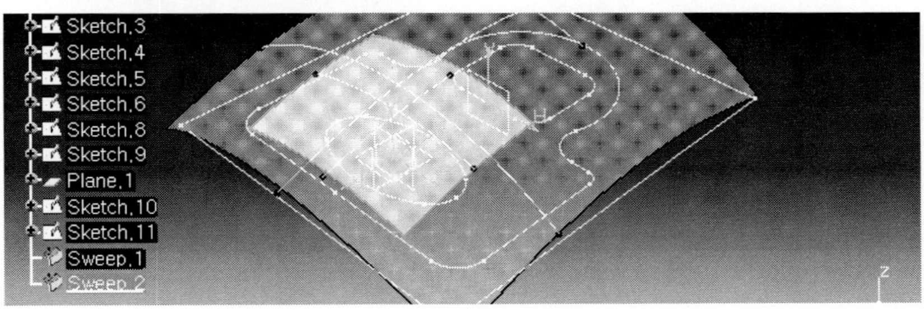

- 세 번째 곡면을 생성하기 위해 다시 Sweep( )을 클릭한다. 앞에서와 마찬가지로 Swept Surface Definition 창이 나타고, 이 창에서 Profile에는 Sketch. 10, Guide Curve에는 Sketch. 11을 지정하고 [OK] 버튼을 클릭하면 Sweep 곡면이 완성된다.

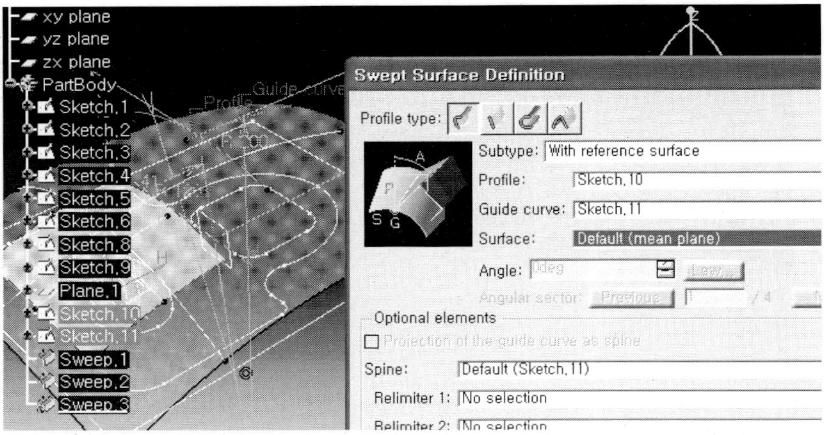

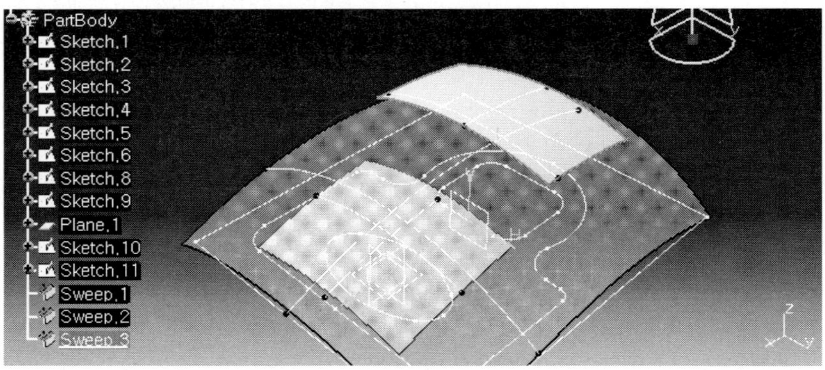

- Wireframe and Surface Design workbench에서 3개의 곡면 생성을 완료하였다. 메뉴에서 Start 〉 Mechanical Design 〉 Part Design을 차례로 선택하여 다시 Part Design workbench로 되돌아간다. 트리에서 Sketch. 1을 선택하고 Pad( )을 클릭한다. 그림과 같이 Pad Definition 창에서 Type은 Up to surface, Limit는 Sweep. 1로 설정하고 [OK] 버튼을 클릭한다.

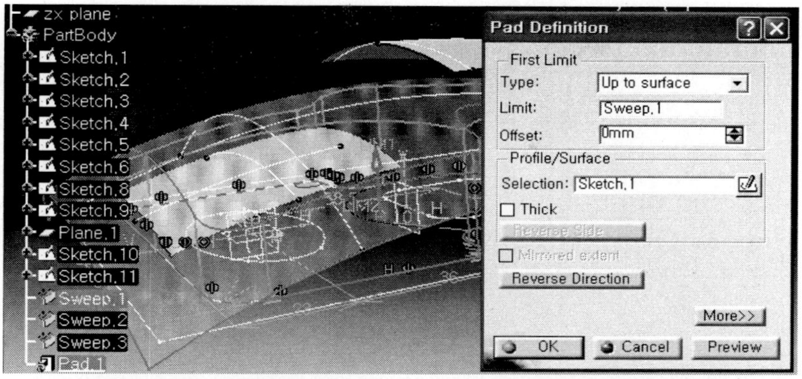

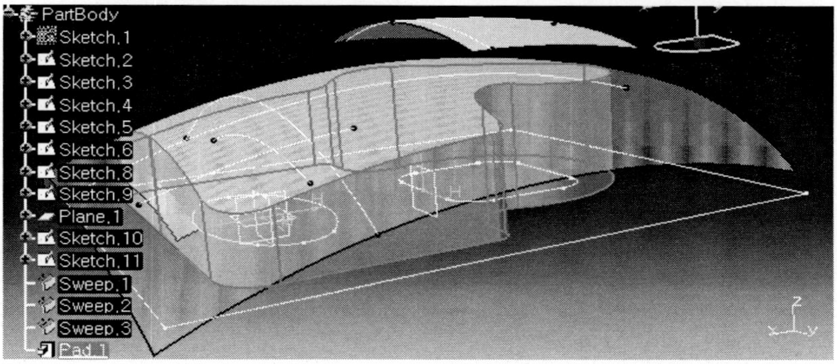

• 트리에서 Sketch. 2를 선택하고 Pocket( )을 클릭하면 Pocket Definition 창이 나타난다. First Limit에서 Type은 Up to surface, Limit는 Sweep. 1로 설정하고, Second Limit에서 Type은 Up to surface, Limit는 Sweep. 2로 설정하여 [OK] 버튼을 클릭한다.

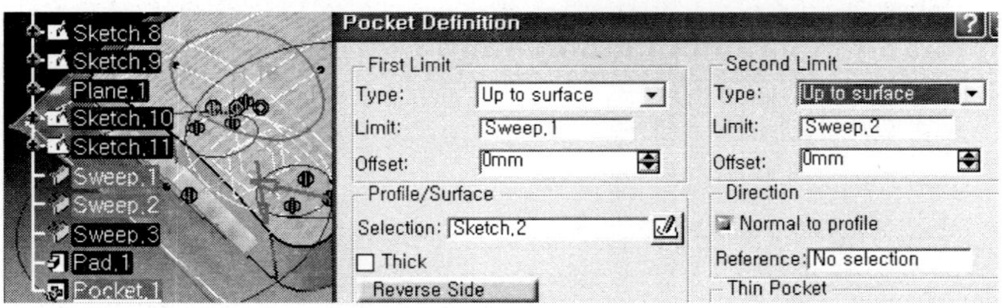

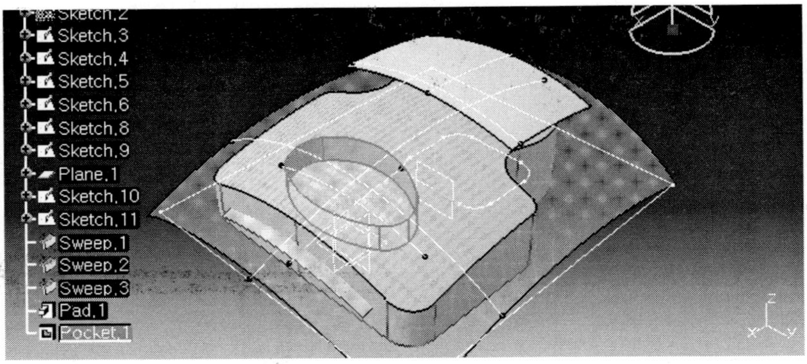

- 이번에는 트리에서 Sketch. 3을 선택하고 Pad( )를 클릭한다. 그림과 같이 Pad Definition 창에서 Type은 Up to surface, Limit는 Sweep. 3으로 설정하고 [OK] 버튼을 클릭한다.

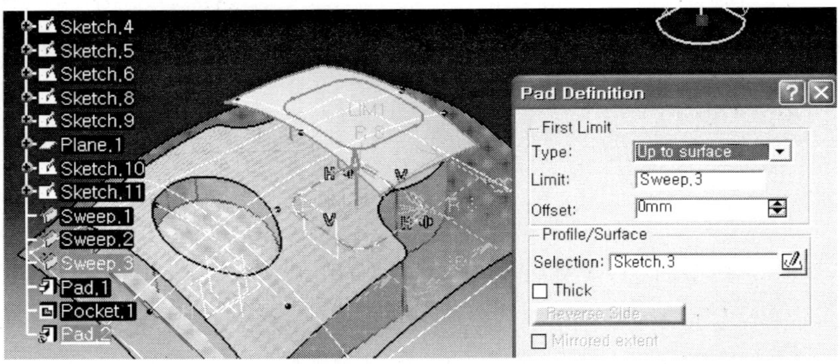

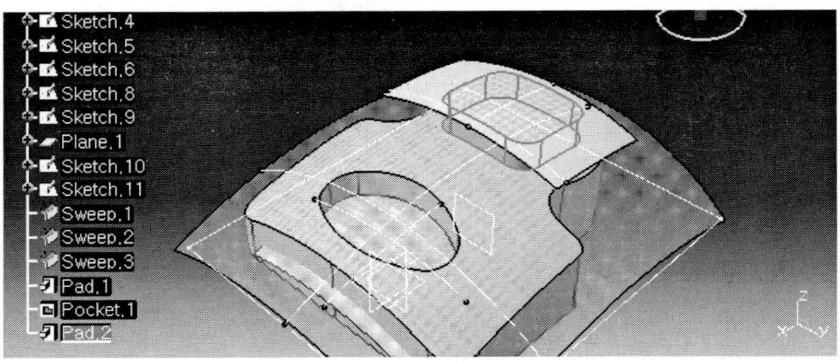

- 이제부터는 Wireframe and Surface Design workbench에서 생성한 곡면이 더 이상 필요하지 않다. 마우스 우측 버튼에 의한 Pop up 메뉴에서 Hide/Show를 선택하여 곡면과 관련된 모든 요소를 다음 그림과 같이 숨기도록 한다.

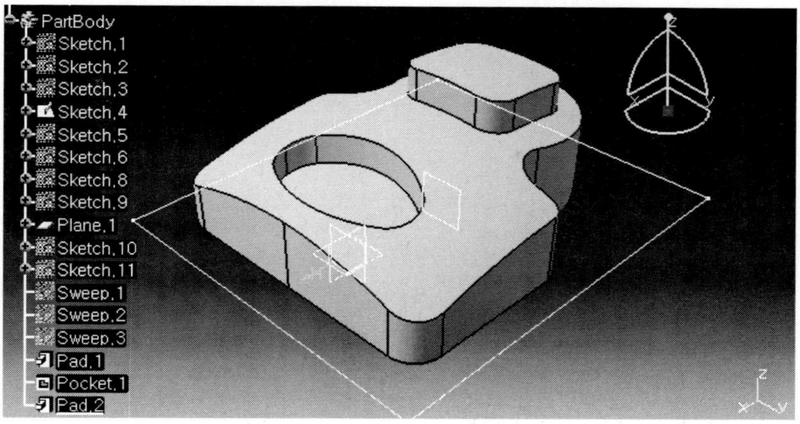

- Sketch. 4를 선택하고 Pad( )를 클릭하여 Pad Definition 창이 나타나도록 한다. 이 창에서 Type는 Dimension, Length는 10, 돌출 방향은 아래쪽으로 설정하고 [OK] 버튼을 클릭한다. 여기서 Length를 -10으로 입력하고 돌출 방향을 위쪽으로 설정해도 같은 결과를 얻을 수 있다.

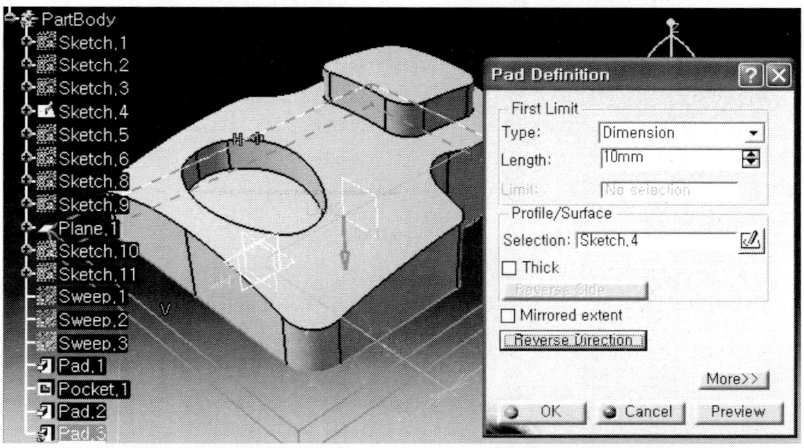

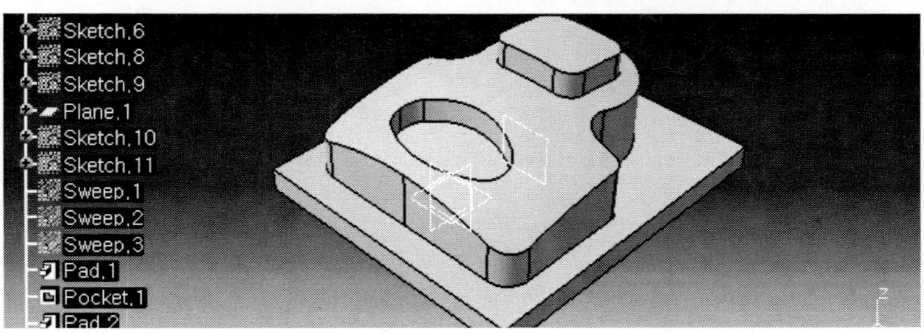

- 생성된 Solid Feature의 모서리에 라운드를 적용한다. Edge Fillet( )을 클릭한다. Edge Fillet Definition 창의 Radius에 5를 입력한다. 그림과 같이 모서리를 선택하고 [OK] 버튼을 클릭한다. 트리에 Edge Fillet. 1이 표시되어 있다.

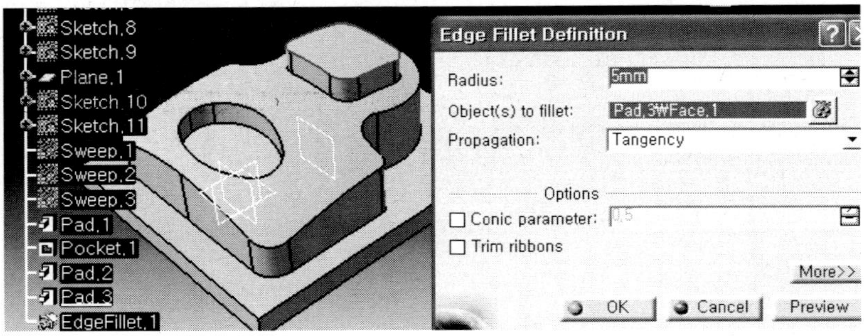

- 다시 Edge Fillet( ) 명령을 클릭한다. Edge Fillet Definition 창의 Radius에 3을 입력한다. 그림과 같이 모서리를 선택하고 [OK] 버튼을 클릭한다. 트리에 Edge Fillet. 2가 표시되어 있다.

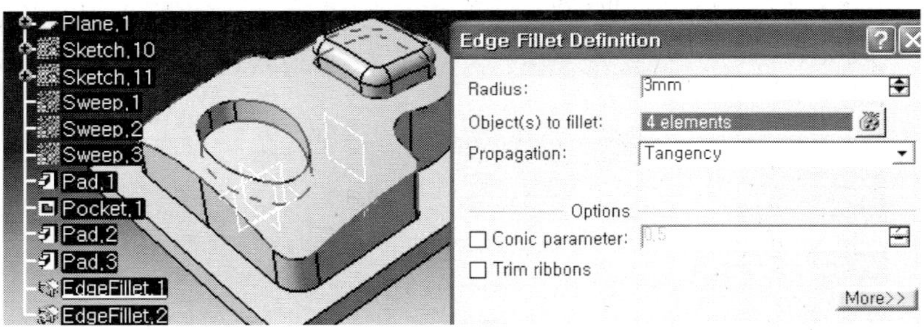

- 다음 그림에서 최종적으로 완성된 결과를 보여주고 있다.

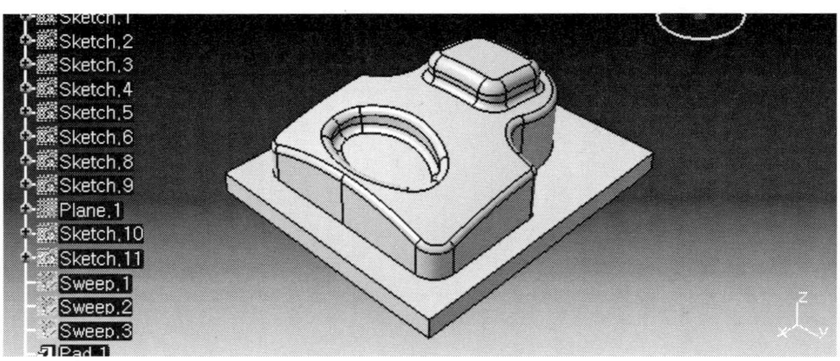

• 다음 그림은 마우스 우측 버튼에 의한 Pop up 메뉴에서 Properties를 선택하여 여러 가지 속성을 변경시킨 결과이다.

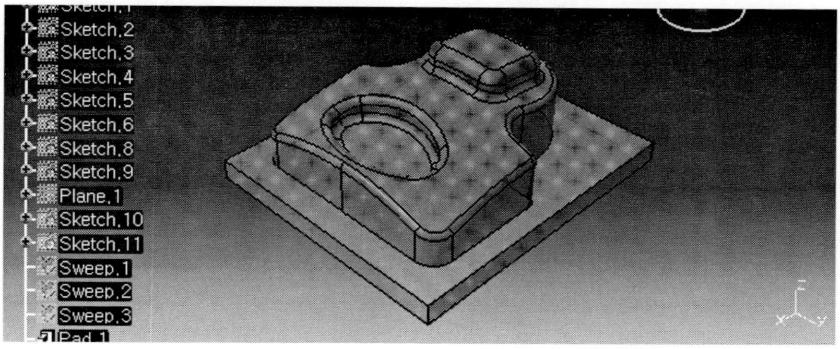

CATIA를 이용한 3D CAD 이론 및 실습

1판 1쇄 2012년 3월 20일

저 자 이휘원 / 하민수
발행인 송광헌
발행처 복두출판사
주 소 서울특별시 영등포구 문래동 1가 39
센터플러스 807호
(우) 150-091
전 화 (02) 2164-2580
FAX (02) 2164-2584
등 록 1993. 11. 22. 제 10-902 호

정가 : 16,000원
ISBN : 978-89-8000-747-9 93550

한국과학기술출판협회 회원사